Frühlingserwachen

Pin-up

In jedem Gefängnis oder Zuchthaus in Amerika gibt es wahrscheinlich einen wie mich – ich bin der Mann, der alles besorgen kann. Zigaretten, Marihuana, wenn jemand darauf scharf ist, eine Flasche Brandy, falls einer das Universitätsexamen seines Sohnes oder seiner Tochter feiern will, und auch sonst fast alles... in vernünftigem Rahmen, versteht sich. Es war nicht immer so.

Ich war gerade zwanzig, als ich nach Shawshank kam, und ich bin einer der wenigen in unserer glücklichen kleinen Familie, der zu dem steht, was er getan hat. Ich habe gemordet. Ich schloß eine hohe Lebensversicherung auf meine drei Jahre ältere Frau ab, und dann präparierte ich die Bremsen an dem Chevrolet Coupé, das ihr Vater uns zur Hochzeit geschenkt hatte. Es lief genau wie geplant, außer daß sie auf dem Weg in die Stadt am Castle Hill anhielt, um eine Nachbarin mit ihrem kleinen Sohn mitzunehmen. Die Bremsen versagten, und der Wagen raste durch das Gebüsch am Stadtpark. Passanten sagten aus, daß er mindestens achtzig draufgehabt haben mußte, als er gegen das Bürgerkriegsdenkmal knallte und in Flammen aufging.

Auch, daß ich erwischt wurde, war nicht eingeplant, aber ich wurde erwischt. Ich bekam eine Dauerkarte für diesen Schuppen. In Maine gibt es keine Todesstrafe, aber der Staatsanwalt sorgte dafür, daß ich wegen dreifachen Mordes angeklagt wurde, und ich bekam dreimal lebenslänglich. Das schloß jede bedingte Haftentlassung für lange Zeit aus. Der Richter nannte meine Tat »ein gräßliches und abscheuliches Verbrechen«, und das war es auch, aber jetzt gehört es der Vergangenheit an. Man kann es in den vergilbten Archivexemplaren des Castle Rock *Call* nachschlagen, wo die dicken Schlagzeilen, die meine Verurteilung meldeten, sich neben den Nachrichten über Hitler und Mussolini und neben Präsident Roosevelts Geschwätz fast komisch ausnahmen.

Ob ich mich rehabilitiert habe, fragen Sie? Ich weiß nicht einmal, was das Wort bedeutet, jedenfalls nicht im Zusammenhang mit Gefängnissen oder Besserung. Ich halte es für ein von Politikern geprägtes Wort. Es mag eine andere Bedeutung haben, und vielleicht komme ich noch dahinter, aber das liegt in der Zukunft... und ein Sträfling gewöhnt es sich ab, an die Zukunft zu denken. Ich war jung, sah gut aus und war in einem ärmeren Stadtviertel aufgewachsen. Ich lernte ein hübsches, launisches und eigensinniges Mädchen kennen, das in einem der vornehmen Häuser in der Carbine Street wohnte. Ihr Vater hatte nichts gegen unsere Verbindung, aber ich mußte in seine Firma eintreten, die optische Instrumente herstellte, und »mich hocharbeiten«. Ich merkte bald, was er wirklich wollte. Er wollte mich unter Kontrolle halten wie ein lästiges Haustier, das noch nicht ganz stubenrein ist und vielleicht sogar beißt. Am Ende hatte sich in mir so viel Haß aufgestaut, daß ich die Tat beging. Wenn ich noch einmal die Chance hätte, würde ich es nicht wieder tun. Bedeutet das Rehabilitation? Ich bin nicht ganz sicher.

Aber ich will nicht von mir reden. Ich will über einen Mann namens Andy Dufresne berichten. Bevor ich über ihn berichte, muß ich allerdings einiges über mich selbst erzählen. Das ist schnell erledigt.

Wie schon gesagt, bin ich in Shawshank seit knapp vierzig Jahren der Mann, der alles besorgen kann. Und damit sind nicht nur verbotene Sachen wie Zigaretten und Schnaps gemeint, obwohl die auf der Wunschliste immer ganz oben stehen. Nein, ich habe für Leute, die hier einsitzen, tausend andere Dinge besorgt, einige davon völlig legal, aber schwer zu beschaffen an einem Ort, wo man sich ja eigentlich nur aufhält, um bestraft zu werden. Einmal saß hier einer, der ein kleines Mädchen vergewaltigt und sich ein paar Dutzend anderen unsittlich gezeigt hatte. Ich besorgte ihm drei Stücke rosa Marmor aus Vermont, und er machte daraus drei schöne Statuen – ein Baby, einen Knaben von ungefähr zwölf und einen bärtigen jungen Mann. Er nannte sie *Die Drei Lebensalter Jesu*, und diese Skulpturen stehen jetzt im Salon eines Mannes, der früher Gouverneur dieses Staates war.

Wer nördlich von Massachusetts aufgewachsen ist, erinnert sich vielleicht noch an einen anderen Namen – Robert Alan Cote. 1951 versuchte er, die First Mercantile Bank in Mechanic Falls auszurauben, und bei diesem Überfall kam es zu einem Blutbad – am Ende sechs Tote, zwei davon Bandenmitglieder, drei Geiseln und ein junger Beamter von der State Police, der zur falschen Zeit den Kopf hochnahm und eine Kugel ins Auge kriegte. Cote hatte eine Münzensammlung. Natürlich konnte er sie hierher nicht mitnehmen, aber mit Hilfe seiner Mutter und eines Mittelsmannes, der den Wäschereiwagen fuhr, konnte ich sie ihm besorgen. Ich sagte ihm noch, Bobby, du mußt verrückt sein. Was soll deine Münzensammlung in einem steinernen Hotel voller Diebe? Er sah mich lächelnd an und sagte, ich weiß schon, wo ich sie aufbewahre. Da ist sie sicher. Mach dir keine Sorgen. Und er hatte recht. Bobby Cote starb 1967 an einem Gehirntumor, aber seine Münzensammlung wurde nie gefunden.

Zum Valentinstag habe ich den Männern Pralinen besorgt; am St.-Patricks-Tag habe ich für einen verrückten Iren namens O'Malley drei von diesen grünen Milkshakes kommen lassen, die bei McDonald's serviert werden; in einer Mitternachtsvorstellung habe ich zwanzig Leuten sogar *Deep Throat* und *The Devil in Miss Jones* gezeigt. Die Männer hatten zusammengelegt, um die Filme zu leihen... allerdings trug mir die kleine Eskapade eine Woche Verschärften ein. Das Risiko eines Mannes, der alles besorgen kann.

Ich habe Nachschlagewerke und Pornomagazine beschafft, Scherzartikel wie Handsummer und Juckpulver, und mehr als einmal habe ich dafür gesorgt, daß ein Langjähriger einen Schlüpfer seiner Frau oder seiner Freundin kriegte, und ich glaube, Sie wissen, was die Jungs mit diesen Sachen tun, wenn die Nächte sich endlos hinziehen. Das ist natürlich alles nicht umsonst, und einiges wird sogar ziemlich teuer. Aber ich tue es nicht *nur* wegen des Geldes. Was soll ich mit Geld? Ich werde nie einen Cadillac besitzen oder im Februar für zwei Wochen nach Jamaika fliegen. Ich habe ähnliche Gründe wie ein

Schlachter, der seinen Kunden nur frisches Fleisch verkauft. Ich habe einen Ruf, und den will ich behalten. Die einzigen Dinge, von denen ich die Finger lasse, sind Waffen und harte Drogen. Ich werde keinem dazu verhelfen, sich oder andere umzubringen. Vom Töten habe ich genug. Es reicht mir bis ans Ende meiner Tage.

Ja, ich bin schon ein Künstler. Und als Andy Dufresne 1949 zu mir kam und fragte, ob ich ihm Rita Hayworth in den Knast schmuggeln könne, sagte ich, das sei kein Problem. Und es war keins.

Als Andy 1948 nach Shawshank kam, war er dreißig Jahre alt. Er war ein kleiner gepflegter Mann mit rotblondem Haar und schmalen, geschickten Händen. Er trug eine Brille mit Goldrand, und seine Fingernägel waren immer sauber und gepflegt. Eigenartig, daß man sich an so etwas bei einem Mann erinnert, aber es war für Andys ganze Persönlichkeit typisch. Er sah immer aus, als müßte er eigentlich eine Krawatte tragen. Draußen war er Leiter der Wertpapierabteilung einer großen Bank in Portland gewesen. Nicht schlecht für einen so jungen Mann, besonders, wenn man bedenkt, wie konservativ die meisten Banken sind ... und diesen Konservativismus muß man mit zehn multiplizieren, wenn man nach Neu-England kommt, wo die Leute einem Mann nur dann ihr Geld anvertrauen, wenn er eine Glatze hat, lahmt und sich ständig an der Hose zupft, um sein Bruchband geradezurücken. Andy saß wegen Mordes an seiner Frau und ihrem Geliebten.

Ich glaube, ich sagte schon, daß nur Unschuldige im Knast sitzen. Oh, den Text verlesen sie dir wie die Pfaffen im Fernsehen die Offenbarung. Sie waren alle Opfer von Richtern mit Herzen aus Stein und dazu passenden Eiern, von unfähigen Anwälten oder von Polizisten, die ihnen was anhängen wollten. Einige hatten ganz einfach Pech gehabt. Sie jammern dir etwas über die Ungerechtigkeit der Welt vor, aber in ihren Visagen steht etwas ganz anderes geschrieben. Die meisten Sträflinge sind schäbige Typen, die weder sich selbst noch anderen nützen. Ihr Pech ist, daß ihre Mütter sie nicht abgetrieben haben.

Während all der Jahre in Shawshank hat es vielleicht zehn Männer gegeben, denen ich glaubte, wenn sie mir erzählten, sie seien unschuldig. Zu denen gehörte Andy Dufresne, obwohl es einige Jahre dauerte, bis ich von seiner Unschuld überzeugt war. Wenn ich der Jury angehört hätte, vor der sein Fall 1947–1948 in Portland einige stürmische Wochen lang verhandelt wurde, hätte auch ich seiner Verurteilung zugestimmt.

Der Fall hatte es wirklich in sich. Er hatte genau die richtigen Zutaten. Ein schönes Mädchen aus besseren Kreisen (tot), eine örtliche Sportskanone (auch tot), und auf der Anklagebank ein bekannter junger Geschäftsmann. Hinzu kamen die von den Zeitungen angedeuteten Skandalgeschichten. Für die Anklage war der Fall klar. Der Prozeß dauerte nur deshalb so lange, weil der Staatsanwalt für das Repräsentantenhaus kandidieren wollte und es ihm wichtig war, daß die Öffentlichkeit sich sein Gesicht einprägte. Es war ein herrlicher Justizzirkus, und trotz Temperaturen unter Null standen die Leute schon morgens um vier Schlange, um sich ihren Platz im Zuschauerraum zu sichern.

Die von der Anklage vorgetragenen Fakten, die Andy nicht bestritt, waren folgende: Seine Frau Linda Collins Dufresne hatte im Juni 1947 ein Interesse daran bekundet, im Falmouth Hill Country Club Golf spielen zu lernen. Sie nahm auch tatsächlich vier Monate lang Unterricht. Ihr Lehrer war der Golfprofi Glenn Quentin, und Ende August 1947 erfuhr Andy, daß Quentin und seine Frau ein Verhältnis hatten. Am Nachmittag des 10. September 1947 hatten Andy und Linda Dufresne einen heftigen Streit; Gegenstand dieses Streits war Lindas Untreue.

Andy sagte aus, Linda sei froh darüber gewesen, daß er es erfahren hatte. Die Heimlichtuerei sei unerträglich gewesen. Sie habe von Andy eine Scheidung in Reno verlangt. Andy habe geantwortet, er wolle sie lieber in der Hölle sehen als in Reno. Sie sei dann weggegangen, um die Nacht mit Quentin in dessen gemietetem Bungalow in der Nähe des Golfplatzes zu verbringen. Am nächsten Morgen hatte seine Haushälterin beide tot im Bett gefunden, beide von vier Kugeln getroffen.

Diese Tatsache schadete Andy mehr als alles andere. Der

Staatsanwalt mit den politischen Ambitionen schlachtete sie zu Prozeßbeginn und später in seiner Schlußrede weidlich aus. Andrew Dufresne, sagte er, sei kein betrogener Ehemann, der sich im Affekt an seiner Frau gerächt habe. Das, so sagte er, wäre noch zu verstehen, wenn auch nicht zu billigen gewesen. Er aber sei viel kaltblütiger vorgegangen. Bedenken Sie! brüllte er die Jury an. Vier und vier! Nicht sechs Schuß, sondern acht! *Er feuerte die Waffe leer ... und dann lud er sie wieder, um noch einmal auf die beiden schießen zu können!* VIER FÜR IHN UND VIER FÜR SIE kreischten die Schlagzeilen der Portland *Sun*.

Ein Angestellter der Pfandleihe Wise in Lewiston sagte aus, er habe Andy Dufresne zwei Tage vor dem Doppelmord einen Achtunddreißiger Police Special verkauft. Der Barmixer vom Country Club bezeugte, Andy sei am 10. September um ungefähr sieben Uhr hereingekommen und habe innerhalb von zwanzig Minuten drei Whiskey getrunken – als er aufstand habe er dem Barmixer gesagt, er wolle zu Glenn Quentins Haus, und den Rest könne er, der Barmixer, »in der Zeitung lesen«. Ein Angestellter des Handy-Pik, eines etwa eine Meile von Quentins Haus entfernten Ladens, erzählte dem Gericht, Andy sei am selben Abend etwa um Viertel vor neun hereingekommen. Er habe Zigaretten, drei Dosen Bier und einige Geschirrtücher gekauft. Der Gerichtsmediziner gab an, Quentin und die Dufresne seien zwischen dreiundzwanzig und zwei Uhr in der Nacht vom 10. zum 11. September getötet worden. Der mit dem Fall betraute Kriminalbeamte sagte aus, weniger als sechzig Meter vom Bungalow entfernt habe die Straße eine Ausweichbucht. An dieser Ausweichbucht habe man am Nachmittag des 11. September drei Beweisstücke sichergestellt: Erstens zwei leere Bierdosen der Sorte Narrgansett (mit den Fingerabdrücken des Angeklagten), zweitens zwölf Zigarettenstummel (der Marke Kool, die der Angeklagte raucht), drittens Gipsabdrücke von Reifenspuren (die genau dem Abnutzungsmuster der Reifen am 1947er Plymouth des Angeklagten entsprechen).

Im Wohnzimmer von Quentins Bungalow waren vier Geschirrtücher gefunden worden. Sie wiesen Schußlöcher und Pulverspuren auf. Der Detektiv stellte die Theorie auf (gegen die Andys Anwalt gequält protestierte), der Mörder habe die Tücher um die Mündung der Mordwaffe gewickelt, um das Geräusch der Schüsse zu dämpfen.

Als Andy gehört wurde, erzählte er seine Geschichte ruhig, kühl und leidenschaftslos. Er sagte, er habe schon in der letzten Juliwoche beunruhigende Gerüchte über seine Frau und Glenn Quentin gehört. Im August sei er so besorgt gewesen, daß er beschlossen habe, der Sache nachzugehen. Eines Abends, als Linda nach ihrer Unterrichtsstunde eigentlich in Portland hätte einkaufen wollen, sei er ihr und Quentin zu Quentins gemietetem Bungalow gefolgt (den die Zeitungen mit schöner Regelmäßigkeit »das Liebesnest« nannten). Er habe an der Ausweichbucht geparkt, bis Quentin sie drei Stunden später zum Country Club zurückfuhr, wo ihr eigener Wagen stand.

»Wollen Sie dem Gericht etwa weismachen, Sie seien Ihrer Frau in Ihrem nagelneuen Plymouth-Sedan gefolgt?« fragte der Staatsanwalt ihn beim Kreuzverhör.

»Ein Freund und ich haben für den Abend die Wagen getauscht«, sagte Andy. Und dieses kühle Eingeständnis, wie gut er seine Ermittlungen geplant hatte, brachte ihm bei der Jury keine Vorteile.

Nachdem er seinem Freund den Wagen zurückgebracht und seinen eigenen geholt hatte, war er nach Hause gefahren. Linda hatte im Bett gelegen und ein Buch gelesen. Er hatte sie über ihr Fahrt nach Portland befragt. Es sei ganz nett gewesen, hatte sie gesagt, aber sie habe nichts gefunden, was sie hätte kaufen mögen. »In diesem Augenblick wußte ich es genau«, erzählte Andy den atemlosen Zuhörern. Er sprach in dem gleichen ruhigen und distanzierten Ton, in dem er auch alle übrigen Aussagen machte.

»Wie war Ihre Gemütsverfassung in den siebzehn Tagen zwischen jenem Tag und dem Abend, an dem Ihre Frau ermordet wurde?« fragte ihn der Anwalt.

»Ich war sehr niedergeschlagen«, antwortete Andy ruhig und kalt. Wie ein Mann, der eine Einkaufsliste vorliest, berichtete er, daß er an Selbstmord gedacht und sich am 8. September in Lewiston sogar einen Revolver gekauft habe.

Sein Anwalt bat ihn dann, der Jury zu erzählen, was

geschah, als seine Frau am Abend des Mordes wegfuhr, um sich mit Glenn Quentin zu treffen. Andy erzählte... und er machte mit seinem Bericht den denkbar schlechtesten Eindruck.

Ich habe ihn dreißig Jahre lang gekannt, und ich habe noch nie einen Mann mit mehr Selbstbeherrschung kennengelernt. Ganz gleich, was in ihm vorging, man sah es ihm nicht an. Wenn je in seiner Seele finstere Nacht herrschte, wie es irgendein Schriftsteller mal ausgedrückt hat, würde man es ihm nicht anmerken. Wenn dieser Mann Selbstmord begehen wollte, würde er es tun, ohne eine Nachricht zu hinterlassen, aber nicht, ohne vorher seine Angelegenheiten zu regeln. Wenn er im Zeugenstand geweint oder mit belegter Stimme und zögernd gesprochen hätte, selbst wenn er den auf Washington versessenen Staatsanwalt angeschrien hätte, ich glaube nicht, daß auf lebenslänglich erkannt worden wäre. Und selbst wenn... 1954 hätte man ihn auf Bewährung entlassen. Aber er erzählte seine Geschichte, als hätte er sie vorher auf Band gesprochen. Er schien der Jury zu sagen: Das wär's. Glaubt es oder laßt es bleiben. Sie ließen es bleiben.

Er sagte, er sei an jenem Abend betrunken gewesen, wie seit dem 24. August fast jeden Tag, und daß er keinen Alkohol vertrüge. Schon das hätte kaum eine Jury geschluckt. Sie konnten sich einfach nicht vorstellen, daß dieser kühle und beherrschte junge Mann im eleganten Zweireiher sich wegen der läppischen Affäre seiner Frau mit einem Golfprofi aus der Provinz sinnlos besaufen würde. Ich aber konnte es mir vorstellen, denn ich hatte, im Gegensatz zu den sechs Männern und sechs Frauen von der Jury, Gelegenheit gehabt, Andy zu beobachten.

Solange ich Andy Dufresne kannte, trank er nur viermal im Jahr. Jedes Jahr trafen wir uns etwa eine Woche vor seinem Geburtstag im Hof und dann wieder ungefähr zwei Wochen vor Weihnachten. Für jede dieser Gelegenheiten bestellte er eine Flasche Jack Daniel's. Er kaufte sie wie alle Sträflinge ihren Schnaps kauften – er nahm den Hungerlohn, den man ihm hier zahlte, und legte von seinem eigenen Geld dazu. Bis 1965 gab es zehn Cent die Stunde. Dann wurde der Lohn auf fünfundzwanzig angehoben. Meine Provision betrug immer und beträgt heute noch zehn Prozent, und wenn man die hinzurechnet, kann man ermessen, wie lange Andy Dufresne in der Gefängniswäscherei schwitzen mußte, um sich viermal im Jahr seinen Black Jack zu leisten.

Am Morgen seines Geburtstages, am 20. September, nahm er einen guten Schluck und dann noch einen, nachdem abends die Lichter ausgeschaltet waren. Am nächsten Tag gab er mir die Flasche, und ich verteilte den Rest. Am Weihnachtsabend und zu Silvester gönnte er sich ebenfalls einen Drink. Auch dann gab er mir die Flasche zurück, damit ich den Rest verteilen sollte. Vier Drinks im Jahr – und das ist das Verhalten eines Mannes, dem der Alkohol schwer zugesetzt hat.

Er erzählte der Jury, daß er am Abend des zehnten so betrunken gewesen sei, daß er sich an die Ereignisse nur bruchstückhaft erinnern könne. Er hatte sich schon am Nachmittag vollaufen lassen – ich trank mir mit einer doppelten Dosis Mut an, waren seine Worte –, bevor er Linda hinterherfuhr.

Nachdem sie gegangen war, um sich mit Quentin zu treffen, beschloß er, die beiden zur Rede zu stellen. Das wußte er noch. Auf dem Weg zu Quentins Bungalow fuhr er beim Country Club vor, um noch ein paar zu trinken. Er könne sich nicht daran erinnern, sagte er, dem Mann an der Bar erzählt zu haben, »den Rest könne er in der Zeitung lesen«. Er wisse nicht einmal, ob er überhaupt mit dem Mann gesprochen habe. Er erinnere sich daran, im Handy-Pik Bier gekauft zu haben, nicht aber an die Geschirrtücher. »Was sollte ich mit Geschirrtüchern anfangen?« fragte er, und eine Zeitung berichtete, drei der Damen von der Jury seien bei diesen Worten entsetzt zusammengezuckt.

Später, viel später äußerte er mir gegenüber Vermutungen über den Angestellten, der das mit den Geschirrtüchern bezeugt hatte, und ich sollte seine Worte vielleicht notieren. »Nehmen wir an«, sagte Andy eines Tages auf dem Hof, »daß sie bei ihrer Suche nach Zeugen auf den Mann stoßen, der mir an dem Abend das Bier verkauft hat. Bis dahin sind drei Tage vergangen. Die äußeren Umstände des Falles sind in allen

Zeitungen berichtet worden. Vielleicht haben fünf oder sechs Kriminalbeamte und die Vertreter der Staatsanwaltschaft sich den Mann vorgenommen. Die Erinnerung ist eine sehr subjektive Sache, Red. Sie haben vielleicht gesagt: ›Könnte es nicht sein, daß er auch vier oder fünf Geschirrtücher gekauft hat?‹ Und von da aus haben sie dann weitergemacht. Wenn genügend Leute *wollen*, daß man sich an etwas erinnert, kann das sehr überzeugend sein.«

Darin stimmte ich ihm zu.

»Aber es gibt etwas noch Überzeugenderes«, fuhr Andy auf seine nachdenkliche Art fort. »Es ist immerhin möglich, daß er sich nur allzugern überzeugen ließ. Er stand im Rampenlicht. Reporter befragten ihn, und sein Bild erschien in allen Zeitungen ... das Ganze natürlich gekrönt durch seinen großen Auftritt vor Gericht. Ich behaupte nicht, daß er absichtlich eine falsche Geschichte erzählt hat. Wahrscheinlich hätte er sogar einen Test mit dem Lügendetektor glänzend bestanden, oder er hätte beim Namen seiner Mutter geschworen, ich hätte die Geschirrtücher tatsächlich gekauft. Dennoch ... die Erinnerung ist eine *verdammt* subjektive Sache.

Eins steht fest: Mein Anwalt hielt zwar die Hälfte meiner Geschichte für erlogen, aber das mit den Geschirrtüchern hat er keine Sekunde geglaubt. Es war ganz offensichtlich, daß es nicht stimmen konnte. Ich war stinkbesoffen, viel zu besoffen, als daß ich an das Geräusch der Schüsse gedacht hätte. Wenn ich der Täter gewesen wäre, hätte ich einfach losgeknallt.«

Andy fuhr zur Ausweichbucht und parkte dort. Er trank Bier und rauchte Zigaretten. Er sah in Quentins Bungalow das Licht im Erdgeschoß ausgehen. Er sah ein einzelnes Licht im Obergeschoß angehen ... und fünfzehn Minuten später ausgehen. Den Rest habe er sich denken können, sagte er.

»Mr. Dufresne«, donnerte sein Anwalt, »sind Sie in Glenn Quentins Haus gegangen und haben die beiden umgebracht?«

»Nein, das habe ich nicht getan«, sagte Andy. Gegen Mitternacht sei er wieder etwas nüchterner gewesen, sagte er. Gleichzeitig habe sich ein schrecklicher Kater angekündigt. Er habe beschlossen, nach Hause zu fahren und am nächsten Tag in Ruhe über alles nachzudenken. »Auf dem Heimweg habe ich mir überlegt, daß eine Scheidung in Reno wahrscheinlich das Beste wäre.«

»Danke, Mr. Dufresne.«

Der Staatsanwalt trat in Aktion.

»Sie haben sich nach der schnellsten Methode scheiden lassen, die Ihnen einfiel, nicht wahr? Sie haben sich mit Hilfe eines in Geschirrtücher eingewickelten Revolvers, Kaliber 38, scheiden lassen, nicht wahr?«

»Nein, Sir, das habe ich nicht getan«, sagte Andy ruhig.

»Und dann haben Sie den Geliebten Ihrer Frau erschossen.«

»Nein, Sir.«

»Sie meinen, Sie haben Quentin zuerst erschossen?«

»Ich meine, daß ich keinen von beiden erschossen habe. Ich habe zwei Dosen Bier getrunken und die Zigaretten geraucht, die die Polizei an der Ausweichbucht gefunden hat. Dann bin ich nach Hause gefahren und ins Bett gegangen.«

»Sie haben der Jury gesagt, daß Sie zwischen dem vierundzwanzigsten August und dem zehnten September an Selbstmord gedacht hätten.«

»Ja, Sir.«

»So ernsthaft, daß Sie sich einen Revolver kauften.«

»Ja.«

»Würde es Sie sehr stören, Mr. Dufresne, wenn ich Ihnen sagte, daß Sie mir nicht der Typ zu sein scheinen, der Selbstmord begeht?«

»Nein«, sagte Andy, »aber Sie machen nicht den Eindruck eines sehr einfühlsamen Mannes, und *wenn* ich Selbstmordgedanken hätte, würde ich mich mit meinem Problem wahrscheinlich nicht ausgerechnet an Sie wenden.«

Unter den Zuschauern entstand unterdrückte Heiterkeit, aber bei der Jury gewann er keine Punkte.

»Hatten Sie am Abend des zehnten September Ihren Achtunddreißiger bei sich?«

»Nein; wie ich bereits aussagte –«

»Oh, ja!« Der Staatsanwalt lächelte sarkastisch. »Sie haben ihn in den Fluß geworfen. In den Royal River. Am Nachmittag des neunten September.«

»Ja, Sir.«

»Das kam aber sehr gelegen, nicht wahr?«

»Es kam weder gelegen noch ungelegen. Es ist nur die Wahrheit.«

»Ich nehme an, Sie haben Lieutenant Minchers Aussage gehört?« Mincher hatte die Männer befehligt, die in der Nähe der Pond Road Bridge den Grund des Royal abgesucht hatten. Von dieser Brücke wollte Andy die Waffe in den Fluß geworfen haben.

Die Polizei hatte sie nicht gefunden.

»Ja, Sir. Die habe ich gehört.«

»Dann wissen Sie auch, daß die Leute trotz dreitägiger Suche keine Waffe gefunden haben. Auch das kam Ihnen sehr gelegen, nicht wahr?«

»Gelegen oder nicht, es ist eine Tatsache, daß die Waffe nicht gefunden wurde«, erwiderte Andy ruhig. »Aber ich möchte Sie und die Jury darauf hinweisen, daß der Royal River in der Nähe der Pond Road Bridge in die Bucht von Yarmouth fließt. Die Strömung ist dort sehr stark und kann die Waffe in die Bucht hinausgetragen haben.«

»Und jetzt können die Spuren an den Geschossen aus den blutigen Leichen Ihrer Frau und Mr. Glenn Quentin nicht mehr mit den Zügen im Lauf Ihrer Waffe verglichen werden. Das stimmt doch, Mr. Dufresne?«

»Ja.«

»Auch das kommt Ihnen sehr gelegen, nicht wahr?«

Bei diesen Worten zeigte Andy eine der wenigen Gefühlsregungen, die er sich während der ganzen sechs Prozeßwochen gestattete, wie die Zeitungen schrieben. Ein leises bitteres Lächeln lief über sein Gesicht.

»Da ich an diesem Verbrechen unschuldig bin, Sir, und da ich die Wahrheit sage, wenn ich Ihnen erzähle, daß ich die Waffe einen Tag, bevor sich das Verbrechen ereignete, in den Fluß warf, kommt es mir entschieden ungelegen, daß sie nicht gefunden wurde.«

Der Staatsanwalt hämmerte zwei Tage lang auf ihn ein. Er verlas noch einmal die Aussage des Angestellten von Handy-Pik. Andy wiederholte, daß er sich nicht erinnern könne, die

Geschirrtücher gekauft zu haben. Aber er mußte zugeben, daß er sich auch nicht erinnern konnte, sie *nicht* gekauft zu haben.

Ob es wohl stimme, daß Andy und Linda Dufresne 1947 gemeinsam eine Lebensversicherung abgeschlossen hätten? Ja, das stimmte. Stimme es etwa nicht, daß Andy im Falle eines Freispruchs fünfzigtausend Dollar kassieren würde? Es stimmte. Und stimme es nicht, daß er mit Mordgedanken zu Glenn Quentins Haus gefahren sei, und stimme es nicht auch, daß er tatsächlich einen Doppelmord begangen habe? Nein, das stimmte nicht. Was, glaube er, sei dann geschehen, da keine Anzeichen eines Raubes vorlägen?

»Ich habe keine Ahnung, Sir«, sagte Andy ruhig.

Um ein Uhr an einem verschneiten Mittwochnachmittag ging der Fall an die Jury. Die sechs Männer und die sechs Frauen von der Jury waren um halb vier wieder im Saal. Der Gerichtsdiener sagte, sie wären früher zurückgekommen, wenn sie nicht auf Staatskosten noch rasch ein schönes Brathuhn aus Bentley's Restaurant gegessen hätten. Sie erkannten auf schuldig, und bei Gott, wenn es in Maine die Todesstrafe gegeben hätte, wäre ihm der Tanz auf dem heißen Stuhl sicher gewesen, bevor noch die ersten Krokusse die Köpfe aus der Erde steckten.

Der Staatsanwalt hatte ihn gefragt, was denn nach seiner Ansicht geschehen sei, und Andy hatte auf eine Antwort verzichtet – aber er hatte sehr wohl seine Vorstellungen, und die erzählte er mir eines Abends im Jahre 1955. Wir hatten volle sieben Jahre gebraucht, um von flüchtigen Bekannten zu recht guten Freunden zu werden. Eng befreundet aber waren wir erst seit etwa 1960, und ich war wahrscheinlich der einzige, der ihm überhaupt nahestand. Da wir beide eine lebenslängliche Strafe zu verbüßen hatten, waren wir von Anfang bis Ende im selben Zellentrakt, wenn meine Zelle auch im Korridor ein gutes Stück von seiner entfernt lag.

»Ob ich weiß, was geschehen ist?« Er lachte, aber in seinem Lachen lag nicht der geringste Humor. »An jenem Abend gab es eine solche Verkettung von ungünstigen Umständen, wie sie in so kurzer Zeit wohl nie wieder eintreten wird. Ich glaube, es war irgendein durchreisender Fremder. Vielleicht jemand, der unten auf der Straße eine Reifenpanne hatte, nachdem ich nach Hause gefahren war. Vielleicht ein Psychopath. Er hat sie getötet, das ist alles. Und ich sitze hier.«

So einfach ist es. Und er wurde dazu verurteilt, den Rest seines Lebens in Shawshank zu verbringen – oder jedenfalls den Teil, auf den es ankam. Fünf Jahre später fingen für ihn die Anhörungen vor dem Begnadigungsausschuß an, aber mit der Regelmäßigkeit eines Uhrwerks wurden seine Anträge abgelehnt, obwohl er ein Musterhäftling war. Einen Paß zum Verlassen Shawshanks zu bekommen, wenn der Einlieferungsschein mit *Mord* gestempelt ist, dauert so lange, wie ein Fluß braucht, um sich durch Fels zu fressen. Der Ausschuß ist mit sieben Männern besetzt, zwei mehr als bei den meisten anderen Staatsgefängnissen, und die Ärsche aller sieben sind so hart wie Wasser aus einer Mineralquelle. Da hilft kein Schmeicheln und kein Weinen, und kaufen kann man die Kerle auch nicht. In Andys Fall gab es noch besondere Gründe, aber von denen wird später die Rede sein.

Es gab einen Sträfling, der wegen guter Führung gewisse Vorrechte genoß. Der Mann hieß Kendricks und hatte mir in den fünfziger Jahren ziemlich viel Geld geschuldet. Er brauchte vier Jahre, um es zurückzuzahlen. Als Zinsen forderte ich Informationen – in meiner Branche ist man erledigt, wenn man keine Möglichkeiten findet, verschiedene Dinge in Erfahrung zu bringen. Dieser Kendricks hatte zum Beispiel Zugang zu Akten, die ich selbst nie zu Gesicht bekommen würde, denn ich bediente eine Stanze unten in der verdammten Nummernschilderfabrikation.

Kendricks berichtete, der Ausschuß habe 1957 7–0 gegen Andy Dufresnes gestimmt, 1958 6–1, 1959 wieder 7–0 und 1960 5–2. Danach weiß ich die Zahlen nicht mehr, aber ich weiß, daß er sechzehn Jahre später immer noch im Zellentrakt V in Zelle 14 saß. Zu der Zeit, 1975, war er siebenundfünfzig. Wahrscheinlich hätten sie ihn großzügigerweise 1983 rausgelassen. Sie geben dir lebenslänglich, und das ist das Leben, das sie dir nehmen – jedenfalls den Teil, der zählt. Vielleicht lassen sie dich irgendwann raus, aber... Ich kannte einen Mann, Sherwood Bolton hieß er, und er hatte eine Taube in der Zelle. Von 1945 bis 1953, als sie ihn rausließen, hatte er diese Taube. Er war kein Vogelmann von Alcatraz; er hatte nur diese Taube. Er nannte sie Jake. Er ließ sie einen Tag vor seiner Entlassung fliegen, und gesund und munter flog Jake davon. Aber ungefähr eine Woche nachdem Sherwood Bolton unsere glückliche kleine Familie verlassen hatte, rief ein Freund mich in die Westecke des Hofs, wo Sherwood sich oft aufgehalten hatte. Wie ein sehr kleiner Haufen dreckiger Bettwäsche lag dort ein Vogel. Er sah verhungert aus. Mein Freund sagte: »Ist das nicht Jake, Red?« Es war Jake. Die Taube war so tot wie ein Haufen Scheiße.

Ich erinnere mich an das erste Mal, als Andy Dufresne etwas von mir wollte. Ich erinnere mich, als ob es gestern gewesen wäre. An diesem Tag wollte er allerdings nicht Rita Hayworth haben. Das kam später. An diesem Tag im Sommer 1948 bat er mich um etwas anderes.

Die meisten meiner Geschäfte wickle ich auf dem Hof ab. Auch dieses. Unser Hof ist groß, viel größer als die meisten anderen. Er ist genau quadratisch mit einer Seitenlänge von achtzig Metern. Die Nordseite bildet die äußere Wand, die an jedem Ende einen Wachturm hat. Die Wachen dort oben sind mit Ferngläsern und Schrotflinten ausgerüstet. An der Nordseite liegt auch das Haupttor. Die Rampen für das Be- und Entladen der Lastwagen liegen an der Südseite. Es gibt insgesamt fünf. Während der Arbeitswoche ist in Shawshank viel Betrieb. Ständig wird etwas abgeholt oder angeliefert. Wir haben die Nummernschilderfabrikation und eine große, industriell betriebene Wäscherei, die die Naßwäsche für das Gefängnis, für das Kitty Receiving Hospital und für das Elliot-Pflegeheim macht. Es gibt auch eine große Autoreparaturwerkstatt, wo die Autoschlosser unter den Insassen staatliche und städtische Fahrzeuge und die Gefängniswagen reparieren – von den Privatwagen der Arschlöcher von Verwaltungsbeamten ganz zu schweigen... und gelegentlich schicken auch die Mitglieder des Begnadigungsausschusses ihre Fahrzeuge.

Die Ostseite besteht aus einer dicken Mauer mit winzigen schmalen Fenstern. Jenseits dieser Mauer liegt der Zellentrakt V. An der Westseite liegen Verwaltung und Krankenstation. Shawshank war nie so überfüllt wie die meisten anderen Gefängnisse, und damals im Jahre 1948 war es nur bis zu zwei Dritteln seiner Kapazität belegt. Gelegentlich hielten sich zwischen achtzig und hundertzwanzig Sträflinge auf dem Hof auf – sie bolzten mit Fußbällen, würfelten, stritten sich, und machten ihre kleinen Tauschgeschäfte. An Sonntagen war es noch voller. Dann hätte es auf dem Hof ausgesehen wie bei einer Landpartie... wenn Frauen dabeigewesen wären.

Andy sprach mich zum ersten Mal an einem Sonntag an. Ich hatte mich gerade mit Elmore Armitage, der mir gelegentlich gefällig war, über ein Radio unterhalten, als Andy auf uns zukam. Ich wußte natürlich, wer er war; er galt als Snob, weil er sich immer sehr distanziert gab. Einige Leute sagten, daß er sich dadurch Ärger einhandeln würde. Einer der Leute, die das sagten, war Bogs Diamond, ein übler Kerl, wenn man ihn gegen sich hatte. Andy hatte keinen Ansprechpartner, und ich hatte gehört, daß er es sich nicht anders wünschte, wenn auch die Ein-Mann-Zellen im Trakt V wenig größer als Särge waren. Aber mich interessieren keine Gerüchte über einen Mann, wenn ich mir selbst ein Bild machen kann.

»Hallo«, sagte er. »Ich bin Andy Dufresne.« Wir gaben uns die Hand. Er verschwendete seine Zeit nicht auf Höflichkeiten, sondern kam gleich zur Sache. »Ich habe gehört, daß du das eine oder andere besorgen kannst.«

Ich bestätigte, daß ich hin und wieder gewisse Dinge beschaffen könne.

»Wie machst du das?« fragte Andy.

»Manchmal«, sagte ich, »bekomme ich die Dinge einfach irgendwie in die Hände. Ich kann es nicht erklären. Außer es passiert, weil ich Ire bin.«

Er lächelte ein wenig. »Ich wüßte gern, ob du mir einen Gesteinshammer besorgen kannst.«

»Was ist das und warum willst du einen haben?«

Andy schien erstaunt zu sein. »Gehört es zu deinem Geschäft, daß du die Motive erfährst?« Diese Worte erklärten, warum er als Snob galt, als Mann, der sich gern wichtig machte – aber ich erkannte den leisen Humor, der in seiner Frage lag.

»Hör zu«, sagte ich. »Wenn es um eine Zahnbürste ginge, würde ich keine Fragen stellen. Ich würde einfach einen Preis nennen. Eine Zahnbürste ist schließlich keine tödliche Waffe.«

»Der Gedanke an tödliche Waffen geht dir wohl an die Nieren?«

»So ist es.«

Ein alter geflickter Baseball flog auf uns zu. Katzenschnell drehte sich Andy um und holte den Ball aus der Luft. Auf eine solche Reaktion wäre jeder Profi stolz gewesen. Andy schickte den Ball dorthin zurück, woher er gekommen war. Es war nur eine rasche, scheinbar mühelose Bewegung aus dem Handgelenk, aber hinter dem Wurf saß dennoch einige Wucht. Ich sah, daß einige Männer uns aus den Augenwinkeln beobachteten. Die Wachen im Turm beobachteten uns wahrscheinlich ebenfalls. In jedem Gefängnis gibt es Leute von einigem Gewicht, in einem kleinen vielleicht vier oder fünf, in einem großen möglicherweise zwei oder drei Dutzend. In Shawshank gehörte ich zu diesen Leuten, und was ich von Andy Dufresne hielt, konnte mitentscheidend dafür sein, wie er seine Zeit hier verbrachte. Das wußte er wahrscheinlich selbst, aber er machte vor mir keinen Kotau, und das imponierte mir.

»Gut«, sagte er. »Ich will dir sagen, was es ist und warum ich das Ding haben will. Ein Gesteinshammer sieht aus wie eine Miniaturspitzhacke – ungefähr so groß.« Er deutete mit den Händen eine Länge von etwa dreißig Zentimeter an, und dabei bemerkte ich zum ersten Mal, was für gepflegte Fingernägel er hatte. »Er hat an der einen Seite eine Spitze, an der anderen einen stumpfen Hammerkopf. Ich brauche ihn, weil ich mich für Mineralien interessiere.«

»Mineralien«, sagte ich.

»Setz dich doch einen Augenblick«, sagte er.

Ich tat ihm den Gefallen. Wir hockten uns auf den Boden wie die Indianer.

Andy nahm eine Handvoll Sand vom Hof und siebte ihn mit seinen gepflegten Händen, daß eine feine Staubwolke entstand. Kleine Steinchen blieben übrig, von denen zwei glitzerten, während die anderen stumpf waren. Aber sie blieben es nicht, wenn man sie abrieb. Dann nahmen sie einen hübschen milchigen Glanz an. Es war Quarz. Andy warf mir ein Steinchen zu. Ich fing es und nannte die Bezeichnung.

»Richtig, es ist Quarz«, sagte Andy. »Und hier ist Glimmer. Schiefer. Zerriebener Granit. Dies ist ein Stück Kalkstein.« Er warf die Steine weg und säuberte sich die Hände. »Ich bin Amateurmineraloge. Wenigstens... *war* ich Amateurmineraloge. In meinem früheren Leben. Ich möchte mich gern wieder damit beschäftigen, wenn auch in begrenztem Ausmaß.«

»Sonntägliche Expeditionen auf dem Hof?« fragte ich und stand auf. Der Gedanke war lächerlich, und doch... der Anblick dieses kleinen Quarzstücks hatte mir einen Stich ins Herz gegeben. Wahrscheinlich nur eine Assoziation zur Welt draußen. An diese Dinge dachte man nicht im Zusammenhang mit einem Gefängnishof. Quarz fand man in einem kleinen, schnellfließenden Strom.

»Besser sonntägliche Expeditionen hier als gar keine«, sagte er.

»Du könntest mit einem Gegenstand wie einem Gesteinshammer jemandem den Schädel einschlagen«, bemerkte ich.

»Ich habe hier keine Feinde«, sagte er ruhig.

»Nein?« Ich lächelte. »Wart's nur ab.«

»Wenn es Ärger gibt, werde ich auch ohne Hammer damit fertig.«

»Vielleicht willst du versuchen auszubrechen? Unter der Wand durch? Aber falls du –«

Er lachte höflich. Als ich drei Wochen später den Gesteinshammer sah, wußte ich, warum.

»Weißt du«, sagte ich, »wenn jemand dich damit sieht, bist du ihn los. Wenn jemand einen Löffel bei dir findet, bist du den auch los. Was willst du also tun? Dich hier auf den Hof setzen und loshämmern?«

»Oh, ich werde es schon geschickter anstellen.«

Ich nickte. Dieser Teil der Angelegenheit ging mich nichts an. Ein Mann bittet mich, ihm etwas zu besorgen. Ob er es behalten kann, ist seine Sache.

»Was kann so ein Ding kosten?« fragte ich. Seine ruhige und

unterkühlte Art begann mir zu gefallen. Wenn man zehn Jahre im Knast verbracht hat wie ich damals, ist man die Schreihälse und Aufschneider und Krakeeler herzlich leid. Man kann schon sagen, daß ich Andy von Anfang an mochte.

»Acht Dollar in einem Mineraliengeschäft«, sagte er. »Ich bin mir natürlich klar darüber, daß du auf die Kosten etwas aufschlägst.«

»Mein Satz ist Kosten plus zehn Prozent, aber bei einem gefährlichen Gegenstand verlange ich einen Zuschlag. Für so etwas wie dein kleines Werkzeug muß man ein wenig besser schmieren, damit sich die Räder drehen. Sagen wir zehn Dollar.«

»Mit zehn Dollar bin ich einverstanden.«

Ich sah ihn an und lächelte. »*Hast* du denn zehn Dollar?«

»Ich habe«, sagte er nur.

Viel später stellte ich fest, daß er mehr als fünfhundert hatte. Er hatte das Geld mit hereingebracht. Wenn man in dies Hotel eingeliefert wird, sagt einer der Hotelpagen, daß du dich bükken sollst, und dann inspiziert er deinen Arsch – aber da ist reichlich Platz, und ein wirklich entschlossener Mann kann einen ziemlich großen Gegenstand ziemlich weit reinschieben – weit genug, daß er nicht mehr zu sehen ist, wenn der Page, an den man gerät, sich nicht einen Gummihandschuh anzieht und ein wenig tiefer schürft.

»Das ist in Ordnung«, sagte ich. »Du mußt aber wissen, was ich von dir erwarte, wenn du erwischt wirst.«

»Das muß ich wohl«, sagte er, und ich merkte an der leichten Veränderung in seinen grauen Augen, daß er genau wußte, was ich sagen wollte. Ganz leicht hellten sie sich auf, und ich erkannte in ihnen einen Schimmer seines speziellen ironischen Humors.

»Wenn sie dich erwischen, wirst du sagen, daß du das Ding gefunden hast. Das wär's schon ungefähr. Sie werden dich für drei oder vier Wochen in die Isolierzelle stecken... natürlich bist du auch dein Spielzeug los, und außerdem kommt es in deine Akte. Wenn du meinen Namen nennst, werden wir nie wieder ein Geschäft machen. Auch nicht wenn es um ein paar Schnürsenkel oder ein Paket Tabak geht. Und ich werde ein paar Jungs schicken, die dich zusammenschlagen. Ich hasse Gewalttätigkeiten, aber du mußt dich in meine Lage hineinversetzen. Wenn es sich hier rumspricht, daß ich meine Angelegenheiten nicht im Griff habe, bin ich erledigt.«

»Das kann ich mir vorstellen. Ich habe kapiert. Du brauchst dir keine Sorgen zu machen.«

»Ich mache mir nie Sorgen«, sagte ich. »Dafür gibt es in einem solchen Laden keine Prozente.«

Er nickte und ging weg. Drei Tage später trat er während der Frühstückspause der Wäscherei auf dem Hof neben mich. Er sagte weder etwas noch sah er mich überhaupt an, aber er drückte mir so rasch eine Zehndollarnote in die Hand, wie ein Illusionist einen Kartentrick vorführt. Er war ein Mann, der sich auf jede Situation rasch einstellen konnte. Ich besorgte ihm seinen Gesteinshammer. Ich bewahrte ihn eine Nacht in meiner Zelle auf, und er sah genau so aus, wie er ihn beschrieben hatte. Für einen Fluchtversuch war das Werkzeug nicht geeignet (ein Mann hätte ungefähr sechshundert Jahre gebraucht, um damit die Wand zu untertunneln, wie ich meinte), aber ich hatte immer noch ein ungutes Gefühl. Wenn man einem Mann diese Spitzhacke in den Kopf schlug, würde der ganz bestimmt nie mehr Radio hören. Und Andy hatte schon Ärger mit den Schwestern. Ich konnte nur hoffen, daß es nicht sie waren, für die er den Hammer brauchte.

Aber am Ende verließ ich mich auf mein Urteil. Am nächsten Morgen, zwanzig Minuten bevor die Wecksirene losheulte, gab ich den Hammer mit einer Packung Camel an Ernie weiter, den alten wegen guter Führung Privilegierten, der im Zellentrakt fünf die Korridore fegte, bis er 1956 entlassen wurde. Wortlos ließ ich beides in seinen Kittel gleiten, und dann sah ich den Gesteinshammer neunzehn Jahre lang nicht wieder. Nach dieser Zeit war er so abgenutzt, daß er kaum noch wiederzuerkennen war.

Am nächsten Sonntag traf ich Andy wieder auf dem Hof. Er sah an dem Tag nicht besonders gut aus, das können Sie mir glauben. Seine Unterlippe war so dick angeschwollen, daß sie aussah wie eine Dauerwurst, sein rechtes Auge war halb geschlossen, und über seine Wange lief ein häßlicher Riß. Er hatte Schwierigkeiten mit den Schwestern, aber er erwähnte sie nie. »Danke für das Werkzeug«, sagte er und ging davon.

Neugierig beobachtete ich ihn. Er ging ein paar Schritte, sah etwas im Sand, bückte sich und sammelte es auf. Es war ein kleiner Stein. Abgesehen von denen der Schlosser, haben unsere Arbeitsanzüge keine Taschen. Aber es gibt Möglichkeiten, diesen Mangel auszugleichen. Der Stein verschwand in Andys Ärmel und blieb da. Ich staunte... und ich bewunderte ihn. Trotz seiner Probleme lebte er sein Leben weiter. Es gibt Tausende, die das nicht tun oder nicht wollen oder nicht können, und viele von ihnen sind nicht einmal im Gefängnis. Und ich bemerkte, daß sein Gesicht zwar so aussah, als sei ein Tornado darüber hinweggegangen, daß seine Hände aber immer noch sauber, die Nägel gepflegt waren.

Während der nächsten sechs Monate sah ich ihn nicht sehr oft. Andy verbrachte einen großen Teil dieser Zeit in der Isolierzelle.

Ein paar Worte über die Schwestern.

In vielen Anstalten nennt man sie Bullenschwule oder Knastsusies – in jüngster Zeit ist die Bezeichnung »Mörderköniginnen« in Mode gekommen. Aber in Shawshank hießen sie immer die Schwestern. Ich weiß nicht, warum, aber abgesehen vom Namen gab es wohl keinen Unterschied.

Es wird die meisten nicht überraschen, daß innerhalb der Mauern schwule Aktivitäten an der Tagesordnung sind. Überrascht sind vielleicht nur diejenigen Neuen, die das Pech haben, jung, schlank, hübsch und vertrauensselig zu sein. Aber wie Hetero-Sex tritt auch Homosexualität in hundert verschiedenen Formen auf. Es gibt Männer, die es nicht ertragen, ohne irgendeine Art von Sex zu leben, und bevor sie verrückt werden, wenden sie sich an einen anderen Mann. Was folgt, ist gewöhnlich ein Arrangement zwischen zwei im Grunde heterosexuellen Männern, obwohl ich mich manchmal gefragt habe, ob sie wirklich noch so heterosexuell sind, wie sie gern sein wollen, wenn sie erst wieder bei ihren Frauen oder Freundinnen sind.

Es gibt auch Männer, die im Gefängnis »umgedreht« werden. In der gängigen Ausdrucksweise heißt es, sie »werden schwul« oder »sie kommen aus dem Schrank«. Meistens (aber nicht immer) spielen sie die Frau, und um ihre Gunst wird heftig geworben.

Und dann gibt es die Schwestern.

Sie sind für die Gefängnisgesellschaft das, was für die Gesellschaft draußen die Vergewaltiger sind. Es sind gewöhnlich Langjährige, die wegen brutaler Verbrechen verurteilt wurden. Ihre Beute sind die Jungen, die Schwachen und die Unerfahrenen... oder, wie in Andy Dufresnes Fall, diejenigen, die schwach wirken. Ihre Jagdgründe sind die Duschen, die verstopften tunnelähnlichen Gänge hinter den industriellen Waschanlagen in der Wäscherei und manchmal die Krankenstation. Mehr als einmal wurde im Auditorium in der schrankgroßen Box mit dem Projektionsgerät jemand vergewaltigt. Meistens hätten die Schwestern auch freiwillig bekommen, was sie sich mit Gewalt nahmen, denn diejenigen, die »umgedreht« wurden, scheinen immer eine Vorliebe für die eine oder andere Schwester zu haben, wie junge Mädchen ihre Sinatras, Presleys und Redfords anhimmeln. Aber für die Schwestern liegt das Vergnügen gerade darin, es sich mit Gewalt zu nehmen... und ich denke, das wird immer so bleiben.

Wegen seiner schmächtigen Gestalt und seines recht guten Aussehens (und vielleicht auch wegen seiner Selbstbeherrschung, die ich an ihm so bewunderte) waren die Schwestern seit seiner Einlieferung hinter Andy her gewesen. Wenn dies ein Märchen wäre, würde ich Ihnen erzählen, daß Andy sich erfolgreich wehrte, bis sie ihn in Ruhe ließen. Ich wünschte, ich könnte das sagen, aber ich kann es nicht. Das Gefängnis ist keine Märchenwelt.

Keine drei Tage nachdem er sich unserer glücklichen Shawshank-Familie angeschlossen hatte, erlebte Andy die erste Belästigung. Es war in der Dusche, und, soweit ich weiß, ging es mit ein wenig Fummeln und Kitzeln ab. Sie versuchen, ihr Opfer einzuschätzen, bevor sie Ernst machen, so wie Schakale zuerst prüfen, ob ihre Beute wirklich so schwach und lahm ist, wie sie aussieht.

Andy schlug zurück und verpaßte einer kräftigen und brutalen Schwester namens Bogs Diamond – der seit Jahren weg ist, wer weiß, wohin – eine blutige Lippe. Ein Aufseher trat dazwischen, bevor etwas passieren konnte, aber Bogs versprach, es ihm heimzuzahlen – und Bogs hielt Wort.

Beim zweiten Mal war es hinter den Waschanlagen in der Wäscherei. In diesem langen, staubigen und schmalen Gang ist über die Jahre eine Menge passiert. Die Aufseher wissen es, aber sie lassen es auf sich beruhen. Es ist dort dunkel und vollgestopft mit Wäschesäcken und Bleichmitteln, großen Trommeln mit Hexlite-Katalysator, harmlos wie Salz, wenn man trockene Hände hat, aber mörderisch wie Batteriesäure, wenn das Zeug naß ist. Die Wachen gehen nicht gern in diesen Gang. Dort gibt es keinen Manövrierraum, und das erste, was man ihnen beibringt, wenn sie in einem Schuppen wie diesem arbeiten wollen, ist, sich von den Sträflingen nie in die Enge treiben zu lassen.

Bogs war an dem Tag nicht da, aber Henley Backus, der seit 1922 Wäschereivorarbeiter gewesen war, erzählte mir, daß vier seiner Freunde dagewesen seien. Eine Weile hielt Andy sie mit einer Schaufel voll Hexlite in Schach. Er drohte, es ihnen in die Augen zu werfen, wenn sie auch nur ein Stück näher kämen, aber er stolperte, als er versuchte, sich hinter eine der großen Waschmaschinen mit vier Trommeln zurückzuziehen. Das reichte. Sie hatten ihn.

Ich denke, der Ausdruck gemeinschaftliche Vergewaltigung ändert sich in seiner Bedeutung von einer Generation zur anderen nicht sehr. Und das taten diese vier Schwestern mit Andy. Er mußte sich über einen Getriebekasten bücken, und einer hielt ihm einen Phillips-Schraubenzieher an die Schläfe, während die anderen ihn bearbeiteten. Es reißt einen ein bißchen auf, aber es ist nicht so schlimm – ob ich aus eigener Erfahrung spreche, fragen Sie? – ich wollte, das wäre nicht der Fall. Man blutet eine Weile. Wenn man nicht will, daß irgendein Witzbold einen fragt, ob man gerade seine Tage hat, knüllt man Toilettenpapier zusammen und stopft es sich dahin, bis es aufhört. Es blutet tatsächlich wie bei einer Menstruation; es ist ein langsames Tröpfeln und hält zwei, vielleicht drei Tage an.

Dann hört es auf. Weiter passiert nichts, wenn sie nichts Schlimmeres mit einem gemacht haben. Es entsteht kein *physischer* Schaden – aber eine Vergewaltigung ist eine Vergewaltigung, und irgendwann muß man sich vor dem Spiegel wieder ins Gesicht sehen und sich fragen, was aus einem geworden ist.

Andy stand das alles allein durch, wie er in jenen Tagen überhaupt alles allein durchstand. Er mußte zu dem Schluß gekommen sein, zu dem andere vor ihm schon gekommen waren: den Schwestern gegenüber hat man nur zwei Möglichkeiten, nämlich sich mit ihnen prügeln und dann stillhalten, oder gleich stillhalten.

Er entschloß sich zur Gegenwehr. Als Bogs und zwei seiner Kumpel ihn etwa eine Woche nach dem Zwischenfall in der Wäscherei stellten (»Ich habe gehört, du bist zugeritten worden«, sagte Bogs laut Ernie, der Zeuge war), boxte Andy es mit ihnen aus. Er brach einem Burschen namens Rooster McBride das Nasenbein. Dieser McBride war ein schwergewichtiger Farmer, der einsaß, weil er seine Stieftochter zu Tode geprügelt hatte. Ich kann mit Vergnügen mitteilen, daß Rooster hier im Knast gestorben ist.

Sie vergewaltigten ihn alle drei. Als das erledigt war, zwangen Rooster und der andere Scheißkerl – es kann Pete Verness gewesen sein, aber das weiß ich nicht mehr genau – Andy in die Knie. Bogs Diamond trat vor ihn hin. Er hatte damals ein Rasiermesser mit Perlmuttgriff, auf dessen Schneide die Worte *Diamond Pearl* eingraviert waren. Er klappte es auf und sagte: »Ich mach mir jetzt die Hose auf, Mister, und du wirst alles schlucken, was ich dir zu schlucken gebe. Und wenn du meins geschluckt hast, dann schluckst du Roosters. Du hast ihm das Nasenbein gebrochen, und das sollst du ihm bezahlen.«

Andy sagte: »Alles von dir, das du mir in den Mund steckst, wirst du verlieren.«

Bogs sah Andy an, als hielte er ihn für verrückt, erzählte Ernie.

»Nein«, sagte Bogs zu Andy und sprach dabei ganz langsam, als sei Andy ein zurückgebliebenes Kind. »Du hast mich nicht richtig verstanden. Wenn du das tust, stoße ich dir acht Zoll von diesem Stahl ins Ohr. Kapiert?«

»Ich habe verstanden, was du gesagt hast, aber du hast *mich* nicht verstanden. Ich werde in alles beißen, was du mir in den Mund steckst. Du kannst mir wahrscheinlich dein Rasiermesser ins Gehirn stoßen, aber du solltest wissen, daß bei einer plötzlichen ernsthaften Hirnverletzung das Opfer gleichzeitig uriniert, kotet ... und zubeißt.«

Er schaute zu Bogs auf und lächelte wieder dieses leise Lächeln. Ernie sagte, es habe eher ausgesehen, als diskutierten die drei Aktienkurse. Man hätte denken mögen, Andy trüge einen eleganten Anzug mit Weste, wie ihn Banker tragen, anstatt mit runtergelassener Hose auf dem dreckigen Fußboden der Besenkammer zu knien, während das Blut ihm an den Innenseiten der Schenkel herablief.

»Tatsächlich«, fuhr er fort, »soll der Beißreflex gelegentlich so stark sein, daß man die Kiefer des Opfers mit einem Brecheisen öffnen muß.«

Bogs hat Andy an jenem Abend Ende Februar 1948 nichts in den Mund gesteckt, und auch Rooster MacBride nicht. Soweit ich weiß, tat es auch sonst niemand. Was die drei allerdings taten, war dies: Sie schlugen Andy halbtot, und alle drei gingen in die Isolierzelle, Andy und Rooster auf dem Umweg über die Krankenstation.

Wie viele Male sie Andy auf diese Weise behandelten? Ich weiß es nicht. Ich glaube, Rooster verlor schon sehr bald den Geschmack daran – ein Monat mit einer Nasenschiene kann einen Kerl schon dazu veranlassen –, und Bogs Diamond war in jenem Sommer ganz plötzlich verschwunden.

Es war seltsam. An einem Morgen Anfang Juni wurde Bogs, nachdem er zum Morgenappell nicht aufgetaucht war, übel zusammengeschlagen in seiner Zelle aufgefunden. Er wollte nicht sagen, wer es getan hatte oder auf welche Weise sie zu ihm gelangt waren, aber in meinem Gewerbe weiß ich, daß die Wärter fast alles tun, wenn man sie besticht. Einzige Ausnahme: Schußwaffen besorgen sie dir nicht. Sie haben damals nicht viel verdient, und das tun sie auch heute nicht. Und damals gab es keine elektronischen Sperren, keine Fernsehüberwachung, keine Hauptschalter, die ganze Trakte kontrollierten. Damals im Jahre 1948 hatte jeder Trakt seinen eigenen

Schließer. Man konnte einen Wärter durch Bestechung ziemlich leicht dazu bringen, jemand oder mehrere Jemands in einen Trakt einzulassen und, ja, sogar in Diamonds Zelle.

Natürlich mußte so etwas eine Menge Geld gekostet haben. Nicht nach Maßstäben, wie sie draußen gelten, das nicht. Aber im Knast gilt eine andere Ökonomie, da ist der Maßstab verkleinert. Da sieht eine Dollarnote aus wie zwanzig Dollar draußen. Ich vermute, daß, wenn Bogs aufgemischt wurde, jemand dafür ganz schönes Wechselgeld gezahlt haben muß – sagen wir mal fünfzehn Dollar für den Schließer und zwei oder drei für jeden der Schläger.

Ich behaupte nicht, daß Andy Dufresne es war, aber ich weiß, daß er fünfhundert Dollar hatte, als er reinkam, und er war draußen Banker gewesen – ein Mann, der besser als wir anderen wußte, wie man mit Geld Macht erlangen kann.

Und ich weiß auch: Nachdem Bogs Diamond zusammengeschlagen wurde – drei gebrochene Rippen, ein zugeschwollenes Auge, der Rücken verstaucht und eine Hüfte ausgerenkt –, ließ er Andy in Ruhe. Er war nur noch wie ein leichtes Sommergewitter, harmlos und rasch vorbei. Man kann sogar sagen, daß er zu einer »schwachen Schwester« wurde.

So endete Bogs Diamond, ein Mann, der Andy vielleicht eines Tages umgebracht hätte, wenn Andy nicht Maßnahmen getroffen hätte, das zu verhindern (wenn Andy es *war*, der diese Maßnahme traf). Aber damit endete Andys Ärger mit den Schwestern nicht. Es gab eine kleine Pause, und dann fing es wieder an, aber es geschah nicht mehr so oft und auch nicht mehr so brutal. Schakale ziehen leichtere Beute vor, und es gab leichtere Beute als Andy Dufresne.

Er hörte nicht auf, sich zu wehren, das weiß ich noch. Wahrscheinlich wußte er, daß man es nicht ein einziges Mal ohne Widerstand geschehen lassen durfte, wollte man sie nicht geradezu einladen. Deshalb tauchte Andy immer mal wieder mit lädiertem Gesicht auf, und sechs oder acht Monate nachdem Diamond zusammengeschlagen wurde, hatte er zwei gebrochene Finger. O ja – und irgendwann Ende 1948 landete der Mann mit einem gebrochenen Jochbein in der Krankenstation. Wahrscheinlich hat jemand mit einem Rohr auf ihn eingedroschen. Jedenfalls schlug er immer zurück, und deshalb saß er damals oft in der Isolierzelle. Aber ich glaube, daß die Isolierzelle für Andy nicht so schlimm war wie für die meisten anderen. Andy konnte gut allein sein.

Er mußte die Schwestern in Kauf nehmen, und das tat er auch – und dann, 1950, war damit fast völlig Schluß. Aber auf diesen Teil meiner Geschichte komme ich noch zu sprechen.

Im Herbst 1948 traf ich Andy einmal morgens auf dem Hof, und er fragte mich, ob ich ihm vielleicht ein halbes Dutzend Gesteinstücher beschaffen könne.

»Was, zum Teufel, ist das?« fragte ich.

Er erklärte mir, daß sie unter Mineraliensammlern so genannt werden; es seien Poliertücher von der Größe eines Geschirrtuchs. Dicke Tücher mit einer glatten und einer rauhen Seite – die glatte Seite wie feinkörniges Schmirgelleinen, die rauhe fast so grob wie Stahlwolle (von der Andy auch welche hatte, wenn ich sie ihm auch nicht besorgt hatte – wahrscheinlich hatte er sie in der Wäscherei geklaut).

Ich sagte ihm, daß ich sie besorgen könne, und ich bekam sie bei demselben Mineralienhändler, bei dem ich den Gesteinshammer hatte kaufen lassen. Diesmal zahlte Andy nur zehn Prozent Provision und keinen Penny mehr. In einem Dutzend Poliertücher dreißig mal dreißig Zentimeter konnte ich wirklich keine gefährlichen, geschweige denn tödliche Waffen sehen. Gesteinstücher, daß ich nicht lache.

Etwa fünf Monate später fragte Andy mich, ob ich ihm Rita Hayworth besorgen könne. Dieses Gespräch fand während einer Filmvorführung im Gemeinschaftsraum statt. Heute gibt es solche Vorführungen ein oder zweimal die Woche, aber damals nur einmal im Monat. Gewöhnlich vermittelten die Filme, die wir sehen durften, eine Botschaft, die uns moralisch aufrichten sollte. Bei *The Lost Weekend* war es nicht anders. Hier lag die Moral darin, daß Saufen gefährlich ist. In dieser Moral fanden wir einigen Trost.

Andy schaffte es irgendwie, sich neben mich zu setzen, und als der Film halb zu Ende war, beugte er sich zu mir herüber und fragte, ob ich ihm Rita Hayworth besorgen könne. Um ehrlich zu sein, ich war sehr erstaunt. Er war sonst immer so ruhig und beherrscht, aber an dem Abend war er so zappelig und verlegen, als hätte er etwas besonders Unanständiges verlangt. Er war so aufgedreht, als würde er jeden Augenblick explodieren.

»Die kann ich besorgen«, sagte ich. »Und jetzt beruhige dich. Willst du die große oder die kleine?« Zu der Zeit war Rita meine Favoritin (ein paar Jahre früher war es Betty Grable gewesen). Es gab sie in zwei Größen. Für einen Dollar gab es die kleine, für zwei Dollar fünfzig die große Rita, ein Meter zwanzig und nichts als Frau.

»Die große«, sagte er und sah mich dabei nicht an. Ich sage Ihnen, an dem Abend war der Mann nicht wiederzuerkennen. Er wurde rot wie ein Junge, der mit dem Musterungsbescheid seines Bruders eine Porno-Show besuchen will. »Schaffst du das?«

»Keine Angst. Natürlich schaffe ich das. Scheißt ein Bär in den Wald?« Die Leute klatschten und pfiffen, als die riesige Wanze aus der Wand kroch, um Ray Milland zu erwischen, der gerade einen üblen Anfall von Delirium tremens hatte.

»Wann?«

»In einer Woche. Vielleicht schon eher.«

»Okay.« Ich merkte, daß er enttäuscht war. Hatte er gedacht, ich hätte so ein Ding in der Hose stecken? »Was kostet das?«

Ich nannte ihm den Großhandelspreis. Ich konnte es mir erlauben, ihm das Ding zum Selbstkostenpreis zu verkaufen; er war ein guter Kunde. Er hatte den Gesteinshammer und die Gesteinstücher gekauft. Außerdem hatte er sich vernünftig verhalten. Ich hatte schon gefürchtet, daß er irgendwann mit seinem Gesteinshammer jemand den Schädel einschlagen würde.

Poster machen einen großen Teil meines Geschäfts aus. Sie rangieren gleich hinter Schnaps und Zigaretten und noch vor Marihuana. In den Sechzigern explodierte das Geschäft geradezu. Viele wollten ihren Jimmy Hendrix, Bob Dylan oder dieses *Easy Rider*-Poster an der Wand hängen haben. Aber meistens sind es Girls, eine Pin-up-Königin nach der anderen.

Ein paar Tage nachdem Andy mit mir gesprochen hatte, brachte ein Wäschereifahrer, mit dem ich damals Geschäfte machte, über sechzig Poster, die meisten mit Rita Hayworth. Vielleicht erinnern Sie sich an das Bild; ich jedenfalls. Rita ist mit einem Badeanzug bekleidet – wenn man es bekleidet nennen kann – hält eine Hand hinter den Kopf, die Augen halb geschlossen, den vollen roten Schmollmund geöffnet. Sie nannten es Rita Hayworth, aber sie hätten es genauso gut Geiles Weib nennen können.

Die Gefängnisverwaltung weiß von diesem schwarzen Markt, falls Sie sich das gefragt haben. Natürlich weiß sie davon. Die Leute kennen meine Geschäfte wahrscheinlich genauso gut wie ich selbst. Sie dulden sie, weil sie wissen, daß ein Gefängnis wie ein großer Druckkessel ist, der ein Ventil braucht, durch das Dampf abgelassen werden kann. Sie greifen gelegentlich ein, und ich habe im Laufe der Jahre mehr als einmal in der Isolierzelle gesessen, aber wenn es um Dinge wie Poster geht, drücken sie ein Auge zu. Leben und leben lassen. Und wenn in einer Zelle plötzlich eine große Rita Hayworth an der Wand hing, galt die Annahme, daß irgendein Freund oder Verwandter sie mit der Post geschickt hatte. Natürlich werden alle Liebesgabenpakete von Freunden oder Verwandten geöffnet und der Inhalt in Listen eingetragen, aber wegen eines harmlosen Posters mit Rita Hayworth oder Ava Gardner macht sich niemand die Mühe, in den Listen nachzusehen. Wenn man in einem Dampfkessel lebt, lernt man es, Zugeständnisse zu machen, wenn man nicht will, daß irgend jemand einem eines Tages die Fresse poliert.

Wieder war es Ernie, der Andy das Poster in die Zelle brachte. Und Ernie brachte mir einen Zettel in die Zelle, auf dem in Andys sorgfältiger Schrift nur ein Wort stand: »Danke.«

Ein wenig später, als wir zum Frühstück geführt wurden, warf ich einen Blick in seine Zelle und sah Rita in ihrer ganzen Pracht über dem Bett hängen, eine Hand hinter dem Kopf, die Augen halb geschlossen, die weichen Satinlippen geöffnet.

Dort konnte er sie, wenn abends das Licht ausging, im Schein der Bogenlampen vom Hof betrachten.

Aber im Licht der Morgensonne hatte sie dunkle Streifen im Gesicht – die Schatten der Gitterstäbe an seinem Fenster.

Und jetzt werde ich Ihnen erzählen, was sich Mitte Mai 1950 ereignete und Andys drei Jahre dauernde Serie von Kämpfen mit den Schwestern beendete. Dieser Zwischenfall führte außerdem dazu, daß er die Wäscherei verließ, um in Zukunft in der Bibliothek zu arbeiten, und dort hat er gearbeitet, bis er Anfang dieses Jahres unsere glückliche kleine Familie verließ.

Sie werden bemerkt haben, wie viel von dem, was ich Ihnen bereits erzählt habe, auf Hörensagen beruht – jemand erfährt etwas und berichtet es mir, und ich gebe es an Sie weiter. In einigen Fällen habe ich Dinge vereinfacht dargestellt und Informationen aus vierter oder fünfter Hand weitergegeben, und das werde ich auch in Zukunft gelegentlich tun. So ist es hier nun einmal. Hier erfährt man manches nur in Form von Gerüchten, und die muß man richtig deuten, wenn man auf dem laufenden bleiben will. Man muß schon wissen, wie man aus einem Wust von Lügen, Klatsch und Wunschdenken das Körnchen Wahrheit herausfiltert.

Vielleicht haben Sie das Gefühl, daß ich eher über eine Legende als über einen wirklich existierenden Menschen berichte, und daran ist etwas Wahres. Für uns Langjährige, die Andy über viele Jahre kannten, war vieles an ihm phantastisch, fast mythisch, wenn Sie wissen, was ich meine. Dazu gehört die Geschichte, wie Andy sich weigerte, Bogs Diamond einen zu blasen, und wie er sich überhaupt ständig gegen die Schwestern wehrte. Dazu gehört auch die Geschichte, wie er den Job in der Bibliothek bekam... aber mit einem wichtigen Unterschied: Ich war dabei und sah, was geschah, und ich schwöre beim Namen meiner Mutter, daß es die Wahrheit ist. Der Eid eines verurteilten Mörders mag nicht viel wert sein, aber glauben Sie mir, ich lüge nicht.

Zu der Zeit waren Andy und ich schon so gut miteinander bekannt, daß wir uns gelegentlich unterhielten. Der Kerl faszinierte mich. Wenn ich an die Poster-Episode zurückdenke, fällt mir etwas ein, was ich Ihnen nicht erzählt habe, und das sollte ich vielleicht nachholen. Fünf Wochen nachdem er Rita aufgehängt hatte (ich dachte schon gar nicht mehr an die Sache und befaßte mich mit anderen Geschäften), reichte Ernie mir eine kleine weiße Schachtel durch die Gitterstäbe meiner Zelle.

»Von Dufresne«, sagte er und versäumte dabei keinen einzigen Besenstrich.

»Danke, Ernie«, sagte ich und steckte ihm eine halbe Schachtel Camel zu.

Was, zum Teufel, kann das sein, fragte ich mich, als ich den Deckel abnahm. Innen lag ein Menge weiße Watte und darunter...

Ich sah sie mir lange an. Minutenlang wagte ich sie kaum anzufassen, so schön waren sie. Im Knast gibt es so wenig schöne Dinge, und das Schlimme ist, daß so viele Männer sie nicht einmal zu vermissen scheinen.

In der Schachtel lagen zwei kleine Stücke Quarz, beide sorgfältig poliert. Sie waren zu Treibholzform geschnitten, und kleine Einsprengsel von Eisenpyrit schimmerten wie Gold. Wenn sie nicht so schwer gewesen wären, hätte man sie als Manschettenknöpfe verwenden können – sie waren genau aufeinander abgestimmt.

Wieviel Arbeit steckte in diesen kleinen Stücken. Stunde um Stunde mußte Andy abends nach Verlöschen der Lichter daran gearbeitet haben. Zuerst das Zurechtschneiden und Formen und dann die endlose Polierarbeit mit den Gesteinstüchern. Als ich sie betrachtete, wurde mir ganz warm ums Herz, wie es wohl jeder Mensch erlebt, wenn er einen Gegenstand betrachtet, der von Hand *bearbeitet* und *hergestellt* wurde – ich glaube, das eigentlich ist es, was uns von Tieren unterscheidet – und ich empfand noch etwas anderes. Ich empfand Bewunderung für die zähe Hartnäckigkeit dieses Mannes. Aber wie hartnäckig Andy Dufresne sein konnte, erfuhr ich erst sehr viel später.

Im Mai 1950 beschloß die Verwaltung, das Dach der Werkstatt, in der die Nummernschilder hergestellt wurden, neu zu teeren.

Sie wollten es gemacht haben, bevor es dort oben zu heiß wurde, und suchten Freiwillige für die Arbeit, die ungefähr eine Woche dauern würde. Mehr als siebzig Männer meldeten sich, denn es war Außenarbeit, und für Außenarbeit ist der Mai ein verdammt schöner Monat.

Neun oder zehn Namen wurden aus einem Hut gezogen, und zwei davon waren Andys und meiner.

Während der nächsten Woche wurden wir jeden Morgen nach dem Frühstück auf den Hof geführt. Zwei Wärter gingen voran und zwei folgten uns ... die Wärter, die uns von den Türmen aus mit ihren Feldstechern beobachten, nicht gerechnet.

Mit vier Mann trugen wir eine Ausziehleiter, die wir gegen das lange flache Gebäude stellten. Dann bildeten wir eine Kette und hievten Eimer mit heißem Teer auf das Dach. Begieß dich mit der Scheiße, und du tanzt Jitterbug bis in die Krankenstation.

Sechs nach Dienstalter ausgesuchte Wärter bewachten das Projekt. Es war fast so gut wie eine Woche Urlaub. Statt in der Wäscherei oder in der Nummernschilderfabrikation zu schwitzen, verbrachten sie Ferien in der Sonne. Den Rücken gegen das niedrige Geländer gelehnt, saßen sie ganz einfach da und ließen es ruhig angehen.

Sie brauchten uns auch kaum zu bewachen, denn der Wachturm an der Südwand war so nahe, daß die Jungs uns mit ihrem Kaugummi hätten bespucken können. Hätte einer von der Dachreparaturmannschaft auch nur eine falsche Bewegung gemacht, wäre er in vier Sekunden von Maschinengewehrgeschossen Kaliber 45 durchsiebt worden. Die Wärter konnten es sich also gemütlich machen. Es fehlten nur ein paar Dosen Bier auf Eis, und sie wären die Herren der Schöpfung gewesen.

Einer von ihnen war ein Bursche namens Byron Hadley, der damals, 1950, schon länger in Shawshanks gewesen war als ich. Sogar länger als die beiden anderen Aufseher zusammen. Der Mann, der 1950 die Wachmannschaft befehligte, war George Dunahy, ein affektiert wirkender Yankee aus dem südlichen Osten. Er hatte Gefängnisverwaltung studiert. Außer den Leuten, die ihm den Job besorgt hatten, mochte ihn, soweit ich weiß, niemand. Er war, wie ich erfahren hatte, nur an drei Dingen interessiert: statistisches Material für ein Buch zusammenzustellen (das später in New England von einem kleinen Verlag, der sich Light Side Press nennt, herausgebracht wurde und für dessen Veröffentlichung er wahrscheinlich sogar hatte zahlen müssen), welche Mannschaft in jedem September die Gefängnismeisterschaft im Baseball gewann, und an der Wiedereinführung der Todesstrafe in Maine. Darauf war George Dunahy besonders scharf. Er wurde 1953 gefeuert, als herauskam, daß er in der Gefängnisgarage Autos hatte reparieren lassen, um sich den Profit mit Byron Hadley und Greg Stammas zu teilen. Hadley und Stammas kamen ungeschoren davon – sie hatten es geschickt verstanden, sich im Hintergrund zu halten – aber Dunahy mußte gehen. Das bedauerte niemand, aber andererseits war auch keiner froh darüber, daß Greg Stammas seinen Job übernahm. Er war ein kleiner dicker Mann und hatte die kältesten braunen Augen, die ich je gesehen habe. Er trug ständig ein gequältes Lächeln zur Schau, als hätte er auf die Toilette gemußt und es nicht ganz geschafft. Während Stammas' Amtszeit gab es in Shawshank viel Brutalität, und ich glaube, wenn ich auch keine Beweise habe, daß es in dem kleinen Wäldchen östlich des Gefängnisses vielleicht ein halbes Dutzend Beerdigungen bei Mondschein gegeben hat. Dunahy war schlimm, aber Greg Stammas war ein grausamer und kaltherziger Mann.

Er und Byron Hadley waren gute Freunde. Als Oberaufseher war Dunahy nur das Aushängeschild. In Wirklichkeit waren es Stammas und durch ihn Hadley, die das Gefängnis verwalteten.

Hadley war ein großer Mann mit einem Watschelgang, und sein rotes Haar lichtete sich schon. Er bekam leicht einen Sonnenbrand. Er sprach laut, und wenn man sich für seinen Geschmack nicht schnell genug bewegte, schlug er mit dem Stock zu. An jenem Tage, es war unser dritter auf dem Dach, unterhielt er sich mit einem anderen Wärter namens Mert Enthwistle.

Hadley hatte eine erstaunlich gute Nachricht bekommen, und dennoch meckerte er. Das war sein Stil – er war undankbar, und nie fand er für jemand ein gutes Wort. Der Mann war überzeugt davon, daß sich die ganze Welt gegen ihn verschworen hatte. Die Welt hatte ihn um die besten Jahre seines Lebens betrogen, und sie würde ihn nur allzugern auch um den Rest bringen. Ich habe Wärter gekannt, die ich fast für Heilige hielt, und ich glaube ich weiß, warum das so ist – sie sind in der Lage, den Unterschied zwischen ihrem eigenen Leben zu erkennen, wie erbärmlich es auch sein mag, und dem der Männer, für deren Bewachung sie vom Staat bezahlt werden. Diese Wachen können sehr wohl einen Unterschied zwischen ihrem eigenen Elend und dem der Gefangenen formulieren. Andere können oder wollen das nicht.

Bei Byron Hadley fehlte für einen solchen Vergleich jede Basis. Er brachte es fertig, locker und bequem in der warmen Maisonne zu sitzen und dabei sein Glück auch noch zu beklagen, während keine drei Meter weiter die Männer schufteten und schwitzten und sich an den Eimern mit kochendem Teer die Finger verbrannten, Männer, die an normalen Tagen so hart arbeiten mußten, daß dies für sie fast eine *Erholung* war. Sie erinnern sich vielleicht an die alte Frage, mit deren Beantwortung man seine Einstellung zum Leben kundtut. Für Byron Hadley würde die Antwort immer *halb leer* lauten. *Das Glas ist schon halb leer.* Gäbe man ihm ein Glas eisgekühlten Apfelmost, würde er an Essig denken. Sagte man ihm, daß seine Frau ihm immer treu gewesen sei, würde er antworten, das sei nur auf ihre verdammte Häßlichkeit zurückzuführen.

Da saß er also und redete so laut mit Mert Enthwistle, daß wir alle es hören konnten, während seine breite weiße Stirn schon anfing sich unter der Sonne zu röten. Eine Hand lag am Geländer, das um das Dach herumlief, die andere am Griff seiner Achtunddreißiger.

Zusammen mit Mert bekamen auch wir die Geschichte mit. Hadleys älterer Bruder war anscheinend vor etwa vierzehn Jahren nach Texas gegangen, und seitdem hatte die Familie von dem Scheißkerl nichts mehr gehört. Sie hatten alle geglaubt, er sei tot und waren froh, ihn loszusein. Dann, vor anderthalb Wochen, hatte ein Rechtsanwalt aus Austin sie angerufen. Anscheinend war Hadleys Bruder vor vier Wochen gestorben, dazu noch als reicher Mann (»Verdammt unglaublich, daß diese Arschlöcher so ein Glück haben«, sagte dieser Ausbund an Dankbarkeit). Das Geld hatte er im Ölgeschäft verdient, und insgesamt waren es fast eine Million Dollar.

Nein, Hadley war kein Millionär – das hätte vielleicht sogar ihn glücklich gemacht, wenigstens für eine Zeitlang – aber der Bruder hatte jedem Familienmitglied zu Hause in Maine immerhin fünfunddreißigtausend Dollar vermacht, falls die Erben gefunden würden. Nicht schlecht. Als ob man das Glück hat, in der Lotterie zu gewinnen.

Aber für Byron Hadley war das Glas schon halb leer. Den ganzen Morgen beschwerte er sich bei Mert über den Anteil, den die verdammte Regierung ihm abzwacken würde. »Sie lassen mir gerade so viel, daß ich mir einen neuen Wagen kaufen kann«, klagte er. »Und was passiert dann? Dann muß ich auch noch für den Wagen die verdammten Steuern zahlen und die Haltungskosten. Und die verdammten Gören soll man dann dauernd mit zurückgeklapptem Verdeck durch die Gegend fahren...«

»Und wenn sie alt genug sind, wollen sie selbst fahren«, sagte Mert. Der alte Mert Enthwistle wußte schon, wo sein Vorteil lag, und deshalb hütete er sich, das auszusprechen, was ihm genauso auf der Zunge liegen mußte wie uns: Wenn du dir um das Geld solche Sorgen machst, Byron, alter Junge, werde ich es dir gern abnehmen. Wozu hat man schließlich Freunde?

»Das stimmt. Sie wollen selbst fahren, sie wollen darauf sogar fahren *lernen*, verdammt noch mal«, sagte Byron angewidert. »Und was passiert am Ende des Jahres? Wenn man die Steuer falsch berechnet und nicht mehr genug hat, den Rest zu bezahlen, geht es aus der eigenen Tasche, oder vielleicht muß man sogar bei irgendwelchen Kredithaien Geld leihen. Und überprüft wird man ohnehin. Und wenn das Finanzamt erst prüft, muß man immer mehr als sonst bezahlen. Wer kommt gegen Onkel Sam an? Er steckt dir die Hand in die Tasche und nimmt, was er kriegen kann. Er quetscht dich aus, bis du blau im Gesicht bist. Verdammte Scheiße.«

Er verfiel in mürrisches Schweigen und dachte über das Pech nach, fünfunddreißigtausend Dollar geerbt zu haben. Drei

Meter weiter hatte Andy Dufresne mit einer Quaste den heißen Teer verteilt. Jetzt warf er sie in den Eimer und ging zu Mert und Hadley hinüber.

Wir waren entsetzt, und ich sah Tim Youngblood, einen anderen Wärter, schon die Hand an die Pistole legen. Einer der Burschen auf dem Wachtturm schlug seinem Partner mit der Hand auf den Arm. Einen Augenblick dachte ich, sie würden Andy erschießen oder niederknüppeln oder beides.

Dann sagte er ganz leise zu Hadley: »Trauen Sie Ihrer Frau?«

Hadley starrte ihn nur an. Er wurde rot im Gesicht, und ich wußte, daß dies ein schlechtes Zeichen war. In ungefähr drei Sekunden würde er seinen Knüppel ziehen und Andy den Griff in den Solar Plexis rammen, wo die Nerven zusammenlaufen. Wenn der Schlag hart genug geführt wird, kann man einen Menschen auf diese Weise umbringen, aber trotzdem wählen sie immer diese Stelle. Wenn es einen nicht umbringt, lähmt es einen lange genug, daß man vergißt, was man eben noch vorgehabt hat.

»Junge«, sagte Hadley, »du hast noch die Chance, die Quaste aufzunehmen, sonst gehst du kopfüber vom Dach.«

Andy sah ihn kühl und gelassen an. Sein Blick war eisig. Es war, als hätte er nichts gehört. Und ich hätte ihm am liebsten gesagt, daß man es sich *nie* anmerken lassen darf, wenn man eine Unterhaltung zwischen Wärtern gehört hat. Schon gar nicht darf man sich ungefragt in ihre Unterhaltung einmischen (und dann sagt man ihnen, was sie hören wollen, und hält wieder das Maul). Ein Schwarzer, ein Weißer, ein Roter, ein Gelber, diese Unterschiede spielen im Knast keine Rolle. Wir haben unsere eigene Art von Gleichheit. Im Knast ist jeder Sträfling ein Nigger. An den Gedanken muß man sich gewöhnen, wenn man Männer wie Hadley und Greg Stammas überleben will, denen es nichts ausmacht, einen Mann umzubringen. Wenn man sitzt, gehört man dem Staat, und wehe, man vergißt das. Ich kenne Männer, die Augen verloren haben, Männer, die Zehen und Finger verloren haben; ein Mann verlor die Spitze seines Penis und schätzte sich noch glücklich, daß es nicht mehr war. Ich hätte Andy gern gesagt, daß es schon zu spät sei. Selbst wenn er jetzt zurückging und seine Quaste aufnahm, würde abends in der Dusche ein Schläger auf ihn warten, um ihm in die Beine zu treten und ihn schmerzgekrümmt auf dem Beton liegen zu lassen. Man konnte einen solchen Schläger für eine Schachtel Zigaretten kaufen. Und besonders dringend wäre es gewesen, ihm zu sagen, er solle die Sache bloß nicht noch schlimmer machen, als sie schon war.

Aber ich tat nichts dergleichen. Ich strich weiter meinen Teer auf das Dach, als sei nichts geschehen. Wie alle anderen kümmere ich mich zuerst um meinen eigenen Arsch. Ich muß es. Er hat schon einen Sprung, und in Shawshank hat es nie an Hadleys gefehlt, die nur darauf warteten, ihn mir total zu zertreten.

Andy sagte: »Vielleicht habe ich mich falsch ausgedrückt. Ob Sie ihr trauen oder nicht, tut nichts zur Sache. Das Problem ist, ob Sie glauben, daß Ihre Frau Ihnen jemals in den Rücken fallen würde oder ob Sie das nicht glauben.«

Hadley stand auf. Mert stand auf. Tim Youngblood stand auf. Hadleys Gesicht war so rot wie eine Tomate. »Dein einziges Problem«, sagte er, »ist, wie viele Knochen du noch nicht gebrochen hast. Du kannst in der Krankenstation nachzählen. Komm, Mert, wir schmeißen diesen Trottel über die Kante.«

Tim Youngblood zog seine Pistole. Wir anderen teerten wie wild. Die Sonne brannte vom Himmel. Sie würden es tun; Hadley und Mert würden ihn einfach vom Dach stoßen. Schrecklicher Unfall. Dufresne, Gefangener 81433-SHNK brachte ein paar leere Eimer nach unten und rutschte von der Leiter. Sehr bedauerlich.

Sie packten ihn, Mert am rechten Arm, Hadley am linken. Andy leistete keinen Widerstand. Er hielt den Blick auf Hadleys rotes Pferdegesicht gerichtet.

»Wenn Sie sie im Griff haben, Mr. Hadley«, sagte er mit derselben ruhigen und gelassenen Stimme, »sehe ich keinen Grund, warum Sie nicht jeden Cent selbst kassieren sollten. Endresultat: Mr. Byron Hadley fünfunddreißigtausend, Onkel Sam Null.«

Mert zerrte ihn zur Dachkante hinüber. Hadley stand einfach nur so da. Einen Augenblick lang hing Andy zwischen ihnen wie das Seil beim Tauziehen. Dann sagte Hadley: »Eine Sekunde, Mert. Was meinst du damit, Junge?«

»Ich meine, wenn Sie Ihre Frau im Griff haben, können Sie es ihr geben«, sagte Andy.

»Du mußt dich schon deutlicher ausdrücken, Junge, sonst gehst du über die Kante.«

»Die Regierung läßt ein einmaliges Geschenk an die Ehefrau zu«, sagte Andy. »Bis zu sechzigtausend Dollar.«

Hadley sah Andy wie vor den Kopf geschlagen an. »Nee, das stimmt nicht«, sagte er. »Steuerfrei?«

»Steuerfrei«, sagte Andy. »Das Finanzamt kriegt keinen Cent.«

»Und wie kannst du so was wissen?«

»Er war mal Banker, Byron«, sagte Youngblood. »Er könnte recht –«

»Halt's Maul, Forelle«, sagte Hadley, ohne den andern anzusehen. Tim Youngblood wurde rot und hielt das Maul. Wegen seiner dicken Lippen und seiner hervorstehenden Augen nannten die anderen Wärter ihn Forelle. Hadley sah immer noch Andy an. »Du bist doch der schlaue Banker, der seine Frau erschossen hat. Warum sollte ich einem schlauen Banker wie dir glauben? Dann ende ich so wie du. Ich geh in den Knast und klopf mit dir zusammen Steine. Das könnte dir so passen, was?«

»Wenn man Sie wegen Steuerhinterziehung einsperrt«, sagte Andy ganz ruhig, »kommen Sie in ein Bundesgefängnis, nicht nach Shawshank. Aber das kann Ihnen nicht passieren. Das steuerfreie Geschenk an die Ehefrau ist eine völlig legale Möglichkeit, Steuern zu sparen. Ich habe Dutzende ... nein, Hunderte solcher Fälle durchgezogen. Es ist hauptsächlich für Leute gedacht, die einen kleinen Betrieb weitergeben wollen, oder für Leute, die einmalig zu einem unerwarteten Gewinn kommen, wie Sie.«

»Ich glaube, du lügst«, sagte Hadley, aber er glaubte es nicht wirklich – das konnte man sehen. In seinem Gesicht war eine Emotion zu lesen, die auf groteske Weise seine häßlichen Züge und seine fliehende, jetzt von der Sonne gerötete Stirn überlagerte. Eine fast obszöne Emotion, wenn sie in Byron Hadleys Gesicht geschrieben stand. Es war Hoffnung.

»Nein, ich lüge nicht. Aber natürlich haben Sie keinen Grund mir zu glauben. Nehmen Sie sich einen Anwalt –«

»Ihr verdammten Straßenräuber und Arschlöcher!« rief Hadley.

Andy zuckte die Achseln. »Dann gehen Sie doch zum Finanzamt. Dort wird man Ihnen dasselbe erzählen. Umsonst. Außerdem brauchte ich Ihnen das alles gar nicht zu erzählen. Sie hätten sich doch selbst erkundigt.«

»Du verfluchtes Dreckschwein. Ich brauche keinen Frauenmörder und Banker, der mir sagt, wo der Bär in den Buchweizen scheißt.«

»Sie brauchen einen Steueranwalt oder einen Banker, der Ihnen die Sache aufsetzt, und das wird etwas kosten«, sagte Andy. »Oder ... wenn Sie interessiert sind, würde ich sehr gern die Unterlagen für Sie zusammenstellen, das Ganze fast umsonst. Ich verlange nur drei Bier für jeden der Mitarbeiter hier.«

»Mitarbeiter«, sagte Mert und brach in schallendes Gelächter aus. Er schlug sich auf die Schenkel. Der alte Mert war ein richtiger Schenkelklopfer, und ich hoffe, daß er an Darmkrebs gestorben ist, und zwar in einer Gegend, wo das Morphium noch nicht entdeckt wurde. »Mitarbeiter, wie nett. Mitarbeiter! Du hast noch nicht mal –«

»Halt die Fresse, du Großmaul«, brüllte Hadley, und Mert gehorchte. Wieder sah Hadley Andy an. »Was sagtest du noch?«

»Ich sagte, daß ich nur drei Bier für jeden der Mitarbeiter verlange«, sagte Andy. »Ich glaube, ein Mann, der im Frühling im Freien arbeitet, fühlt sich besser, wenn er eine Flasche Bier hat. Das ist meine private Meinung. Es wird ihnen schmecken, und ich bin sicher, daß die Jungs Ihnen das danken werden.«

Ich habe mit einigen der Männer gesprochen, die an diesem Tag dort oben waren – Rennie Martin, Logan St. Pierre und Paul Bonsaint waren drei von ihnen – und wir sahen alle dasselbe... *fühlten* dasselbe. Plötzlich gewann Andy die Oberhand. Es war Hadley, der die Kanone an der Hüfte trug und den Knüppel in der Hand hatte, Hadley, der seinen Freund Greg Stammas hinter sich wußte und die ganze Gefängnisverwaltung hinter Stammas, hinter dieser wiederum die ganze Macht des Staates, aber in der strahlenden Maisonne spielte das alles plötzlich keine Rolle mehr. Ich bekam ein solches Herzklopfen, wie ich es seit 1938 nicht mehr gehabt hatte, als der Lastwagen mich und vier andere durch das Tor fuhr und ich zum ersten Mal diesen Hof betrat.

Andy sah Hadley an, und sein Blick war kalt und klar und ruhig. Es ging nicht mehr um die fünfunddreißigtausend Dollar, darüber waren wir uns alle klar. Ich habe die Szene immer wieder im Geiste Revue passieren lassen, und ich *weiß* es. Es ging jetzt Mann gegen Mann, und Andy *zwang* ihn ganz einfach, so wie ein starker Mann beim Armdrücken den Arm des schwächeren Gegners auf den Tisch zwingt. Es gab keinen Grund, warum Hadley nicht in diesem Augenblick Mert hätte zunicken können, damit dieser Andy vom Dach stieß, um dann doch Andys Rat zu befolgen.

Es gab keinen Grund. *Aber er tat es nicht.*

»Wenn ich wollte, könnte ich euch ein paar Bier beschaffen«, sagte Hadley. »Ein Bier schmeckt gut bei dieser Arbeit.«

Das kolossale Arschloch brachte es sogar fertig, seine Worte großzügig klingen zu lassen.

»Ich möchte Ihnen noch einen Rat geben, den Sie von der Finanzbehörde nicht bekommen«, sagte Andy und sah Hadley dabei unverwandt an. »Machen Sie Ihrer Frau das Geschenk nur, wenn Sie ganz *sicher* sind. Wenn Sie die leiseste Chance sehen, daß sie Sie betrügen oder hintergehen könnte, müßten wir uns etwas anderes einfallen lassen –«

»Mich betrügen?« fragte Hadley rauh. »*Mich* betrügen? Hören Sie zu, Sie Meisterbanker. Sie könnte eine Familienpackung Abführmittel fressen und würde noch nicht mal furzen, bevor ich es ihr gestatte.«

Mert, Youngblood und die anderen Wärter lachten pflichtgemäß. Andy lächelte nicht einmal.

»Ich werde Ihnen aufschreiben, welche Formulare Sie brauchen«, sagte er. »Die bekommt man beim Postamt. Ich werde sie für Ihre Unterschrift vorbereiten.«

Das klang sehr wichtig, und Hadley warf sich in die Brust. Dann sah er uns wütend an und brüllte: »Was habt ihr hier zu glotzen, ihr Stinksäcke? Bewegt eure verdammten Ärsche!« Er wandte sich wieder Andy zu. »Komm her, du Schlaukopf, und hör gut zu: Wenn du mich irgendwie verscheißerst, kannst du vor Ende der Woche in Dusche C deinen eigenen Kopf suchen.«

»Ich habe verstanden«, sagte Andy leise.

Und er hatte verstanden. Wie sich zeigen sollte, verstand er eine Menge mehr als ich – mehr als irgendeiner von uns.

So kam es, daß zwei Tage vor Beendigung der Arbeit die zum Teeren des Daches abgestellten Sträflinge an einem Frühlingsmorgen um zehn Uhr in einer Reihe saßen und Bier der Marke Black Label tranken, das ihnen der schärfste Hund geliefert hatte, der je im Shawshank-Staatsgefängnis eine Runde drehte. Das Bier war pisswarm, aber es war das beste, das ich je im Leben getrunken habe. Wir saßen und tranken und spürten die Sonne auf unseren Schultern, und nicht einmal Hadleys halb amüsierter, halb verächtlicher Gesichtsausdruck – als ob er nicht Männer, sondern Affen Bier trinken sah – konnte die Stimmung verderben. Diese Bierpause dauerte zwanzig Minuten, und während dieser zwanzig Minuten fühlten wir uns wie freie Männer. Als tränken wir Bier und teerten das Dach eines unserer eigenen Häuser.

Nur Andy trank nichts. Ich habe Ihnen schon über seine Trinkgewohnheiten berichtet. Er hatte sich in den Schatten gekauert und ließ die Hände zwischen den Knien hängen. Er beobachtete uns und lächelte. Es ist erstaunlich, wie viele Männer ihn so in Erinnerung haben, und es ist erstaunlich, wie viele Männer zu unserer Arbeitsgruppe gehörten, als Andy Dufresne sich gegen Byron Hadley durchsetzte. Ich dachte, es seien neun oder zehn gewesen, aber um 1955 müssen es schon zweihundert oder mehr gewesen sein... wenn man alles glauben wollte, was man hörte.

Nun, wenn ich Ihnen eine klare Antwort auf die Frage geben müßte, ob ich versuche, über einen Mann zu berichten oder über die Legende, die sich um ihn gewoben hat, wie um ein Sandkorn herum eine Perle entsteht, müßte ich sagen: Die

Antwort liegt irgendwo in der Mitte. Das einzige, was ich sicher weiß, ist, daß Andy Dufresne ganz anders war als ich oder jeder andere, den ich während meiner Zeit hier gekannt habe. Er hatte fünfhundert Dollar im Arsch stecken, als er reinkam, aber irgendwie hat der Kerl noch etwas anderes mit reingebracht. Vielleicht ein gesundes Selbstwertgefühl oder die Ahnung, daß er auf lange Sicht gewinnen würde ... vielleicht war es auch nur ein Gefühl der Freiheit, das ihn selbst innerhalb dieser gottverdammten grauen Mauern nicht verließ. Er trug eine Art inneres Licht mit sich herum. Soweit ich weiß, ist ihm dieses Licht nur einmal abhanden gekommen, und auch das ist Teil meiner Geschichte.

Zur Zeit der Weltserie im Jahre 1950 – Sie erinnern sich vielleicht, daß die Philadelphia Whiz Kids die Meisterschaft gewannen – hatte Andy mit den Schwestern keinen Ärger mehr. Dafür sorgten Stammas und Hadley. Wenn Andy Dufresne zu einem von ihnen oder zu einem anderen Mitglied dieses erlesenen Zirkels kam und auch nur den kleinsten Blutstropfen in der Unterwäsche vorweisen konnte, gingen an dem betreffenden Abend sämtliche Schwestern in Shawshank mit Kopfschmerzen ins Bett. Sie muckten nicht auf. Wie ich schon sagte, es gab immer einen achtzehnjährigen Autodieb oder einen Brandstifter oder einen Kerl, der es mit kleinen Kindern getrieben hatte. Nach dem Tag auf dem Dach der Nummernschilderwerkstatt ging Andy seiner Wege, und die Schwestern ließen ihn unbehelligt.

Er arbeitete damals in der Bibliothek unter einem alten Sträfling namens Brooks Hatlen. Hatlen hatte den Job Ende der zwanziger Jahre bekommen, weil er eine College-Ausbildung hatte. Brooksie hatte ein Diplom in Tierhaltung, aber in Instituten geringerer Gelehrsamkeit, wie dem Shank, waren College-Abschlüsse so selten, daß man nicht besonders wählerisch sein durfte. Brooksie, der während Coolidges Präsidentschaft nach einer Pechsträhne im Poker Frau und Tochter umgebracht hatte, wurde 1952 begnadigt. Wie gewöhnlich hatte der Staat in seiner Weisheit ihn erst gehen lassen, als jede Chance, vielleicht noch einmal ein nützliches Glied der Gesellschaft zu werden, für ihn vertan war. Er war achtundsechzig und hatte Arthritis, als er in einem polnischen Anzug und französischen Schuhen durch das Haupttor nach draußen wankte, in einer Hand den Begnadigungsbescheid, in der anderen ein Greyhound-Busticket. Er weinte, als er ging. Shawshank war seine Welt. Was jenseits seiner Wände lag, war für ihn so schrecklich wie die westlichen Meere für die abergläubischen Seeleute des fünfzehnten Jahrhunderts. Im Gefängnis war Brooksie ein Mann von einiger Bedeutung gewesen. Er war Leiter der Bibliothek und ein relativ gebildeter Mann. Wenn er aber jetzt zur Kittery-Bibliothek ginge und um einen Job nachsuchte, würden sie ihm nicht einmal eine Leihkarte geben. Ich habe gehört, daß er 1953 in der Nähe von Freeport in einem Heim für mittellose Alte gestorben ist, und damit hat er sechs Monate länger durchgehalten, als ich gedacht hätte. Ja, an Brooksie hat sich der Staat ganz schön gerächt. Sie brachten ihn dazu, daß es ihm in diesem Scheißhaus gefiel, und dann schmissen sie ihn raus.

Andy trat Brooksies Nachfolge an und blieb dreiundzwanzig Jahre lang Leiter der Bibliothek. Die gleiche Willenskraft, die schon Byron Hadley zu spüren bekommen hatte, setzte er ein, um zu bekommen, was er sich für die Bibliothek wünschte. Ich konnte beobachten, wie er einen kleinen, mit Ausgaben von Reader's Digest und *National Geographic Magazine* vollgestellten Raum (der noch nach Terpentin roch, weil er bis 1922 als Farbenlager gedient hatte und nie gründlich gelüftet worden war) in die beste Gefängnisbücherei in ganz New England verwandelte.

Er schaffte es Schritt für Schritt. Er brachte an der Tür einen Kasten für Vorschläge an und sortierte geduldig humoristische Versuche aus wie *Bitte mehr Fickbücher* oder *Die Flucht in 10 leichten Lektionen*. Er nahm sich der Wünsche an, mit denen es den Gefangenen ernst war. Er schrieb an die größeren Buchklubs in New York und konnte zwei von ihnen, The Literary Guild und The Book-of-the-Month Club dazu veranlassen, uns alle wichtigen Ausgaben zu Vorzugspreisen zu schicken. Er stellte ein besonderes Informationsbedürfnis im Zusammenhang mit Hobbys wie Seifenschnitzen, Holzarbeiten, Zaubertricks und Card Solitaire fest. Er beschaffte zu diesen Themen so viel Literatur, wie er bekommen konnte. Außerdem natürlich Standard-Gefängnisliteratur wie Erle Stanley Gardner und Louis L'Amour. Vom Gerichtssaal und der freien Wildnis bekommen Sträflinge offenbar nie genug. Und natürlich hatte er auch einen Karton mit recht pikanten Taschenbüchern unter seinem Schreibtisch. Er verlieh sie sehr vorsichtig und achtete darauf, daß sie zurückgegeben wurden. Dennoch wurden sie so eifrig gelesen, daß jede Neuerwerbung nach kurzer Zeit in Fetzen ging.

1954 fing Andy an, Eingaben an den Senat in Augusta zu machen. Stammas war zu der Zeit schon Oberaufseher, und er tat immer so, als sei Andy eine Art Maskottchen. Er hielt sich ständig in der Bibliothek auf, scherzte mit Andy und legte ihm manchmal sogar gönnerhaft den Arm um die Schultern. Er konnte den Leuten nichts vormachen. Andy war niemandes Maskottchen.

Er meinte einmal, Andy sei draußen vielleicht Banker gewesen, aber dieser Teil seines Lebens gehöre endgültig der Vergangenheit an, und Andy solle sich lieber mit den Realitäten des Gefängnislebens vertraut machen. Für diese hochnäsige Bande von republikanischen Rotariern in Augusta gäbe es auf dem Gebiet des Strafvollzugs nur drei vernünftige Zwecke, für die das Geld des Steuerzahlers ausgegeben werden könne: erstens mehr Mauern, zweitens mehr Gitter und drittens mehr Wärter. Was den Senat anbeträfe, erklärte Stammas, seien die Leute in Thomastan und Shawshank und South Portland der Abschaum der Menschheit. Sie sollten ihre Zeit auf die harte Tour absitzen, und, bei Gott und Söhnchen Jesus, die harte Tour würden sie bekommen. Und wenn es wirklich mal ein paar Getreidekäfer im Brot gäbe, dann wäre das eben verdammtes Pech.

Andy lächelte sein leises gelassenes Lächeln und fragte Stammas, was wohl mit einem Betonblock geschehen würde, wenn eine Million Jahre lang jedes Jahr ein Tropfen Wasser auf ihn fiele. Stammas lachte und klopfte Andy auf die Schulter. »Du hast keine Million Jahre, alter Junge, aber wenn du sie hättest, würdest du sie wahrscheinlich mit diesem kleinen Grinsen im

Gesicht erleben. Schreib nur weiter deine Briefe. Ich bringe sie sogar für dich zur Post, vorausgesetzt, du bezahlst die Briefmarken.«

Das tat Andy. Und er war es, der zuletzt lachte, obwohl Stammas und Hadley es nicht mehr erlebten. Andys Anträge auf Zuschüsse für die Bibliothek wurden bis 1960 routinemäßig abgelehnt. Erst dann erhielt er einen Scheck über zweihundert Dollar – der Senat wies das Geld wahrscheinlich in der Hoffnung an, daß er jetzt Ruhe geben würde. Die Hoffnung war vergebens. Andy hatte jetzt den Fuß in der Tür und verdoppelte seine Anstrengungen. Statt einen schrieb er jetzt zwei Briefe in der Woche. 1962 erhielt er vierhundert Dollar, und bis zum Ende des Jahrzehnts wurden der Bibliothek jedes Jahr siebenhundert Dollar überwiesen. Ab 1971 betrug die Summe glatte tausend Dollar. Verglichen mit den Mitteln, die einer durchschnittlichen Kleinstadtbibliothek zur Verfügung gestellt werden, war das nicht viel, aber für tausend Dollar kann man eine Menge Krimis und Wildwestromane kaufen. Als Andy uns verließ, konnte man in die Bibliothek gehen (die mittlerweile in drei Räumen untergebracht war) und praktisch alles finden, was man suchte. Und wenn man es nicht fand, bestand immer noch die Chance, daß Andy es besorgen konnte.

Und jetzt werden Sie fragen, ob das alles darauf zurückzuführen war, daß Andy Byron Hadley erzählt hatte, wie er die Erbschaftsteuer sparen konnte. Die Antwort heißt ja ... und nein. Sie werden sich selbst vorstellen können, wie die Dinge sich entwickelten.

Es sprach sich herum, daß Shawshank in seinen Mauern sein eigenes Finanzgenie beherbergte. Ende Frühjahr und im Sommer 1950 gründete Andy zwei Treuhandfonds für Wärter, die für ihre Kinder eine College-Ausbildung sicherstellen wollten. Er beriet ein paar andere, die in kleinem Maßstab an der Aktienbörse mitmischen wollten (und es stellte sich heraus, daß sie verdammt erfolgreich waren; einer sogar so erfolgreich, daß er zwei Jahre später vorzeitig in den Ruhestand gehen konnte), und ich will verdammt sein, wenn er nicht den Oberaufseher selbst, George Dunahy, das alte Zitronenmaul, beriet, wenn der Steuern sparen wollte. Das war kurz, bevor Dunahy gefeuert wurde, und ich glaube, er muß schon von den Millionen geträumt haben, die er mit seinem Buch zu verdienen hoffte. Im April 1951 machte Andy die Steuererklärungen für die Hälfte der Wärter, und 1952 machte er sie fast alle. Sein Lohn wurde ihm in der im Gefängnis vielleicht wertvollsten Währung ausgezahlt: er wurde gut behandelt.

Später, als Greg Stammas die Leitung übernahm, baute Andy seine Position sogar noch aus – aber Einzelheiten darüber kann ich Ihnen nicht erzählen, ich kann nur raten. Es gibt Dinge, die ich weiß, und andere, die ich nur vermuten kann. Ich weiß, daß es Gefangene gab, die alle möglichen Vorrechte genossen – Radios in den Zellen, zusätzliche Besuchsgenehmigungen und dergleichen –, und es gab draußen Leute, die für diese Privilegien bezahlten. Solche Leute wurden von den Gefangenen »Engel« genannt. Wenn z. B. plötzlich jemand jeden Samstagvormittag von der Arbeit freigestellt wurde, wußte man, daß dieser Junge einen Engel hatte, der einen Haufen Geld hingeblättert hatte, um das zu erreichen. Meistens läuft es so ab, daß der Engel die Bestechungssumme an einen Wärter der mittleren Ebene auszahlt, und der schmiert dann die Verwaltungsleiter nach oben und nach unten.

Dann gab es noch den Autoreparaturdienst, der Dunahy zum Verhängnis wurde. Die Jungs gingen zunächst in den Untergrund, aber in den späten Fünfzigern blühte das Geschäft mehr als je zuvor. Und einige der Unternehmer, die hin und wieder für das Gefängnis arbeiteten, schmierten die höheren Verwaltungsbeamten. Da bin ich ganz sicher, und das gleiche galt für die Firmen, deren Maschinen gekauft und in der Wäscherei oder der Nummernschilderfabrikation installiert wurden.

Aber in den späten Sechzigern gab es außerdem einen schwunghaften Tablettenhandel, und auch daran verdienten die Leute von der Verwaltung. Aus alledem ergab sich ein ansehnlicher Strom an illegalen Einkünften. Natürlich nicht so viel wie die Dollar, die in den wirklich großen Anstalten wie Attica und St. Quentin anfallen, aber es war eben auch kein

Mäusedreck. Und nach einiger Zeit wird das Geld selbst zum Problem. Die Leute können es nicht einfach in die Brieftasche stecken und ein Bündel Banknoten rausholen, wenn sie ihr Haus vergrößern oder einen Swimming-pool im Garten bauen lassen wollen. Wenn man einen gewissen Punkt überschritten hat, muß man erklären, woher das Geld stammt... und wenn die Erklärungen nicht überzeugend klingen, trägt man eines Tages selbst eine Nummer.

Andys Dienste waren also sehr gefragt. Sie holten ihn aus der Wäscherei und setzten ihn in die Bibliothek. Aber genaugenommen haben sie ihn gar nicht aus der Wäscherei geholt. Er mußte jetzt lediglich statt dreckiger Bettlaken dreckiges Geld waschen. Er ließ es in Aktien, Hypotheken und steuerfreien kommunalen Schuldverschreibungen verschwinden, und was es da sonst noch so alles gibt.

Etwa zehn Jahre nach jenem Tag auf dem Dach der Nummernschilderwerkstatt sagte er mir, daß er sehr wohl wisse, was er tue, aber es belaste sein Gewissen nicht sonderlich. Diese Betrügereien wären auch ohne ihn über die Bühne gegangen. Er habe nicht darum gebeten, nach Shawshank gebracht zu werden, fuhr er fort; er sei ein unschuldiger Mann, der einer Verkettung unglücklicher Umstände zum Opfer gefallen sei, aber er sei kein Missionar und auch kein Musterknabe.

»Außerdem, Red«, sagte er mit seinem berühmten leichten Grinsen, »was ich hier tue, ist nicht *so sehr* verschieden von dem, was ich draußen tat. Es gibt einen Grundsatz, und vielleicht hältst du mich für zynisch: Individuen oder Firmen brauchen um so mehr Rat von Experten in finanziellen Dingen, je mehr Leute sie betrügen.

Die Leute, die diesen Schuppen verwalten, sind zum größten Teil stupide und brutale Ungeheuer. Die Leute, die draußen die anständige Welt verwalten, sind genauso brutale Ungeheuer, aber sie sind nicht ganz so stupide, denn draußen wird mehr Kompetenz verlangt. Nicht sehr viel mehr, aber mehr.«

»Aber die Tabletten«, sagte ich. »Ich sage dir nicht, was du zu tun hast, aber sie machen mich nervös. Aufputschmittel,

Beruhigungsmittel, Nembutal – und jetzt gibt es welche, die Vierphasentabletten genannt werden. Ich besorge so etwas nicht. Das habe ich noch nie getan.«

»Nein«, sagte Andy. »Mir gefallen diese Tabletten auch nicht. Sie haben mir noch nie gefallen. Aber ich halte auch nicht viel von Zigaretten und Schnaps. Außerdem habe ich mit dem Tablettenunfug nichts zu tun. Ich bringe sie nicht rein, und wenn sie einmal hier sind, bin nicht ich es, der sie verkauft. Das tun meistens die Wärter.«

»Aber –«

»Ja, ich weiß. Da gibt es einen feinen Unterschied. Worum es geht, Red, ist doch, daß einige Leute sich die Hände überhaupt nicht dreckig machen wollen. Das sind Heilige, und die Tauben landen auf ihren Schultern und scheißen ihnen das Hemd voll. Das andere Extrem ist, in der Scheiße zu baden und mit allem zu handeln, was auch nur einen Dollar einbringt – Revolver, Messer, Heroin und weiß der Teufel was sonst noch. Hat dir schon jemals ein Sträfling solchen Handel angeboten?«

Ich nickte. Das war im Laufe der Jahre oft der Fall. Man ist schließlich der Kerl, der alles besorgen kann. Und sie denken, wenn man ihnen Batterien für ihre Transistorradios, eine Stange Lucky Strike oder ein paar Marihuanazigaretten beschaffen kann, gibt es auch bei einem Messer keine Schwierigkeiten.

»Das ist dir bestimmt schon passiert«, meinte Andy. »Aber du läßt die Finger davon. Denn Leute wie wir, Red, wissen, daß es einen Mittelweg gibt. Wir gehen durch den Schweinepfuhl und fragen uns, was wir dabei gewinnen. Wir wägen ab und wählen das geringere Übel. Dabei versuchen wir, uns an unsere guten Vorsätze zu halten, und ob uns das gelungen ist, merken wir daran, ob wir nachts gut schlafen... und an dem, was wir träumen.«

»Gute Vorsätze«, sagte ich und lachte. »Die kenne ich, Andy. Auf diesem Pflaster kann man direkt in die Hölle reisen.«

»Stimmt nicht«, sagte er ernst. »Die Hölle ist hier. Hier in Shawshank. Sie verkaufen Tabletten, und ich sage ihnen, was sie mit ihrem Geld machen sollen. Aber ich habe auch noch die Bibliothek, und ich kenne zwei Dutzend Männer, die sich hier schon für ein Universitätsstudium qualifiziert haben. Wenn sie rauskommen, schaffen sie es vielleicht, aus der ganzen Scheiße rauszukriechen. Als ich damals 1957 den zweiten Raum brauchte, bekam ich ihn, denn sie wollten mich bei Laune halten. Ich arbeite billig. Das war ein glattes Geschäft.«

»Und du hast deine privaten Räume.«

»Natürlich. Und so wollte ich es haben.«

Die Zahl der Gefangenen war während der fünfziger Jahre langsam gestiegen, und in den Sechzigern gab es eine geradezu explosionsartige Entwicklung. Das war die Zeit, als jeder junge Mann in Amerika Drogen probierte und schon wegen ein bißchen Marihuana zu völlig lächerlich hohen Strafen verurteilt wurde. Aber während der ganzen Zeit hatte Andy nur ein einziges Mal einen Zellengenossen, einen großen wortkargen Indianer namens Normaden (wie jeden Indianer in Shawshank nannten wir ihn Häuptling), und Normaden blieb nicht lange. Viele der zu langjährigen Strafen Verurteilten hielten Andy für verrückt, aber darüber lächelte Andy nur. Er lebte allein, und das war ihm nur recht... wie schon gesagt, sie wollten ihn bei Laune halten. Er arbeitete billig.

Im Knast vergeht die Zeit langsam, manchmal hätte man schwören können, daß sie stillsteht. Aber sie vergeht. Sie vergeht. Als George Dunahy die Szene verließ, überschlugen sich die Zeitungen mit ihren Schlagzeilen. SKANDAL und NESTBESCHMUTZUNG tönte es. Stammas löste ihn ab, und während der nächsten sechs Jahre war Shawshank die Hölle. Während Greg Stammas regierte, waren die Betten in der Krankenstation und die Zellen im Isoliertrakt ständig belegt.

Eines Tages, 1958, betrachtete ich mich in dem kleinen Rasierspiegel, den ich in meiner Zelle hatte, und sah, daß mich ein vierzig Jahre alter Mann anschaute. 1938 war ein Junge mit einem dichten roten Haarschopf reingekommen, der alles bereute und an Selbstmord dachte. Diesen Jungen gab es nicht mehr. Das rote Haar wurde grau und fing schon an auszufallen. Um die Augen Krähenfüße. An jenem Tag sah ich schon den alten Mann in mir, der nur noch seine Zeit abwartete. Ich hatte Angst. Kein Mensch will im Knast alt werden.

Stammas verschwand 1959. Reporter kamen und schnüffelten herum. Einer saß sogar unter fremdem Namen eine Strafe ab. Sie wollten den SKANDAL und die NESTBESCHMUTZEREI wieder in die Schlagzeilen bringen, aber bevor sie sich auf ihn einschießen konnten, war Stammas schon weit weg, und das kann ich gut verstehen. Wenn man ihm den Prozeß gemacht hätte und er verurteilt worden wäre, hätte er gleich in Shawshank bleiben können. Einer von uns. Er hätte vielleicht noch fünf Stunden gelebt. Byron Hadley war schon zwei Jahre früher verschwunden. Der Scheißkerl kriegte einen Herzinfarkt und ging vorzeitig in den Ruhestand.

Durch die Stammas-Affäre änderte sich für Andy nichts, aber Anfang 1959 kam ein neuer Anstaltsleiter mit einem neuen Assistenten, und auch die Wachmannschaft bekam einen neuen Boss. Während der nächsten acht Monate war Andy wieder ein gewöhnlicher Häftling. In dieser Zeit teilte er seine Zelle mit Normaden, dem hochgewachsenen Passaquoddy-Halbblut. Aber bald darauf war alles wieder wie vorher. Die Namen an der Spitze ändern sich, aber die schmutzigen Geschäfte bleiben die gleichen.

Ich sprach mit Normaden über Andy. »Netter Kerl«, sagte Normaden. Er war schwer zu verstehen, denn er hatte eine Hasenscharte und einen Wolfsrachen; ich mußte den Wortbrei erst sortieren. »Es gefiel mir da. Er war aber immer nur ernst, und er wollte mich da nicht haben, das merkte ich.« Ein Achselzucken. »Ich war froh, da wieder rauszukommen. In der Zelle zog es so stark, und immer war es kalt. Niemand durfte seine Sachen anfassen. Das ist okay. Netter Kerl, er war nur immer so ernst. Und dann die Zugluft.«

Rita Hayworth hing bis 1955 in Andys Zelle, wenn ich mich recht erinnere. Dann war es Marilyn Monroe, dieses Bild aus *Das verflixte siebente Jahr*, wo sie über dem vergitterten U-Bahn-

Schacht steht und die warme Luft ihr den Rock hochbläst. Marilyn hielt sich bis 1960 und war schon ziemlich abgegriffen, als sie Jane Mansfield weichen mußte. Jane war, verzeihen Sie bitte den Ausdruck, ein einziges Paar Titten. Nach nur einem Jahr trat eine englische Schauspielerin an ihre Stelle – es könnte Hazel Court gewesen sein, aber das weiß ich nicht mehr genau. Sie wurde 1966 abgenommen, und Raquel Welch kam an Andys Zellenwand, wo sie die Rekordzeit von sechs Jahren verbrachte. Das letzte Poster, das dort hing, war eine hübsche Country-Rock-Sängerin namens Linda Ronstadt.

Ich fragte ihn einmal, was die Poster für ihn bedeuteten, und er sah mich sonderbar erstaunt an. »Sie bedeuten für mich wahrscheinlich das, was sie für jeden Sträfling bedeuten«, sagte er. »Freiheit. Man betrachtet diese hübschen Frauen und hat das Gefühl, daß man fast... nicht ganz aber *fast* hinausgehen und bei ihnen sein könnte. Und frei sein. Deshalb hat mir Raquel Welch auch immer am besten gefallen. Es war nicht nur sie; es war der Strand, auf dem sie stand. Es könnte irgendwo in Mexiko gewesen sein. Irgendein ruhiger Ort, wo ein Mann seine eigenen Gedanken hören kann. Hast du bei einem Bild nicht manchmal die gleichen Gefühle, Red? Daß man fast durch das Bild hindurchgehen kann?«

Ich sagte ihm, daß ich es so noch nie gesehen hätte.

»Vielleicht wirst du eines Tages verstehen, was ich meine«, sagte er, und er sollte recht behalten. Jahre später wußte ich genau, was er meinte... und als ich es wußte, mußte ich zuerst an Normaden denken und an das, was er über Andys kalte Zelle gesagt hatte.

Ende März oder Anfang April 1963 mußte Andy eine entsetzliche Erfahrung machen. Ich habe Ihnen schon erzählt, daß er etwas hatte, was den meisten Gefangene und auch mir offensichtlich fehlte. Nennen wir es vielleicht Gleichmut oder ein Gefühl inneren Friedens, vielleicht war es sogar der unerschütterliche Glaube, daß dieser Alptraum eines Tages enden würde. Wie man es auch nennt, Andy Dufresne wirkte immer ausgeglichen. An ihm erkannte man keine Anzeichen dieser dumpfen

Verzweiflung, die nach einiger Zeit fast jeden Lebenslänglichen befällt. Nie zeigte er Hoffnungslosigkeit. Bis zum Winter 1963.

Inzwischen hatte ein neuer Mann die Leitung des Gefängnisses übernommen. Er hieß Samuel Norton, und soweit ich weiß, hat niemand ihn je lächeln sehen. Er trug eine Anstecknadel für dreißigjährige Zugehörigkeit zur Baptistenkirche. Eine bedeutende Neuerung, die er als Vorstand unserer glücklichen kleinen Familie veranlaßte, war, dafür zu sorgen, daß jeder ein Neues Testament bekam. Auf seinem Tisch stand ein kleines Schild mit goldenen, in Teakholz eingelegten Buchstaben. Die Inschrift lautete: CHRISTUS IST MEIN ERLÖSER. An der Wand hing ein von seiner Frau gearbeitetes Sticktuch, auf dem stand: SEIN URTEIL KOMMT, UND ES KOMMT SCHNELL. Diese letztere Sentenz konnte keinen von uns erwärmen. Wir hatten alle das Gefühl, das Urteil schon hinter uns zu haben, und selbst die Besten unter uns hätten schwören mögen, daß der Fels uns nicht schützen noch der abgestorbene Baum uns Schatten spenden würde. Er hatte für jeden Anlaß ein Bibelzitat, dieser Norton, und wann immer man einen solchen Mann trifft, sollte man, das ist mein Rat, nur grinsen und sich beide Hände vor die Eier halten.

Die Krankenstation war nie so voll wie in den Tagen eines Greg Stammas, und soweit ich weiß, hörten die Beerdigungen bei Mondschein völlig auf, aber das bedeutete nicht, daß Norton kein Verfechter strenger Bestrafung war. Die Isolierzellen waren immer gut besetzt. Die Männer verloren ihre Zähne nicht mehr, weil sie zusammengeschlagen wurden, sondern wegen der Wasser- und Brotdiät. Die Leute nannten diese Diät Nortons Kornsuppe. Zum Beispiel: »Ich muß wieder Sam Nortons Kornsuppe saufen, Jungs.«

Der Mann war der widerlichste Heuchler, den ich je in einer höheren Stellung erlebt habe. Die Geschäfte, von denen ich erzählte, blühten nach wie vor, aber Sam Norton fügte noch eigene Schnörkel hinzu. Andy kannte sie alle, und, da wir inzwischen recht gute Freunde geworden waren, erzählte er mir einiges darüber. Wenn Andy über diese Dinge redete, las man in seinem Gesicht Ekel und eine Art amüsierte Verwunderung, so als berichtete er über ein häßliches und beutegieriges

Ungeheuer, das schon durch seine Häßlichkeit und seine Gier eher komisch als schrecklich war.

Norton war es auch, der das Programm für Außenarbeiten entwickelte, über das Sie vielleicht vor sechzehn oder siebzehn Jahren gelesen haben; darüber stand sogar etwas in *Newsweek*. In der Presse hörte es sich an wie ein wahrer Fortschritt im Strafvollzug. Einige Gefangene fällten Bäume für die Papierherstellung, andere reparierten Brücken und besserten Straßen aus. Wieder andere bauten Keller zum Einlagern von Kartoffeln. Norton nannte das Projekt »Von-Drinnen-Nach-Draußen« und mußte es jedem Rotary- und Kiwanis-Klub in New England erklären, besonders nachdem sein Bild in *Newsweek* erschienen war. Die Gefangenen nannten die Arbeitstrupps »Straßenbanden«, aber ich erinnere mich nicht, daß auch nur einer von ihnen jemals gebeten wurde, seine Ansichten über die Außenarbeitsprogramme vor irgendeinem Forum darzulegen.

Und mitsamt seiner Anstecknadel für dreißigjährige Kirchenzugehörigkeit war Norton an jedem Projekt finanziell beteiligt: Ob nun Bäume gefällt, Entwässerungsgräben gezogen oder an Bundesstraßen Abzugskanäle gebaut wurden, immer sahnte Norton ab. Er hatte unzählige Möglichkeiten. Er verdiente an der Arbeit der Männer und am Material. Aber sein Geld floß auch aus anderen Quellen. Die Bauindustrie hatte mörderische Angst vor Nortons Außenarbeitsprogrammen. Gefangenenarbeit ist schließlich Sklavenarbeit, und seine Preise konnte kein Mitbewerber unterbieten. Also erhielt Sam Norton, der mit dem Neuen Testament und mit der Kirchenanstecknadel für dreißig Jahre Frömmigkeit, während seiner sechzehnjährigen Dienstzeit in Shawshank eine ganze Menger praller Briefumschläge zugesteckt. Und immer, wenn er einen solchen erhielt, überbot er die anderen oder er lieferte gar kein Angebot ab. Manchmal machte er auch geltend, daß alle seine Männer anderweitig beschäftigt seien. Ich habe mich immer darüber gewundert, daß Norton nicht eines Tages irgendwo in Massachusetts in einem abseits der Landstraße geparkten Thunderbird aufgefunden wurde, die Hände auf dem Rücken gefesselt und ein halbes Dutzend Kugeln im Kopf.

Jedenfalls rollte der Rubel, wie es in dem alten Lied heißt. Norton glaubte wohl an die alte Puritanerweisheit: Wie gnädig Gott einem Menschen ist, stellt man am besten fest, wenn man sein Bankkonto betrachtet.

Bei alledem fungierte Andy Dufresne als seine rechte Hand und als sein stiller Teilhaber. Die Gefängnisbücherei war Andys Pfand auf die Zukunft. Norton wußte das und nutzte es aus. Andy erzählte mir einmal, daß *Eine Hand wäscht die andere* zu Nortons Lieblingsaphorismen gehörte. Andy gab ihm also guten Rat und machte nützliche Vorschläge. Ich weiß nicht genau, ob er die Programme für Norton selbst organisierte, aber ich bin verdammt sicher, daß er diesem Jesus schreienden Hurensohn das Geld anlegen half. Er gab guten Rat und machte nützliche Vorschläge, und... verdammt noch mal! Plötzlich hatte die Bibliothek einen ganzen Satz Handbücher für die Reparatur von Automobilen, eine neue Ausgabe der Grolier-Enzyklopädie und Bücher, mit denen man sich für die Zulassung zur Universität qualifizieren konnte. Und natürlich weitere Krimis und Wildwestromane.

Und ich bin überzeugt, dies geschah alles, weil Norton seine rechte Hand nicht verlieren wollte. Ich gehe sogar noch weiter: Es geschah, weil Norton Angst vor dem hatte, was vielleicht passieren konnte – und was Andy gegen ihn vorzubringen hätte – wenn er jemals das Staatsgefängnis von Shawshank verlassen sollte.

Ich erfuhr die Geschichte nur bruchstückweise, einiges – aber nicht alles – von Andy selbst. Über diesen Teil seines Lebens redete er nicht gern, und das kann ich ihm nicht verübeln. Ich erfuhr alles aus vielleicht einem Dutzend verschiedener Quellen. Ich erwähnte schon, daß Strafgefangene nichts anderes sind als Sklaven, und deshalb haben sie auch die Sklavengewohnheit sich dumm zu stellen, aber die Augen und Ohren offenzuhalten. Ich erfuhr das Ende, den Anfang und die Mitte, aber ich erzähle es Ihnen von A bis Z, und vielleicht verstehen Sie dann, warum der Mann zehn Monate in tiefsten Depressionen zubrachte. Wissen Sie, ich glaube, er kannte die Wahrheit erst 1963, fünfzehn Jahre nachdem er in dieses wunderschöne kleine Höllenloch gekommen war. Bevor er Tommy Williams

kennenlernte, wußte er wahrscheinlich gar nicht, wie schlimm es noch kommen sollte.
Tommy Williams schloß sich November 1962 unserer glücklichen kleinen Shawshank-Familie an. Tommy hielt sich für einen Mann aus Massachusetts, aber darauf war er nicht stolz; er hatte mit seinen siebenundzwanzig Jahren schon in ganz New England im Knast gesessen. Er war Gewohnheitsdieb, und wie Sie sich denken können, bin ich der Ansicht, daß er einen anderen Beruf hätte wählen sollen.

Er war verheiratet, und seine Frau besuchte ihn jede Woche. Sie war auf den Gedanken gekommen, daß es Tommy – und folglich auch ihr und dem dreijährigen Sohn – bessergehen würde, wenn Tommy einen Universitätsabschluß hätte. Sie überredete ihn dazu, und so kam es, daß Tommy Williams anfing, regelmäßig die Bibliothek aufzusuchen.

Dergleichen war für Andy zu der Zeit schon Routine. Er besorgte Williams Tests, die den Anforderungen der Aufnahmeprüfung für die Universität entsprachen. Tommy frischte seine Kenntnisse in den Fächern auf, die er für seinen Schulabschluß belegt hatte – es waren nicht viele –, und machte dann den Test. Andy sorgte auch dafür, daß er in den Fächern, die er in der Schule nicht bestanden oder gar nicht erst gewählt hatte, Fernunterricht nahm.

Wahrscheinlich war er nicht der beste Schüler, dem Andy je über die Hürden half, und ich weiß auch nicht, ob er sein Hochschuldiplom später geschafft hat, aber das gehört auch nicht zu meiner Geschichte. Wichtig war, daß er Andy nach einiger Zeit gut leiden konnte, was auch bei den meisten andern der Fall war.

Bei verschiedenen Gelegenheiten fragte er Andy »was hat denn ein so intelligenter Mann wie du in diesem Schuppen zu suchen« – eine Frage, die ungefähr jener anderen Frage entsprach: »was hat denn ein so nettes Mädchen wie du hier zu suchen«. Aber Andy war nicht der Typ, der darüber redete. Er lächelte immer nur und lenkte das Gespräch in eine andere Richtung. Es war ganz normal, daß Tommy andere Leute fragte, und als er endlich die Geschichte erfuhr, bekam er wahrscheinlich den Schock seines jungen Lebens.

Der Mann, den er fragte, bediente mit ihm zusammen die Heißmangel in der Wäscherei. Die Insassen nannten das Ding den Zerquetscher, und genau das passiert einem, wenn man unaufmerksam ist und mit den Fingern zwischen die Rollen gerät. Sein Partner war Charlie Lathrop, der wegen Mordes verurteilt war und schon zwölf Jahre saß. Er war nur zu gern bereit, Tommy die Einzelheiten des Mordprozesses gegen Dufresne zu erzählen; es unterbrach die Monotonie, die es bedeutete, die gemangelten Bettlaken aus der Maschine zu ziehen und zusammengefaltet in Körbe zu legen. Er war gerade bei der Mittagspause der Jury angekommen, bevor diese ihr ›schuldig‹ sprach, als die Alarmsirene loslärmte und die Mangel knirschend zum Stillstand kam.

Am anderen Ende waren frisch gewaschene Laken aus dem Eliot-Pflegeheim eingegeben worden. An Tommys und Charlies Ende kamen sie, eins alle fünf Sekunden, trocken und sauber gemangelt raus. Ihre Aufgabe war es, sie zusammenzufalten und in die mit sauberem braunem Papier ausgelegten Körbe zu packen.

Aber Tommy Williams stand ganz einfach mit offenem Mund da und starrte Charlie Lathrop an. Er stand in einem Haufen Laken, die sauber aus der Maschine gekommen waren und jetzt den Dreck vom Fußboden aufsogen – und in einer Wäscherei gibt es eine Menge Dreck.

Sofort kam Homer Jessup, der Oberbulle, herbeigerannt und brüllte wie am Spieß. Tommy bemerkte ihn gar nicht. Er setzte sein Gespräch mit Charlie fort, als sei der alte Homer überhaupt nicht da. Dabei hatte Homer schon mehr Leute mit dem Knüppel auf den Kopf gedroschen, als er je hätte zählen können.

»Wie hieß dieser Golfprofi noch?«

»Quentin«, antwortete Charlie, der inzwischen ganz durcheinander war. Später erzählte er, daß der Junge plötzlich ganz blaß geworden sei. »Glenn Quentin, glaube ich. Oder so ähnlich –«

»Was ist hier los?« brüllte Homer Jessup, und sein Gesicht war rot wie ein Hahnenkamm. »Schmeißt die Laken in kaltes Wasser! Macht schnell oder ich –«

»Glenn Quentin, o Gott«, sagte Tommy Williams, und mehr

konnte er nicht sagen, denn Homer Jessup, der alles andere als friedfertig war, hatte ihm den Knüppel über den Hinterkopf gezogen. Tommy schlug so hart auf, daß ihm drei Vorderzähne abbrachen. Als er wieder zu sich kam, hockte er in der Isolierzelle und hatte jede Menge Wasser und Brot. Und eine Eintragung in seiner Akte.

Das war Anfang Februar 1963, und Tommy Williams ging noch zu ein paar anderen länger Einsitzenden, die ihm ungefähr dieselbe Geschichte erzählten. Ich weiß es, denn ich war einer von denen, die er befragte. Aber als ich ihn fragte, warum er das alles wissen wollte, äußerte er sich nicht.

Dann ging er eines Tages in die Bibliothek und gab Andy ein paar verdammt interessante Informationen. Und zum ersten und letzten Mal seit er mich wie ein Junge, der seine ersten Präservative kauft, auf ein Poster von Rita Hayworth angesprochen hatte, verlor Andy seine Gelassenheit... aber diesmal drehte er völlig durch.

Ich traf ihn noch am gleichen Tag, und er sah aus wie ein Mann, der auf die Zinken einer Harke getreten ist und sich den Stiel zwischen die Augen geknallt hat. Seine Hände zitterten, und als ich ihn ansprach, antwortete er nicht. Noch am Nachmittag wandte er sich an den wachhabenden Aufseher und vereinbarte für den nächsten Tag einen Termin mit Billy Hanlon, dem Leiter der Anstalt. Er erzählte mir später, daß er in der Nacht kein Auge zugetan hätte. Er lag nur da und hörte draußen den eisigen Wind heulen und beobachtete das Kreisen der Scheinwerfer, sah die Schatten, die sich über die Betonwände des Käfigs bewegten, den er seit Harry Trumans Präsidentschaft sein Zuhause nannte, und dachte über alles nach. Er sagte, es sei, als habe Tommy ihm einen Schlüssel zu einem Käfig in seinem Kopf gegeben, der so war wie seine Zelle. Aber in diesem Käfig saß kein Mann, sondern ein Tiger, und dieser Tiger hieß Hoffnung. Williams hatte den Schlüssel gebracht, und jetzt war der Tiger frei und streifte durch seine Gedanken.

Vor vier Jahren war Williams in Rhode Island festgenommen worden, weil er ein gestohlenes Auto voll gestohlener Ware fuhr. Tommy verpfiff seinen Komplizen, der Staatsanwalt spielte mit, und er wurde nur zu zwei bis vier Jahren unter Anrechnung der Untersuchungshaft verurteilt. Elf Monate nachdem er seine Strafe angetreten hatte, wurde sein Zellengenosse entlassen, und er bekam einen anderen, einen Mann namens Elmar Blatch. Blatch war bei einem bewaffneten Einbruch erwischt worden und hatte sechs bis zwölf Jahre bekommen.

»Ich habe noch nie einen so nervösen Kerl gesehen«, erzählte Tommy mir. »So ein Mann ist für einen Einbruch nicht zu gebrauchen, schon gar nicht, wenn er auch noch eine Kanone hat. Beim geringsten Geräusch geht der Kerl an die Decke... und wahrscheinlich schießt er dann auch. Einmal hätte er mich fast erwürgt, weil weiter unten im Gang jemand mit einer Blechdose gegen das Zellengitter schlug.

Ich saß sieben Monate mit ihm in einer Zelle, bis ich entlassen wurde. Sie hatten mir ja die Untersuchungshaft angerechnet, und der Rest wurde mir geschenkt. Ich kann nicht sagen, daß wir uns unterhalten haben, denn mit El Blatch konnte man sich gar nicht unterhalten. Er redete immer nur selbst. Sein Maul stand nie still. Wenn man versuchte, auch mal ein Wort zu sagen, drohte er mit der Faust und rollte mit den Augen. Dabei kriegte ich immer 'ne Gänsehaut. Ein riesiger Kerl, fast kahlköpfig und ganz tiefliegende grüne Augen. Mein Gott, ich hoffe, daß ich den nie wiedersehe.

Er redete mich jeden Abend besoffen. Wo er aufgewachsen ist, aus welchen Heimen er weggelaufen ist, welche Dinger er gedreht, welche Frauen er gebumst und wie viele Leute er mit Falschspiel aufs Kreuz gelegt hat. Ich ließ ihn einfach quatschen. Mein Gesicht mag nicht besonders hübsch sein, weißt du, aber ich wollte nicht, daß er es mir aufpolierte.

Er behauptete, er hat über zweihundert Einbrüche gemacht. Ich konnte es kaum glauben, ein Kerl wie er, der hochgeht wie eine Rakete, wenn einer nur laut furzt, aber er schwört, daß es stimmt. Und jetzt hör mal zu, Red, ich weiß, daß einige Leute übertreiben, wenn sie einem etwas erzählen, was sie wissen, aber schon bevor ich die Sache mit diesem Golfprofi Quentin erfuhr, dachte ich mit Grauen daran, was passiert wäre, wenn dieser Blatch in meine Wohnung eingestiegen wäre. Dann könnte ich von Glück sagen, daß ich noch lebe. Stell ihn dir doch mal vor, wenn er im Schlafzimmer irgendeiner Lady das Schmuckkästchen inspiziert, und die hustet im Schlaf oder dreht sich schnell um. Ich mag gar nicht daran denken.

Er hat sogar gesagt, daß er Leute umgebracht hat. Leute, die ihm dumm kamen. Sagte er wenigstens. Und ich hab es ihm geglaubt. Ihm konnte man es schon zutrauen. Er war so verdammt nervös! Wie eine Pistole mit einem abgesägten Schlagbolzen. Ich kannte mal einen, der hatte eine Smith & Wesson Police Special mit abgesägtem Schlagbolzen. Die war zu nichts zu gebrauchen, außer vielleicht zum Angeben. Wenn dieser Kerl, er hieß Johnny Callahan, seinen Plattenspieler voll aufdrehte, und die Waffe auf eine der Lautsprecherboxen legte, ging sie schon los. So empfindlich war das Ding. Genauso war El Blatch. Besser kann ich es nicht erklären. Ich zweifle nicht daran, daß er schon ein paar Leute umgelegt hat.

Und eines Abends, bloß um was zu sagen, frage ich: ›Wen hast du umgebracht?‹ Nur so aus Spaß, weißt du. Er lacht und sagt: ›Oben in Maine sitzt ein Kerl im Knast wegen der zwei Leute, die ich umgelegt hab. Es war dieser Kerl und die Frau von dem Idioten, der da jetzt sitzt. Ich bin in ihr Haus eingestiegen, und der Kerl wollte frech werden.‹«

»Ich weiß nicht mehr, ob er mir den Namen der Frau genannt hat«, fuhr Tommy nach einer Weile fort. »Vielleicht hat er es getan. Aber in New England ist Dufresne so häufig wie anderswo Smith und Jones, denn da oben gibt es sehr viele Franzosen. Dufresne, Lavesque, Ouelette, Poulin, wer kann schon französische Namen behalten? Aber den Namen von dem Mann hat er mir gesagt. Er sagte, der Mann hieß Glenn Quentin und war ein großes Arschloch, ein reiches Arschloch, ein Golfprofi. Er dachte, der Kerl könnte Geld im Haus haben. Vielleicht sogar fünftausend Dollar. Das war damals eine Menge Geld, sagte er. Also frage ich: ›Wann war das?‹ Und er sagt: ›Nach dem Krieg. Gleich nach dem Krieg.‹

Er ging also rein und durchsuchte die Bude. Und da machte der Kerl Schwierigkeiten. Sagt *El. Ich* glaube, daß der Mann vielleicht nur angefangen hat zu schnarchen. Wie dem auch sei, dieser Quentin hatte ein Verhältnis mit der Frau eines bekannten Anwalts, und diesen Anwalt haben sie ins Shawshank-Staatsgefängnis geschickt. Das erzählte El mir, und dann lachte er wieder so gräßlich. Mein Gott, war ich froh, als ich meine Entlassungspapiere kriegte.«

Ich kann gut verstehen, daß Andy wackelig in den Knien wurde, als Tommy ihm diese Geschichte erzählte, und daß er sofort mit dem Anstaltsleiter sprechen wollte. Als Tommy ihn vor vier Jahren kennenlernte, saß Elwood Blatch eine Strafe von sechs bis zwölf Jahren ab. Als Andy die Geschichte 1963 erfuhr, konnte er kurz vor der Entlassung stehen ... oder schon entlassen sein. Das waren die beiden Enden des Spießes, an dem Andy röstete – einerseits der Gedanke, daß Blatch noch einsaß, und andererseits die sehr reale Möglichkeit, daß er schon längst irgendwohin verschwunden war.

Tommys Geschichte enthielt einige Ungereimtheiten, aber gibt es die im wirklichen Leben nicht immer? Blatch erzählte Tommy, der Mann, der nach Shawshank geschickt worden war, sei Anwalt gewesen, und Andy war Banker, aber das sind zwei Berufe, die von primitiven Leuten leicht verwechselt werden können. Und von dem Zeitpunkt, als Blatch die Zeitungsberichte über den Prozeß las, bis zu dem Zeitpunkt, als er Tommy die Geschichte erzählte, waren zwölf Jahre vergangen. Er sagte Tommy auch, daß er aus einer Kiste, die in Quentins Schrank stand, mehr als tausend Dollar genommen hätte, aber bei Andys Prozeß behauptete die Polizei, es habe keine Anzeichen für einen Einbruch gegeben. Darüber mache ich mir meine eigenen Gedanken. Erstens, wenn man Geld mitnimmt, und der Mann, dem es gehörte, ist tot, wie soll dann einer wissen, ob etwas geklaut wurde? Es sei denn, ein anderer wußte, daß das Geld da war. Zweitens, wer kann wissen, ob Blatch, was das Geld anbetrifft, nicht gelogen hat? Vielleicht wollte er nur nicht zugeben, daß er zwei Menschen für nichts und wieder nichts ermordet hat. Drittens, vielleicht gab es sogar Indizien für einen Einbruch, und die Bullen haben sie entweder übersehen – Bullen können ziemlich blöd sein – oder sie haben die Spuren absichtlich verwischt, um dem Staatsanwalt nicht die Tour zu vermasseln. Immerhin strebte der Mann ein öffentliches Amt an, und er brauchte einen Täter und ein Urteil. Ein unaufgeklärter Doppelmord anläßlich eines Einbruchs hätte ihm nur schaden können.

Aber von diesen drei Gedanken gefällt mir der zweite am besten. Während meiner Zeit in Shawshank habe ich ein paar solcher Typen wie Elwood Blatch kennengelernt – die Jungs mit den verrückten Augen, die nur allzu geil darauf sind, am Abzug zu fingern. Die Leute erzählen dir, daß sie bei jedem Scheißding den Hope-Diamanten erbeutet haben, obwohl man sie mit einer billigen Timex-Uhr und neun Dollar erwischt hat, und sie dann für so einen Schwachsinn ihre Zeit abreißen müssen.

Und eins an Tommys Geschichte überzeugte Andy endgültig. Blatch war nicht zufällig an Quentin geraten. Er hatte Quentin ein »reiches Arschloch« genannt, und er hatte *gewußt*, daß Quentin Golfprofi war. Zwei oder dreimal die Woche hatten Andy und seine Frau den Country Club aufgesucht, um dort zu essen und ein paar Drinks zu nehmen, und das über einen Zeitraum von ein paar Jahren. Als Andy dann erfuhr, daß seine Frau ihn betrog, trank er dort öfter und reichlich. Dem Country Club war eine Tankstelle angeschlossen, und dort hatte 1947 ein Aushilfstankwart gearbeitet, auf den die Beschreibung zutraf, die Tommy von Elwood Blatch gegeben hatte. Ein sehr großer Mann mit einer Halbglatze und tiefliegenden grünen Augen. Dieser Mann hatte eine unangenehme Art, einen anzuschauen, als ob er einen taxierte. Er war nicht lange da, sagte Andy. Entweder ging er von selbst oder Briggs, sein Boss, hat ihn gefeuert. Aber einen solchen Mann vergaß man nicht so leicht. Dafür war er zu auffällig.

An einem regnerischen und windigen Tag, als große graue Wolken am Himmel über den grauen Mauern aufzogen und als auf den Feldern jenseits dieser Mauern der letzte Schnee zu schmelzen anfing und das tote Gras vom vorigen Jahr freigab, suchte Andy den Anstaltsleiter Norton auf.

Der Mann hatte ein ziemlich großes Büro im Verwaltungstrakt, und hinter seinem Schreibtisch gab es eine Tür, durch die man in das Büro seines Stellvertreters gelangen konnte. Der Assistent war zwar an dem Tag nicht da, aber einer der Privilegierten hatte seine Stelle eingenommen. Der Mann lahmte, und seinen richtigen Namen habe ich vergessen. Alle Insassen und ich auch nannten ihn Chester, nach dem Kumpan von Marshall Dillon aus dem Fernsehen. Chester sollte die Pflanzen begießen, Staub wischen und den Fußboden bohnern. Ich fürchte allerdings, daß die Pflanzen an diesem Tag dürsten mußten, und das einzige, was gebohnert wurde, war vermutlich das Schlüsselloch der genannten Verbindungstür, das Chester mit seinem schmierigen Ohr polierte.

Er hörte, wie sich die vordere Tür zum Zimmer des Anstaltsleiters öffnete und wieder schloß und wie Norton sagte: »Guten Morgen, Dufresne, was kann ich für Sie tun?«

»Herr Direktor«, sagte Andy, und Chester sagte uns, daß er Andys Stimme kaum wiedererkannt hätte, so anders habe sie geklungen. »Herr Direktor... da ist etwas... es ist etwas geschehen, das... ist so... ich weiß gar nicht, wo ich anfangen soll.«

»Fangen wir doch ganz einfach am Anfang an«, sagte der Anstaltsleiter und sprach dabei wahrscheinlich in seinem schönsten, salbungsvollsten Ton. »Das funktioniert gewöhnlich am besten.«

Und das tat Andy dann auch. Er rief Norton die Einzelheiten des Verbrechens, für das man ihn verurteilt hatte, ins Gedächtnis zurück. Dann berichtete er ihm ganz genau, was Tommy ihm erzählt hatte. Er gab dabei Tommys Namen preis, was man im Lichte der späteren Entwicklung für unklug halten mag, aber ich frage Sie, wie hätte er handeln können, wenn seine Geschichte glaubwürdig sein sollte.

Als er fertig war, schwieg Norton eine ganze Weile. Ich sehe ihn direkt vor mir, wahrscheinlich in seinem Bürosessel zurückgelehnt, hinter ihm das Bild von Gouverneur Reed an der Wand, die gespreizten Finger aneinandergelegt, die dikken Lippen geschürzt, die Stirn bis mitten auf den Kopf gerunzelt, dazu der helle Schimmer seiner Anstecknadel für dreißigjährige Kirchenzugehörigkeit.

»Ja«, sagte er endlich. »Das ist die verrückteste Geschichte, die ich je gehört habe. Aber ich will Ihnen sagen, was mich dabei am meisten überrascht, Dufresne.«

»Und das wäre, Sir?«

»Daß Sie darauf reingefallen sind.«

»Sir? Ich verstehe nicht, was Sie meinen.« Und Chester sagte, daß Andy Dufresne, der vor dreizehn Jahren auf dem Dach der Nummernschilderfabrikation sogar mit Byron Hadley fertiggeworden war, in diesem Augenblick nach Worten suchte.

»Nun«, sagte Norton. »Es ist mir ziemlich klar, daß dieser junge Bursche Williams von Ihnen beeindruckt ist. Er schwärmt direkt für Sie. Nun hört er Ihre Leidensgeschichte, und da ist es doch ganz natürlich, daß er Sie ... trösten will, sagen wir mal. Das ist ganz natürlich. Er ist noch jung und nicht besonders gescheit. Kein Wunder, daß er nicht wußte, in welchen Zustand er Sie damit versetzte. Was ich Ihnen jetzt vorschlage, ist ...«

»Glauben Sie, daran hätte ich nicht selbst gedacht?« fragte Andy. »Aber ich habe Tommy nichts von dem Mann gesagt, der damals da arbeitete. Das habe ich *niemand* erzählt – ich habe nicht mal daran gedacht! Aber Tommys Beschreibung seines Zellengenossen und dieser Mann ... das *ist* er!«

»Nun gut, Sie unterliegen da wahrscheinlich einer Art selektiver Wahrnehmung«, sagte Norton und kicherte. Phrasen wie ›selektive Wahrnehmung‹ gehören zum ständigen Repertoire der Leute, die sich von Berufs wegen mit Kriminalstrafkunde und Rehabilitation beschäftigen, und sie gebrauchen diese Vokabeln, so oft sie können.

»Darum geht es überhaupt nicht, Sir.«

»So sehen Sie es«, sagte Norton, »aber ich sehe es anders. Und vergessen Sie doch nicht, daß Sie lediglich *behaupten*, daß im Falmouth Hill Country Club damals der Mann, den Sie beschreiben, gearbeitet hat.«

»Nein, Sir«, unterbrach ihn Andy. »Nein, das stimmt nicht. Denn –«

»Wie auch immer«, sagte Norton und hob die Stimme,

»schauen wir doch einmal durch das andere Ende des Fernrohrs. Nehmen wir an – nur mal angenommen – daß es diesen Elwood Blotch wirklich gibt.«

»Blatch«, sagte Andy und kniff die Lippen zusammen.

»Meinetwegen Blatch. Und nehmen wir an, er hat tatsächlich in Rhode Island mit Thomas Williams in einer Zelle gesessen. Dann stehen die Chancen gut, daß er inzwischen entlassen wurde. Sehr gut sogar. Wir wissen ja nicht einmal, wie lange er schon gesessen hatte, als er bei Williams landete, nicht wahr? Wir wissen nur, daß er zu sechs bis zwölf Jahren verurteilt wurde.«

»Nein, wir wissen nicht, wie lange er schon gesessen hatte. Aber Tommy hielt ihn für einen schlechten Schauspieler, für einen Angeber. Es ist gut möglich, daß er noch sitzt. Selbst wenn er inzwischen entlassen wurde, steht in den Anstaltsakten seine letzte Adresse, und sie kennen bestimmt die Namen einiger Verwandter.«

»Und beides würde nur in eine Sackgasse führen.«

Andy schwieg eine Weile, und dann brach es aus ihm heraus: »Es ist aber doch eine *Chance* oder etwa nicht?«

»Es ist natürlich eine Chance. Aber, Dufresne, wenn wir annehmen, daß es diesen Blatch wirklich gibt, und daß er immer noch im Staatsgefängnis von Rhode Island sitzt. Was wird er wohl sagen, wenn wir ihm diese faulen Fische auf den Tisch legen? Wird er in die Knie sinken, mit den Augen rollen und sagen: ›Ich hab's getan! Ich hab's getan! Gebt mir doch obendrein noch lebenslänglich!‹?«

»Wie können Sie nur so beschränkt sein?« sagte Andy so leise, daß Chester es kaum hören konnte. Aber den Anstaltsleiter verstand er um so besser.

»Was? Wie haben Sie mich genannt?«

»*Beschränkt*«, rief Andy. »Sind Sie wirklich so dumm oder tun Sie nur so?«

»Dufresne, Sie haben fünf Minuten meiner Zeit gestohlen – nein sieben – und ich habe heute sehr viel zu tun. Ich denke, wir lösen diese kleine Versammlung auf und –«

»Der Country Club hat doch bestimmt noch die alten Stempelkarten. Begreifen Sie das denn nicht?« schrie Andy. »Sie haben die Unterlagen für die Lohnsteuer und die Arbeitslosenversicherung, und auf all diesen Formularen steht sein Name! Es gibt dort noch Angestellte, die auch damals schon da waren, vielleicht sogar Briggs selbst! Es ist doch erst fünfzehn Jahre her und keine Ewigkeit! *Sie werden sich an Blatch erinnern!* Wenn Tommy bezeugt, was Blatch ihm gesagt hat, und wenn Briggs bezeugt, daß Blatch da war und tatsächlich im Country Club *gearbeitet* hat, kriege ich einen neuen Prozeß! Ich kann –«

»Wache! *Wache!* Schaffen Sie den Kerl raus!«

»Was ist denn *los* mit Ihnen?« schrie Andy. Und Chester sagte mir, daß er fast kreischte. »Es ist mein Leben, meine Chance rauszukommen! Begreifen Sie das denn nicht? Und Sie wollen noch nicht mal ein Ferngespräch führen, um Tommys Geschichte zu überprüfen? Hören Sie zu, ich bezahle das Gespräch! Ich zahle für –«

Chester hörte, daß die Wachen auf Andy einschlugen und ihn wegzerrten.

»Isolierzelle«, sagte Direktor Norton trocken, und wahrscheinlich fingerte er dabei an seiner Nadel für dreißigjährige Kirchenzugehörigkeit. »Wasser und Brot.«

Und sie schleiften Andy davon, der jetzt jede Selbstbeherrschung verloren hatte. Selbst als sich die Tür schon hinter ihm geschlossen hatte, hörte Chester ihn immer noch die Wärter anschreien: »*Es ist doch mein Leben! Es ist mein Leben, könnt ihr das denn nicht verstehen? Mein Leben!*«

Zwanzig Tage lang mußte Andy unten in der Isolierzelle Kornsuppe saufen. Es war für ihn die zweite Isolierperiode, und nach seiner Auseinandersetzung mit Norton wurde die erste wirklich schlechte Beurteilung in seine Akte geschrieben.

Da wir gerade beim Thema sind, werde ich Ihnen ein wenig über Shawshanks Isolierhaft erzählen. Sie erinnert ein wenig an die Pionierzeiten des Staates Maine Anfang bis Mitte des achtzehnten Jahrhunderts. Damals verschwendete man keine Zeit mit Dingen wie »Kriminalstrafkunde« und »Rehabilitation« und »selektive Wahrnehmung«. Damals wurde man nach einem absoluten Schwarz-oder-weiß-Prinzip behandelt. Man war entweder schuldig oder unschuldig. War man schuldig, wurde man gehängt oder wurde eingesperrt. Wer zu einer Freiheitsstrafe verurteilt war, ging nicht etwa in eine Anstalt. Nein, er mußte sich sein eigenes Gefängnis graben. Man grub es so breit und tief, wie man es in der Zeit zwischen Sonnenaufgang und Sonnenuntergang schaffte. Dann kriegte man ein paar Felle und einen Eimer, und dann ging es nach unten. Der Wärter verschloß dann das Loch mit einem Gitter und warf dem Gefangenen ein oder zweimal die Woche ein paar Handvoll Korn oder ein Stück madiges Fleisch hinunter. Am Sonntagabend gab es möglicherweise eine Kelle voll Gerstenbrei. Man pißte in den Eimer und reichte denselben Eimer nach oben, wenn der Wärter morgens um sechs Wasser brachte. Wenn es regnete, benutzte man den Eimer, um das Wasser aus dem Loch zu schöpfen... außer man wollte ersaufen wie eine Ratte in der Regentonne.

Niemand hielt es lange in dem Loch aus; dreißig Monate galten schon als ungewöhnlich, und soweit ich weiß, waren sieben Jahre die längste Zeit, die je ein Mann in einem solchen Loch verbracht hat, um dann noch lebend herauszukommen. Es handelte sich um den sogenannten »Durham-Jungen«, einen vierzehnjährigen Psychopathen, der einen Schulfreund mit einem rostigen Stück Blech kastriert hatte. Er saß sieben Jahre, aber er war natürlich als gesunder junger Bursche hineingegangen.

Hatte man Schlimmeres begangen als kleine Diebereien oder Gotteslästerung oder am Sonntag ohne Rotzlappen angetroffen zu werden, wurde man gehängt. Für die erwähnten oder ähnliche Vergehen ging man für drei oder sechs oder neun Monate ins Loch, und wenn man rauskam, war man weiß wie ein Fischbauch, die Augen halb blind, und von Skorbut wackelten einem die Zähne, vom Fußpilz ganz zu schweigen. Gutes altes Maine. *Yo-ho-ho and a bottle of rum*...

Shawshanks Isoliertrakt war nicht annähernd so schlimm... nehme ich an. Ich glaube, menschliche Erfahrungen lassen sich in drei Hauptkategorien einteilen. Es gibt gute, schlechte und entsetzliche, und wenn man in die immer tiefere Dunkelheit des Entsetzlichen hinabtaucht, verwischen sich die Unterschiede mehr und mehr.

Um den Isoliertrakt zu erreichen, wurde man über dreiundzwanzig Stufen nach unten in den Keller geführt, wo man als einziges Geräusch das Tropfen von Wasser hörte. Einige Sechzigwattbirnen, die von der Decke hingen, waren die einzige Beleuchtung. Die Zellen sahen wie große Fässer aus, ähnlich den Safes, die reiche Leute manchmal hinter einem Bild versteckt in die Wand einbauen lassen. Wie bei einem Safe hingen die runden Türen an Scharnieren und bestanden nicht aus Gittern, sondern waren solide. Belüftet wurden die Zellen von oben, aber außer der in jeder Zelle angebrachten Sechzigwattbirne gab es kein Licht, und dieses Licht wurde um acht Uhr abends, eine Stunde früher als in den normalen Zellen, über einen Zentralschalter ausgeschaltet. Die Birne war frei zugänglich, und man konnte sie zu jeder Tageszeit herausdrehen, wenn man im Dunkeln sitzen wollte. Aber das taten nicht viele. Nach acht Uhr hatte man natürlich keine Wahl. Es gab eine an die Wand geschraubte Liege und einen Eimer ohne Toilettensitz. Man hatte drei Möglichkeiten, die Zeit zu verbringen. Man konnte sitzen, scheißen oder schlafen. Ein gewaltiges Angebot. Zwanzig Tage konnten einem wie ein Jahr vorkommen, dreißig wie zwei und vierzig wie zehn. Manchmal hörte man in den Belüftungsschächten Ratten. In einer solchen Situation unterscheidet man nicht mehr zwischen entsetzlich und noch entsetzlicher.

Wenn überhaupt etwas Positives über die Isolierzelle zu sagen ist, dann einzig und allein die Tatsache, daß man dort in Ruhe nachdenken kann. Andy hatte zum Nachdenken zwanzig Tage Zeit, während er seine Kornsuppe genoß, und als er wieder rausgelassen wurde, beantragte er sofort ein weiteres Gespräch mit dem Anstaltsleiter. Sein Antrag wurde abgelehnt. Ein solches Gespräch, bedeutete ihm der Anstaltsleiter, wäre »unproduktiv«. Eine weitere Phrase, die einem geläufig sein muß, wenn man im Knast arbeiten und an der Besserung der Jungs mitwirken will.

Geduldig stellte Andy noch einen Antrag. Und noch einen. Und noch einen. Dieser Andy Dufresne hatte sich verändert. Als der Frühling des Jahres 1963 um uns erblühte, hatte er plötzlich Falten im Gesicht, und in seinem Haar zeigten sich graue Strähnen. Er lächelte nicht mehr, und öfter als früher schaute er wie verloren in die Ferne, und wenn man das bei einem Mann beobachtet, dann weiß man, daß er die Jahre zählt, die er schon abgesessen hat, und die Monate und die Wochen und die Tage.

Erneut stellte er Anträge. Immer wieder. Er war geduldig. Er hatte Zeit, Zeit, Zeit, nichts anderes. Es wurde Sommer. In Washington versprach Präsident Kennedy, endgültig die Armut abzuschaffen und jedermann die Bürgerrechte zu garantieren, ohne dabei zu wissen, daß er nur noch ein halbes Jahr zu leben hatte. In Liverpool tauchte eine Musikgruppe auf, die sich die Beatles nannte und die schon bald in der britischen Musikszene von sich reden machte. Aber in diesem Staat hatte wohl noch niemand von ihnen gehört. Die Boston Red Sox standen vier Jahre vor dem Wunder von 1967, wie man es in New England nannte, und hockten derzeit im Keller der amerikanischen Liga. Alle diese Dinge geschahen in einer größeren Welt, in der jeder frei umherlief.

Norton sprach Ende Juni 1963 mit ihm, und über diese Unterhaltung hat mir Andy sieben Jahre später berichtet.

»Wenn es um die Geldgeschäfte geht«, sagte Andy leise zu Norton, »haben Sie nichts zu befürchten. Darüber werde ich nicht reden. Ich liefere mich doch nicht selbst ans Messer –«

»Das reicht«, unterbrach ihn Norton. Sein Gesicht war so lang und kalt wie ein Grabstein aus Schiefer. Er lehnte sich in seinem Sessel zurück, bis sein Kopf fast an das Sticktuch mit dem Bibelspruch stieß: SEIN URTEIL KOMMT, UND ES KOMMT SCHNELL.

»Aber –«

»Reden Sie zu mir nie wieder über Geld«, sagte Norton. »Weder in diesem Büro noch anderswo. Es sei denn, Sie wollen, daß die Bibliothek wieder zu einem Lagerraum für Farben gemacht wird. Haben wir uns verstanden?«

»Ich wollte Sie doch nur beruhigen.«

»Wenn ich es nötig hätte, mich von einem Hurensohn wie Ihnen beruhigen zu lassen, würde ich auf der Stelle in Pension gehen. Ich habe dieser Unterhaltung zugestimmt, weil ich es leid bin, noch länger belästigt zu werden, Dufresne. Das muß aufhören. Lassen Sie mich mit Ihrer albernen Geschichte in Ruhe. Solche Geschichten würde ich zweimal in der Woche hören, wenn ich darauf einginge. Jeder Sünder in diesem Haus würde sich an meiner Schulter ausweinen. Ich hätte mehr von Ihnen erwartet. Aber jetzt ist Schluß. Schluß. Haben Sie kapiert?«

»Ja«, sagte Andy. »Aber ich werde mir einen Anwalt nehmen.«

»Wozu in aller Welt?«

»Ich glaube, wir könnten es schaffen«, sagte Andy. »Mit Tommys und meiner eigenen Aussage, mit zusätzlichen Aussagen der Angestellten des Country Clubs und anhand der dort vorhandenen Unterlagen. Ich glaube, wir könnten es schaffen.«

»Tommy Williams befindet sich nicht mehr in dieser Anstalt.«

»*Was?*«

»Er ist verlegt worden.«

»Verlegt *wohin*?«

»Nach Cashman.«

Andy sagte nichts mehr. Er war intelligent, aber ein Mann mußte ungewöhnlich dumm sein, wenn er nicht sofort merkte, daß hier etwas faul war. Cashman war eine halboffene Anstalt ganz im Norden in Atoostook County. Die Insassen müssen Kartoffeln sammeln, und das ist schwere Arbeit, aber sie werden dafür anständig bezahlt, und, wenn sie wollen, können sie Kurse bei der CVI belegen, einem sehr guten Institut für berufliche Fortbildung. Außerdem gab es in Cashman ein Urlaubsprogramm, was für einen Mann wie Tommy, einen Mann mit einer jungen Frau und einem kleinen Kind noch wichtiger war... es bedeutete, daß er wenigstens an den Wochenenden wie ein normaler Mann leben konnte. Er konnte zusammen mit seinem Jungen Flugzeugmodelle bauen, mit seiner Frau schlafen und vielleicht sogar Ausflüge machen.

Mit Sicherheit hatte Norton das alles Tommy unter die Nase gehalten, und zwar mit einer Auflage: kein Wort mehr über Elwood Blatch, weder jetzt noch in Zukunft. Oder Sie gehen wieder zurück nach Thomaston an der schönen Route 1 und anstatt mit Ihrer Frau zu verkehren, werden Sie das mit irgendeinem Bullenschwulen tun.

»Aber warum?« fragte Andy. »Warum sollte –«

»Aus Entgegenkommen Ihnen gegenüber«, sagte Norton ruhig, »habe ich in Rhode Island nachgefragt. Es gab dort tatsächlich einen Strafgefangenen namens Elwood Blatch. Seine Reststrafe wurde auf Bewährung ausgesetzt. Es gibt ja diese liberalen Wahnsinnsprogramme, nach denen man die Verbrecher wieder auf die Menschheit losläßt. Seitdem ist er verschwunden.«

»Der Anstaltsleiter dort«, sagte Andy, »ist das ein Freund von Ihnen?«

Sam Nortons Lächeln war so kalt wie die Uhrkette eines Geistlichen. »Wir kennen uns«, sagte er.

»*Warum?*« wiederholte Andy. »Können Sie mir sagen, warum Sie das getan haben? Sie wußten, daß ich nicht über das reden würde, was... was hier vielleicht vorgegangen ist. Sie *wußten* es. *Warum* also?«

»Weil Leute wie Sie mich anwidern«, sagte Norton boshaft. »Ich bin sehr froh, daß Sie hier sind, Dufresne, und solange ich Anstaltsleiter in Shawshank bin, werden Sie hier auch bleiben. Wissen Sie, früher dachten Sie immer, Sie seien etwas Besseres. So etwas kann ich im Gesicht eines Mannes erkennen. Ihnen sah ich das an, als ich zum ersten Mal die Bibliothek betrat. Es hätte genausogut in Blockbuchstaben auf Ihrer Stirn stehen können. Dieser Ausdruck ist aus Ihrem Gesicht verschwunden, und das gefällt mir sehr gut. Sie dürfen keinen Augenblick glauben, daß Sie nur ein nützliches Werkzeug sind. Leute wie Sie müssen ganz einfach Demut lernen. Früher gingen Sie über den Hof, als befänden Sie sich in einem Salon und nähmen an einer dieser Cocktail-Partys teil, auf denen die für die Hölle Bestimmten herumlaufen und sich gegenseitig die Ehefrauen und Ehemänner ausspannen wollen, wobei sie sich besaufen wie die Schweine. Das tun Sie jetzt nicht mehr. Ich werde genau darauf achten, ob Sie sich diesen Gang wieder angewöhnen. Über eine Reihe von Jahren werde ich Sie mit dem größten Vergnügen beobachten, und jetzt scheren Sie sich zum Teufel.«

»Okay. Aber alle außerplanmäßigen Aktivitäten hören jetzt auf, Norton. Die Anlageberatung und die kostenlose Steuerberatung. Das hört alles auf. Bei Ihrer Einkommenssteuererklärung soll Ihnen helfen wer will.«

Nortons Gesicht wurde ziegelrot ... und dann wich alle Farbe daraus. »Dafür gehen Sie in die Isolierzelle. Dreißig Tage. Wasser und Brot. Und einen Vermerk in Ihrer Akte. Und während Sie dort hocken, denken Sie gut nach: Wenn *irgend etwas* aufhört, verschwindet die Bibliothek. Ich werde persönlich dafür sorgen, daß sie wieder das wird, was sie früher war: ein Lagerraum. Und ich werde Ihnen das Leben ... sehr schwermachen. Sehr schwierig. Sie werden so schlecht behandelt werden wie nur möglich. Sie werden Ihre Hilton-Suite unten in Trakt 5 verlieren und die Steine auf Ihrem Fensterbrett. Und die Wärter werden Sie nicht mehr vor den Schwulen schützen. Sie werden ... alles verlieren. Klar?«

Ich denke, es war völlig klar.

Die Zeit lief weiter – der älteste Trick der Welt, und wahrscheinlich der einzige, der Wunder wirkt. Aber Andy Dufresne war härter geworden. Anders kann ich es nicht ausdrücken. Er machte weiterhin Nortons Dreckarbeit, und er behielt seine Bibliothek. Nach außenhin blieb also alles beim alten. Er trank wie immer an seinem Geburtstag seinen Schnaps, und er trank ihn auch zum Jahresende. Wie immer ließ er den Rest an andere verteilen. Von Zeit zu Zeit besorgte ich ihm neue Polierlappen, damit er seine Steine bearbeiten konnte, und 1967 besorgte ich ihm einen neuen Gesteinshammer – ich sagte Ihnen ja schon, daß der, den ich ihm vor neunzehn Jahren besorgt hatte, total abgenutzt war. *Neunzehn Jahre!* Wenn man das plötzlich einmal ausspricht, klingt es, als schlösse sich mit einem dumpfen Laut die Tür zu einer Gruft. Der Gesteinshammer, der damals zehn Dollar gekostet hatte, war 1967 nicht unter zwanzig Dollar zu haben. Als ich ihm den Preis nannte, lächelten wir beide traurig.

Andy bearbeitete und polierte immer noch die Steine, die er auf dem Hof fand, aber der Hof war kleiner geworden. 1962 war schon die Hälfte asphaltiert. Dennoch fand er wahrscheinlich noch genügend Material, um sich zu beschäftigen. Jeden fertig bearbeiteten Stein legte er sorgfältig in sein Fenster, das nach Osten zeigte. Er liebte es, diese kleinen Stücke des Planeten, die er aus dem Sand geholt hatte, in der Sonne glänzen zu sehen, wie er mir sagte. Es waren Schiefer, Quarze, Granite. Seltsam geformte kleine Figuren aus Glimmer, die er zusammengeleimt hatte. Sedimentäres Trümmergestein, das er so geschnitten und poliert hatte, daß man verstand, warum Andy diese Stücke Jahrtausend-Sandwiches nannte – Schichten von verschiedenem Material, die sich in Jahrtausenden herausgebildet hatten.

Von Zeit zu Zeit verschenkte Andy einige seiner Steine und Felsskulpturen, um Platz für neue zu schaffen. Die meisten gab er mir. Von den Steinen, die wie Manschettenknöpfe zusammenpaßten, hatte ich allein fünf. Ich hatte auch die Skulptur aus Glimmer, von der ich Ihnen schon erzählt habe, die sorgfältig so bearbeitet war, daß sie aussah wie ein Speerwerfer, und ich hatte auch zwei Stücke von dem sedimentären Trümmergestein, an denen glattpoliert die verschiedenen Schichten im Querschnitt zu erkennen waren. Ich habe sie immer noch und nehme sie oft in die Hand und denke darüber nach, was ein Mann schaffen kann, wenn er Zeit genug hat und diese Zeit auch nutzen will, Tropfen für Tropfen.

Nach außen hin lief jedenfalls alles wie gewohnt. Wenn Norton Andy so hätte zerbrechen wollen, wie er es angekündigt hatte, hätte er wohl ein wenig genauer hinschauen müssen, um die Veränderung zu erkennen. Aber wenn er *gemerkt* hätte, wie anders Andy geworden war, hätte Norton nach meiner Meinung mit den vier Jahren nach dem Zusammenstoß der beiden ganz zufrieden sein können.

Er hatte Andy gesagt, daß dieser über den Hof gegangen sei, als nähme er gerade an einer Cocktail-Party teil. Ich hätte es anders ausgedrückt, aber ich weiß, was er damit gemeint hat.

Er meinte genau das, was ich Ihnen über Andy schon erzählt habe. Er trug seine Freiheit wie einen unsichtbaren Mantel und entwickelte niemals eine Gefängnismentalität. Seine Augen hatten nie diesen stumpfen Blick angenommen, und er hatte auch nicht diesen besonderen Gang entwickelt, den die Männer haben, wenn sie am Ende eines harten Arbeitstages wieder in ihre Zellen gehen, einer weiteren endlosen Nacht entgegen – diesen schlurfenden geduckten Gang. Andy ging aufrecht und mit leichten Schritten, als sei er auf dem Heimweg und als erwarte ihn eine nette Frau mit einem gut zubereiteten Essen und nicht fades, matschiges Gemüse, klumpiger Kartoffelbrei und ein oder zwei Scheiben fettes und knorpeliges Fleisch. Außerdem hatte er ein Bild von Raquel Welch an der Wand hängen.

Aber während jener vier Jahre war er, obwohl er nie genauso wurde wie die anderen, doch schweigsam, in sich gekehrt und nachdenklich geworden. Wer könnte das nicht verstehen? Vielleicht war Norton also tatsächlich zufrieden ... wenigstens eine Zeitlang.

Seine gedrückte Stimmung hellte sich während der Meisterschaftsserie des Jahres 1967 ein wenig auf. Es war das Traumjahr, in dem die Red Sox den Wimpel gewannen, anstatt auf Platz neun zu landen, wie die Buchmacher in Las Vegas vorausgesagt hatten. Als es geschah – als sie den Wimpel der amerikanischen Liga gewannen – wurde dieser Sieg in der Anstalt überschwenglich gefeiert. Die Leute hatten das verrückte Gefühl, daß, wenn die Dead Sox wieder zum Leben erwachen konnten, es vielleicht jeder schaffen könnte. Ich kann dieses Gefühl heute genausowenig erklären wie ein früherer Beatles-Fan heute *seine* damalige Verrücktheit erklären könnte. Aber dieses Gefühl existierte. Jedes Radiogerät im ganzen Knast war eingeschaltet, als die Red Sox einen Gegner nach dem anderen erledigten. Alle waren niedergeschlagen, als die Sox in Cleveland kurz vor Schluß im Rückstand lagen, aber die Freude war riesengroß, als Rico Petrocelli das Spiel noch herumriß. Und dann die Verzweiflung, als im siebenten Spiel der Serie Lonborg geschlagen wurde und der Traum vom endgültigen Sieg vorerst ausgeträumt war. Wahrscheinlich hatte Norton, dieser Hurensohn, seine Freude daran. Er liebte es, wenn die Sträflinge in Sack und Asche gingen.

Aber Andy versank nicht wieder in Trübsinn. Er war ohnehin kein Baseball-Fan, und das mag dabei eine Rolle gespielt haben. Dennoch ließ auch er sich offensichtlich von der allgemeinen Begeisterung anstecken, aber für ihn war dieses Hochgefühl nach dem letzten Spiel der Serie nicht plötzlich verflogen. Er hatte den unsichtbaren Mantel aus dem Schrank genommen und wieder angezogen.

Ich erinnere mich an einen klaren sonnigen Herbsttag Ende Oktober, ein paar Wochen nach dem Ende der Meisterschaft. Es muß ein Sonntag gewesen sein, denn der Hof wimmelte von Männern, die versuchten, die »Woche abzuschütteln«. Sie spielten Frisbee, traten einen Fußball hin und her und tauschten, was sie zu tauschen hatten. Andere saßen unter den wachsamen Blicken der Wärter an dem langen Tisch in der Besucherhalle, unterhielten sich mit ihren Angehörigen, rauchten Zigaretten, erzählten aufrichtige Lügen und nahmen ihre vorher genau durchsuchten Liebesgabenpakete in Empfang.

Andy hatte sich wie ein Indianer gegen die Wand gehockt. Er hielt zwei kleine Gesteinsbrocken in den Händen und hatte das Gesicht der Sonne zugewandt, die für diese Jahreszeit noch überraschend viel Wärme abgab.

»Hallo, Red«, rief er. »Setz dich doch einen Augenblick.«

Ich setzte mich zu ihm.

»Willst du das haben?« fragte er und reichte mir eins der sorgfältig polierten »Jahrtausendsandwiches«, von denen ich Ihnen eben erzählt habe.

»Gern«, sagte ich. »Ein sehr schönes Stück. Vielen Dank.«

Er zuckte die Achseln und wechselte das Thema. »Nächstes Jahr kommt ja ein großes Jubiläum auf dich zu.«

Ich nickte. Im nächsten Jahr hatte ich meine dreißig Jahre voll. Sechzig Prozent meines Lebens würde ich dann im Shawshank-Staatsgefängnis verbracht haben.

»Glaubst du, daß du jemals rauskommst?«

»Klar. Wenn ich einen langen weißen Bart habe und mit dem Kopf wackle.«

Er lächelte leise und wandte sein Gesicht wieder der Sonne zu. Er schloß die Augen. »Ein schönes Gefühl.«

»Besonders dann, wenn der verdammte Winter vor der Tür steht.«

Er nickte, und wir schwiegen eine Weile.

»Wenn ich hier rauskomme«, sagte Andy, »werde ich dahin gehen, wo es immer warm ist.« Er sprach mit so gelassener Zuversicht, daß man hätte glauben können, er habe nur noch einen Monat abzusitzen.

»Weißt du, wohin ich gehe, Red?«

»Nein.«

»Zihuatanejo«, sagte er und ließ das Wort auf der Zunge zergehen. Es klang wie Musik. »Unten in Mexiko. Es ist ein kleiner Ort, vielleicht zwanzig Meilen von Playa Azul und dem Mexico Highway siebenunddreißig entfernt. Er liegt hundert Meilen nordwestlich von Acapulco am Pazifik. Weißt du, was die Mexikaner über den Pazifik sagen?«

Ich wußte es nicht.

»Sie sagen, er hat kein Gedächtnis. Und dort will ich mein Leben beschließen. An einem warmen Ort, der kein Gedächtnis hat.«

Während er sprach, hatte er eine Handvoll Steine aufgesammelt und warf einen nach dem anderen fort. Er schaute zu, wie sie über den Innenraum des Baseballfelds hüpften, auf dem schon bald zwölf Zentimeter Schnee liegen würden.

»Zihuatanejo. Dort werde ich ein kleines Hotel aufmachen. Sechs Cabanas am Strand und sechs weiter landeinwärts für den Verkauf an der Durchgangsstraße. Ich werde einen Mann anheuern, der mit meinen Gästen Angelfahrten unternimmt, und wer den größten Schwertfisch der Saison fängt, bekommt einen Preis, und sein Bild wird im Empfangsraum aufgehängt. Es wird kein Familienhotel sein, eher eins für Leute, die dort ihre Flitterwochen verbringen . . . die ersten oder meinetwegen auch die zweiten.«

»Und woher willst du das Geld für dieses fabelhafte Ding nehmen?« fragte ich. »Aus deinen Kapitalkonten?«

Er sah mich an und lächelte. »Das ist nicht ganz falsch«, sagte er. »Manchmal überraschst du mich, Red.«

»Wovon redest du?«

»Wenn es um ernsthafte Schwierigkeiten geht, verhalten sich die Menschen verschieden«, sagte Andy. »Es gibt da eigentlich nur zwei Typen.« Er nahm ein Streichholz und zündete sich eine Zigarette an. »Nehmen wir mal an, irgendwo steht ein Haus voll wertvoller Gemälde, Skulpturen und herrlicher antiker Möbel, Red. Und nehmen wir an, der Mann, dem dies Haus gehört, erfährt, daß ein gewaltiger Orkan Kurs auf dieses Haus nimmt. Einer der beiden Typen hofft das Beste. Der Orkan wird die Richtung ändern, sagt er sich. Kein vernünftiger Orkan würde es wagen, meine Rembrandts, die beiden Pferde von Degas, meine Grant Woods und meine Bentons zu zerstören. Außerdem würde Gott es nicht zulassen. Und im schlimmsten Fall sind sie versichert. Das ist der eine Typ. Der andere Typ nimmt einfach an, daß der Orkan direkt durch sein Haus fahren wird. Wenn der Wetterdienst sagt, daß der Orkan sich gedreht hat, nimmt dieser Mann an, daß er sich noch einmal drehen wird, um sein Haus dem Erdboden gleichzumachen. Dieser Typ weiß, daß es nichts schadet, das Beste zu hoffen, solange man nur auf das Schlimmste vorbereitet ist.«

Ich zündete mir auch eine Zigarette an. »Willst du damit sagen, daß du dich auf diese Eventualität vorbereitet hast?«

»Ja. Ich habe mich auf den Orkan vorbereitet. Ich wußte, wie schlecht es um mich stand. Ich hatte nicht viel Zeit, aber diese Zeit habe ich genutzt. Ich hatte einen Freund – einer der wenigen, die zu mir hielten –, der für eine Investmentgesellschaft in Portland arbeitete. Er ist vor ungefähr sechs Jahren gestorben.« »Das tut mir leid.«

»Ja.« Andy warf seine Kippe weg. »Linda und ich hatten etwa vierzehntausend Dollar. Keine Riesensumme, aber verdammt, wir waren doch jung. Unser Leben lag noch vor uns.« Er verzog das Gesicht. Dann fing er an zu lachen. »Als die Scheiße in den Ventilator flog, fing ich an, meine Rembrandts vor dem Orkan in Sicherheit zu bringen. Ich verkaufte meine Aktien, und wie ein guter kleiner Junge zahlte ich die Kapitalertragsteuer. Ich legte alles offen. Alles lief völlig korrekt ab.«

»Haben sie dein Vermögen nicht gesperrt?«

»Ich war wegen Mord angeklagt, Red. Ich war noch nicht verurteilt. Man kann das Vermögen eines unschuldigen Mannes nicht sperren. Und es dauerte eine Weile, bis sie sich dazu aufrafften, mich dieses Verbrechens zu bezichtigen. Jim – mein Freund – und ich hatten etwas Zeit. Ich hatte natürlich Verluste, weil ich alles auf einmal abstoßen mußte. Ich wurde ganz schön gerupft. Aber zu der Zeit hatte ich andere Sorgen als ein paar Verluste an der Börse.«

»Das kann man wohl sagen.«

»Aber als ich nach Shawshank kam, war alles in Sicherheit. Das ist es immer noch. Außerhalb dieser Mauern, Red, gibt es einen Mann, den keine lebende Seele je zu Gesicht bekommen hat. Er hat einen Sozialversicherungsausweis und einen im Staate Maine ausgestellten Führerschein. Er hat eine Geburtsurkunde und heißt Peter Stevens. Ein schön unauffälliger Name, was?«

»Wer ist das?« fragte ich und ahnte schon, was er antworten würde, aber ich konnte es nicht glauben.

»Ich.«

»Du willst mir doch nicht erzählen, daß du noch Zeit hattest, dir eine falsche Identität zu schaffen, während die Bullen dich in der Mangel hatten«, sagte ich, »oder daß du es geschafft hast, als du schon vor Gericht standest wegen –«

»Nein, das wollte ich damit nicht sagen. Mein Freund Jim war es, der mir diese falsche Identität verschafft hat. Er fing damit an, nachdem meine Berufung erfolglos geblieben war, und schon im Frühjahr 1950 war die Sache so gut wie erledigt.«

»Er muß ein sehr guter Freund gewesen sein«, sagte ich. Ich war mir nicht sicher, wieviel davon ich glauben konnte – ein wenig, viel oder gar nichts. Aber der Tag war warm, und die Sonne schien, und immerhin war es eine verdammt gute Geschichte. »Auf diese Weise eine falsche Identität aufzubauen, ist doch hundertprozentig illegal.«

»Er war ein guter Freund«, sagte Andy. »Wir waren Kriegskameraden. Frankreich, Deutschland, die Besatzungszeit. Er war wirklich ein guter Freund. Er wußte, daß es illegal war, aber er wußte auch, daß es in diesem Land sehr leicht und ziemlich ungefährlich ist, eine falsche Identität aufzubauen. Er nahm mein Geld – weil die Steuern bezahlt waren, interessierte die Finanzbehörde sich nicht dafür – und investierte es für Peter Stevens. Das tat er in den Jahren 1950 und 1951. Heute beläuft sich mein Vermögen auf dreihundertsiebzigtausend und einiges.«

Ich bekam das Maul nicht mehr zu, und er lächelte.

»Denk doch nur an die Leute, die heute bedauern, damals nicht in dieses oder jenes Projekt investiert zu haben. Peter Stevens *hat* aber in zwei oder drei dieser Objekte investiert. Wenn ich nicht hier gelandet wäre, hätte ich heute gut und gern meine sieben oder acht Millionen. Ich hätte einen Rolls... und wahrscheinlich ein Magengeschwür so groß wie ein Transistorradio.«

Seine Hände griffen in den Sand, und er siebte einige weitere Steine heraus. Der Sand lief ihm durch die Finger.

»Ich habe das Beste gehofft und war auf das Schlimmste vorbereitet, weiter nichts. Den falschen Namen brauchte ich nur, um mein bißchen Kapital sauberzuhalten. Ich habe lediglich die Bilder vor dem Orkan in Sicherheit gebracht. Aber ich hatte keine Ahnung, daß der Orkan... daß er so lange anhalten könnte.«

Ich sagte eine Weile nichts. Ich versuchte, die Vorstellung einsickern zu lassen, daß dieser schmächtige kleine Mann in der grauen Gefangenenkleidung mehr Geld haben könnte als Anstaltsleiter Norton in seinem ganzen elenden Leben verdienen würde, seine dreckigen Geschäfte eingeschlossen.

»Als du sagtest, du würdest dir einen Anwalt nehmen, war das also kein Witz«, sagte ich endlich. »Für das Geld hättest du Clarence Darrow nehmen können oder einen Mann, der heute seinem Format entspricht. Warum hast du das nicht getan, Andy? Mein Gott! Du hättest wie eine Rakete aus diesem Knast fahren können.«

Er lächelte. Es war dasselbe Lächeln, das ich in seinem Gesicht gesehen hatte, als er mir sagte, er und seine Frau hätten ihr Leben noch vor sich gehabt. »Nein«, sagte er.

»Ein guter Anwalt hätte diesen Williams aus Cashman rausgeholt, ob es ihm recht gewesen wäre oder nicht«, sagte ich. Ich fing an mich aufzuregen. »Du hättest einen neuen Prozeß bekommen. Du hättest Privatdetektive beauftragt, Blatch zu suchen, und obendrein hättest du Norton hochgehen lassen können. Warum hast du es nur nicht getan, Andy?«

»Weil ich mich dann selbst überlistet hätte. Sobald ich versuche, von hier aus Peter Stevens' Geld in die Hände zu bekommen, verliere ich jeden Cent. Mein Freund Jim hätte das arrangieren können, aber er ist tot. Siehst du nicht das Problem?«

Ich sah es. Das Geld nützte Andy so wenig, als gehörte es jemand anders. Und in gewisser Weise war das ja auch der Fall. Und wenn die Objekte, in die Andy investiert hatte, plötzlich umkippten, müßte er tatenlos zusehen, wie sein Vermögen zusammenschmolz. Dann könnte er höchstens seinen eigenen finanziellen Niedergang im Börsenteil des *Press-Herald* verfolgen. Das Leben ist hart, wenn man nicht weich wird.

»Ich werde dir sagen, wie die Dinge stehen, Red. In der Stadt Buxton liegt eine große Wiese. Du weißt doch, wo Buxton liegt?«

Ich wußte es. Es liegt ganz in der Nähe von Scarborough.

»Stimmt. Und im Norden wird dieses Feld von einer Mauer begrenzt, die aus einem Gedicht von Robert Frost stammen könnte. Und irgendwo unten am Fuß der Mauer steckt ein Stein, der da nicht hingehört. Es ist ein Stück vulkanische Glaslava, und bis 1947 lag es als Briefbeschwerer auf meinem Schreibtisch. Mein Freund Jim hat es in diese Mauer eingebaut. Darunter liegt ein Schlüssel. Der Schlüssel. Der Schlüssel paßt zu einem Schließfach in der Portland-Filiale der Casco Bank.«

»Dann sieht es für dich nicht gut aus«, sagte ich. »Als dein Freund Jim starb, haben die Finanzbehörden bestimmt seine sämtlichen Fächer öffnen lassen. Natürlich in Anwesenheit seines Testamentsvollstreckers.«

Andy lächelte und tippte mir an die Schläfe. »Nicht schlecht. Du hast nicht nur feuchte Luft im Kopf. Aber wir haben an die Möglichkeit gedacht, daß Jim sterben könnte, während ich im Knast sitze. Das Fach wurde unter Peter Stevens' Namen gemietet, und einmal jährlich überweist die Anwaltsfirma, die Jim mit der Testamentsvollstreckung betraut hatte, die Miete dafür.

In diesem Schließfach liegt Peter Stevens und wartet darauf, rausgelassen zu werden. Seine Geburtsurkunde, sein Sozialversicherungsausweis und sein Führerschein. Der Führerschein ist seit Jims Tod vor sechs Jahren ungültig, aber für eine Gebühr von fünf Dollar kann man ihn jederzeit erneuern lassen. Seine Kapitalanteilscheine liegen dort, die steuerfreien kommunalen Schuldverschreibungen und ungefähr achtzehn Inhaberobligationen über je zehntausend Dollar.«

Ich pfiff durch die Zähne.

»Peter Stevens liegt in einem Schließfach in der Casco Bank in Portland, und Andy Dufresne sitzt in einem Schließfach in Shawshank«, sagte er. »Wie du mir, so ich dir. Und der Schlüssel zum Fach, zum Geld und zu einem neuen Leben liegt unter einem Brocken schwarzer Glaslava auf einer Wiese in Buxton. Nachdem ich dir schon so viel erzählt habe, will ich dir noch etwas sagen, Red: während der letzten plus minus zwanzig Jahre habe ich die Zeitungen sehr gründlich auf Nachrichten über etwaige Bauprojekte in Buxton durchgesehen. Immer wieder denke ich, daß sie dort eines Tages eine Umgehungsstraße oder ein Krankenhaus oder ein Shopping Center bauen werden. Daß sie mein neues Leben unter drei Metern Beton begraben oder mit einer Gerölladung in den nächsten Sumpf kippen.«

»Mein Gott, Andy«, fuhr es aus mir heraus, »wenn das alles stimmt, wie schaffst du es denn nur, nicht verrückt zu werden?«

Er lächelte. »Soweit im Westen nichts Neues.«

»Aber es kann noch Jahre dauern bis –«

»Es wird Jahre dauern. Aber vielleicht nicht so viele, wie der Staat und Anstaltsleiter Norton glauben. So lange zu warten, kann ich mir einfach nicht erlauben. Ich denke dauernd an Zihuatanejo und das kleine Hotel. Das ist alles, was ich mir noch vom Leben wünsche, Red, und ich glaube nicht, daß es zuviel verlangt ist. Ich habe Glenn Quentin nicht umgebracht, und ich habe meine Frau nicht umgebracht, und das kleine Hotel ... das ist nicht zuviel verlangt. Schwimmen, sich bräunen zu lassen, in einem Zimmer mit offenen Fenstern zu schlafen, die Weite zu spüren ... das ist nicht zuviel verlangt.«

Er schleuderte die Steine fort.

»Weißt du, Red«, sagte er wie nebenbei. »Ein solcher Laden ... ich würde einen Mann brauchen, der weiß, wie man Dinge beschafft.«

Ich dachte lange darüber nach. Und das größte Hindernis war nicht einmal, daß wir von bewaffneten Wärtern beaufsichtigt auf einem beschissenen kleinen Gefängnishof Luftschlösser bauten. »Ich könnte das nicht«, sagte ich. »Ich könnte mich draußen nicht mehr zurechtfinden. Ich bin hier das, was man eine Institution nennt. Hier bin ich der Mann, der alles beschaffen kann, ja. Aber da draußen kann das jeder. Wenn du da draußen ein Poster brauchst oder Gesteinshämmer oder eine bestimmte Schallplatte oder einen Bausatz für ein Flaschenschiff, dann schlägst du einfach die verdammten gelben Seiten auf. Hier bin *ich* die verdammten gelben Seiten. Ich wüßte nicht, wie ich anfangen sollte. Oder wo.«

»Du unterschätzt dich«, sagte er. »Du bist Autodidakt. Du bist Selfmademan. Ein recht bemerkenswerter Mann, finde ich.«

»Zum Teufel, ich habe nicht mal ein Hochschuldiplom.«

»Das weiß ich«, sagte er. »Aber ein Stück Papier macht nicht den Mann aus. Und es ist nicht nur das Gefängnis, das einen zerbricht.«

»Ich würde es draußen nicht schaffen, Andy. Das weiß ich.«

Er stand auf. »Denk darüber nach«, sagte er, und in diesem Augenblick ertönte aus dem Gebäude die Sirene. Er schlenderte davon, als sei er ein freier Mann, der soeben einem anderen freien Mann einen Vorschlag gemacht hatte. Und das allein reichte aus, daß ich mich für eine Weile wenigstens frei *fühlte*. Das konnte Andy. Er konnte mich für eine Zeitlang vergessen lassen, daß wir beide Lebenslängliche waren, ausgeliefert der Gnade eines schwielenärschigen Begnadigungsausschusses, der Gnade auch eines psalmensingenden Anstaltsleiters, dem es sehr gefiel, daß Andy Dufresne hier war. Schließlich war Andy ein Schoßhund, der Steuererklärungen ausfüllen konnte. Was für ein wunderbares Tier!

Am Abend in der Zelle fühlte ich mich wieder wie ein Gefangener. Der Gedanke allein schien absurd, und wenn man sich das blaue Meer und die weißen Strände vorstellte, war das eher grausam als närrisch. Diese Vorstellung zerrte an meinem Verstand wie ein Angelhaken. Ich konnte diesen unsichtbaren Mantel einfach nicht so tragen, wie Andy es tat. Ich schlief an diesem Abend ein und träumte von einem großen gläsernen Stein mitten auf einer Wiese, und dieser Stein war wie ein riesiger Schmiedeamboß geformt. Ich versuchte, den Stein umzukippen, um den Schlüssel zu bekommen, der darunter lag, aber der Stein rührte sich nicht. Er war so verdammt groß.

Und in der Ferne hörte ich das Bellen von Bluthunden, das rasch näher kam.

Und das führt uns wohl zum Thema Ausbruchsversuche.

Gewiß, die gibt es von Zeit zu Zeit in unserer glücklichen kleinen Familie. Man geht natürlich nicht über die Mauer, nicht in Shawshank und nicht wenn man schlau ist. Die Suchscheinwerfer kreisen die ganze Nacht, und ihre weißen Finger bestreichen das freie Feld auf drei Seiten und das faulige Sumpfgelände auf der vierten. Gelegentlich steigen Sträflinge über die Mauer und werden fast immer von den Scheinwerfern erwischt. Wenn nicht, greift man sie auf Highway 6 oder auf Highway 99, wo sie versuchen, per Anhalter wegzukommen. Wenn sie über das freie Feld verschwinden wollen, sieht irgendein Farmer sie und ruft beim Gefängnis an. Wer über die Mauer geht, ist dumm. Shawshank ist nicht Canon City, aber wenn in einer ländlichen Gegend ein Mann in einem grauen Pyjama seinen Arsch durch die Gegend schiebt, fällt er so auf wie ein Kakerlak auf einer Hochzeitstorte.

Die Jungs, die im Laufe der Jahre am erfolgreichsten waren – was merkwürdig ist, vielleicht aber auch gar nicht so –, sind diejenigen, die einer plötzlichen Eingebung folgten. Einigen gelang die Flucht zwischen Bettwäsche versteckt auf einem Wagen; ein Sträflingssandwich auf Weiß, könnte man sagen. Als ich herkam, gab es das öfter, aber seitdem wurde dieses Schlupfloch so ziemlich geschlossen.

Nortons berühmtes »Außenarbeitsprogramm« führte ebenfalls zu Fluchtversuchen, die manchmal sogar gelangen. Das waren die Leute, die fanden, daß das, was rechts vom Bindestrich lag, ihnen besser gefiel als das auf der linken Seite. Und auch hier geschahen die Versuche eher beiläufig. Man läßt die Harke fallen und schlägt sich in die Büsche, wenn einer der Wärter am Wagen ein Glas Wasser trinkt, oder wenn ein paar andere sich über den Tabellenstand der alten Boston Patriots streiten.

1969 sammelte ein Arbeitstrupp in Sabbatus Kartoffeln. Es war der dritte November, und die Arbeit war fast getan. Ein Wärter namens Henry Pugh – und Sie dürfen mir glauben, daß er nicht mehr zu unserer glücklichen kleinen Familie gehört – saß auf der hinteren Stoßstange des Kartoffelwagens und aß seinem Lunch, den Karabiner auf den Knien, als plötzlich ein kapitaler Zehnender aus dem kalten Nebel des frühen Nachmittags auftauchte (so hat man es mir erzählt, aber natürlich werden diese Dinge manchmal übertrieben). Pugh dachte daran, wie schön sich eine solche Trophäe in seinem Wohnzimmer ausmachen würde und verfolgte den Bock. Währendessen spazierten drei seiner Schützlinge einfach davon. Zwei wurden in einer Spielhalle in Lisbon Falls wieder aufgegriffen. Von dem dritten fehlt bis heute jede Spur.

Ich glaube, der berühmteste Fall war der von Sid Nedeaus. Das war 1958, und dieser Streich wird wahrscheinlich nie übertroffen werden. Sid zog auf dem Hof die Kreidelinien für ein Baseballspiel, das am Samstag dort stattfinden sollte, als um drei Uhr die Sirene für den Schichtwechsel der Wachmannschaft losheulte. Der Parkplatz liegt jenseits des Hofes auf der anderen Seite des elektrisch betriebenen Haupttores. Um drei Uhr wird das Tor geöffnet, und die Wärter der ersten Schicht mischen sich mit denen der zweiten. Dabei gibt es eine Menge Schulterklopfen oder Geflachse und natürlich die abgestandenen Neger- oder Judenwitze.

Sid rollte die Maschine, mit der er die Linie zog, direkt durch das Tor nach draußen und hinterließ eine drei Zoll breite Linie, die vom Baseballfeld auf dem Hof bis an den Chausseegraben jenseits der Route 6 führte, wo man das Gerät später umgestürzt auf einem Kreidehaufen fand. Fragen Sie mich nicht, wie er das gemacht hat. Er trug seine Anstaltskleidung, war fast ein

Meter neunzig groß und zog eine Wolke von Kreidestaub hinter sich her. Ich kann es mir nur so vorstellen: weil es Freitagnachmittag war, waren die abgelösten Wärter so froh, daß sie gehen konnten, und die anderen so deprimiert, weil sie ihren Dienst antreten mußten, daß die ersteren ihren Kopf nicht aus den Wolken bekamen und die letzteren die Augen nicht von ihren Stiefelspitzen losreißen konnten... und der alte Sid Nedeau marschierte ganz einfach zwischen den beiden Gruppen hindurch.

Soweit ich weiß, ist Sid immer noch auf freiem Fuß. Im Laufe der Jahre haben Andy und ich mehr als einmal über Sids herrliche Flucht gelacht, und als wir von der Flugzeugentführung hörten, bei der der Entführer, das Lösegeld in der Tasche, mit dem Fallschirm absprang, wollte Andy darauf schwören, daß dieser D. B. Cooper in Wirklichkeit Sid Nedeau hieß.

»Und wahrscheinlich hatte er als Glücksbringer eine Handvoll Kreidestaub in der Tasche«, sagte Andy. »Hat der Kerl ein Glück gehabt.«

Aber man muß verstehen, daß Fälle wie Sid Nedeau oder der Mann, der auf dem Kartoffelacker in Sabbatus aus dem Arbeitstrupp abhaute, als Gefängnisversion eines Gewinns in der Lotterie zu bezeichnen sind. Sechs verschiedene Arten von Glück müssen alle im gleichen Augenblick zusammentreffen. Ein vorsichtiger Mann wie Andy könnte neunzig Jahre warten und würde doch keine ähnliche Chance bekommen.

Vielleicht wissen Sie noch, daß ich vorhin einen Mann namens Henley Backus erwähnte, den Vorarbeiter in der Wäscherei. Er kam 1922 nach Shawshank und starb einunddreißig Jahre später in der Krankenstation. Fluchtversuche, geglückte und erfolglose, waren sein Lieblingsthema. Vielleicht, weil er sich selbst nie getraut hat, einen zu unternehmen. Er konnte einem hundert verschiedene Möglichkeiten nennen, alle total verrückt, und alle waren in Shawshank schon irgendwann ausprobiert worden. Am besten gefiel mir die Geschichte von Beaver Morrison, der versuchte, im Keller der Nummernschilderfabrikation ein Segelflugzeug zu bauen. Die

Pläne, nach denen er arbeitete, stammten aus einem um die Jahrhundertwende erschienenen Buch mit dem Titel *The Modern Boy's Guide to Fun and Adventure*. Beaver baute das Flugzeug, ohne entdeckt zu werden, um dann feststellen zu müssen, daß es in dem Keller keine Tür gab, die groß genug war, so daß er das verdammte Ding nicht nach draußen schaffen konnte. Wenn Henley die Geschichte erzählte, hielt man sich vor Lachen die Seiten, und er kannte ein ganzes Dutzend – nein zwei Dutzend – die genauso lustig waren.

Wenn es darum ging, über die Ausbruchsversuche aus Shawshank zu berichten, dann kannte Henley die Einzelheiten mit Kapitel und Vers. Er erzählte mir einmal, während seiner Zeit habe es in Shawshank über vierhundert Ausbruchsversuche gegeben, *von denen er wußte*. Darüber sollten Sie einen Augenblick nachdenken, bevor Sie mit dem Kopf nicken und weiterlesen. *Vierhundert* Ausbruchsversuche! Auf jedes Jahr, das Henley Backus in Shawshank verbracht hatte, entfielen also 12,9 Ausbruchsversuche. Der Ausbruchsversuch-des-Monats-Club. Die meisten von ihnen waren natürlich schlampig durchgeführte Unternehmen, die damit endeten, daß ein Wärter irgendeinen Trottel, der sich aus dem Staub machen wollte, am Arm packte und knurrte: »Wo willst du denn hin, du hirnloses Arschloch?«

Henley hielt nur sechzig von ihnen für ernsthafte Ausbruchsversuche, darunter den »Gefängnisausbruch« von 1937, dem Jahr vor meiner Einlieferung in Shawshank. Der neue Verwaltungstrakt wurde gerade gebaut, und vierzehn Häftlinge kamen frei, wobei sie Bauwerkzeug benutzten, das sie aus einem schlecht gesicherten Schuppen geholt hatten. Das ganze südliche Maine geriet wegen dieser »Schwerverbrecher« in Panik. Dabei standen die meisten von ihnen Todesangst aus und wußten genausowenig wohin wie ein von Scheinwerfern geblendeter Eselhase, auf den ein Lastwagen zurast. Nicht einem der vierzehn gelang die Flucht. Zwei von ihnen wurden erschossen – von Zivilisten, nicht von Polizeibeamten oder Gefängnispersonal –, aber keiner konnte entkommen.

Wie vielen *war* die Flucht gelungen zwischen 1938, als ich herkam, und jenem Oktobertag, als Andy mir zum ersten Mal von Zihuatanejo erzählte? Wenn ich meine Informationen und Henleys Berichte zusammennehme, würde ich sagen, zehn. Und obwohl man das nicht sicher wissen kann, vermute ich, daß mindestens die Hälfte der Leute inzwischen wieder einsitzt, und zwar in einer Anstalt von geringerer Gelehrsamkeit als Shawshank. Denn man gewöhnt sich an den Knast. Wenn man einem Mann die Freiheit nimmt und ihn daran gewöhnt, in einer Zelle zu leben, scheint er die Fähigkeit zu verlieren, in mehreren Dimensionen zu denken. Er ist wie der erwähnte Eselhase, der wie hypnotisiert im Scheinwerferlicht des Lastwagens sitzen bleibt, der ihn töten wird. Sehr häufig dreht ein Sträfling, der gerade draußen ist, irgendein ungeschicktes Ding, das nicht die geringste Aussicht auf Erfolg hat, nur um wieder reinzukommen. Dann ist er wieder an einem Ort, an dem er sich zurechtfindet.

 Andy war nicht so, aber ich war es. Der Gedanke, den Pazifik zu sehen, hörte sich gut an, aber wenn ich wirklich dort wäre, würde seine Weite mich zu Tode erschrecken. An dem Tag jedenfalls, an dem die Unterhaltung über Mexiko und Mr. Peter Stevens stattfand... an dem Tag fing ich an zu glauben, daß Andy einen Ausbruchsversuch plante. Ich hoffte nur, daß er vorsichtig sein würde. Dennoch, ich hätte kein Geld auf einen Erfolg gesetzt. Anstaltsleiter Norton beobachtete Andy nämlich besonders scharf. Andy war für Norton nicht einfach ein weiterer blinder Passagier mit einer Nummer, sondern man könnte sagen, sie hatten Arbeitsbeziehungen. Außerdem hatte Andy Verstand und Mut. Norton war entschlossen, das erste zu nutzen und das zweite zu brechen.

 Wie es draußen ehrliche Politiker gibt – solche, die für Bestechungsgelder auch etwas tun –, so gibt es auch ehrliche Gefängniswärter, und wenn man gute Menschenkenntnis und einiges zu verteilen hat, dann dürfte es möglich sein, so viel Wegschauen zu erkaufen, daß man einen Ausbruch wagen kann. Ich bin nicht der Mann, der Ihnen sagt, daß so etwas noch nie geschehen ist, aber Andy Dufresne war nicht der Mann dafür. Und, wie gesagt, Norton beobachtete ihn. Andy wußte das, und die Wärter wußten es auch.

 Niemand würde Andy für Außenarbeiten einteilen, nicht

solange Norton die jeweilige Einteilung überwachte. Und Andy war nicht der Typ, der eine Flucht à la Sid Nedeau versucht hätte.

Wenn ich Andy gewesen wäre, hätte mich der Gedanke an den Schlüssel entsetzlich gequält. Ich weiß nicht, ob ich nachts auch nur zwei Stunden lang vernünftig hätte schlafen können. Buxton war keine dreißig Meilen von Shawshank entfernt. So nah und doch so weit weg.

Einen Anwalt zu nehmen und zu versuchen, ein Wiederaufnahmeverfahren zu erreichen, hielt ich immer noch für die beste Lösung. Ich hätte alles getan, Norton zu entkommen. Vielleicht war Williams schon mit einem angenehmen Urlaubsprogramm zum Schweigen zu bringen, aber da war ich nicht ganz sicher. Vielleicht konnte ein ausgebuffter Anwalt aus Mississippi ihn knacken... vielleicht brauchte sich dieser Anwalt gar keine so große Mühe zu geben. Williams hatte Andy wirklich gemocht. Immer wieder brachte ich Andy gegenüber diese Punkte vor, aber er lächelte dann nur. Den Blick in die Ferne gerichtet, sagte er dann, er wolle darüber nachdenken.

Anscheinend hatte er außerdem an eine ganze Menge anderer Dinge gedacht.

1975 brach Andy Dufresne aus Shawshank aus. Er ist nicht wieder ergriffen worden, und ich glaube, das wird auch nie der Fall sein. Aber ich glaube, in Zihuatanejo, unten in Mexiko, lebt ein Mann namens Peter Stevens. Wahrscheinlich hat er ein sehr neues kleines Hotel in diesem Jahre des Herrn 1976.

Am 12. März 1975 öffneten sich die Zellentüren in Trakt 5 morgens um sechs Uhr dreißig, wie jeden Morgen außer Sonntags. Und wie jeden Morgen außer Sonntags traten die Insassen der Zellen auf den Korridor hinaus und bildeten zwei Reihen, während die Zellentüren hinter ihnen ins Schloß fielen. Dann marschierten sie durch das Haupttor des Trakts, wo sie von zwei Wärtern gezählt wurden, bevor sie in die Cafeteria hinuntergingen, wo ein Frühstück aus Hafergrütze, Rühreiern und sehr fettem Speck auf sie wartete.

Bis auf die Zählerei am Haupttor lief dies alles routinemäßig ab. Es hätten siebenundzwanzig sein müssen. Statt dessen waren es sechsundzwanzig. Der Wachhabende wurde angerufen, und der Zellentrakt 5 durfte frühstücken.

Der Wachhabende, ein gar nicht so übler Bursche namens Gonyar, und Burkes, ein ganz besonders großes Arschloch, rannten sofort in den Zellentrakt 5. Gonyar und Burkes gingen den Korridor entlang und öffneten alle Zellentüren. Sie hatten ihre Pistolen gezogen und ließen ihre Schlagstöcke über die Gitterstäbe rasseln. In einem Fall wie diesem ist gewöhnlich jemand nachts krank geworden, so krank, daß er morgens nicht einmal aus seiner Zelle heraustreten kann. In seltenen Fällen ist jemand gestorben ... oder hat Selbstmord begangen.

Aber diesmal stießen sie auf ein Geheimnis und nicht auf einen Kranken oder einen Toten. Sie fanden überhaupt keinen Mann. In Trakt fünf gab es vierzehn Zellen, sieben auf jeder Seite, alle ziemlich ordentlich – für nicht aufgeräumte Zellen gab es in Shawshank Entzug der Besuchserlaubnis – und alle sehr leer.

Gonyars erste Annahme war, daß man sich verzählt hatte oder daß jemand ihnen einen Streich spielen wollte. Die Insassen von Trakt 5 wurden also nach dem Frühstück nicht an die Arbeit, sondern wieder in ihre Zellen geschickt. Sie scherzten und lachten und freuten sich. Eine Unterbrechung der Routine war immer sehr willkommen.

Zellentüren öffneten sich, Gefangene gingen hinein, Zellentüren schlossen sich. Irgendein Witzbold schrie: »Ich verlange meinen Anwalt. Ich verlange meinen Anwalt. Ihr führt dies Hotel ja wie ein verdammtes Gefängnis.«

Burkes: »Halt's Maul, oder ich mach dich fertig.«

Der Witzbold: »Ich hab's deiner Frau besorgt, Burkie.«

Gonyar: »Ruhe da, oder ihr bleibt den ganzen Tag in den Zellen.«

Er und Burkes gingen wieder den Korridor entlang und zählten Nasen. Sie brauchten nicht weit zu gehen.

»Wer gehört in diese Zelle?« fragte Gonyar seinen Gehilfen.

»Andrew Dufresne«, antwortete der Mann, und das genügte. Nun war nichts mehr Routine. Der Ballon ging hoch.

In allen Gefängnisfilmen, die ich gesehen habe, heult die Alarmsirene los, wenn ein Ausbruch stattgefunden hat. Das passiert in Shawshank niemals. Zuerst setzte sich Gonyar mit dem Anstaltsleiter in Verbindung. Als zweites wurde eine Durchsuchung des Gefängnisses veranlaßt. Als drittes wurde die Polizei in Scarborough verständigt und auf die Möglichkeit eines Ausbruchs hingewiesen.

Das war die Routine. Sie verlangte nicht, daß die Zelle des Ausbrechers durchsucht wurde, und deshalb tat das auch niemand. Nicht gleich. Warum sollten sie auch? Was man sieht, das hat man. Es war ein kleiner quadratischer Raum mit Eisenstäben vor den Fenstern und an der Schiebetür. In der Zelle eine Toilette und eine Schlafpritsche. Auf dem Fensterbrett einige hübsche Steine.

Und natürlich das Poster. Zu der Zeit war es Linda Ronstadt. Das Poster hing direkt über seinem Bett. Sechsundzwanzig Jahre lang hatte an genau derselben Stelle ein Poster gehangen. Und als jemand – es war Anstaltsleiter Norton selbst, eine wahrhaft dichterische Gerechtigkeit, wenn es je eine gab – hinter das Poster schaute, erlebten die Leute einen gewaltigen Schock.

Aber das geschah erst um sechs Uhr dreißig abends, zwölf Stunden nachdem man Andy vermißt hatte und wahrscheinlich zwanzig Stunden nach seiner eigentlichen Flucht.

Norton ging an die Decke.

Ich weiß es aus zuverlässiger Quelle – von Chester, dem privilegierten Häftling, der an jenem Tag im Verwaltungsflügel den Fußboden bohnerte. Diesmal brauchte er keine Schlüssellöcher zu polieren; er sagte, man konnte den Anstaltsleiter noch in der Registratur deutlich hören, als er Rich Gonyar fürchterlich zusammenschiß.

»Was heißt das, daß er nicht auf dem Anstaltsgelände ist? Was bedeutet das? Das bedeutet, daß Sie ihn nicht gefunden haben! Suchen Sie ihn, und wehe Sie finden ihn nicht! Der

Mann muß wieder her! Haben Sie verstanden? Der Mann muß wieder her!«

Gonyar sagte etwas.

»Es ist nicht während Ihrer Schicht passiert? Das sagen *Sie*. Soweit *ich* es beurteilen kann, weiß niemand, wann es passiert ist. Oder wie. Oder ob überhaupt. Bis heute nachmittag um drei Uhr ist der Mann in meinem Büro, oder hier werden einige Köpfe rollen. Das kann ich Ihnen versprechen, und ich *halte* meine Versprechen.«

Wieder ein paar Worte von Gonyar, die Norton zu noch größerer Wut zu reizen schienen.

»Nein? Dann sehen Sie sich dies an! *Sehen Sie es sich an!* Erkennen Sie es? Der Zählappell für Trakt 5. Von gestern abend. Alle Gefangenen waren da. Dufresne wurde abends um neun Uhr eingeschlossen, und es ist unmöglich, daß er jetzt verschwunden ist! *Es ist unmöglich! Und jetzt finden Sie ihn!*«

Aber um drei Uhr nachmittags wurde Andy immer noch vermißt. Norton selbst raste zum Zellentrakt 5 hinunter, wo wir anderen den ganzen Tag eingesperrt gewesen waren. Ob man uns verhört habe? Wir waren den ganzen Tag lang von gehetzten Wärtern verhört worden, die den Atem des Drachen im Genick spürten. Wir sagten alle dasselbe: wir hätten nichts gehört und nichts gesehen. Und soweit mir bekannt ist, sagten wir alle die Wahrheit. Was mich betrifft, stimmte das auf jeden Fall. Wir konnten lediglich aussagen, daß Andy beim Einschließen in seiner Zelle gewesen sei und eine Stunde später, als die Lichter ausgingen, ebenfalls.

Ein Witzbold meinte, Andy sei wohl durch das Schlüsselloch geflossen. Dieser Spruch trug ihm vier Tage Isolierhaft ein. Die Wärter waren empfindlich.

Norton kam also herunter – stolzierte herunter – und blitzte uns aus seinen blauen Augen an, als hätte er damit Funken aus den Stahlstäben unserer Käfige schlagen können. Er sah uns an, als ob er glaubte, wir hätten alle etwas damit zu tun. Wahrscheinlich glaubte er das wirklich.

Er ging in Andys Zelle und sah sich um. Sie sah genauso aus, wie Andy sie zurückgelassen hatte. Die Decken auf seiner Pritsche waren aufgeschlagen, aber es sah nicht aus, als hätte jemand dort geschlafen. Steine auf dem Fensterbrett... aber nicht alle. Die ihm am besten gefielen, hatte er mitgenommen.

»Steine«, zischte Norton und fegte sie von der Fensterbank. Gonyar, der jetzt Überstunden machte, zuckte zusammen, aber er sagte nichts.

Nortons Blick fiel auf das Poster mit Linda Ronstadt. Linda schaute über die Schulter zurück und hatte die Hände in die hinteren Taschen ihrer hellbraunen und sehr engen Hosen gesteckt. Sie trug ein rückenfreies Oberteil und war von der kalifornischen Sonne braungebrannt. Das Poster mußte Nortons Baptistenempfindlichkeit tief beleidigt haben. Als ich sah, wie er es anstarrte, mußte ich daran denken, daß Andy einmal gesagt hatte, er habe oft das Gefühl, er könne direkt durch das Bild hindurchgehen, um bei dem Mädchen zu sein.

Und genau das hatte er auch tatsächlich getan, wie Norton schon in wenigen Sekunden erfahren sollte.

»Elendes Ding«, knurrte er und riß mit einem Griff das Poster von der Wand.

Und legte das klaffende unregelmäßige Loch im Beton dahinter frei.

Gonyar wollte nicht in das Loch kriechen.

Norton befahl es ihm – mein Gott, sein Geschrei mußte im ganzen Gefängnis zu hören gewesen sein, als er Gonyar befahl, hineinzugehen – und Gonyar lehnte es glatt ab.

»Das kostet Sie Ihren Job!« kreischte Norton. Er war fast hysterisch und hatte jede Selbstbeherrschung verloren. Sein Gesicht lief dunkelrot an, und die Adern an seiner Stirn traten hervor. »Sie können sich darauf verlassen, Sie... Sie Franzose! Das kostet Sie Ihren Job, und ich werde dafür sorgen, daß Sie in New England in keinem Gefängnis einen neuen bekommen!«

Gonyar hielt Norton schweigend seine Dienstpistole hin, den Griff zuerst. Er hatte die Nase voll. Es war, als hätte Andys Flucht Norton über irgendeine Grenze hinweg in ein irrationales Verhalten hineingetrieben, das schon lange in ihm geschlummert hatte... an diesem Abend war er mit Sicherheit verrückt.

Ich weiß natürlich nicht, worin diese private Irrationalität bei ihm begründet lag, aber ich weiß, daß bei Nortons kleinem Streit mit Gonyar an diesem Abend, als das letzte Licht aus einem trüben Winterhimmel schwand, sechsundzwanzig Sträflinge zuhörten, und wir waren alle Langjährige, die viele Verwaltungsleiter hatten kommen und gehen sehen, die scharfen Hunde und die sanfteren, und wir wußten alle, daß Anstaltsleiter Norton das erreicht hatte, was die Ingenieure gern den »Bruchpunkt« nennen.

Und, bei Gott, es kam mir fast so vor, als hörte ich irgendwo Andy Dufresnes Gelächter.

Norton brachte schließlich einen schmächtigen kleinen Kerl von der Nachtschicht dazu, in das Loch zu steigen, das man hinter Andys Poster mit Linda Ronstadt gefunden hatte. Der dünne Wärter hieß Rory Tremont, und in seinem Hirnkasten brannte alles andere als ein Feuerwerk. Vielleicht hoffte er auf eine Medaille oder so etwas Ähnliches. Wie sich herausstellte, war es nur gut, daß Norton einen Mann von Andys Statur hineingeschickt hatte. Hätte er einen fettärschigen Mann ausgewählt – und das schienen die meisten Gefängniswärter zu sein –, wäre der Mann so sicher in dem Loch steckengeblieben, wie Gott das Gras wachsen läßt... und vielleicht säße er dort immer noch.

Tremont nahm eine Nylonschnur mit hinein, die irgend jemand im Kofferraum seines Autos gefunden hatte. Er hatte sich das Seil um die Hüften gebunden, und in einer Hand hielt er eine Taschenlampe mit sechs Batterien. Inzwischen hatte Gonyar, der seinen Dienst offenbar nicht mehr quittieren wollte, Blaupausen und Pläne besorgt. Er schien überhaupt der einzige zu sein, der noch klar denken konnte. Ich wußte genau, was auf den Plänen zu sehen war – eine Wand, die im Querschnitt wie ein Sandwich aussah. Die ganze Wand war drei Meter dick. Die innere und die äußere Sektion waren beide ein Meter zwanzig breit. In der Mitte war Raum für eine Rohrleitung mit einem Durchmesser von gut sechzig Zentimetern, und Sie können mir glauben, daß dieser Raum das Fleisch zwischen den beiden Sandwichhälften war... in mehr als einer Beziehung.

Hohl und tot klang Tremonts Stimme aus dem Loch. »Hier riecht etwas ganz fürchterlich, Herr Direktor.«

»Kümmern Sie sich nicht darum! Nur weiter.«

Tremonts Unterschenkel verschwanden in dem Loch. Einen Augenblick später waren auch seine Füße verschwunden. Trübe sah man den Strahl seiner Lampe hin und her huschen.

»Herr Direktor, es riecht hier aber verdammt schlecht.«

»*Kümmern* Sie sich nicht darum, habe ich gesagt!« schrie Norton.

Tremonts weinerliche Stimme war wieder zu hören. »Riecht wie Scheiße. O Gott, es *ist* Scheiße, o mein Gott, laßt mich hier raus. Mir kommt die Suppe hoch, o Scheiße, es ist Scheiße, o mein Gott –«

Und dann kam ein unverkennbares Geräusch aus dem Loch: Rory Tremont entledigte sich seiner letzten paar Mahlzeiten.

Das reichte mir. Ich konnte mir nicht mehr helfen. Der ganze Tag – ach, zum Teufel, die letzten dreißig *Jahre* – alles stand mir plötzlich vor Augen, und ich fing gellend an zu lachen. Ich lachte, wie ich noch nie gelacht hatte, seit ich in diesen trostlosen Mauern eingesperrt war. Und, mein Gott, war das ein gutes Gefühl!

»Schaffen Sie diesen Mann raus!« brüllte Anstaltsleiter Norton, und ich lachte so laut, daß ich nicht wußte, ob er mich meinte oder Tremont. Ich lachte einfach weiter und stampfte mit den Füßen und hielt mir den Bauch. Ich hätte nicht aufhören können, und wenn Norton gedroht hätte, mich auf der Stelle zu erschießen. »*Schaffen Sie ihn RAUS!*«

Nun, Freunde und Nachbarn, ich war derjenige, der ging. Und zwar direkt in die Isolierzelle, wo ich fünfzehn Tage blieb. Eine lange Zeit. Aber hin und wieder mußte ich an den alten, nicht besonders gescheiten Rory Tremont denken, der *o Scheiße, es ist Scheiße* brüllte. Und dann dachte ich an Andy Dufresne, der im eigenen Wagen und in einem eleganten Anzug nach Süden fährt, und ich mußte ganz einfach lachen. Während der fünfzehn Tage in der Isolierzelle stand ich praktisch ständig Kopf. Vielleicht weil die Hälfte von mir bei Andy Dufresne war, bei Andy Dufresne, der durch Scheiße gewatet war, um auf der anderen Seite sauber rauszukommen, Andy Dufresne auf dem Weg zum Pazifik.

Was sonst noch an diesem Abend vor sich ging, hörte ich aus einem Dutzend Quellen. Es war ohnehin nicht mehr sehr viel. Nachdem er schon seine letzten beiden Mahlzeiten verloren hatte, fand Rory Tremont wahrscheinlich, daß hier nicht mehr viel zu verlieren sei, und machte weiter. Die Gefahr, daß er in dem Rohr zwischen der äußeren und der inneren Sektion der Wand nach unten sauste, bestand nicht, denn das Rohr war so eng, daß Tremont sich hineinzwängen mußte. Er sagte später, daß er nur mühsam habe atmen können und daß er jetzt wisse, wie es sei, lebendig begraben zu werden.

Unten fand er ein Hauptabflußrohr für die vierzehn Toiletten im Zellentrakt 5 und ein Keramikrohr, das dreißig Jahre vorher verlegt worden war. Es war aufgebrochen worden. Neben dem gezackten Loch im Rohr fand Tremont Andys Gesteinshammer.

Andy war freigekommen, aber es war nicht leicht gewesen.

Das Rohr war noch enger als der Schacht, den Tremont gerade passiert hatte. Rory Tremont stieg nicht hinein, und soweit ich weiß, tat es auch kein anderer. Es muß fast unglaublich gewesen sein. Als Tremont das Loch inspizierte, sprang eine Ratte heraus, und er beteuerte später, daß sie so groß gewesen sei wie ein junger Cocker-Spaniel. Wie ein Affe auf einer Stange kroch er durch den Schacht wieder zu Andys Zelle hinauf.

Andy aber war in das zweite Rohr gekrochen. Vielleicht wußte er, daß es 450 Meter weiter an der sumpfigen Westseite in einen Strom mündete. Er muß es gewußt haben, denn es gab die Blaupausen, und er muß eine Möglichkeit gefunden haben, sie zu studieren. Der Kerl ging immer methodisch vor. Andy muß gewußt haben, daß das Abflußsystem von Zellentrakt 5 das letzte war, das man noch nicht an die neue Abwasseranlage angeschlossen hatte. Er muß gewußt haben, daß er es bis Mitte 1975 schaffen mußte oder nie, denn für August 1975 war der Anschluß an die neue Anlage geplant.

450 Meter. Die Länge von fünf Fußballfeldern. Und er kroch diese Strecke vielleicht nur mit einer dieser kleinen Stablampen in der Hand, vielleicht sogar nur mit ein paar Streichhölzern. Er kroch durch einen Moder, den ich mir kaum vorstellen kann und den ich mir auch nicht vorstellen will. Vielleicht scheuchte er die Ratten vor sich auf, oder vielleicht griffen sie ihn auch an, wie es diese Tiere gern tun, wenn sie in der Dunkelheit ihre Scheu verloren haben. Seine Schultern müssen gerade noch so viel Spielraum gehabt haben, daß er sich weiterbewegen konnte, und an den Stellen, wo die einzelnen Rohre miteinander verbunden waren, mußte er sich wahrscheinlich mit Gewalt hindurchzwängen. Wenn ich es gewesen wäre, hätte das Gefühl, eingeschlossen zu sein, mich Dutzende Male in den Wahnsinn getrieben. Aber Andy schaffte es.

Am Ende des Rohrs wurden im Schlamm Fußspuren gefunden, die aus dem träge fließenden verunreinigten Bach herausführten, in den die Abwässer der Anstalt geleitet wurden. Zwei Meilen weiter fand man seine Gefangenenkleidung – das war einen Tag später.

Wie Sie sich denken können, brachten die Zeitungen die Story in großer Aufmachung, aber niemand im Umkreis von fünfzehn Meilen konnte über einen gestohlenen Wagen oder über gestohlene Kleidung berichten, und niemand hatte im Mondschein einen nackten Mann gesehen. Nirgends hatte ein Hund gebellt. Er kam aus dem Abflußrohr und löste sich in Luft auf.

Aber ich bin sicher, daß er in Richtung Buxton verschwand.

Drei Monate nach diesem denkwürdigen Tag. Anstaltsleiter Norton trat von seinem Amt zurück. Er war ein gebrochener Mann, wie ich mit großem Vergnügen berichten kann. Sein Gang hatte jede Elastizität verloren. An seinem letzten Tag schlurfte er mit gesenktem Kopf davon, wie ein alter Sträfling, der in die Krankenstation schleicht, um seine Kodeintabletten in Empfang zu nehmen. Gonyar übernahm sein Amt, und das muß Norton als besonders schmerzliche Kränkung erschienen sein. Vermutlich ist er jetzt unten in Eliot, nimmt jeden Sonntag in der Baptistenkirche am Gottesdienst teil und fragt sich, wie, zum Teufel, Andy Dufresne es geschafft hat, ihn aufs Kreuz zu legen.

Ich hätte es ihm sagen können; die Antwort auf die Frage ist die Einfachheit selbst. Einige haben's, Sam. Und einige nicht, und sie werden's auch nie haben.

So weit das, was ich weiß; und jetzt werde ich Ihnen sagen, was ich glaube. In einigen Einzelheiten mag ich irren, aber ich bin bereit, meine Uhr samt Kette zu verwetten, daß ich im großen und ganzen ziemlich richtig liege. Denn da ich weiß, was für ein Mann Andy ist, gibt es nur eine oder zwei Möglichkeiten. Und hin und wieder, wenn ich mir alles überlege, muß ich an Normaden, den halbverrückten Indianer denken. »Netter Kerl«, hatte er gesagt, nachdem er acht Monate lang mit Andy die Zelle geteilt hatte. »Ich war froh, daß ich da rauskam. Es zieht in der Zelle. Immer kalt. Keiner darf seine Sachen anfassen. Das ist okay. Netter Kerl, war nie lustig. Und die Zugluft.« Der arme Trottel. Er wußte mehr als alle anderen, und er wußte es früher. Und acht lange Monate mußten vergehen, bevor Andy ihn loswurde und seine Zelle wieder für sich allein hatte. Wenn die acht Monate, die Normaden in seiner Zelle verbrachte, nicht gewesen wären, wäre Andy schon frei gewesen, bevor Nixon zurücktrat. Davon bin ich überzeugt.

Ich glaube heute, daß es 1949 anfing, schon damals – nicht mit dem Gesteinshammer, aber mit dem Poster von Rita Hayworth. Ich habe Ihnen doch erzählt, wie nervös er mir vorkam, als er darum bat. Nervös und voll unterdrückter Erregung. Damals dachte ich, es sei nur Verlegenheit. Ich hielt Andy für einen Mann, der verheimlichen will, daß er eine Frau braucht... auch wenn es nur eine Phantasiefrau ist.

Heute glaube ich, daß das ein Irrtum war. Heute glaube ich, daß seine Aufregung ganz andere Gründe hatte.

Wie kam das Loch zustande, das Anstaltsleiter Norton schließlich hinter dem Poster eines Mädchens entdeckte, das noch gar nicht geboren war, als das Photo von Rita Hayworth aufgenommen wurde? Andy Dufresnes Beharrlichkeit und harte Arbeit, ja – das muß man ihm zugestehen. Aber es gab zwei andere Elemente in der Gleichung: eine Menge Glück und WPA-Beton.

Glück brauche ich Ihnen wohl nicht zu erklären. Was es mit dem WPA-Beton auf sich hatte, habe ich selbst geprüft. Ich habe einige Zeit und ein paar Briefmarken investiert und habe erst an das historische Seminar der Universität von Maine geschrieben und dann an einen Mann, dessen Adresse sie mir zur Verfügung stellen konnten. Dieser Mann hatte bei der Errichtung des Hochsicherheitstrakts in Shawshank das WPA-Projekt geleitet.

Dieser Flügel, in dem die Zellentrakte 3, 4 und 5 untergebracht sind, wurde von 1934 bis 1935 gebaut. Nun denken die meisten Leute im Zusammenhang mit Zement und Beton nicht an irgendwelche »technologischen Entwicklungen«, wie es bei Automobilen, Ölöfen oder Raketenzerstörern der Fall ist, und doch gibt es dort solche Entwicklungen. Vor 1870 gab es keinen Zement im heutigen Sinne, und modernen Beton gibt es erst seit der Jahrhundertwende. Eine Betonmischung herzustellen, läßt sich mit Brotbacken vergleichen. Die Mischung kann zuviel oder zuwenig Wasser enthalten. Die Sandmischung zu reich oder nicht reich genug sein, und dasselbe gilt für die Kiesmischung. Damals im Jahre 1934 hatte man die verschiedenen Mischungsverhältnisse noch nicht so genau analysiert wie heute.

Die Wände des Zellentrakts 5 waren zwar solide, aber sie waren nicht ganz trocken, und der Zement hatte nicht ganz fest abgebunden. Tatsächlich waren und sind sie noch heute verdammt feucht. Nach einer längeren Nässeperiode schwitzten sie und tropften manchmal sogar. Gelegentlich zeigten sich Risse, manche einen Zoll tief, die dann routinemäßig mit Mörtel verstrichen wurden.

Und jetzt wird Andy Dufresne in den Zellentrakt 5 eingeliefert. Der Mann hat ein Diplom in Volkswirtschaft der Universität von Maine. Aber er hatte gleichzeitig Geologie studiert. Geologie war sogar zu seinem wichtigsten Hobby geworden. Ich kann mir vorstellen, daß diese Wissenschaft genau das richtige war für einen so geduldigen und gewissenhaften Mann. Eine zehntausend Jahre währende Eiszeit. Die Entstehung von Gebirgsformationen in vielen Millionen Jahren. Gesteinsschichten, die tief unter der Erdrinde seit undenklichen Zeiten gegeneinander mahlen. *Druck.* Andy sagte mir, daß das Studium der Druckverhältnisse in der Geologie das Wichtigste ist.

Und natürlich Zeit.

Er hatte Zeit, sich mit diesen Wänden zu beschäftigen. Viel Zeit. Wenn die Zellentür zugeschlagen wird und die Lichter ausgehen, sieht man nichts anderes.

Neulinge haben gewöhnlich Schwierigkeiten, sich an die Enge des Gefängnislebens anzupassen. Sie kriegen den Knastkoller. Manchmal müssen sie gewaltsam in die Krankenstation geschafft werden, wo man ihnen einige Beruhigungsspritzen verpaßt. Es geschieht oft, daß ein neues Mitglied unserer glücklichen kleinen Familie an den Gittern seiner Zelle rüttelt und schreit, daß man ihn rauslassen soll. Und er hat noch nicht lange geschrien, da ertönt auch schon der Chor der übrigen: »Frischer *Fisch*, kleiner *Fisch*, heut' sind frische *Fische* da!«

Andy flippte nicht auf diese Weise aus, als er 1948 nach Shawshank kam, aber das bedeutet nicht, daß er nicht ähnliche Empfindungen gehabt hätte. Auch er mag oft dem Wahnsinn nahe gewesen sein. Das geht vielen so, aber einige drehen gleich ganz durch. Auf einen Schlag ist ihr früheres Leben wie ausgelöscht, und ein ungewisser Alptraum liegt vor ihnen, ein langer Urlaub in der Hölle.

Was tat er also, fragen Sie? Er suchte verzweifelt nach irgend etwas, auf das er seine ruhelosen Gedanken konzentrieren konnte. Selbst im Gefängnis kann man sich auf jede erdenkliche Weise ablenken. Was Ablenkung anbetrifft, scheint der menschliche Geist unbeschränkte Möglichkeiten zu haben. Ich habe Ihnen von den Skulpturen erzählt, mit denen jemand die

Drei Lebensalter Jesu dargestellt hatte. Es gab Münzensammler, denen ihre Sammlungen immer wieder geklaut wurden, Briefmarkensammler, einen Burschen, der Postkarten aus fünfunddreißig Ländern besaß – und ich sage Ihnen, er hätte jedem den Hals umgedreht, der es wagte, seine Postkarten anzurühren.

Andy fing an, sich für Steine zu interessieren. Und für die Wände seiner Zelle.

Ich denke, seine ursprüngliche Absicht könnte es gewesen sein, einfach nur seinen Namen an der Stelle in die Wand zu ritzen, wo bald Rita hängen würde. Seine Initialen oder vielleicht ein paar Zeilen aus einem Gedicht. Statt dessen stellte er fest, daß der Beton nicht sehr hart war. Vielleicht fiel ein großer Brocken aus der Wand, als er seine Initialen einritzen wollte. Ich sehe ihn förmlich auf seiner Pritsche liegen und den Brocken Beton in den Händen drehen. Egal, ob dein Leben ruiniert ist, egal, ob ein ganzer Waggon voll Pech dich hierher gefahren hat. Vergiß das alles und schau dir dieses Stück Beton an.

Einige Monate weiter hat er sich möglicherweise überlegt, daß es ganz lustig wäre, einmal festzustellen, wieviel von der Wand er herausholen könne.

Man kann natürlich nicht einfach anfangen, ein Loch in die Zellenwand zu graben und während der wöchentlichen Inspektion (oder den unangemeldeten Inspektionen, bei denen ständig interessante Verstecke für Schnaps, Drogen, Pornohefte und Waffen gefunden werden) dem Wärter sagen: »Das hier? Ach, ich schachte in meiner Zellenwand nur ein kleines Loch aus. Kein Grund zur Besorgnis, guter Mann.«

Nein, das konnte er nicht tun. Er kam also zu mir und fragte mich, ob er ihm nicht ein Poster von Rita Hayworth besorgen könne. Kein kleines, sondern ein großes.

Und er hatte natürlich den Gesteinshammer. Ich weiß noch genau, was ich damals dachte, als ich ihm 1948 das Ding besorgte. Ich dachte: ein Mann braucht sechshundert Jahre, um sich damit durch die Wand zu arbeiten. Das mag alles sein. Aber Andy *hat* sich durch die Wand gearbeitet – und trotz des weichen Betons brauchte er zwei Gesteinshämmer und siebenundzwanzig Jahre, um ein Loch zu schlagen, durch das sein schlanker Körper paßte und das nur ein Meter zwanzig tief war.

Natürlich verlor er durch Normaden fast ein ganzes Jahr, und er konnte nur nachts arbeiten, vorzugsweise spät in der Nacht, wenn die andern Gefangenen und auch die Wärter der Nachtschicht schliefen. Aber ich vermute, am meisten wurde die Arbeit dadurch verzögert, daß er, was er aus der Wand geschlagen hatte, auch loswerden mußte. Er konnte den Hammer mit seinen Poliertüchern umwickeln, um das Geräusch zu dämpfen, aber was sollte er mit dem Betonstaub anfangen und den gelegentlichen größeren Brocken, die aus der Wand herausfielen?

Ich denke, er hat die Brocken zerkleinert und...

Ich erinnere mich an den Sonntag, nachdem ich ihm den Hammer besorgt hatte. Ich erinnere mich, daß er über den Hof ging, das Gesicht noch geschwollen von seinem letzten Tanz mit den Schwestern, und daß er sich bückte und einen Stein aufhob... und der Stein verschwand in seinem Ärmel. Die Taschen in den Ärmeln sind ein alter Gefängnistrick. In den Ärmeln oder unten in den Hosenbeinen. Und ich habe noch eine andere Erinnerung, die Erinnerung an etwas, was ich mehr als einmal gesehen haben muß: Andy Dufresne geht über den Hof. Es ist ein heißer Sommertag und fast windstill. Windstill, ja... außer der kleinen Brise, die Sand um Andys Füße zu blasen schien.

Wahrscheinlich hatte er in seiner Hose eben unter dem Knie ein paar Säckchen hängen, die durch starke Fäden mit den Hosentaschen verbunden waren. Er füllte also den Staub in die Säckchen, und wenn er mit den Händen in den Taschen über den Hof ging, gab er den Säckchen mit Hilfe der Fäden gelegentlich einen kleinen Ruck, und der Staub ergoß sich beim Gehen aus dem Hosenbein. Die Kriegsgefangenen des Zweiten Weltkriegs bedienten sich ähnlicher Tricks, wenn sie versuchten, einen Fluchttunnel zu graben.

Die Jahre vergingen, und Andy trug seine Wand Stück für Stück auf den Hof hinaus. Er war einem Anstaltsleiter nach dem anderen gefällig, und sie glaubten, das sei, weil er seine

Bibliothek behalten wollte. Ich glaube schon, daß auch das eine Rolle gespielt hat, aber Andys Hauptmotiv war, daß er in Zelle 14 im Zellentrakt 5 allein bleiben wollte.

Ich bezweifle, ob er schon zu Anfang wirklich den Ausbruch plante, geschweige denn auf einen Erfolg hoffte. Vielleicht glaubte er damals, die Wand bestünde aus drei Meter Beton, und wenn es ihm gelänge, sie zu durchbrechen, würde er neun Meter über dem Hof herauskommen. Aber wie schon gesagt, ich glaube nicht, daß er ernsthaft an einen Ausbruchsversuch dachte. Seine Gedanken mögen ungefähr diese gewesen sein: Ich schaffe in sieben Jahren nur etwa zwölf Zentimeter. In siebzig Jahren hätte ich gerade die Hälfte geschafft und wäre über hundert Jahre alt.

Ich hätte noch etwas anderes angenommen, wenn ich Andy gewesen wäre: Irgendwann werde ich erwischt und gehe für lange Zeit in die Isolierzelle, von einem sehr üblen Vermerk in meiner Akte ganz abgesehen. Schließlich gab es die regelmäßige wöchentliche Inspektion und etwa jede zweite Woche eine nicht angekündigte Durchsuchung, die meistens nachts erfolgte. Er muß sich gesagt haben, daß es nicht lange dauern konnte. Früher oder später würde irgendein Wärter einen Blick hinter Rita Hayworth werfen, um sich zu vergewissern, daß Andy weder einen angespitzten Löffelstiel noch Marihuanazigaretten an der Wand kleben hatte.

Er mag diese Befürchtung gehabt und sich gesagt haben: *zum Teufel damit.* Vielleicht hat er sogar mit sich selbst gewettet: wie weit komme ich in die Wand, bevor sie mich erwischen? Im Gefängnis kann es verdammt langweilig sein, und die Gefahr, eines Tages mitten in der Nacht von Wärtern überrascht zu werden, während sein Poster nicht an der Wand hing, bedeutete anfangs für ihn vielleicht sogar einen gewissen Nervenkitzel.

Daß er nur durch Glück unbehelligt bleiben würde, erscheint unmöglich. Das funktioniert nicht siebenundzwanzig Jahre lang. Dennoch muß ich glauben, daß er wenigstens während der ersten zwei Jahre – bis Mitte Mai 1950, als er Byron Hadley half, die Steuern auf seine plötzliche Erbschaft zu sparen – dieses Glück gehabt hat.

Aber vielleicht half ihm schon damals nicht nur das Glück. Er hatte Geld und kann irgendwem jede Woche eine Kleinigkeit zugesteckt haben, um weniger streng überwacht zu werden. Wenn der Preis stimmt, machen die meisten Wärter mit. Ein bißchen Geld in ihre Taschen, und der Häftling darf seine Pornobilder oder seine maßgeschneiderten Zigaretten behalten. Außerdem war Andy ein Musterhäftling – ruhig, höflich, zuvorkommend und in keiner Weise gewalttätig. Nur bei den Verrückten und den Randalierern werden mindestens alle zwei Monate die Zellen auf den Kopf gestellt, die Matratzen geöffnet, die Kissen aufgeschnitten und die Abflußrohre der Toiletten sorgfältig untersucht.

Ab 1950 war Andy dann mehr als ein Musterhäftling. Er wurde zu einem höchst wertvollen Artikel. Er war ein Mörder, der Steuererklärungen ausfüllen konnte. Er gab kostenlosen Rat in Sachen Vermögensbildung, zeigte Möglichkeiten auf, Steuern zu sparen, und füllte Darlehensanträge aus (manchmal recht kreativ). Ich weiß noch, wie er an seinem Schreibtisch saß und zusammen mit einem Wärter geduldig jeden einzelnen Paragraphen eines Ratenkaufvertrages für ein Auto durchging. Der Mann wollte einen DeSoto kaufen, und Andy erklärte dem Kerl, was er an dem Vertrag für gut hielt und was nicht. Er sagte ihm, daß es besser sei, ein Darlehen aufzunehmen, da es zinsgünstiger sei, und er warnte ihn vor den Finanzgesellschaften, die damals wenig besser waren als legal zugelassene Kredithaie. Als er fertig war, streckte der Wärter die Hand aus... und riß sie schnell wieder zurück. Verstehen Sie, er hatte für einen Augenblick vergessen, daß er es mit einem Maskottchen zu tun hatte und nicht mit einem Menschen.

Andy hielt sich hinsichtlich der Steuergesetzgebung und der Veränderungen auf dem Aktienmarkt auf dem laufenden, und deshalb war er immer noch nützlich, nachdem er für eine Weile ins Kühlfach gesteckt worden war, was sonst vielleicht nicht der Fall gewesen wäre. Er bekam jetzt auch Zuschüsse für seine Bibliothek, der ständige Krieg gegen die Schwestern hörte auf, und niemand filzte seine Zelle allzu gründlich. Er war der nützliche Nigger.

Sehr viel später – etwa im Oktober 1967 – verwandelte sich

sein langjähriges Hobby plötzlich in etwas ganz anderes. Eines Nachts, als er bis an die Hüfte in seinem Loch steckte und Raquel Welch ihm über dem Arsch hing, muß die Spitze seines Gesteinshammers plötzlich mitsamt dem Griff in den Beton gefahren sein.

Er muß wohl einige Betonbrocken herausgeholt haben, aber vielleicht hörte er andere in den Schacht hinabfallen und klappernd von den Wänden des Standrohrs abprallen. Wußte er damals schon, daß er auf dieses Rohr stoßen würde, oder war er völlig überrascht? Ich weiß es nicht. Er könnte die Blaupausen damals schon gesehen haben, vielleicht aber auch nicht. Wenn nicht, da können Sie verdammt sicher sein, hat er sich weniger später Zugang zu ihnen verschafft.

Auf einen Schlag muß ihm klargeworden sein, daß es nicht mehr ein harmloses Spiel war, sondern daß es um einen hohen Einsatz ging... um den höchsten denkbaren, da es um sein Leben und seine Zukunft ging. Selbst zu der Zeit konnte er es noch nicht genau gewußt haben, aber er muß schon ziemlich klar umrissene Vorstellungen gehabt haben, denn ungefähr um diese Zeit sprach er mit mir zum ersten Mal über Zihuatanejo. Ganz plötzlich war das blöde Loch in der Wand kein Spielzeug mehr. Ganz plötzlich beherrschte es seine Gedanken. Wenn er damals schon von dem unteren Rohr gewußt hat und daß es unter der äußeren Mauer hindurchführt, muß das der Fall gewesen sein.

Jahrelang hatte er sich um den Schlüssel, der in Buxton unter einem Stein lag, Sorgen gemacht. Jetzt mußte er sich Sorgen darum machen, daß ein übereifriger neuer Wärter hinter sein Poster schauen könnte, oder daß er einen Zellengenossen bekommen würde, oder daß man vielleicht daran dachte, ihn zu verlegen. Während der nächsten acht Jahre waren diese Gedanken eine ständige Belastung für ihn. Ich kann nur sagen, daß er einer der gelassensten Männer gewesen sein muß, die je gelebt haben. Wenn ich in dieser Ungewißheit hätte leben müssen, wäre ich schon nach kurzer Zeit total verrückt geworden. Aber Andy machte ganz einfach weiter wie bisher.

Acht weitere Jahre mußte er mit der Möglichkeit leben, daß sein Loch entdeckt wurde – mit der *Wahrscheinlichkeit* muß man sogar sagen, denn wie sorgfältig er auch die Karten zu seinen Gunsten mischte, als Insasse einer staatlichen Strafvollzugsanstalt hatte er nicht viel zu mischen... und die Götter waren ihm schon sehr lange gnädig gewesen. Neunzehn Jahre lang.

Die gespenstischste Ironie, an die ich denken kann, wäre gewesen, wenn man ihm Haftverschonung auf Bewährung angeboten hätte. Können Sie sich das vorstellen? Drei Tage bevor der Betroffene tatsächlich auf freien Fuß gesetzt wird, verlegt man ihn in den Freitrakt, wo er sich einer gründlichen Untersuchung und einer ganzen Batterie von Tests unterziehen muß. Während das vor sich geht, wird seine Zelle total ausgeräumt. Statt auf Bewährung entlassen zu werden, wäre Andy für lange Zeit nach unten in die Isolierzelle gegangen und hätte oben weitere Zeit absitzen müssen... allerdings in einer anderen Zelle.

Wenn er schon 1967 den Schacht erreichte, warum ist er dann erst 1975 geflohen?

Ich weiß es nicht genau, aber ich kann mit ein paar Vermutungen aufwarten, die wohl den Kern treffen.

Erstens war er anschließend vorsichtiger als je zuvor. Er war zu intelligent, als daß er im Eiltempo weitergearbeitet hätte, um zu versuchen, schon in acht Monaten oder auch achtzehn rauszukommen. Er muß die Öffnung zum Schacht ganz langsam und vorsichtig erweitert haben. Als er in jenem Jahr zu Neujahr seinen Drink nahm, mag die Öffnung so groß wie eine Teetasse gewesen sein, an seinem Geburtstag 1968 so groß wie ein Teller. Als 1969 die Baseballsaison begann, mochte es die Größe eines Serviertabletts gehabt haben.

Eine Zeitlang dachte ich, daß es viel schneller hätte gehen müssen, als es anscheinend der Fall war – ich meine, nach dem Durchbruch zum Schacht. Mir schien, er hätte die Brocken einfach in den Schacht fallen lassen sollen, anstatt sie zu pulverisieren und in den schon beschriebenen Geheimtaschen auf den Hof zu schaffen. Die lange Zeit, die er noch brauchte, läßt mich vermuten, daß er das nicht wagte. Vielleicht hatte er Angst, daß die Geräusche irgend jemandes Mißtrauen wecken könnten. Oder, wenn er schon von dem Abflußrohr wußte, was ich fast annehme, hatte er vielleicht Angst, ein fallender Brocken könnte das Rohr zerbrechen, bevor er mit seiner Arbeit fertig war, oder er könnte das Abwassersystem des Zellentrakts selbst beschädigen, was eine sofortige Untersuchung zur Folge gehabt hätte. Und daß eine solche Untersuchung zur Aufdekkung seines Plans geführt hätte, braucht nicht erwähnt zu werden.

Alles in allem meine ich aber, daß zu der Zeit als Nixon für seine zweite Amtsperiode vereidigt wurde, das Loch schon groß genug gewesen sein muß, wahrscheinlich schon früher. Andy hätte sich hindurchschlängeln können. Er war ein kleiner und schmaler Kerl.

Warum tat er es dann nicht?

Und hier bin ich mit meinen klugen Vermutungen am Ende, Leute. An diesem Punkt werden sie zu wilden Spekulationen. Vielleicht klebte auch im Standrohr Scheiße, die Andy erst wegräumen mußte. Aber dadurch wäre die lange Zeit nicht erklärt. Was war es also?

Ich habe Ihnen so gut ich kann erklärt, wie man Teil der Institution werden kann. Zuerst kann man die vier Wände nicht ertragen, dann nimmt man sie in Kauf, später akzeptiert man sie... und endlich, wenn Körper, Geist und Seele in hohem Maße angepaßt sind, liebt man sie. Einem wird gesagt, wann man essen muß und wann man Briefe schreiben oder rauchen darf. Wenn man in der Wäscherei oder in der Schilderfabrikation arbeitet, hat man jede Stunde fünf Minuten Zeit zum Austreten. Fünfunddreißig Jahre lang war meine Zeit fünfundzwanzig Minuten nach der vollen Stunde, und nach fünfunddreißig Jahren und natürlich schon früher ist das die einzige Zeit, wo ich je das Bedürfnis habe, zu pissen oder zu scheißen: fünfundzwanzig Minuten nach der vollen Stunde. Und wenn ich aus irgendeinem Grund nicht gehen kann, verschwindet das Bedürfnis und stellt sich fünfundzwanzig Minuten nach der nächsten Stunde wieder ein.

Mit diesem Tiger muß auch Andy gerungen haben – mit diesem institutionellen Syndrom – und mit der wachsenden Angst, daß alles vergebens gewesen sein könnte.

Wie viele Nächte mag er unter seinem Poster wachgelegen und an das Abflußrohr gedacht haben, in dem Bewußtsein, daß er nur diese eine Chance hatte. Aus den Blaupausen hatte er vielleicht den Durchmesser des Rohres ersehen, aber eine Blaupause konnte ihm nicht sagen, wie es innen aussah – ob er dort atmen konnte, ohne zu ersticken, ob die Ratten groß und bösartig genug waren, ihn anzugreifen, anstatt sich zurückzuziehen... und eine Blaupause konnte ihm auch nicht sagen, was ihn am anderen Ende erwartete, falls er es überhaupt erreichte. Und hier liegt ein Witz, der sogar noch komischer ist, als es eine Entlassung auf Bewährung gewesen wäre: Andy zwängt sich in das Abflußrohr, kriecht vierhundertfünfzig Meter weit durch erstickende, nach Scheiße stinkende Dunkelheit und findet das andere Ende mit einem festen Maschendraht versiegelt. Ha, ha, ha. Sehr komisch.

Auch daran wird er gedacht haben. Und wenn der Schuß tatsächlich im Ziel saß und Andy rauskam, würde er sich Zivilkleidung beschaffen und unentdeckt die Umgebung des Gefängnisses verlassen können? Und schließlich: angenommen, er würde aus dem Rohr kriechen, Shawshank weit hinter sich lassen, bevor der Alarm ausgelöst würde, Buxton erreichen, den richtigen Stein umdrehen... und nichts darunter finden? Nicht unbedingt etwas so Dramatisches wie die richtige Wiese zu finden und plötzlich vor einem riesigen Wohnblock oder einem Supermarkt zu stehen. Es könnte doch sein, daß ein kleines Kind, das Freude an Steinen hat, das Stück vulkanische Glaslava gesehen, umgedreht, den Schließfachschlüssel entdeckt und beides als Souvenir mit nach Hause genommen hat. Vielleicht hat ein Novemberjäger den Stein beiseite getreten und den Schlüssel freigelegt, und eine Krähe oder ein Eichhörnchen mit einer Vorliebe für glitzernde Dinge hat ihn weggetragen. Vielleicht hat es Unwetter mit schweren Wolkenbrüchen gegeben, und der Schlüssel wurde fortgespült. Alles mögliche kann geschehen sein.

Ich glaube also – wilde Vermutung oder nicht –, daß Andy ganz einfach eine Weile stillhielt. Wenn man nicht wettet, kann man auch nicht verlieren. Was hatte er zu verlieren, fragen Sie? Zum einen seine Bibliothek. Zum anderen den giftigen Frieden des Lebens in der Institution. Und jede zukünftige Chance, von seiner neuen Identität Gebrauch zu machen.

Aber er tat es doch. Genau wie ich es Ihnen erzählte. Er hat es versucht... und bei Gott, war das kein spektakulärer Erfolg? Das müssen Sie doch selbst sagen!

Aber ist er auch wirklich weggekommen, fragen Sie? Was passierte anschließend? Was passierte, als er zu der Wiese ging und den Stein umdrehte... immer angenommen, der Stein war noch da?

Die Szene kann ich Ihnen leider nicht beschreiben, denn Ihr institutioneller Erzähler befindet sich immer noch in seiner Institution und denkt, daß er noch einige Jahre dort bleiben wird.

Aber eines kann ich Ihnen sagen. Im Spätsommer 1975, am 15. September, um genau zu sein, erhielt ich eine Postkarte, die in der winzigen Stadt McNary in Texas aufgegeben worden war. Diese Stadt liegt auf der amerikanischen Seite der Grenze, direkt gegenüber von Porvenir. Die Textseite der Karte war nicht beschrieben. Aber ich weiß es. Ich fühle es im innersten Herzen. Ich weiß es so sicher, wie ich weiß, daß wir alle sterben müssen.

Bei McNary hat er die Grenze überquert. McNary, Texas.

Das ist also meine Geschichte, Jack. Ich hätte nie geglaubt, daß es so lange dauern würde, alles aufzuschreiben, und daß ich so viel Papier benötigen würde. Ich fing gleich, nachdem ich die Postkarte bekommen hatte, mit dem Schreiben an, und heute, am 14. Januar 1976 bin ich damit fertig. Ich habe drei Bleistifte bis auf den letzten Stummel verschrieben und jede Menge Papier verbraucht. Ich habe die Seiten sorgfältig versteckt... nicht, daß es viele gibt, die mein Gekritzel lesen könnten.

Es hat mehr Erinnerungen wachgerufen, als ich für möglich gehalten hätte. Über sich selbst zu schreiben ist, als steckte man einen Zweig in klares Flußwasser und rührte damit den schlammigen Boden auf.

Sie haben doch gar nicht über sich selbst geschrieben, höre ich jemand von einem der billigen Plätze rufen. *Sie haben über Andy Dufresne geschrieben. Sie selbst waren nur eine Randfigur in Ihrer eigenen Geschichte.* Aber glauben Sie mir, so ist es nicht. Es handelt *alles* von mir, jedes gottverdammte Wort. Andy war der Teil von mir, den sie niemals einsperren konnten, der Teil von mir, der sich freuen wird, wenn sich die Tore endlich für mich öffnen, und ich hinausgehe in meinem billigen Anzug und mit zwanzig Dollar in der Tasche. Der Teil von mir wird sich freuen, ganz gleich, wie alt und zerbrochen und angsterfüllt der andere Teil von mir ist. Ich denke, das liegt daran, daß Andy mehr von jenem Teil hatte als ich und ihn besser gebraucht hat.

Es gibt mehr Leute wie mich, Leute, die sich an Andy erinnern. Wir sind froh, daß er weg ist, aber auch ein wenig traurig. Einige Vögel sind für die Gefangenschaft nicht geeignet. Ihr Gefieder ist zu bunt und ihr Gesang zu wild und schön. Darum läßt man sie fliegen, oder wenn man ihren Käfig öffnet, um sie zu füttern, fliegen sie irgendwie an einem vorbei. Der Teil von uns, der weiß, daß es falsch war, sie einzusperren, freut sich zuerst, aber wo man lebt ist es, wenn sie weg sind, nur um so trauriger und leerer.

Das ist die Geschichte, und ich bin froh, daß ich sie erzählt habe, auch wenn sie nicht recht schlüssig ist und die Erinnerungen, die mein Bleistift ans Licht geholt hat (wie jener Stock im schlammigen Flußgrund), mich ein wenig traurig machten und ich mich dabei älter fühlte, als ich wirklich bin. Danke, daß Sie zugehört haben. Und Andy, wenn du wirklich dort unten bist, und ich glaube es, schau, wenn die Nacht sinkt, zu den Sternen auf und berühre den Sand und wate im Wasser und fühle dich frei.

Ich hätte nie gedacht, daß ich den Faden dieser Geschichte wieder aufnehmen würde, aber hier sitze ich, und vor mir auf dem Tisch liegen die mit Eselsohren verzierten zusammengefalteten Seiten. Und hier füge ich weitere drei oder vier Seiten hinzu, und ich schreibe auf einen nagelneuen Notizblock. Den

Notizblock habe ich in einem Geschäft gekauft – ich ging einfach in ein Geschäft in der Congress Street in Portland und kaufte ihn.

Ich dachte, ich hätte an einem trüben Januartag des Jahres 1976 in einer Gefängniszelle in Shawshank die letzten Zeilen meines Buches geschrieben. Jetzt haben wir Ende 1977 und ich sitze in einem kleinen billigen Zimmer des Brewster Hotels in Portland und schreibe weiter.

Das Fenster ist offen, und der Verkehrslärm, der heraufdringt, hat etwas Gewaltiges, Aufregendes und Erschreckendes. Dauernd muß ich zum Fenster hinüberschauen, um mich zu vergewissern, ob es auch keine Eisenstäbe hat. Nachts schlafe ich schlecht, denn das Bett in diesem Zimmer, so bescheiden es ist, scheint mir dennoch viel zu groß und luxuriös. Jeden Morgen um Punkt sechs Uhr dreißig fahre ich hoch, fühle mich völlig desorientiert und habe Angst. Ich habe schlechte Träume. Ich habe dabei das Gefühl, in die Tiefe zu stürzen. Das Gefühl ist genauso beängstigend wie erheiternd.

Was hat sich in meinem Leben verändert? Erraten Sie es nicht? Ich wurde auf Bewährung entlassen. Nach achtunddreißig Jahren routinemäßiger Anhörungen und routinemäßiger Ablehnungsbescheide (drei Anwälte sind darüber hinweggestorben), wurde meine Entlassung genehmigt. Ich denke, man war der Ansicht, daß ich im Alter von achtundfünfzig Jahren verbraucht genug sei, um als harmlos zu gelten.

Ich war nahe daran, das Dokument, das Sie eben gelesen haben, zu verbrennen. Entlassene Häftlinge werden genauso gründlich durchsucht wie neu eingelieferte »Fische«. Meine »Memoiren« enthielten nicht nur genügend Dynamit, um mir die sofortige Rückgängigmachung meiner Entlassung zu garantieren und mir weitere sechs bis acht Jahre einzutragen, sie enthielten noch etwas anderes: den Namen der Stadt, in der ich Andy Dufresne vermutete. Die mexikanische Polizei arbeitet bereitwillig mit der amerikanischen zusammen, und ich wollte nicht, daß meine Freiheit – Andys Freiheit kostete, bloß weil ich nicht bereit war, mich von der Geschichte zu trennen, an der ich so lange und hart gearbeitet hatte.

Dann erinnerte ich mich daran, wie Andy 1948 seine fünfhundert Dollar reingebracht hatte, und ich brachte meine Geschichte auf die gleiche Weise nach draußen. Um ganz sicherzugehen, schrieb ich jede Seite um, auf der Zihuatanejo erwähnt wurde. Wenn die Papiere bei meiner Durchsuchung gefunden worden wären, hätte man mich zwar zurückgeschickt, aber die Polizei hätte Andy in einer peruanischen Küstenstadt namens Las Intrudres gesucht.

Der Begnadigungsausschuß besorgte mir beim Food Way Market in der Spruce Mall in South Portland einen Job als »Lagerassistent« – die Leute hatten also jetzt einen weiteren Einkaufskarrenschieber, wenn auch einen alternden. Es gibt nur alte und junge, und kein Mensch beachtet sie. Falls Sie bei Spruce Mall Food Way einkaufen, habe ich vielleicht auch Ihnen die Lebensmittel zum Auto gerollt... allerdings nur, wenn Sie zwischen März und April 1977 dort eingekauft haben, denn länger habe ich dort nicht gearbeitet.

Erst glaubte ich nicht, daß ich es draußen überhaupt schaffen würde. Ich habe Ihnen die Gefängnisgesellschaft als ein Modell der Außenwelt in kleinerem Maßstab beschrieben, aber ich hatte keine Ahnung, wie *schnell* draußen alles abläuft; die *reine Geschwindigkeit*, mit der die Leute sich bewegen. Sie reden sogar schneller. Und lauter.

Es war die schwierigste Anpassung, zu der ich je gezwungen war und die mir noch immer nicht ganz gelungen ist... noch lange nicht. Frauen zum Beispiel... Nachdem ich vierzig Jahre lang kaum noch gewußt hatte, daß sie die halbe Menschheit ausmachten, arbeitete ich plötzlich in einem Laden, in dem es von ihnen wimmelte. Alte Weiber, schwangere Frauen, die T-Shirts mit nach unten zeigenden Pfeilen trugen, auf die der Spruch BABY HIER gedruckt war, magere Frauen, deren Brustwarzen oben am Hemd herausschauten – eine Frau, die damals, als ich in den Knast ging, so etwas getragen hätte, wäre verhaftet und auf ihren Geisteszustand untersucht worden – Frauen jeder Größe und Gestalt. Ich lief fast die ganze Zeit mit einem Halbsteifen herum und verfluchte mich als schweinischen alten Kerl.

Zur Toilette zu gehen, war noch so eine Sache. Wenn ich mußte (und das Bedürfnis hatte ich fünfundzwanzig Minuten nach jeder vollen Stunde), konnte ich kaum dem Impuls widerstehen, meinen Boss um Erlaubnis zu bitten. Zu wissen, daß ich das in dieser viel zu hellen Welt einfach tun durfte, war eine Sache; dieses Wissen innerlich umzusetzen, nachdem ich in all den Jahren immer den nächsten Wärter hatte bitten müssen, wenn ich mir nicht zwei Tage Isolierzelle einhandeln wollte... das war etwas völlig anderes.

Mein Boss mochte mich nicht. Er war ein junger Kerl von sechs- oder siebenundzwanzig, und ich erkannte, daß ich ihn auf die gleiche Weise anekelte wie ein serviler, geduckter Hund, der auf dem Bauch kriecht, einen anwidern kann. Mein Gott, ich ekelte mich doch vor mir selbst. Aber... ich konnte mich kaum zurückhalten. Ich hätte ihm so gern gesagt: *Das macht ein ganzes Leben im Knast aus einem Menschen, junger Mann. Jeder Arsch, der auch nur das geringste erreicht hat, ist dein Herr, und für jeden dieser Ärsche bist du der Hund. Du weißt vielleicht, daß du zum Hund geworden bist, aber jeder andere im Knastpyjama ist auch ein Hund, und deshalb ist es nicht so wichtig. Aber draußen ist es wichtig.* Aber das konnte ich einem so jungen Mann nicht sagen. Er hätte es nie begriffen. Auch mein Bewährungshelfer, ein gutmütiger rotbärtiger Kerl, der früher in der Navy war und jede Menge polnische Witze auf Lager hatte, würde es nie begreifen. Einmal in der Woche besuchte er mich und blieb fünf Minuten. »Bleibst du auch aus den Kneipen raus, Red?« fragte er mich, wenn er gerade mal keinen polnischen Witz wußte. Ich sagte ja, und dann ging es nächste Woche weiter.

Musik im Radio. Die Funk Bands hatten Saison. Jedes Stück hört sich jetzt an, als ob es vom Ficken handelt. So viele Autos. Immer wenn ich über die Straße ging, hatte ich Angst um mein Leben.

Da waren noch andere Dinge – *alles* war fremd und erschreckend – aber vielleicht verstehen Sie, was ich meine. Wenigstens ein bißchen. Ich dachte schon langsam daran, irgend etwas zu tun, um wieder reinzukommen. Wenn man auf Bewährung entlassen ist, reicht dazu jeder Scheißdreck. Ich schäme mich, aber ich dachte daran, Geld zu klauen oder aus dem Food Way was mitzunehmen. Irgend etwas. Ich wollte wieder dahin, wo es ruhig ist und wo man weiß, was einen im Laufe des Tages erwartet.

Wenn ich Andy nie gekannt hätte, wer weiß, ob mir nicht ziemlich schnell etwas eingefallen wäre. Aber ich mußte immer an ihn denken. Ich mußte daran denken, wie er in all diesen Jahren mit seinem Gesteinshammer geduldig den Beton wegschlug, um frei zu sein. Und wenn ich daran dachte, schämte ich mich. Gut, er hatte bessere Gründe als ich, die Freiheit zu suchen – er hatte eine neue Identität, und er hatte viel Geld. Aber das stimmte eigentlich gar nicht. Denn er wußte doch nicht, ob es die neue Identität noch gab, und ohne diese neue Identität war das viele Geld für ihn unerreichbar. Nein, er brauchte ganz einfach nur seine Freiheit. Und wenn ich meine aufgab, dann wäre das ein Schlag ins Gesicht eines Mannes, der Übermenschliches geleistet hatte, um das zu erreichen, was ich mit Füßen trat.

Ich fing also an, in meiner Freizeit immer wieder in die kleine Stadt Buxton zu fahren. Das war Anfang April 1977, als die Luft schon wärmer war und der Schnee auf den Feldern dahinschmolz. Als die Baseball Teams zur neuen Saison nach Norden kamen, um das vermutlich einzige Spiel zu spielen, das Gott gefällt. Bei diesen Ausflügen hatte ich immer einen Silva-Kompaß in der Tasche. *In der Stadt Buxton liegt eine große Wiese*, hatte Andy gesagt, *und im Norden wird dieses Feld von einer Mauer begrenzt, die aus einem Gedicht von Robert Frost stammen könnte. Und irgendwo unten am Fuß der Mauer steckt ein Stein, der da nicht hingehört.*

Ein vergeblicher Gang, werden Sie sagen. Wie viele Wiesen gibt es in einer ländlichen Kleinstadt wie Buxton? Fünfzig? Hundert? Da ich aus persönlicher Erfahrung spreche, würde ich die Zahl eher höher ansetzen, wenn man die Felder einbezieht, die heute unter dem Pflug sind, damals aber vielleicht Wiesen waren. Und selbst wenn ich die richtige fand, würde ich sie vielleicht nicht erkennen. Ich könnte das schwarze Stück vulkanische Glaslava übersehen oder, eine sehr naheliegende Vermutung, Andy hat es in die Tasche gesteckt und mitgenommen.

Deshalb stimme ich Ihnen zu. Ein vergeblicher Gang, kein

Zweifel. Schlimmer noch, ein gefährlicher Gang für einen auf Bewährung Freigelassenen, denn an einigen dieser Wiesen standen nicht zu übersehende Schilder BETRETEN VERBOTEN. Und, wie schon gesagt, die geringste Kleinigkeit genügt. Die Schweine sind nur allzu froh, wenn man wieder mit dem Arsch im Knast sitzt. Vergeblich, ja ... aber das trifft auch zu, wenn einer siebenundzwanzig Jahre lang eine Betonwand bearbeitet. Und wenn man nicht mehr der Mann ist, der alles besorgen kann, sondern ein alter Karrenschieber, ist es ganz gut, wenn man ein Hobby hat, das einen das neue Leben vergessen läßt. Mein Hobby war, Andys Stein zu suchen.

Ich ließ mich also nach Buxton fahren und suchte die Straßen ab. Ich lauschte den Vögeln und dem Tauwasser, das durch die Kanäle abfloß. Ich inspizierte die Flaschen, die der Schnee freigab – Wegwerfflaschen, wie ich leider bemerken muß; seit ich in den Knast ging, scheint die Welt entsetzlich verschwenderisch geworden zu sein – und suchte die richtige Wiese.

Die meisten konnte ich gleich ausklammern. Keine Mauern. Andere hatten Mauern, aber mein Kompaß sagte mir, daß die Richtung nicht stimmte. Dennoch ging ich die falschen Mauern ab. Es ergab sich so, und bei diesen Ausflügen fühlte ich mich *wirklich* frei. Ein Gefühl der Ruhe. An einem Samstag begleitete mich ein alter Hund. Und ein paar Tage später sah ich ein wintermageres Reh.

Dann kam der 23. April, ein Tag, den ich nie vergessen werde, und wenn ich noch mal achtundfünfzig Jahre lebe. Es war ein milder Samstagnachmittag, und ich ging eine Straße entlang. Ein kleiner Junge, der an einer Brücke angelte, hatte mir gesagt, daß es die Old Smith Road sei. In einer braunen Food Way-Tasche hatte ich mir Frühstück mitgenommen, und ich aß es auf einem Felsblock neben der Straße. Als ich fertig war, vergrub ich sorgfältig die Reste, wie ich es von meinem Vater gelernt hatte, bevor er starb, als ich noch nicht älter war als der kleine Angler, der mir den Namen der Straße genannt hatte.

Gegen zwei Uhr erreichte ich ein großes Feld. Es lag zu meiner Linken, und am jenseitigen Ende sah ich eine Mauer, die ungefähr in nordwestlicher Richtung verlief. Meine Schuhe verursachten schmatzende Geräusche auf dem sumpfigen Boden, als ich mich der Mauer näherte. Vom Ast einer Eiche beschimpfte mich ein Eichhörnchen.

Als ich drei Viertel des Weges zurückgelegt hatte, sah ich den Stein. Es war kein Irrtum möglich. Schwarzes Glas und glatt wie Seide. Ein Stein, der auf einer Wiese in Maine nichts zu suchen hatte. Ganz lange betrachtete ich ihn und hätte weinen mögen, aus welchem Grund auch immer. Das Eichhörnchen war mir gefolgt und plapperte vor sich hin. Mein Herz schlug wie wild.

Als ich mich wieder in der Gewalt hatte, trat ich an den Stein und hockte mich hin – meine Knie knickten ein wie eine doppelläufige Flinte – und strich mit der Hand darüber. Es gab ihn wirklich. Ich nahm ihn nicht deshalb hoch, weil ich glaubte, es läge etwas darunter. Es wäre mir leichtgefallen, wegzugehen, ohne zu erfahren, was unter dem Stein lag. Ganz gewiß hatte ich nicht die Absicht, ihn mitzunehmen, denn das stand mir nicht zu – diesen Stein mitzunehmen, wäre ein besonders schändlicher Diebstahl gewesen. Nein, ich hob ihn nur auf, weil ich wissen wollte, wie er sich anfühlt, weil ich ihn in den Griff kriegen wollte. Und wahrscheinlich mußte ich seine seidenglatte Oberfläche auf der Haut spüren, um endgültig von seiner Existenz überzeugt zu sein.

Was darunter lag, mußte ich lange ansehen. Meine Augen sahen es, aber mein Verstand brauchte länger. Es war ein Umschlag, zum Schutz gegen die Feuchtigkeit sorgfältig in einer Plastikhülle verpackt. Quer über die Vorderseite stand in Andys schöner klarer Schrift mein Name geschrieben.

Ich nahm den Umschlag und ließ den Stein, wo Andy ihn gelassen hatte und sein Freund vor ihm.

Lieber Red!
Wenn du dies liest, bist du draußen. So oder so, aber du bist draußen. Und wenn du schon so weit gekommen bist, hast du vielleicht Lust, noch ein wenig weiter zu kommen. Du hast den Namen der Stadt doch wohl nicht vergessen? Ich könnte einen guten Mann gebrauchen, der mir hilft, mein Projekt in Gang zu

bringen. Du kannst inzwischen einen auf mein Wohl trinken – und überleg es dir. Ich werde nach dir Ausschau halten. Hoffnung ist etwas Schönes, Red, vielleicht das Schönste, was es gibt, und Schönes stirbt nie. Ich hoffe, daß dieser Brief dich erreicht und daß es dir gutgeht.

Dein Freund
Peter Stevens

Ich las den Brief nicht auf der Wiese. Eine Art Entsetzen hatte mich gepackt. Ich mußte hier weg, bevor jemand mich sah. Um mal ein vielleicht passendes Wortspiel zu bringen, ich hatte Angst, ergriffen zu werden.

Ich las den Brief erst in meinem Hotelzimmer, während unten den alten Männern das Abendessen serviert wurde. Der Dunst zog über die Treppe nach oben – Beefaroni, Reis-a-Roni, Nudel-Roni. Jede Wette, was die alten Knacker in Amerika heute abend essen, endet mit großer Sicherheit auf *roni*.

Ich öffnete den Umschlag und las den Brief, und dann legte ich den Kopf auf den Tisch und weinte. In dem Umschlag waren zwanzig neue Fünfzigdollarnoten.

Und hier sitze ich jetzt im Brewster Hotel und bin technisch gesehen schon wieder ein Justizflüchtling – eine Gesetzesübertretung ist mein Verbrechen. Aber für solche Lächerlichkeiten werden keine Straßensperren errichtet – und ich frage mich, was nun.

Ich habe dieses Manuskript. Ich habe ein Gepäckstück so groß wie ein Arztkoffer, und darin ist alles, was ich besitze. Ich habe neunzehn Fünfziger, vier Zehner, einen Fünfer, drei Einer und ein bißchen Kleingeld. Ich mußte einen Fünfziger anbrechen, um diesen Notizblock und eine Schachtel Zigaretten zu kaufen.

Was sollte ich tun?

Aber das ist eigentlich keine Frage. Es geht immer um zwei Möglichkeiten. Leb oder stirb.

Zuerst packe ich mein Manuskript ein. Dann schnalle ich mir mein bißchen Gepäck um, greife meinen Mantel, gehe nach unten und verlasse diese Wanzenbude. Ich werde noch an die Bar gehen, dem Mann eine Fünfdollarnote über den Tresen schieben und einen doppelten Jack Daniel's bestellen – einen für mich und einen für Andy Dufresne. Außer ein oder zwei Bier sind das die einzigen Drinks, die ich seit 1938 als freier Mann getrunken habe. Ich werde dem Barmixer ein Trinkgeld geben. Einen Dollar. Dann gehe ich die Spring Street hinauf zum Greyhound-Terminal und kaufe eine Fahrkarte nach El Paso über New York City. Wenn ich in El Paso bin, kaufe ich eine Fahrkarte nach McNary. Und wenn ich in McNary bin, werde ich feststellen, ob ein alter Verbrecher wie ich vielleicht über die Grenze nach Mexiko kommt.

Natürlich weiß ich noch den Namen. Zihuatanejo. Der Name ist viel zu schön, als daß man ihn vergessen könnte.

Ich bin aufgeregt. Ich bin so aufgeregt, daß meine zitternde Hand kaum noch den Bleistift halten kann. Es ist die Aufregung, die nur ein freier Mann empfinden kann, ein Mann der eine lange Reise antritt, deren Ende er nicht kennt.

Ich hoffe, daß ich dort unten Andy finde.

Ich hoffe, daß ich es schaffe, über die Grenze zu kommen.

Ich hoffe, meinen Freund zu treffen und ihm die Hand zu schütteln.

Ich hoffe, daß der Pazifik so blau ist wie in meinen Träumen.

Ich *hoffe*.

Sommergewitter

Der Musterschüler

1

Er sah wie der typische amerikanische Junge aus, als er auf seinem Fahrrad mit dem heruntergezogenen Lenker durch eine Wohnstraße des Vororts fuhr, und genau das war er auch: Todd Bowden, dreizehn Jahre alt, ein Meter zweiundsiebzig groß und gesunde hundertdreißig Pfund schwer, strohblondes Haar, weiße, gleichmäßige Zähne und eine leicht gebräunte Haut, die noch nicht die geringsten Spuren von Jugendakne aufwies.

Er lächelte ein Sommerferienlächeln, als er nicht weit von seinem eigenen Haus durch Sonne und Schatten radelte. Er sah aus wie ein Junge, der vielleicht Zeitungen austrug, und das war tatsächlich der Fall – er verteilte den Santo Donato *Clarion*. Er sah außerdem aus wie ein Junge, der vielleicht gegen Provision Glückwunschkarten verkaufte, und auch das hatte er schon getan. Es war die Sorte, in die der Name des Kunden eingedruckt wird – JACK UND MARY BURKE oder DON UND SALLY oder DIE MURCHISONS. Er sah aus wie ein Junge, der vielleicht bei der Arbeit pfiff, und das tat er auch oft. Er konnte sogar sehr gut pfeifen. Sein Vater war Architekt und verdiente vierzigtausend Dollar im Jahr. Seine Mutter hatte am College im Hauptfach Französisch studiert und hatte Todds Vater kennengelernt, als der verzweifelt eine Nachhilfelehrerin suchte. In ihrer Freizeit tippte sie Manuskripte. Sie bewahrte Todds alte Schulzeugnisse in einer Mappe auf. Ihr ganzer Stolz war das Zeugnis zum Abschluß der Vierten Klasse, auf das Mrs. Upshaw gekritzelt hatte: »Todd ist ein sehr guter Schüler.« Und das war er auch. In allen Fächern A- und B-Noten. Wenn er noch besser gewesen wäre – zum Beispiel nur A-Noten – hätten ihn seine Freunde vermutlich für verrückt gehalten.

Vor dem Haus 963 Claremont Street brachte er sein Rad zum Stehen und stieg ab. Das Haus war ein kleiner Bungalow und lag unauffällig ziemlich weit hinten auf dem Grundstück. Es war weiß mit grünen Läden und grünen Verzierungen. Vorn zog sich eine Hecke am Grundstück entlang. Sie war gut bewässert und geschnitten.

Todd strich sich das blonde Haar aus dem Gesicht und schob sein Rad über den Weg zum Eingang hinauf. Er lächelte immer noch, und sein Lächeln war offen und erwartungsvoll und schön. Am Eingang stellte er das Rad ab und nahm die zusammengefaltete Zeitung von der unteren Stufe. Es war nicht der *Clarion*; es war die L. A. *Times*. Er klemmte sie unter den Arm und stieg die Stufen hoch. Hinter der verglasten äußeren Tür war eine schwere Holztür ohne Fenster. Rechts am Türrahmen war die Klingel angebracht und darunter zwei Schilder. Sie waren sorgfältig auf das Holz geschraubt und mit einer Plastikhülle gegen Vergilben oder Verrosten geschützt. Deutsche Gründlichkeit, dachte Todd, und sein Lächeln wurde ein wenig breiter. Es war der Gedanke eines Erwachsenen, und Todd gratulierte sich jedes Mal im Geiste, wenn er einen solchen hatte.

Auf dem oberen Schild stand ARTHUR DENKER.

Das untere Schild warnte: KEINE BETTLER, KEINE HAUSIERER, KEINE VERTRETER.

Immer noch lächelnd betätigte Todd die Klingel.

Irgendwo weit hinten im Haus hörte er ihr schwaches Summen. Er nahm den Finger vom Knopf, legte den Kopf schief und wartete auf das Geräusch von Schritten. Es blieb aus. Er sah auf seine Timex-Uhr (die er einmal für den Verkauf von persönlichen Grußkarten bekommen hatte) und sah, daß es zwölf Minuten nach zehn war. Der Kerl müßte doch schon aufgestanden sein. Todd stand selbst in den Sommerferien nie später als halb acht auf. Morgenstund' hat Gold im Mund.

Er wartete noch dreißig Sekunden, und als es im Haus stumm blieb, lehnte er sich gegen die Klingel und beobachtete den Sekundenzeiger seiner Timex. Er hatte den Klingelknopf genau einundsiebzig Sekunden lang gedrückt, als er endlich schlurfende Schritte hörte. Aus der Art des Geräusches schloß er auf Pantoffeln. Er zog aus seinen Beobachtungen immer irgendwelche Schlüsse. Zur Zeit hatte er den Ehrgeiz, später einmal Privatdetektiv zu werden.

»Ist ja schon gut!« rief der Mann ärgerlich, der vorgab, Arthur Denker zu heißen. »Ich komme ja schon! Klingel loslassen!«

Wieder nahm Todd die Hand von der Klingel.

An der Innenseite der fensterlosen Tür war das Rasseln einer Kette und eines Riegels zu hören. Dann wurde sie geöffnet.

Ein alter gebückter Mann in einem Bademantel schaute durch die Scheibe der äußeren Tür nach draußen. Zwischen seinen Fingern hing eine glimmende Zigarette. Todd fand, daß der Mann aussah wie eine Kreuzung zwischen Albert Einstein und Boris Karloff. Sein Haar war lang und weiß, aber es wurde auf unangenehme Weise gelb. Die Farbe erinnerte mehr an Nikotin als an Elfenbein. Sein Gesicht war runzlig und vom Schlaf gedunsen, und Todd sah mit einigem Unbehagen, daß der Mann sich einige Tage lang nicht rasiert hatte. Todds Vater sagte gern: »Eine Rasur setzt dem Morgen Glanz auf.« Todds Vater rasierte sich jeden Tag, ob er zur Arbeit ging oder nicht.

Die Augen, aus denen der Alte Todd ansah, waren wachsam. Sie lagen tief in den Höhlen und waren von roten Äderchen durchzogen. Todd war tief enttäuscht. Der Kerl sah *tatsächlich* ein wenig wie Albert Einstein aus, und *tatsächlich* sah er auch ein wenig wie Boris Karloff aus, aber weit eher sah er wie die schäbigen alten Säufer aus, die unten am Bahnhof herumhingen.

Allerdings, sagte sich Todd, war der Mann gerade erst aufgestanden. Todd hatte Denker schon vorher oft gesehen, aber er hatte immer sorgfältig darauf geachtet, daß Denker *ihn* nicht sah. Wenn er sich in der Öffentlichkeit bewegte, sah Denker immer sehr adrett aus, jeder Zoll ein pensionierter Offizier, könnte man sagen, obwohl er sechsundsiebzig Jahre alt war, wenn die Artikel, die Todd in der Bibliothek über ihn gelesen hatte, sein Alter korrekt angaben. An den Tagen, an denen Todd ihn beschattet hatte, wenn er zum Einkaufen ging oder mit dem Bus zu einem der drei Kinos fuhr – Denker hatte kein Auto –, trug er immer einen von drei gepflegten Anzügen, ganz gleich, wie warm es war. Wenn es nach schlechtem Wetter aussah, hielt er wie ein Ausgehstöckchen einen eingerollten Regenschirm unter dem Arm. Manchmal hatte er einen Schlapphut auf. Und wenn Denker unterwegs war, sah er immer gut rasiert aus, und sein weißer Schnauzbart, der eine schlecht korrigierte Hasenscharte kaschieren sollte, war stets sorgfältig gestutzt.

»Ein Junge«, sagte er jetzt. Seine Stimme klang belegt und schläfrig. Todd sah mit einem erneuten Anflug von Enttäuschung, daß Denkers Bademantel verblichen und schmierig war. Unordentlich lag der Kragen um seinen welken Hals, und am linken Aufschlag klebte ein Spritzer Chili- oder A-1 Steak-Sauce. Er roch nach Zigarettenqualm und hatte eine Schnapsfahne.

»Ein Junge«, wiederholte er. »Ich brauche nichts, Junge. Lies das Schild. Du kannst doch lesen, nicht wahr? Natürlich kannst du lesen. Alle amerikanischen Jungen können lesen. Belästige mich nicht, Junge. Guten Tag.«

Langsam schloß sich die Tür.

Hier hätte ich aufgeben können, dachte Todd viel später während einer der Nächte, in denen er keinen Schlaf fand. Allein die Enttäuschung, die er empfand, als er den Mann zum ersten Male aus der Nähe sah, wäre dafür ein ausreichender Grund gewesen – der Mann hatte ihm sein Alltagsgesicht gezeigt. Sein Ausgehgesicht hing im Schrank bei seinem Regenschirm und seinem Schlapphut. In diesem Augenblick hätte es zu Ende sein können. Das lächerliche Klicken des Türriegels hätte sauber wie eine scharfe Schere alles abschneiden können, was später geschehen sollte. Aber, wie der Mann selbst schon bemerkt hatte, Todd war ein amerikanischer Junge, und er hatte gelernt, daß Beharrlichkeit eine Tugend ist.

»Vergessen Sie Ihre Zeitung nicht, Mr. Dussander«, sagte Todd und hielt ihm höflich die *Times* hin.

Ein paar Zoll vor dem Anschlag blieb die Tür stehen. Kurt Dussanders Gesicht verkrampfte sich. Mißtrauen war darin zu lesen. Vielleicht auch Angst. Aber der Ausdruck war sofort wieder weg. Diese Selbstbeherrschung imponierte Todd, aber er war trotzdem wieder enttäuscht. Er hatte bei Dussander nicht Selbstbeherrschung, sondern Größe erwartet.

Junge, dachte Todd angewidert. *Junge, Junge.*

Der Alte zog die Tür wieder auf. Eine von Arthritis gekrümmte Hand griff spinnenartig hindurch und packte den Rand der Zeitung, die Todd in der Hand hielt. Mit Mißfallen sah der Junge, daß die Fingernägel des alten Mannes lang und gelb waren. Diese Hand hatte in ihren wachen Stunden eine Zigarette nach der anderen gehalten. Todd hielt Rauchen für eine ekelhafte und gefährliche Angewohnheit, die er sich nie im Leben zu eigen machen würde. Es war wirklich ein Wunder, daß Dussander so alt geworden war.

Der alte Mann zog. »Gib mir meine Zeitung.«

»Aber gern, Mr. Dussander.« Todd ließ los. Die Spinnenhand riß ihm das Blatt weg, und die äußere Tür schloß sich.

»Ich heiße Denker«, sagte der alte Mann. »Ich bin nicht dieser Dussander. Anscheinend kannst du doch nicht lesen. Wie schade. Guten Tag.«

Wieder schloß sich die Tür langsam. Todd sprach rasch durch den sich verengenden Spalt. »Bergen-Belsen, Januar 1943 bis Juni 1943. Auschwitz, Juni 1943 bis Juni 1944, stellvertretender Lagerkommandant. Patin –«

Die Tür öffnete sich wieder. Das gedunsene und bleiche Gesicht des Mannes hing im Türspalt wie ein zerknitterter Ballon, aus dem zur Hälfte die Luft entwichen war. Todd lächelte.

»Kurz bevor die Russen kamen, verschwanden Sie aus Patin. Sie setzten sich nach Buenos Aires ab. Manche behaupten, Sie seien dort reich geworden, nachdem Sie das aus Deutschland mitgebrachte Gold in den Drogenhandel investiert hatten. Wie dem auch sei, von 1950 bis 1952 waren Sie in Mexico City. Dann –«

»Junge, du bist verrückt wie ein Kuckuck.« Mit einer seiner arthritischen Hände kratzte er sich an einem seiner häßlichen Ohren, aber der zahnlose Mund zuckte und verriet Panik.

»Was von 1952 bis 1958 war, weiß ich nicht«, sagte Todd und grinste noch breiter. »Das weiß wahrscheinlich keiner, oder man schweigt darüber. Aber ein israelischer Agent machte Sie in Kuba ausfindig. Dort arbeiteten Sie als Hausmeister in einem großen Hotel. Das war, bevor Castro die Regierung übernahm. Als die Rebellen in Havanna einzogen, verlor er Ihre Spur. 1965 tauchten Sie in West Berlin auf. Dort hätte man Sie fast erwischt.« Er sprach die letzten beiden Worte wie eins aus. Gleichzeitig ballte er beide Hände zu einer einzigen großen Faust. Dussanders Blick fiel auf diese gut gebauten und gut genährten amerikanischen Hände, die dazu geschaffen waren, Seifenkistenwagen und Modellschiffe zu bauen. Todd hatte schon beides getan. Vor einem Jahr hatte er zusammen mit seinem Vater sogar ein Modell der *Titanic* gebaut. Dazu hatten sie fast vier Monate gebraucht, und jetzt stand das Modell im Büro seines Vaters.

»Ich weiß nicht, wovon du redest«, sagte Dussander. Ohne sein künstliches Gebiß klangen die Worte weinerlich, und Todd gefiel der Tonfall überhaupt nicht. Die Worte des Alten klangen... nicht echt. Oberst Klink in *Hogan's Heroes* hörte sich eher wie ein Nazi an als Dussander. Aber früher mußte er ein anderer Kerl gewesen sein. Der Autor eines in *Men's Action* erschienenen Artikels über die Vernichtungslager hatte ihn den »Bluthund von Patin« genannt. »Mach daß du wegkommst, Junge. Oder ich rufe die Polizei.«

»Ja, die sollten Sie lieber rufen, Mr. Dussander. Oder Herr Dussander, wenn Ihnen das besser gefällt.« Er lächelte immer noch und zeigte dabei makellose Zähne, die, solange er lebte, mit Fluor behandelt worden waren und die er fast ebenso lange dreimal täglich mit Crest-Zahnpasta geputzt hatte. »Nach 1965 wurden Sie nicht mehr gesehen... bis ich Sie vor zwei Monaten im Bus unterwegs in die Stadt erkannte.«

»Du bist wahnsinnig.«

»Wenn Sie also die Polizei rufen wollen, dann tun Sie's nur«, sagte Todd lächelnd. »Ich warte auf der Veranda. Wenn Sie sie aber nicht rufen wollen, warum lassen Sie mich dann nicht rein? Wir könnten uns unterhalten.«

Der alte Mann sah den lächelnden Jungen lange an. In

den Bäumen zwitscherten die Vögel. Irgendwo summte ein Rasenmäher, und in der Ferne auf den belebteren Straßen hupten die Automobile ihren eigenen Lebensrhythmus hinaus.

Trotz alledem wurde Todd von Zweifeln befallen. Er konnte sich doch nicht geirrt haben? Hatte er irgendeinen Fehler gemacht? Er glaubte es zwar nicht, aber dies war keine Arbeit für die Schule. Dies war das wirkliche Leben. Deshalb empfand er Erleichterung (die sich allerdings in Grenzen hielt, wie er sich später einredete), als Dussander sagte: »Wenn du willst, darfst du einen Augenblick reinkommen. Aber nur, weil ich dir keine Schwierigkeiten machen will, verstehst du?«

»Klar, Mr. Dussander«, sagte Todd. Er öffnete die äußere Tür und trat in die Halle. Dussander schloß die Tür hinter ihnen und ließ den Morgen draußen.

Das Haus roch schal und ein wenig nach Malz. Es roch wie Todds eigenes Haus manchmal morgens roch, wenn seine Eltern eine Party gegeben hatten und die Räume noch nicht gelüftet waren. Aber dieser Geruch war schlimmer. Er haftete, und hier roch es immer so. Es war ein Geruch von Schnaps, Lebensmittelresten, Schweiß und alten Klamotten, vermischt mit einem widerlichen Medizingestank wie nach Vick's oder Mentholatum. Es war dunkel im Flur, und Dussander stand viel zu nah neben ihm. Sein Kopf ragte aus dem Kragen seines Morgenmantels wie der Kopf eines Geiers, der darauf wartet, daß ein verletztes Tier den Geist aufgibt. Trotz der Bartstoppeln und der welken Haut sah Todd in diesem Augenblick den Mann in einer schwarzen SS-Uniform vor sich. Dieses Bild stand ihm deutlicher vor Augen als je zuvor, und plötzlich beschlich ihn Angst. Nur ein bißchen Angst, korrigierte er sich später.

»Ich sollte Sie darauf aufmerksam machen, daß, falls mir etwas passiert –« fing er an, und Dussander schob sich an ihm vorbei ins Wohnzimmer, wobei seine Pantoffeln über den Fußboden schlurften. Der Alte machte eine verächtliche Handbewegung, und Todd merkte, wie ihm das Blut ins Gesicht stieg.

Er folgte dem alten Mann, und zum ersten Mal verschwand das Lächeln aus seinem Gesicht. Er hatte sich diese Begegnung anders vorgestellt, aber man würde schon sehen. Die Dinge würden sich klären. Das war immer so. Als er das Wohnzimmer betrat, lächelte er schon wieder.

Wieder erlebte er eine Enttäuschung – und was für eine! –, aber darauf hätte er natürlich vorbereitet sein müssen. Natürlich gab es hier kein Ölgemälde von Hitler mit dem in die Stirn fallenden Haar und Augen, die einem zu folgen schienen. Keine Ordensschatullen und keinen Ehrendolch an der Wand. Auf dem Kaminsims lag keine Luger oder Walther PPK (es gab nicht einmal einen Kaminsims). Natürlich, sagte sich Todd, wäre der Kerl verrückt gewesen, wenn er solche Sachen sichtbar angebracht hätte. Dennoch, es war schwer, alles zu vergessen, was man darüber in Filmen oder in Fernsehserien gesehen hatte. Der Raum sah wie das Wohnzimmer eines alten Mannes mit einer mageren Pension aus. Auf der Kaminattrappe klebten unechte Ziegel. Darüber hing eine Westclox. Auf einem kleinen Tisch stand ein Motorola-Schwarzweißfernseher; die Enden der Antenne waren mit Aluminiumfolie umwickelt, um einen besseren Empfang zu erzielen. Auf dem Fußboden lag ein grauer und abgewetzter Läufer. Im Zeitschriftenständer lagen einige Ausgaben von *National Geographic Magazine*, *Reader's Digest und L. A. Times*. Statt eines Hitlerbildes oder eines Ehrendolches hingen eine eingerahmte Staatsbürgerschaftsurkunde und das Photo einer Frau mit einem komischen Hut an der Wand. Dussander erzählte ihm später, daß solche Hüte Cloche genannt wurden und daß sie in den zwanziger und dreißiger Jahren getragen wurden.

»Meine Frau«, sagte Dussander wehleidig. »Sie starb 1955 an einer Lungenkrankheit. Zu der Zeit arbeitete ich bei den Menschler-Motorenwerken in Essen. Es hat mir das Herz gebrochen.«

Todd lächelte immer noch. Er ging durch das Zimmer, wie um die Frau auf dem Photo besser betrachten zu können, aber anstatt sich das Bild anzusehen, griff er an den Schirm einer kleinen Tischlampe.

»*Laß das!*« bellte Dussander wütend, und Todd sprang von der Lampe zurück.

»Das war gut«, sagte er und meinte es ganz ehrlich. »Ein richtiger Kommandoton. War es nicht Ilse Koch, die sich Lampenschirme aus Menschenhaut machen ließ? Und sie kannte auch den Trick mit den kleinen Glasröhren.«

»Ich habe keine Ahnung, wovon du redest«, sagte Dussander. Auf dem Fernsehgerät lag eine Packung Kools ohne Filter. Er hielt Todd die Schachtel hin. »Zigarette?« fragte er und grinste. Es war ein scheußliches Grinsen.

»Nein. Davon kriegt man Lungenkrebs. Mein Vater hat früher geraucht, aber er hat es sich abgewöhnt.«

»So?« Dussander holte ein Streichholz aus der Tasche seines Morgenmantels und riß es am Plastikgehäuse des Motorala an. Er stieß den Rauch aus und sagte: »Kannst du mir einen einzigen Grund nennen, warum ich nicht die Polizei rufen sollte, um mich über die entsetzlichen Anschuldigungen zu beschweren, die du gegen mich erhebst? Einen einzigen Grund? Mach den Mund auf, Junge. Das Telefon steht gleich hier im Flur. Ich glaube, dein Vater würde dich verprügeln. Eine Woche lang müßtest du dir beim Essen ein Kissen unterlegen, was?«

»Mein Vater hält nicht viel vom Prügeln. Körperliche Züchtigung schafft mehr Probleme als sie kuriert.« Plötzlich glänzten Todds Augen. »Haben Sie welche von ihnen verprügelt? Ich meine die Frauen? Haben Sie ihnen die Kleider ausgezogen und –«

Mit einem erstickten Laut eilte Dussander ans Telefon.

»Das würde ich lieber nicht tun«, sagte Todd kalt.

Dussander drehte sich um. In gemessenem Ton, der nur dadurch ein wenig beeinträchtigt wurde, daß er seine falschen Zähne nicht trug, sagte er: »Ich sage es dir ein für allemal, Junge. Mein Name ist Arthur Denker. Er hat nie anders gelautet und ist nicht einmal amerikanisiert worden. Mein Vater hat mich Arthur taufen lassen, weil er die Geschichten von Arthur Conan Doyle so bewunderte. Ich hieß nie Dussander und auch nicht Himmler, und ich hieß auch nie Weihnachtsmann. Im Krieg war ich Reserveleutnant. Ich war nie Mitglied der Nazipartei. Ich habe drei Monate lang an der Schlacht um Berlin teilgenommen. Ich gebe zu, daß ich Ende der dreißiger Jahre, nachdem ich geheiratet hatte, für Hitler war. Er beendete die Not in unserem Land und gab uns unseren Nationalstolz zurück, den wir als Ergebnis des ungerechten Versailler Vertrages verloren hatten. Wahrscheinlich habe ich Hitler nur deshalb gewählt, weil ich wieder einen Job hatte und wieder rauchen konnte. Ich brauchte keine Kippen mehr in der Gosse zu sammeln, wenn ich rauchen wollte. Ende der dreißiger Jahre hielt ich ihn für einen großen Mann. Auf seine Art war er es vielleicht auch. Aber am Ende war er verrückt. Er befehligte nach den Voraussagen eines Astrologen Armeen, die es schon längst nicht mehr gab. Er gab sogar seinem Hund Blondie eine tödliche Giftkapsel. Das war die Tat eines Verrückten; am Ende waren sie alle verrückt und sangen das Horst Wessel-Lied, als sie ihre Kinder vergifteten. Am 2. Mai 1945 kapitulierte mein Regiment vor den Amerikanern. Ich weiß noch, daß ein einfacher amerikanischer Soldat namens Hackermeyer mir eine Tafel Schokolade schenkte. Ich weinte. Es gab keinen Grund weiterzukämpfen; der Krieg war vorbei und war eigentlich schon im Februar zu Ende gewesen. Ich war in Essen in Gefangenschaft und wurde sehr gut behandelt. Im Radio hörten wir die Berichte über den Nürnberger Prozeß, und als Göring Selbstmord beging, besorgte ich mir für vierzehn amerikanische Zigaretten eine halbe Flasche Schnaps und besoff mich. Als ich entlassen wurde, fing ich bei den Motorenwerken in Essen an, wo ich Räder montierte. Das machte ich bis 1963. Später wanderte ich in die Vereinigten Staaten aus. Das war mein ganzes Leben lang mein Ehrgeiz gewesen. 1967 erhielt ich die amerikanische Staatsbürgerschaft. Ich bin Amerikaner. Ich darf wählen. Keine Rede von Buenos Aires. Kein Drogenhandel. Kein Aufenthalt in Berlin. Kein Kuba.« Er sprach das U in Kuba sehr gedehnt. »Und wenn du jetzt nicht verschwindest, rufe ich die Polizei an.«

Er sah, daß Todd sich nicht rührte. Dann ging er auf den Flur und nahm den Hörer auf. Todd blieb neben dem Tisch mit der kleinen Lampe im Wohnzimmer stehen.

Dussander wählte. Todd beobachtete ihn, und sein Herz klopfte immer schneller und wilder. Nach der vierten Ziffer drehte Dussander sich um und sah ihn an. Er ließ die Schultern sinken. Er legte den Hörer auf.

»Ein Junge«, sagte er. »*Ein Junge.*«

Todd lächelte breit, aber zurückhaltend.

»Woher weißt du das alles?«

»Teils Glück, teils harte Arbeit«, sagte Todd. »Ich habe einen Freund, er heißt Harold Pegler, aber die Kinder nennen ihn Foxy. Er ist Abwehrspieler in unserer Mannschaft. Und sein Vater hat einen ganzen Haufen alte Zeitschriften in der Garage. Alles über den Krieg. Ich wollte neue lesen, aber der Mann vom Kiosk gegenüber der Schule sagte, daß es die meisten nicht mehr gibt. In den meisten sind Bilder von Krauts – ich meine natürlich deutsche Soldaten – und Japanern, die Frauen quälen. Und Artikel über Konzentrationslager. Dies Zeug über die Konzentrationslager hat mich immer sehr angesprochen.«

»Es hat dich... angesprochen?« Dussander starrte ihn an und rieb sich mit der Hand die unrasierte Wange. Es hörte sich an, als würde etwas abgeschmirgelt.

»Ja, angesprochen. Ich fahr darauf ab. Es interessiert mich.«

Er erinnerte sich an jenen Tag in Foxys Garage so deutlich wie an irgend etwas in seinem Leben – wahrscheinlich sogar noch deutlicher. Er erinnerte sich noch an einen Tag in der vierten Klasse, als Mrs. Anderson (die Kinder nannten sie Bugs Bunny, weil sie so große Schneidezähne hatte) sagte: »Ihr müßt feststellen, was EUCH AM MEISTEN INTERESSIERT.«

»Es kommt ganz plötzlich«, hatte Bugs Bunny Anderson geschwärmt. »Ihr seht etwas zum ersten Mal und wißt sofort, daß ihr das gefunden habt, was EUCH AM MEISTEN INTERESSIERT. Es ist, als ob sich in einem Schloß ein Schlüssel dreht. Oder als ob man sich zum ersten Mal verliebt. Kinder, der heutige Tag mag der Tag sein, an dem ihr das findet, was EUCH AM MEISTEN INTERESSIERT.« Und dann hatte sie der Klasse erzählt, was sie selbst AM MEISTEN INTERESSIERTE, und das war beileibe nicht, die vierte Klasse zu unterrichten, sondern Postkarten aus dem neunzehnten Jahrhundert zu sammeln.

Damals hatte Todd gedacht, daß Mrs. Anderson nur Scheiße redete, aber an jenem Tag in Foxys Garage erinnerte er sich an das, was sie gesagt hatte, und fragte sich, ob sie nicht tatsächlich recht gehabt haben könnte. Der Santa Anas hatte den ganzen Tag geweht, und weiter östlich hatte es Waldbrände gegeben. Er erinnerte sich an den Brandgeruch. Er erinnerte sich an Foxys Bürstenhaarschnitt. Er erinnerte sich an *alles*.

»Hier müssen irgendwo Comic-Hefte liegen«, hatte Foxy gesagt. Seine Mutter hatte noch vom Vortag einen Kater gehabt und sie rausgeschmissen, weil sie zu laut gewesen waren. »Gute Comics. Hauptsächlich Western aber auch *Turoks, Son of Stones* und –«

»Und was ist das?« fragte Todd und zeigte auf die prallvollen Pappkartons unter der Treppe.

»Ach, das taugt nichts«, sagte Foxy. »Kriegsgeschichten. Ziemlich langweilig.«

»Kann ich mir mal ein paar ansehen?«

»Klar. Ich suche inzwischen die Comics.«

Als der fette Foxy Pegler sie endlich gefunden hatte, wollte Todd die Comics nicht mehr lesen. Er war fasziniert und hatte für nichts anderes mehr Zeit.

Es ist, als ob sich in einem Schloß ein Schlüssel dreht, oder als ob man sich zum ersten Mal verliebt.

Und so *war* es gewesen. Natürlich hatte er einiges über den Krieg gewußt – nicht über den lächerlichen Krieg, der jetzt gerade lief und in dem ein paar Affen in schwarzen Pyjamas den Amerikanern die Scheiße aus dem Arsch traten –, sondern über den Zweiten Weltkrieg. Er wußte, daß die Amerikaner runde Helme mit einem Netz drauf trugen und die Krauts ein wenig eckigere. Er wußte, daß die Amerikaner die meisten Schlachten gewonnen hatten und daß die Deutschen gegen Ende des Krieges Raketen erfunden hatten, mit denen sie London beschossen. Er hatte sogar von den Konzentrationslagern gehört. Der Unterschied zwischen dem, was er schon wußte, und dem, was er in den Zeitschriften unter der Treppe in Foxys Garage las, war wie der Unterschied zwischen Krankheitskeimen, von denen einem erzählt wird, und solchen, die man unter einem Mikroskop tatsächlich sieht und die zappeln und sich bewegen.

Da gab es diese Ilse Koch. Da gab es Krematorien, deren an rußverschmierten Angeln hängende Türen offenstanden. Offiziere in SS-Uniformen und Gefangene in gestreifter Sträflingskluft. Der Geruch der alten Zeitschriften war wie der Geruch der Waldbrände, die östlich von Santo Donato gerade außer Kontrolle gerieten, und er spürte, wie das alte Papier unter seinen Fingern fast zerbröckeln wollte, und er schlug die Seiten um, nicht mehr in Foxys Garage, sondern irgendwo zwischen den Zeiten. Er versuchte, mit dem Gedanken fertig zu werden, daß *sie es wirklich getan hatten*, daß *irgendwer sie dazu veranlaßt hatte*, und der Kopf tat ihm weh aus einer Mischung von Ekel und Aufregung, und seine Augen schmerzten vor Anstrengung, aber er las weiter, und im Text unter einem Photo von einem Haufen ineinander verschlungener Leichen in Dachau sprang ihm eine Zahl entgegen:

6 000 000

Und er dachte, *hier muß jemand Scheiße gemacht, eine Null oder zwei hinzugefügt haben. Das wären dreimal soviel Menschen wie in Los Angeles leben!* Aber in einer anderen Zeitschrift (das Titelblatt zeigte eine an eine Mauer gekettete Frau, der sich ein Mann in Nazi-Uniform näherte, einen Schürhaken in der Hand und ein Grinsen im Gesicht) sah er die Zahl noch einmal:

6 000 000

Seine Kopfschmerzen wurden immer schlimmer, und er hatte ein trockenes Gefühl im Mund. Wie von weit hörte er, daß Foxy ihm sagte, er müsse nun zu Abend essen. Todd fragte ihn, ob er so lange in der Garage bleiben und lesen dürfe. Foxy sah ihn erstaunt an, zuckte die Achseln und war einverstanden. Und über die alten Kartons mit den Zeitschriften vom Krieg gebückt, las Todd, bis seine Mutter anrief und fragte, ob er überhaupt noch mal nach Hause kommen wolle.
Als ob sich in einem Schloß ein Schlüssel dreht.
In allen Zeitschriften stand, daß es entsetzlich gewesen sei, aber alle Geschichten wurden hinten im Heft fortgesetzt, und wenn man diese Seiten aufschlug, sah man neben dem Text, in dem dieses Entsetzliche beschrieben wurde, die Anzeigen mit Reklame für deutsche Messer und Koppel und Helme und

Mittel gegen Haarausfall. Deutsche Hakenkreuzfahnen wurden angepriesen und Luger-Pistolen der Nazis, und es gab auch ein ›Panzerangriff‹ genanntes Spiel und Fernkurse und hochhakkige Schuhe für kleingewachsene Männer. Im Text stand, es sei entsetzlich gewesen, aber das schien vielen Leuten nichts auszumachen.

Als ob man sich verliebt.

O ja, er erinnerte sich noch sehr gut an jenen Tag. Er erinnerte sich an jede Einzelheit – an den vergilbten Kalender für ein längst vergangenes Jahr, der an der Rückwand hing, an den Ölfleck auf dem Betonfußboden und an den orangefarbenen Bindfaden, mit dem die Zeitschriftenbündel verschnürt waren. Er wußte noch, daß seine Kopfschmerzen immer schlimmer wurden, wenn er an die unglaubliche Zahl dachte

6 000 000

Er wußte noch, daß er damals dachte: *Ich will genau wissen, was an jenen Orten geschehen ist. Und ich will wissen, worin mehr Wahrheit liegt – im Text oder in den Anzeigen daneben.*

Er dachte an Bugs Anderson, als er endlich die Kartons wieder unter die Treppe schob, und er wußte: *Sie hatte recht. Ich habe gefunden WAS MICH AM MEISTEN INTERESSIERT.*

Dussander sah Todd lange an. Dann ging er durch das Zimmer und ließ sich schwer in einen Schaukelstuhl fallen. Er konnte den leicht verträumten und nostalgischen Gesichtsausdruck des Jungen nicht deuten.

»Ja. Diese Zeitschriften haben mich interessiert, aber ich glaubte, daß eine Menge von dem, was da stand, ganz einfach Scheiße war. Ich ging also in die Bibliothek, und da fand ich noch viel mehr darüber. Einiges war auch besser geschrieben. Zuerst wollte der lausige Angestellte nicht, daß ich es las, denn es stand in der Abteilung für Erwachsene, aber ich hab ihm gesagt, daß ich es für die Schule brauche. Wenn es für die Schule ist, müssen sie es rausrücken. Sie haben aber vorher meinen Vater angerufen.« In Todds Blick lag jetzt Verachtung. »Als ob sie glaubten, mein Vater wüßte nicht, was ich tue, wenn Sie wissen, was ich meine.«

»Wußte er es denn?« »Klar. Mein Vater meint, ein Junge muß schon früh das Leben kennenlernen – das Böse genauso wie das Gute. Dann ist er darauf vorbereitet. Er sagt, das Leben ist wie ein Tiger, den man am Schwanz packen muß. Und wenn man das Biest nicht kennt, frißt es einen auf.«

»Hmmm«, sagte Dussander.

»Das meint auch meine Mutter.«

»Hmmm.« Dussander sah den Jungen verwirrt an. Er wußte nicht, woran er war.

»Jedenfalls«, sagte Todd, »war das Zeug in der Bibliothek ganz gut. Die haben mindestens hundert Bücher über Konzentrationslager allein hier in der Bibliothek von Santo Donato. Es muß *viele* Leute geben, die so was gern lesen. In den Büchern waren nicht so viele Bilder wie in den Zeitschriften von Foxys Vater, aber das andere Zeug war wirklich Klasse. Stühle mit Metalldornen in den Sitzen. Goldzähne mit Zangen rausziehen. Duschen, aus denen Giftgas kam.« Todd schüttelte den Kopf. »Ihr müßt doch damals verrückt gewesen sein. Ihr wart verrückt.«

»Klasse«, sagte Dussander mit schwerer Zunge.

»Ich habe darüber für die Schule eine Arbeit geschrieben, und wissen Sie, was ich dafür kriegte? Eine Eins. Ich mußte natürlich vorsichtig sein. Man muß das auf eine ganz bestimmte Art schreiben. Man muß vorsichtig sein.«

»Muß man das?« fragte Dussander. Seine Hand zitterte, als er sich noch eine Zigarette anzündete.

»O ja. Alle diese Bücher in der Bibliothek sind auf eine ganz bestimmte Art geschrieben. Als ob die Leute, die das schreiben, beim Schreiben kotzen mußten.« Todd runzelte die Stirn. Er hatte Schwierigkeiten, seine Gedanken auszudrücken. Wie in der Literatur Akzente gesetzt werden, konnte er mit seinem Vokabular noch nicht beschreiben. »Sie schreiben alle, als hätten sie darüber schlaflose Nächte gehabt. Und daß wir aufpassen müssen, daß so etwas nie wieder geschieht. So ungefähr habe ich auch meine Arbeit geschrieben, und ich glaube, der Lehrer hat mir eine Eins gegeben, weil ich das Quellenmaterial gelesen hatte, ohne zu kotzen.« Wieder setzte Todd ein freundliches Lächeln auf.

Dussander zog an seiner Kool ohne Filter. Die Zigarette zitterte in seiner Hand. Als er den Rauch durch die Nase ausstieß, hustete er. Es war das unangenehme hohle Husten eines alten Mannes. »Ich kann kaum glauben, daß diese Unterhaltung tatsächlich stattfindet«, sagte er. Er beugte sich vor und sah Todd scharf an. »Junge, ist dir das Wort ›Existentialismus‹ ein Begriff?« Todd ignorierte die Frage. »Haben Sie Ilse Koch kennengelernt?«

»Ilse Koch?« sagte Dussander. »Ja, ich kenne sie«, fügte er fast unhörbar hinzu.

»Sah sie gut aus?« fragte Todd aufgeregt. »Ich meine...« Seine Hände beschrieben Kreise in der Luft.

»Du hast doch gewiß ein Photo von ihr gesehen«, sagte Dussander. »Ein Aficionado wie du?«

»Was ist ein Af... Aff...«

»Ein Aficionado«, sagte Dussander, »ist jemand, der sich brennend für etwas interessiert. Einer der... auf etwas abfährt, wie ihr sagt.«

»Ja? Cool.« Todd lächelte wieder, diesmal triumphierend. »Klar habe ich ihr Bild gesehen. Aber Sie kennen ja die Bilder in diesen Büchern.« Er sprach, als hätte Dussander die Bücher alle. »Schwarzweiß und unscharf... eben nur Schnappschüsse. Wissen Sie, die Leute wußten ja nicht, daß diese Aufnahmen für die *Geschichte* gemacht wurden. Sah sie wirklich gut aus?«

»Sie war fett und untersetzt und hatte unreine Haut«, sagte Dussander. Er drückte die nur halb gerauchte Zigarette in einer mit Kippen gefüllten Fertiggerichtfolie aus.

»Mein Gott.« Todd machte ein enttäuschtes Gesicht.

»Du hast ganz einfach Glück gehabt«, sagte Dussander nachdenklich und sah Todd an. »Du hast mein Bild in der Zeitschrift gesehen und hast dann zufällig neben mir im Bus gesessen. *Tscha!*« Er schlug mit der Faust auf die Stuhllehne, aber in dem Schlag lag wenig Kraft.

»Nein, Mr Dussander. Ganz so einfach war das nicht«, sagte Todd ganz ernst und beugte sich vor.

»Wirklich?« Dussander hob die buschigen Brauen, und sein Gesicht zeigte ungläubiges Erstaunen.

»Aber ja. Ich habe ein ganzes Buch mit Zeitungsausschnitten, und die Bilder von Ihnen waren alle mindestens dreißig Jahre alt. Schließlich haben wir jetzt 1974.«

»Du hast ein ... ein Buch mit Zeitungsausschnitten?«

»Ja. Ein sehr gutes sogar. Hunderte von Bildern. Ich zeig sie Ihnen mal. Sie werden verrückt.«

Dussanders Gesicht verzerrte sich zu einem angewiderten Grinsen, aber er sagte nichts.

»Als ich Sie ein paarmal gesehen hatte, war ich mir noch nicht sicher«, sagte Todd. »Aber dann stiegen Sie eines Tages in den Bus. Es regnete, und Sie hatten diesen schwarzen Regenmantel an –«

»Ach, den«, flüsterte Dussander.

»Ja. Und in einer der Zeitschriften in Foxys Garage war ein Bild, auf dem Sie einen ähnlichen Mantel trugen. Und in der Bibliothek fand ich in einem Buch ein Photo von Ihnen in Ihrem SS-Mantel. Als ich Sie dann im Bus sah, sagte ich mir ›Klar, das muß er sein. Das ist Kurt Dussander.‹ Und dann fing ich an, Sie zu beschatten –«

»Du hast *was* getan?«

»Sie beschattet. Ich bin Ihnen gefolgt. Ich will nämlich Privatdetektiv werden wie Sam Spade in den Büchern und Mannix im Fernsehen. Jedenfalls war ich sehr vorsichtig. Sie durften es ja nicht merken. Wollen Sie ein paar Bilder sehen?«

Todd zog einen dicken braunen Umschlag aus der Gesäßtasche. Er war von Schweiß zugeklebt. Vorsichtig öffnete er ihn. Seine Augen glänzten wie die eines Jungen, der sich auf seinen Geburtstag freut oder auf Weihnachten oder auf die Feuerwerkskörper, die er am 4. Juli abbrennen darf.

»*Du hast Bilder von mir gemacht?*«

»Wetten? Ich hab diese kleine Kamera. Eine Kodak. Sie ist schmal und flach und paßt genau in die Hand. Wenn man erst dahintergekommen ist, kann man Aufnahmen machen, indem man das Ding einfach in die Hand nimmt und die Finger so weit spreizt, daß die Linse freiliegt. Den Auslöser betätigt man dann mit dem Daumen.« Todd lachte leise. »Ich bin dahintergekommen, aber dazu mußte ich ganz schön oft meine eigenen Finger photographieren. Ich versuchte es aber immer wieder.

Wissen Sie, ich glaube, ein Mensch bringt alles fertig, wenn er sich nur genug Mühe gibt. Das klingt abgedroschen, aber es stimmt.«

Kurt Dussander war ganz blaß geworden und sah krank aus. Er schien in seinem Morgenmantel zusammengeschrumpft zu sein. »Hast du die Bilder in einem Photogeschäft entwickeln lassen, Junge?«

»Was?« Todd sah ihn zuerst entsetzt und dann verächtlich an. »Nein! Denken Sie, ich bin blöd? Mein Vater hat eine Dunkelkammer. Seit ich neun Jahre alt war, habe ich schon meine eigenen Bilder entwickelt.«

Dussander sagte nichts, aber er schien erleichtert, und sein Gesicht nahm wieder etwas Farbe an.

Todd reichte ihm ein paar Hochglanzphotos, deren schlecht beschnittenen Rändern man ansah, daß ein Laie sie entwickelt hatte. Dussander betrachtete sie wütend, aber ohne ein Wort zu sagen. Auf dem einen saß er auf einem Fensterplatz im Stadtbus, die letzte Ausgabe des *Centennial* in der Hand. Eine andere Aufnahme zeigte ihn an der Bushaltestelle Devon Avenue, den Regenschirm unter dem Arm und den Kopf erhoben wie De Gaulle zu seinen besten Zeiten. Auf einem weiteren Photo stand er unter dem Vorbau des Majestic Theater, aufrecht und stumm, und hob sich schon durch seine Größe und seine Haltung von den Teenagern ab und von den Hausfrauen mit ihren Lockenwicklern und leeren Gesichtern. Endlich gab es noch ein Bild, auf dem er seinen Briefkasten inspizierte.

»Dabei hatte ich Angst, daß Sie mich sehen könnten«, sagte Todd. »Das war ein kalkuliertes Risiko. Ich stand direkt gegenüber auf der anderen Straßenseite. Junge, Junge, wenn ich mir doch eine Minolta mit Teleobjektiv leisten könnte. Eines Tages...« Todd bekam ganz sehnsüchtige Augen.

»Du hättest doch bestimmt eine Ausrede gewußt, falls ich dich gesehen hätte.«

»Ich hätte Sie gefragt, ob Sie meinen Hund gesehen hätten. Als ich die Bilder entwickelt hatte, habe ich sie jedenfalls mit diesen verglichen.«

Er reichte Dussander drei photokopierte Aufnahmen, die dieser alle kannte. Er hatte sie oft gesehen. Die eine zeigte ihn an seinem Schreibtisch im Umsiedlungslager Patin. Es war so zurechtgeschnitten, daß nur er selbst und die Nazifahne in ihrem Ständer neben seinem Schreibtisch zu sehen waren. Das zweite Bild war am Tage seiner Einberufung aufgenommen worden. Auf dem letzten Photo schüttelte er Heinrich Glücks die Hand, einem SS-Offizier, der Heinrich Himmler direkt unterstellt war.

»Zu der Zeit war ich meiner Sache schon ziemlich sicher, aber wegen Ihres verdammten Schnauzbarts konnte ich nicht erkennen, ob Sie eine Hasenscharte haben. Um sicherzugehen, habe ich mir dies besorgt.«

Er zog den letzten Bogen aus dem Umschlag. Er war mehrfach gefaltet worden. Die Kniffe waren schmutzig, die Ecken zerfleddert – der Bogen sah aus wie jedes zusammengefaltete Papier, das einige Zeit in der Hosentasche eines Jungen steckt, der vieles unternimmt und sich überall umschaut. Es war die Kopie eines auf Kurt Dussander lautenden israelischen Steckbriefes. Als er ihn in der Hand hielt, dachte Dussander an Leichen, die nicht zur Ruhe kommen konnten und begraben bleiben wollten.

»Ich habe Fingerabdrücke von Ihnen genommen«, sagte Todd lächelnd. »Und dann habe ich sie mit denen auf diesem Bogen verglichen.«

Dussander starrte ihn mit offenem Mund an. »Das hast du nicht getan!«

»Natürlich habe ich das getan. Voriges Jahr schenkten mir meine Eltern eine komplette Ausrüstung zum Abnehmen von Fingerabdrücken. Kein Spielzeug, sondern eine richtige. Puder und drei Bürsten für unterschiedlich beschaffene Oberflächen waren dabei und Spezialpapier für die Abdrücke selbst. Meine Eltern wissen, daß ich Privatdetektiv werden will. Natürlich glauben sie, daß sich das ändert, wenn ich größer bin.« Er zuckte die Achseln. »In dem Buch steht alles über Windungen und Felder und Ähnlichkeiten. Die nennt man Vergleichspunkte. Vor Gericht muß ein Fingerabdruck in acht Vergleichspunkten übereinstimmen.

Jedenfalls bin ich, als Sie einmal im Kino waren, hergekommen und habe Ihren Briefkasten und Ihren Türgriff mit Puder bestreut und alle Fingerabdrücke genommen, die ich finden konnte. Ganz schön schlau, was?«

Dussander sagte nichts. Er umklammerte die Lehnen seines Stuhls, und sein zahnloser eingefallener Mund zitterte. Das gefiel Todd überhaupt nicht. Er sah aus, als würde er jeden Moment in Tränen ausbrechen. Das war natürlich lächerlich. Der Bluthund von Patin und weinen? Das wäre, als ginge General Motors pleite oder als stellte sich McDonald's auf Trüffel und Kaviar um.

»Ich erhielt Abdrücke von zwei Leuten«, sagte Todd. »Die einen sahen ganz anders aus als die auf dem Steckbrief. Die übrigen waren Ihre. Sie stimmten in mehr als acht Punkten überein. Ich hatte insgesamt vierzehn ausgezeichnete Abdrücke.« Er grinste. »Ja, und so habe ich es gemacht.«

»Du kleines Miststück«, sagte Dussander, und für einen Augenblick blitzten seine Augen gefährlich auf. Todd erlebte das gleiche Angstgefühl wie vorher, als er das Haus betrat. Dann sank Dussander wieder in sich zusammen.

»Wem hast du davon erzählt?«

»Niemandem.«

»Nicht einmal deinem Freund? Diesem Cony Pegler?«

»Foxy. Foxy Pegler. Nein, er ist ein Klatschmaul. Ich habe es niemandem erzählt. Es gibt keinen, zu dem ich so viel Vertrauen hätte.«

»Was willst du von mir? Geld? Das habe ich leider nicht. In Südamerika hatte ich noch Geld, aber das hatte ich nicht mit so romantischen oder gefährlichen Dingen wie Drogenhandel verdient. Es gibt – es gab eine Art Vereinigung alter Kameraden in Brasilien und Paraguay und Santo Domingo. Leute, die nach dem Krieg geflohen waren. Ich schloß mich diesen Kreisen an und habe mit Mineralien und Erzen ganz gut verdient – Zinn, Kupfer, Bauxit. Dann gab es Veränderungen. Nationalismus, Anti-Amerikanismus. Diese Veränderungen hätte ich wohl überstanden, aber dann spürten Wiesenthals Leute mich auf. Ein Unglück kommt selten allein, Junge. Sie waren hinter mir her wie Hunde hinter einer läufigen Hündin. Zweimal hätten sie mich fast erwischt; einmal hörte ich die Judenschweine schon im Nebenzimmer.

Sie haben Eichmann aufgehängt«, flüsterte er. Er fuhr sich mit der Hand an den Hals, und seine Augen wurden so rund wie die Augen eines Kindes, das gerade die unheimlichste Stelle einer Gruselgeschichte hört – »Hänsel und Gretel« vielleicht, oder »Blaubart«. »Er war ein alter Mann und für niemanden gefährlich. Er war völlig unpolitisch. Sie haben ihn trotzdem aufgehängt.«

Todd nickte.

»Endlich ging ich zu den einzigen Leuten, die mir helfen konnten. Sie hatten schon anderen geholfen. Ich wußte einfach nicht mehr weiter.«

»Sie gingen zu der Vereinigung Odessa?« fragte Todd gespannt.

»Zu den Sizilianern«, sagte Dussander trocken, und wieder machte Todd ein enttäuschtes Gesicht. »Alles wurde arrangiert. Falsche Papiere, eine falsche Vergangenheit. Möchtest du etwas trinken, Junge?«

»Gern. Haben Sie eine Coke?«

»Keine Coke.« Er sprach es wie Kök aus.

»Milch?«

»Milch.« Dussander ging in die Küche. Eine Neonlampe leuchtete auf. »Jetzt lebe ich von Dividenden«, hörte Todd seine Stimme. »Auf Aktien, die ich nach dem Krieg unter noch einem anderen Namen kaufte. Über eine Bank im Staate Maine, wenn ich bitten darf. Der Bankier, der sie für mich kaufte, ging ein Jahr später ins Gefängnis, weil er seine Frau ermordet hatte... das Leben ist manchmal seltsam, Junge, nicht wahr?«

Eine Kühlschranktür öffnete sich und schlug wieder zu.

»Die sizilianischen Schakale wußten von diesen Aktien nichts«, sagte er. »Heute sind sie überall, aber damals kamen sie nicht weiter nach Norden als bis Boston. Wenn sie es gewußt hätten, wäre ich die Aktien schon lange losgewesen. Sie hätten mir alles abgenommen, und ich hätte in Amerika von der Sozialfürsorge leben können.«

Todd hörte, wie eine Schranktür geöffnet und Flüssigkeit in ein Glas gegossen wurde.

»Ein paar Aktien von General Motors, ein paar von American Telephone and Telegraph, hundertfünfzig Anteile von Revlon.

Das hat alles dieser Banker für mich ausgesucht. Er hieß Dufresne – das weiß ich noch, denn der Name klingt ein wenig wie meiner. Zukunftsträchtige Aktien konnte er gut aussuchen, aber im Umbringen von Ehefrauen war er nicht so geschickt. *Crime Passionel*, Junge. Es beweist nur, daß alle Männer, die lesen können, Esel sind.«

Er kam ins Wohnzimmer zurück, und seine Pantoffeln schlurften über den Fußboden. Er hielt zwei grüne Plastikbecher in der Hand, die aussahen wie die Becher, die man manchmal bei Tankstelleneröffnungen bekommt. Wenn man sich den Tank füllen läßt, kriegt man ein Getränk gratis. Dussander reichte Todd einen der Becher.

»Ich konnte bequem von den Erträgen der Aktien leben, die dieser Dufresne mir während meiner ersten fünf Jahre hier beschafft hatte. Aber dann verkaufte ich mein Diamond Match-Paket, um dieses Haus und ein kleineres in der Nähe von Big Sur zu kaufen. Dann die Inflation und die Rezession. Ich verkaufte das kleine Haus und ein Aktienpaket nach dem anderen, manche mit phantastischem Profit. Ich wollte, ich hätte mehr gekauft. Aber ich glaubte, ich sei auch anderweitig gut abgesichert. Auch die übrigen Aktien waren enorm gestiegen...« Seinem zahnlosen Mund entfuhr ein zischender Laut, und er schnippte mit den Fingern.

Todd langweilte sich. Er war nicht hergekommen, um Dussander über sein Geld oder seine Aktien jammern zu hören. Den Gedanken, Dussander zu erpressen, hatte er nicht einmal im Traum gehabt. Geld? Was sollte er damit? Er hatte sein Taschengeld, und er hatte seine Zeitungstour. Sollte beides zusammen einmal nicht ausreichen, konnte er immer noch irgendwo einen Rasen mähen.

Todd hob den Becher mit der Milch an die Lippen und zögerte. Wieder lächelte er... diesmal war es ein bewunderndes Lächeln. Er reichte Dussander den Becher.

»Trinken Sie ein wenig davon«, sagte er listig.

Dussander sah ihn einen Augenblick verständnislos an und rollte dann mit den blutunterlaufenen Augen. »Großer Gott!« sagte er und nahm den Becher. Er schluckte zweimal und reichte ihn zurück. »Kein Keuchen. Kein Griff an die Kehle.

Kein Geschmack von Bittermandeln. Es ist Milch, Junge. *Milch.* Von den Dairylea Farms. Auf dem Karton ist das Bild einer lächelnden Kuh.«

Todd sah ihn einen Augenblick mißtrauisch an und nahm dann einen kleinen Schluck. Ja, es *schmeckte* wie Milch, aber irgendwie hatte er keinen großen Durst mehr. Er stellte den Becher ab. Dussander zuckte die Achseln, hob seinen eigenen Becher – er enthielt ein reichliches Quantum Whiskey – und nahm einen kräftigen Schluck. Er schnalzte mit den Lippen.

»Schnaps?« fragte Todd.

»Bourbon. Sehr alt. Sehr gut. Und billig.«

Todd fummelte am Saum seiner Jeans.

»Nun«, sagte Dussander, »falls *du* glaubst, du hättest gute Aktien, muß ich dir sagen, daß ihr Kurs miserabel ist.«

»Wie bitte?«

»Erpressung«, sagte Dussander. »So heißt es doch auch in *Mannix* und *Hawaii Five-O* und *Barnaby Jones.* Wenn das deine Absicht –«

Aber Todd lachte – ein herzliches jungenhaftes Lachen. Er schüttelte den Kopf und wollte etwas sagen, aber er konnte nicht. Er lachte weiter.

»Nein«, sagte Dussander, und plötzlich sah er grau aus und noch ängstlicher als zu Beginn seiner Unterhaltung mit Todd. Er nahm noch einen großen Schluck von seinem Whiskey, verzog das Gesicht und schüttelte sich. »Ich sehe, daß du nicht... daß du mich wenigstens nicht um Geld erpressen willst. Aber obwohl du lachst, riecht das Ganze irgendwie nach Erpressung. Worum geht es? Warum kommst du her und störst einen alten Mann in seiner Ruhe. Vielleicht war ich früher Nazi, vielleicht war ich sogar in der SS. Jetzt bin ich nur noch ein alter Mann und brauche ein Zäpfchen, um Stuhlgang zu haben. Was willst du also?«

Todd hatte sich wieder beruhigt. Er sah Dussander mit sympathischer Offenheit an. »Ich will alles darüber wissen. Mehr will ich nicht. Wirklich nicht.«

»Alles darüber wissen?« wiederholte Dussander. Er schien völlig verwirrt.

Todd beugte sich vor und stützte die sonnengebräunten

Ellbogen auf die Knie seiner Bluejeans. »Klar. Über die Erschießungskommandos. Die Gaskammern. Die Verbrennungsöfen. Über die Leute, die ihre eigenen Gräber schaufeln und sich dann an den Rand stellen mußten, damit sie auch hineinfielen. Über die . . .« Er fuhr sich mit der Zunge über die Lippen. »Über die Verhöre. Die Experimente. Alles. All diese interessanten Dinge.«

Dussander starrte ihn mit einer Art erstaunter Distanziertheit an, wie etwa ein Tierarzt eine Katze anstarren würde, die zweiköpfige Kätzchen zur Welt bringt. »Du bist ein Ungeheuer«, sagte er leise.

Todd schnaubte verächtlich. »Nach den Büchern, die ich für meine Arbeit gelesen habe, sind *Sie* das Ungeheuer, Mr. Dussander. Nicht ich. Sie haben sie in die Öfen geschickt, nicht ich. Bevor Sie kamen, waren es in Patin zweitausend am Tag, danach dreitausend, dreitausendfünfhundert, als die Russen kamen und Ihnen das Handwerk legten. Himmler nannte Sie einen Produktivitätsfachmann und verlieh Ihnen einen Orden. Und Sie nennen mich ein Ungeheuer. Oh, *Mann*.«

»Das alles sind dreckige amerikanische Lügen«, rief Dussander empört. Mit einem Knall stellte er seinen Becher ab, so daß ihm der Bourbon über die Hand und auf den Tisch schwappte. »Ich habe das Problem nicht geschaffen und auch seine Lösung nicht zu verantworten. Ich erhielt Befehle und Anweisungen, die ich befolgte.«

Todds Lächeln wurde breiter; es war fast ein Grinsen.

»Ich weiß sehr gut, wie die Amerikaner die Tatsachen verdreht haben«, murmelte Dussander. »Aber verglichen mit euren eigenen Politikern nimmt sich unser Dr. Goebbels wie ein kleines Kind aus, das im Kindergarten mit Bilderbüchern spielt. Sie reden von Moral und begießen kreischende Kinder und alte Frauen mit brennendem Napalm. Eure Wehrdienstverweigerer nennt ihr Feiglinge und ›Peaceniks‹. Wer sich weigert, Befehle auszuführen, wird entweder eingesperrt oder aus dem Land gejagt. Wer gegen das fatale asiatische Abenteuer dieses Landes demonstriert, wird auf den Straßen niedergeknüppelt. GIs, die Unschuldige töten, werden vom Präsidenten dekoriert. Sie spießen Kinder mit dem Bajonett auf und bombardieren Krankenhäuser und werden dafür zu Hause mit Flaggenschmuck und Paraden empfangen. Sie werden zu Festessen geladen, zu Ehrenbürgern von Städten gemacht, und sie bekommen Freikarten für Fußballspiele.« Er hielt seinen Becher in Todds Richtung. »Nur die Verlierer werden als Kriegsverbrecher vor Gericht gestellt, weil sie Befehle und Anweisungen befolgt haben.« Er trank und hatte einen Hustenanfall, der etwas Farbe in sein Gesicht brachte.

Während der Alte sprach, war Todd unruhig hin und her gerutscht, wie er es auch immer tat, wenn seine Eltern diskutierten, was sie in den Nachrichten gehört hatten. Dussanders politische Ansichten interessierten ihn genausowenig wie seine Aktien.

Für ihn war Politik etwas, was die Leute erfunden hatten, um gewisse Dinge durchzusetzen. So wie er selbst, als er vor einem Jahr Sharon Ackermann unter das Kleid fassen wollte. Sharon sagte, es sei schlimm, daß er das wolle, obwohl er an ihrer Stimme erkannt hatte, daß sie bei dem Gedanken ganz aufgeregt war. Darum hatte er ihr erzählt, daß er später Arzt werden wolle, und da erlaubte sie es ihm. Das war Politik. Er wollte von deutschen Ärzten hören, die versuchten, Frauen mit Hunden zu paaren. Die eineiige Zwillinge in Kühlschränke setzten, um zu erfahren, ob sie gleichzeitig starben oder ob einer von ihnen es länger aushielt. Er wollte von Elektroschockbehandlung und Operationen ohne Narkose hören. Von deutschen Soldaten, die so viele Frauen vergewaltigten, wie sie wollten. Alles andere war nur Scheiße und dazu bestimmt, die unheimlichen Dinge zu vertuschen, nachdem jemand ihnen ein Ende gesetzt hatte.

»Wenn ich die Befehle nicht ausgeführt hätte, wäre ich tot gewesen.« Dussander atmete schwer. Sein Oberkörper bewegte sich im Schaukelstuhl hin und her, daß die Federn quietschten. Er verbreitete eine Schnapswolke um sich herum. »Dabei mußte man doch immer an die Ostfront denken, nicht wahr? Unsere Führer waren Verrückte, zugegeben, aber wer will schon mit Verrückten streiten... besonders wenn der Verrückteste von allen das Glück des Satans hatte? Er entging mit knapper Not einem brillant geplanten Attentat. Die Verschwörer wurden mit Klaviersaiten erdrosselt, langsam erdrosselt. Ihre Todesqual wurde gefilmt zur Erbauung der Elite –«

»Ja! Sauber!« rief Todd impulsiv. »Haben Sie den Film gesehen?«

»Ja. Ich habe ihn gesehen. Wir alle wußten, was mit denen passierte, die nicht mit dem Wind laufen und das Ende des Sturms abwarten wollten oder konnten. Was wir damals taten, war richtig. Für die damalige Zeit und die damaligen Verhältnisse war es richtig. Ich würde es wieder tun. Aber –«

Er schaute in seinen Becher. Er war leer.

»... aber ich will darüber nicht sprechen, nicht einmal daran denken. Der Wille zu überleben war das Motiv für unsere Taten, und wenn man überleben will, geht es nicht immer sehr appetitlich zu. Ich hatte Träume...« Er nahm langsam eine Zigarette aus der Schachtel auf dem Fernseher. »Ja. Ich hatte sie jahrelang. Dunkelheit und Geräusche in der Dunkelheit. Motorengeräusch. Bulldozer und Traktoren. Kolbenhiebe auf gefrorenen Boden, vielleicht auf menschliche Schädel. Pfiffe, Sirenen, Pistolenschüsse, Schreie. Die Türen von Viehwaggons, die sich an kalten Winternachmittagen rasselnd öffneten.

Dann verstummten in meinen Träumen plötzlich alle Geräusche – und Augen öffneten sich in der Dunkelheit, funkelnde Augen wie die von wilden Tieren in einem Regenwald. Ich habe viele Jahre am Rande des Dschungels gelebt, und ich glaube, daß ich deshalb in meinen Träumen immer den Dschungel roch und spürte. Wenn ich aufwachte, war ich schweißgebadet, mein Herz raste, und ich hielt die Hand gegen den Mund gepreßt, um meine Schreie zu ersticken. Und ich dachte: *Der Traum ist die Wahrheit*. Brasilien, Paraguay, Kuba... das alles sind Träume. In Wirklichkeit bin ich immer noch in Patin. Die Russen sind heute näher als gestern. Einige von ihnen erinnern sich noch daran, daß sie 1943 gefrorene deutsche Leichen essen mußten, um am Leben zu bleiben. Jetzt sehnen sie sich danach, deutsches Blut zu trinken. Es gab Gerüchte, Junge, daß einige von ihnen es auch wirklich taten, als sie deutschen Boden erreicht hatten. Sie schnitten einigen Gefangenen die Kehle durch und tranken ihr Blut aus Stiefeln. Dann wachte ich auf und dachte: *Die Arbeit muß weitergehen*, *wenn auch nur, damit es keine Beweise gibt für das, was wir hier taten, oder nur so wenige, daß die Welt, die es nicht glauben will, es auch nicht glauben muß. Ich dachte: Die Arbeit muß weitergehen, wenn wir überleben wollen.«*

Todd hörte aufmerksam und mit großem Interesse zu. Dies war schon ganz gut, aber es würde in der nächsten Zeit bestimmt noch viel besser werden. Er mußte Dussander nur ein wenig kitzeln. Verdammt, er hatte wirklich Glück gehabt. Schließlich waren viele Männer in seinem Alter schon senil.

Dussander nahm einen tiefen Zug aus seiner Zigarette. »Später, als die Träume verschwanden, gab es Tage, an denen ich glaubte, jemand aus Patin gesehen zu haben. Nie waren es Leute vom Wachpersonal oder Offizierskollegen, es waren immer Insassen. Ich denke noch an einen Nachmittag in Westdeutschland vor zehn Jahren. Auf der Autobahn hatte es einen Unfall gegeben, und der Verkehr staute sich. Ich saß in meinem Morris, hörte Radio und wartete darauf, daß es weiterging. Ich schaute nach rechts. In der anderen Spur stand ein sehr alter Simca, und der Mann am Steuer sah mich an. Er mochte fünfzig Jahre alt sein und sah krank aus. Er hatte eine Narbe an der Wange. Sein Haar war weiß und kurz und schlecht geschnitten. Ich schaute weg. Minuten vergingen, und immer noch ging es nicht weiter. Ich beobachtete den Mann im Simca, und immer wenn ich hinüberschaute, sah er mich an, das Gesicht starr wie der Tod, die Augen tief in den Höhlen. Ich war überzeugt, daß er in Patin gewesen war. Er war dort gewesen, und er hatte mich erkannt.«

Dussander wischte sich mit der Hand über die Augen.

»Es war Winter. Der Mann trug einen Mantel. Aber ich wußte genau: wenn ich jetzt hinüberging und ihn veranlaßte, den Mantel auszuziehen und die Hemdärmel hochzuschieben, würde ich an seinem Arm eine Nummer sehen.

Endlich kam der Verkehr wieder in Bewegung. Ich ließ den Simca hinter mir. Ich glaube, wenn der Stau noch zehn Minuten gedauert hätte, wäre ich ausgestiegen und hätte den Mann aus seinem Wagen gezerrt. Ich hätte ihn verprügelt, Nummer oder nicht. Ich hätte ihn verprügelt, weil er mich so angeschaut hat.

Kurz darauf verließ ich Deutschland für immer.«

»Gut für Sie«, sagte Todd.

Dussander zuckte die Achseln. »Es war überall dasselbe. Havanna, Mexico City, Rom. Weißt du, ich habe drei Jahre in Rom gelebt. Ich ging in ein Café, und ein Mann, der über seinem Cappucino saß, starrte mich an ... in einer Hotelhalle saß eine Frau, die mehr an mir interessiert zu sein schien als an ihrem Journal ... in einem Restaurant schaute dauernd ein Kellner zu mir herüber, ganz gleich, wen er gerade bediente. Ich war fest überzeugt, daß diese Leute mich erkannt hatten, und nachts kamen dann die Träume wieder – die Geräusche, der Dschungel, die Augen.

Aber als ich nach Amerika kam, habe ich das alles verdrängt. Ich gehe ins Kino. Einmal in der Woche gehe ich essen, meistens in einen der Schnellimbisse, die so schön sauber sind und von den Neonröhren so gut beleuchtet. Hier in meinem Haus beschäftige ich mich mit Puzzlespielen und lese Romane – meistens schlechte – und sehe fern. Nachts trinke ich, bis ich müde werde. Diese Träume habe ich nicht mehr. Wenn jemand mich im Supermarkt oder in der Bibliothek oder beim Tabakwarenhändler anstarrt, denke ich, daß ich vielleicht seinem Großvater ähnlich sehe oder einem alten Lehrer ... oder einem Nachbarn in einer Stadt, in der er vor Jahren gewohnt hat.« Er schüttelte den Kopf. »Was in Patin geschah, muß ein anderer erlebt haben. Nicht ich.«

»Großartig«, sagte Todd. »Ich will alles darüber wissen.«

Dussander kniff die Augen zu und öffnete sie dann ganz langsam wieder. »Du verstehst einfach nicht. Ich will nicht darüber reden.«

»Sie werden aber darüber reden. Wenn nicht, erzähle ich jedem, wer Sie sind.«

Aschgrau im Gesicht sah Dussander ihn an. »Ich wußte«, sagte er, »daß es auf Erpressung hinauslaufen würde.«

»Heute will ich über die Verbrennungsöfen hören«, sagte Todd. »Wie ihr die Juden gebraten habt.« Er lächelte strahlend. »Aber setzen Sie sich vorher Ihre Zähne ein. Dann sehen Sie besser aus.«

Dussander gehorchte. Er erzählte Todd von den Verbrennungsöfen, bis Todd zum Mittagessen nach Hause gehen mußte. Sobald er sich in Allgemeinheiten verlor, runzelte Todd die Stirn und stellte gezielte Fragen. Dussander trank sehr viel, während er erzählte. Er lächelte nicht. Todd lächelte um so mehr. Es reichte für beide.

2

August 1974

Unter einem wolkenlosen, lachenden Himmel saßen sie auf Dussanders hinterer Veranda. Todd trug Jeans, Turnschuhe und sein Baseballhemd. Dussander hatte ein sackartiges graues Hemd und von Hosenträgern gehaltene ausgebeulte Khakihosen an – Pennerhosen, wie Todd verächtlich feststellte; sie sahen aus, als kämen sie direkt aus dem Hinterzimmer der Heilsarmee unten in der Stadt. Hinsichtlich der Kleidung, die Dussander im Haus trug, würde er etwas unternehmen müssen. Diese schäbige Kleidung verdarb ihm ein wenig das Vergnügen.

Die beiden aßen Big Macs, die Todd in dem Einkaufskorb an seinem Fahrrad mitgebracht hatte. Er war besonders schnell gefahren, damit sie nicht kalt wurden. Mit einem Plastikhalm schlürfte Todd eine Cola. Dussander hatte ein Glas Bourbon.

Der alte Mann hob und senkte die Stimme. Sie klang papieren und zögernd und war manchmal kaum zu hören. Seine blaßblauen, von der gewohnten Rötung befallenen Augen waren ständig in Bewegung. Ein Beobachter hätte sie für Großvater und Enkel halten können, wobei der letztere vielleicht eine Art Ritual über sich ergehen ließ, indem der Alte ihm über irgendeine Überlieferung berichtete.

»Das ist alles, was ich noch weiß«, sagte Dussander jetzt und biß ein großes Stück von seinem Sandwich ab. McDonald's-Sauce lief ihm über das Kinn.

»Das glaube ich nicht«, sagte Todd leise.

Dussander nahm einen großen Schluck aus seinem Glas. »Die Lagerkleidung war aus Papier«, sagte er endlich fast knurrend. »Wenn ein Häftling starb, ging seine Kleidung an einen anderen, wenn sie noch einigermaßen erhalten war. Es kam vor, daß ein Anzug von vierzig Häftlingen nacheinander getragen wurde. Ich wurde für meine Sparsamkeit gelobt.«
»Von Glücks?«
»Von Himmler.«
»Aber es gab in Patin doch eine Kleiderfabrik. Warum ließen Sie die Anzüge nicht dort herstellen? Die Häftlinge hätten sie doch selbst schneidern können.«
»Die Fabrik in Patin hatte die Aufgabe, Uniformen für deutsche Soldaten anzufertigen. Im übrigen...« Dussanders Stimme schwankte einen Augenblick, bis er mit einiger Anstrengung weitersprach. »Im übrigen ging es dort nicht um Rehabilitation«, beendete er den Satz.
Todd lächelte sein breites Lächeln.
»Können wir für heute Schluß machen, bitte? Ich bin schon ganz heiser.«
»Dann rauchen Sie doch nicht so viel«, sagte Todd und lächelte immer noch. »Erzählen Sie mir ein wenig mehr über die Uniformen.«
»Welche? Häftlinge oder SS?« Dussanders Stimme klang resigniert.
»Beide«, sagte Todd lächelnd.

3

September 1974
Todd stand zu Hause in der Küche und machte sich ein Sandwich mit Erdnußbutter und Gelee. Die Küche lag etwas höher und blitzte von Chrom und rostfreiem Stahl. Man erreichte sie über die sechs Stufen einer Rotholztreppe. Seit Todd aus der Schule nach Hause gekommen war, hatte er die

ganze Zeit die elektrische Schreibmaschine seiner Mutter gehört. Sie schrieb für einen Studenten die Examensarbeit. Der Student trug kurze Haare, eine dicke Brille, und nach Todds unmaßgeblicher Meinung sah er wie ein Wesen aus dem Weltraum aus. Das Thema war »die Auswirkungen der Taufliegen auf das Salinas Valley nach dem Zweiten Weltkrieg« oder eine ähnliche Scheiße. Jetzt war die Schreibmaschine nicht mehr zu hören, und seine Mutter kam aus ihrem Büro.

»Todd-Baby«, begrüßte sie ihn.

»Monica-Baby«, grüßte er einigermaßen freundlich zurück.

Für ihre sechsunddreißig sieht die Alte noch ganz flott aus, dachte Todd. Ihr blondes Haar hatte an einigen Stellen aschgraue Strähnen. Sie war groß und hatte eine gute Figur. Heute trug sie dunkelrote Shorts und eine durchsichtige whiskeyfarbene Bluse, die sie lässig unter den Brüsten zusammengeknotet hatte, so daß ihr flacher, glatter Bauch zu sehen war. In ihrem Haar, das notdürftig von einer türkisgrünen Spange gebändigt wurde, steckte ein Radierstift.

»Wie war's in der Schule?« fragte sie ihn und ging die Stufen zur Küche hoch. Sie gab ihm einen flüchtigen Kuß und ließ sich am Frühstückstisch auf einen Stuhl sinken.

»Ganz cool.«

»Kriegst du wieder eine Belobigung?«

»Klar.« In Wirklichkeit fürchtete er, daß seine Zensuren für dieses Quartal ein wenig schlechter ausfallen würden. Seine häufigen Besuche bei Dussander hatten viel Zeit gekostet, und wenn er mal nicht bei dem alten Kraut war, dachte er über das nach, was Dussander ihm erzählt hatte. Ein oder zweimal hatte er sogar schon davon geträumt. Aber mit diesen Träumen wurde er fertig.

»Ein guter Schüler«, sagte sie und strich ihm durch sein krauses Blondhaar. »Wie schmeckt das Sandwich?«

»Gut«, sagte er.

»Würdest du mir auch eins machen und es mir ins Büro bringen?«

»Kann ich nicht«, sagte er und stand auf. »Ich habe Mr. Denker versprochen, daß ich rüberkomme und ihm eine Stunde lang vorlese.«

»Seid ihr noch immer bei *Crusoe*?«

»Nein.« Er zeigte ihr den Rücken eines dicken Buches, das er für zwanzig Cents bei einem Trödler gekauft hatte. »*Tom Jones*.«

»Ihr Götter und kleinen Fische! Dazu brauchst du ein ganzes Schuljahr. Todd-Baby. Hättest du nicht eine gekürzte Ausgabe finden können, wie bei *Crusoe*?«

»Wahrscheinlich, aber dieses wollte er ganz hören. Das hat er gesagt.«

»Oh.« Sie sah ihn einen Augenblick an und nahm ihn dann in die Arme. Sie war selten so überschwenglich, und Todd hatte ein ungutes Gefühl. »Du bist ein Schatz, daß du so viel Freizeit darauf verwendest, ihm vorzulesen. Dein Vater und ich finden es einfach ... einfach ungewöhnlich.«

Todd schlug bescheiden die Augen nieder.

»Und dann redest du noch nicht einmal darüber«, sagte sie. »Du stellst dein Licht unter den Scheffel.«

»Ach, die Jungs, die ich kenne – die würden wahrscheinlich denken, ich bin beknackt«, sagte Todd lächelnd und schaute zu Boden. »Alles Scheiße.«

»Das sagt man nicht«, wies ihn seine Mutter zerstreut zurecht. Dann: »Sollten wir Mr. Denker nicht mal zum Abendessen einladen? Ob ihm das wohl recht wäre?«

»Vielleicht«, sagte Todd unbestimmt. »Hör zu, ich muß jetzt abhauen.«

»Okay. Wir essen um halb sieben. Nicht vergessen.«

»Nein.«

»Dein Vater arbeitet länger. Das sind dann wieder nur du und ich.«

»Verrückt, Baby.«

Sie lächelte liebevoll, als er ging, und hoffte, daß in *Tom Jones* nichts stand, was er nicht lesen sollte; er war doch erst dreizehn. Aber das war nicht anzunehmen. Er wuchs in einer Gesellschaft auf, in der jeder für einen Dollar fünfundzwanzig ein Magazin wie *Penthouse* kaufen konnte. Jedes Kind, das groß genug war, konnte es oben aus dem Zeitschriftenständer nehmen und rasch hineinschauen, bevor der Verkäufer es ihm wegnahm und ihn rausjagte. In einem zweihundert Jahre alten Buch konnte nichts stehen, was einem Kind dieser Gesellschaft schaden könnte – wenn auch vielleicht der alte Mann auf seine Kosten kommen würde. Und, wie Richard gern sagte, ein Junge betrachtet die ganze Welt als ein einziges Laboratorium. Man muß ihm erlauben, sich darin umzusehen. Und wenn der betreffende Junge ein intaktes Familienleben und liebende Eltern hat, kann es ihm nur nützen, sich auch einmal an ein paar komischen Ecken herumzutreiben.

Und der Junge, der jetzt auf seinem Rad die Straße hinabfuhr, war das gesundeste Kind, das sie kannte. *Wir haben es mit dem Jungen richtig gemacht*, dachte sie, als sie sich ein Sandwich strich. *Wir haben es verdammt richtig gemacht.*

4

Oktober 1974

Dussander hatte abgenommen. Sie saßen in der Küche. Die zerfledderte Ausgabe von *Tom Jones* lag zwischen ihnen auf dem mit einem Wachstuch bedeckten Küchentisch (Todd, der keinen Fehler machen wollte, hatte von seinem Taschengeld einen Kommentar zu dem Buch gekauft und aufmerksam die Inhaltsangabe gelesen. Seine Eltern könnten ja eines Tages Fragen stellen). Todd aß einen Schokoladenkuchen, den er unterwegs gekauft hatte. Er hatte auch für Dussander einen mitgebracht, aber Dussander hatte ihn nicht angerührt. Er betrachtete ihn nur gelegentlich mürrisch, während er seinen Bourbon trank. Todd gefiel es gar nicht, daß ein so wohlschmeckender Kuchen verschmäht wurde. Wenn der Alte ihn nicht bald aß, würde Todd ihn fragen, ob er ihn selbst essen dürfe.

»Wie kam das Zeug nach Patin?« fragte er Dussander.

»In Güterwagen«, sagte Dussander. »In Güterwagen mit der Aufschrift MEDIKAMENTE. Es kam in langen Kisten, die wie Särge aussahen. Eigentlich sehr passend. Die Häftlinge luden die Kisten ab und stapelten sie in der Krankenstation. Später schafften unsere eigenen Leute sie in die Lagerschuppen. Sie taten es nachts. Die Lagerschuppen befanden sich hinter den Duschräumen.«

»War es immer Zyklon-B?«

»Nein. Hin und wieder schickte man uns etwas anderes. Wir experimentierten mit verschiedenen Gasen. Das Sicherheitshauptamt war ständig bemüht, die Wirksamkeit zu verbessern. Einmal bekamen wir ein Gas mit der Bezeichnung PEGASUS. Ein Nervengas. Gott sei Dank blieb es bei diesem einen Mal. Es –« Dussander sah, wie Todd sich vorbeugte und wie seine Augen leuchteten, und er schwieg plötzlich und machte mit seinem Glas eine abweisende Geste. »Es funktionierte nicht sehr gut«, sagte er dann. »Es war... ziemlich langweilig.«

Aber Todd ließ nicht locker. »Wie funktionierte es denn?«

»Sie starben davon – was dachtest du denn? Daß sie anschließend auf dem Wasser gehen konnten? Sie starben davon, das ist alles.«

»Erzählen Sie mehr darüber.«

»Nein«, sagte Dussander. Er konnte sein Entsetzen nicht mehr verbergen. Wann hatte er zuletzt an PEGASUS gedacht? Vor zehn Jahren? Vor zwanzig? »Ich werde nichts erzählen! Ich weigere mich!«

»Erzählen Sie«, wiederholte Todd und leckte sich die Schokoladenglasur von den Fingern. »Erzählen Sie. Sie wissen ja, was sonst passiert.«

Ja, dachte Dussander. *Ich weiß es. Ich weiß es wirklich, du widerliches kleines Scheusal.*

»Sie tanzten«, sagte er widerwillig.

»Tanzten?«

»Wie das Zyklon-B wurde es durch die Duschvorrichtungen in die Räume geleitet. Und sie... sie fingen an herumzuspringen. Einige schrien. Aber die meisten lachten. Sie fingen an sich zu erbrechen... und konnten ihren Stuhl nicht mehr halten.«

»Aha«, sagte Todd. »Sie haben sich vollgeschissen, was?« Er zeigte auf den Kuchen auf Dussanders Teller. Seinen eigenen hatte er schon verzehrt. »Wollen Sie den nicht essen?«

Dussander antwortete nicht. Mit blicklosen Augen hing er seinen Erinnerungen nach. Sein Gesicht wirkte abwesend und kalt wie die dunkle Seite eines Planeten, der nicht rotiert. In seinen Gedanken mischten sich auf seltsame Weise Ekel und – konnte es wahr sein? – Nostalgie?

»Sie zuckten am ganzen Körper, und aus ihren Kehlen drangen seltsame schrille Laute. Meine Leute ... sie nannten PEGASUS das Jodelgas. Schließlich brachen sie zusammen und blieben in ihrem Kot auf dem Fußboden liegen. Sie lagen auf dem Beton, schrien und jodelten mit blutigen Nasen. Aber ich habe gelogen, Junge. Das Gas tötete sie nicht. Weil es nicht stark genug war, oder weil wir nicht lange genug warteten. Das war es wahrscheinlich. Endlich schickte ich ein Erschießungskommando hinein, damit sie sich nicht länger quälen mußten. Ich hätte einen schlechten Eindruck gemacht, wenn das herausgekommen wäre. Daran besteht kein Zweifel – es hätte wie Munitionsverschwendung ausgesehen, und das zu einer Zeit, wo der Führer befohlen hatte, mit Munition äußerst sparsam umzugehen. Aber diesen fünf Männern konnte ich trauen. Es gab Zeiten, Junge, wo ich glaubte, daß ich das Geräusch, das sie machten, nie vergessen würde. Diese Jodellaute. Das Gelächter.«

»Das glaub ich gern«, sagte Todd. Er aß Dussanders Kuchen mit zwei Bissen. Spare in der Zeit, dann hast du in der Not, hatte Todds Mutter gesagt, wenn Todd sich, was selten vorkam, über ein Resteessen beschwerte. »Das war eine gute Geschichte, Mr. Dussander. Sie können gut erzählen. Wenn ich Sie nur ein bißchen antreibe.«

Todd lächelte ihn an. Und es war unglaublich – er tat es ganz gewiß nicht, weil er es wollte –, Dussander lächelte zurück.

5

November 1974.

Dick Bowden, Todds Vater, sah dem Filmstar und TV-Darsteller Lloyd Bochner bemerkenswert ähnlich. Er – Bowden, nicht Bochner – war achtunddreißig. Er war ein schlanker, schmaler Mann, der gern modische Hemden und einfarbige Anzüge trug, gewöhnlich dunkle. Auf den Baustellen trug er Khakikleidung und einen Schutzhelm, ein Erinnerungsstück an seinen Dienst im Peace Corps. Damals hatte er in Afrika bei der Planung und dem Bau von zwei Staudämmen geholfen. Wenn er zu Hause in seinem Büro arbeitete, trug er eine Halbbrille, die gelegentlich auf die Nasenspitze rutschte, so daß er aussah wie ein Universitätsdekan. Er trug diese Brille auch jetzt, als er das Zeugnis seines Sohnes für das erste Quartal in der Hand hielt. Er schlug mit der Hand auf die glänzende Glasplatte auf seinem Schreibtisch.

»Eine Zwei. Vier Dreien. Eine Vier. Verdammt noch mal, Todd! Eine Vier! Deine Mutter läßt es sich zwar nicht anmerken, aber sie ist sehr aufgebracht.«

Todd schlug die Augen nieder. Er lächelte nicht. Wenn sein Vater fluchte, hatte das nichts Gutes zu bedeuten.

»Mein Gott, ein so schlechtes Zeugnis hast du noch *nie* gehabt. Gleich zu Anfang eine Vier in Algebra? Was soll das heißen?«

»Ich weiß nicht, Dad.« Er schaute immer noch betreten zu Boden.

»Deine Mutter und ich meinen, daß du vielleicht zuviel Zeit bei Mr. Denker verbracht hast. Da konntest du dich nicht genug mit deinen eigenen Büchern beschäftigen. Du solltest deine Besuche auf die Wochenenden beschränken. Wenigstens bis wir sehen, daß du in der Schule wieder Fortschritte machst...«

Todd blickte auf, und eine Sekunde lang glaubte Bowden, kalte Wut in den Augen seines Sohnes zu erkennen. Seine Augen weiteten sich vor Schreck, und seine Finger umkrampften Todds braungelbe Zeugniskarte... und dann war es ganz einfach nur Todd, der ihn offen, wenn auch ziemlich unglücklich ansah. War es wirklich Wut gewesen? Sicherlich nicht. Aber dieser kurze Augenblick hatte ihn beunruhigt, und er wußte jetzt nicht mehr genau, wie er verfahren sollte. Todd war nicht wütend gewesen, und Dick Bowden wollte ihn auch nicht wütend *machen*. Er und sein Sohn waren Freunde, waren es immer gewesen, und Dick wollte, daß es so blieb. Sie hatten keine Geheimnisse voreinander, überhaupt keine (von der Tatsache abgesehen, daß Dick Bowden seine Frau manchmal mit seiner Sekretärin betrog, aber so etwas erzählt man einem dreizehnjährigen Jungen doch nicht, oder?... und außerdem beeinträchtigte es sein Familienleben nicht im geringsten). Und so sollte es auch sein, so *mußte* es sein in dieser Scheißwelt, in der Mörder nicht bestraft wurden, Schüler Heroin spritzten und Kinder – Kinder in Todds Alter – mit Geschlechtskrankheiten nach Hause kamen.

»Nein, Dad, bitte nicht. Ich meine, bestraf Mr. Denker nicht für etwas, was meine Schuld ist. Ich meine, ohne mich wäre er verloren. Ich werde mich bessern. Bestimmt. Diese Algebra... die hab ich nur am Anfang nicht kapiert. Aber ich war bei Ben Tremaine und habe mit ihm ein paar Tage gearbeitet. Jetzt fange ich an, das Zeug zu begreifen. Es ist nur... ich weiß nicht, aber am Anfang habe ich es nicht mitgekriegt.«

»Ich meine trotzdem, daß du zuviel Zeit bei ihm verbringst«, sagte Bowden, aber er wurde schon weich. Es war schwer, Todd etwas abzuschlagen, schwer, ihn zu enttäuschen, und wenn er meinte, man solle den alten Mann nicht für Todds eigene Fehler bestrafen, dann hatte das etwas für sich, verdammt noch mal. Der alte Mann freute sich immer so sehr auf Todds Besuche.

»Dieser Mr. Stormarn, unser Algebralehrer, ist übrigens ziemlich streng. Viele haben eine Vier gekriegt. Drei oder vier sogar eine Fünf.«

Bowden nickte nachdenklich.

»Ich werde mittwochs nicht mehr hingehen. Erst wenn ich meine Zensuren verbessert habe.« Er hatte in den Augen seines Vaters gelesen. »Und statt in meiner Freizeit wegzugehen, bleibe ich jeden Tag in der Schule und lerne. Das verspreche ich dir.«

»Magst du den alten Knaben denn wirklich so gern?«

»Er ist sehr nett«, sagte Todd und sah seinen Vater offen an.

»Na ja ... okay. Wir wollen es versuchen, mein Junge. Aber ich will im kommenden Januar eine gewaltige Verbesserung deiner Leistungen sehen. Ich habe deine Zukunft im Auge. Du denkst vielleicht, daß es dafür in den unteren Klassen noch zu früh ist, aber das ist es nicht. Bei weitem nicht.« Wie seine Mutter gern sagte *Spare in der Zeit, dann hast du in der Not*. So gebrauchte Dick Bowden gern die Floskel *Bei weitem nicht*.

»Ich habe verstanden, Dad«, sagte Todd feierlich. Worte von Mann zu Mann.

»Dann raus mit dir und ran an die Bücher.« Er schob seine Brille hoch und klopfte Todd auf die Schulter.

Ein breites und helles Lächeln zog über Todds Gesicht.

Als Todd ging, lächelte auch Bowden. Es war ein stolzes Lächeln. Nein, was er in Todds Gesicht gelesen hatte, war nicht Wut gewesen. Ganz gewiß nicht. Eine Verstimmung vielleicht ... aber nicht diese tiefe Emotion, die er gesehen zu haben glaubte. Wenn Todd wirklich so empört gewesen wäre, hätte er es gemerkt. Er konnte in seinem Sohn lesen wie in einem Buch. Das hatte er schon immer können.

Pfeifend und im Gefühl, seine väterliche Pflicht getan zu haben, beugte er sich über einen Bauplan.

6

Dezember 1974

Das Gesicht, das zum Vorschein kam, nachdem Todd unablässig geklingelt hatte, war ausgemergelt und gelb. Das Haar, das im Juli noch voll gewesen war, trat über der knochigen Stirn zurück; es sah glanzlos und spröde aus. Dussanders

immer schon hagere Figur war jetzt dürr zu nennen...
obwohl, dachte Todd, der Mann bestimmt nicht annähernd so
dürr ist wie seine damaligen Häftlinge.

Todd hielt die linke Hand hinter dem Rücken, als Dussander an die Tür kam. Jetzt streckte er sie aus und reichte Dussander ein verschnürtes Paket. »Fröhliche Weihnachten!« schrie er.

Zuerst zuckte Dussander zurück, aber dann nahm er es, ohne die geringste Freude oder Überraschung zu zeigen. Er faßte es vorsichtig an, als ob es Sprengstoff enthalten könnte. Es regnete. Es hatte fast die ganze Woche immer wieder geregnet, und Todd hatte das Paket unter dem Mantel getragen. Es war in buntes Glanzpapier gewickelt und mit einem Band verschnürt.

»Was ist das?« fragte Dussander ohne jede Begeisterung, als sie in die Küche gingen.

»Machen Sie es auf und sehen Sie selbst.«

Todd nahm eine Dose Cola aus der Jackentasche und stellte sie auf das rotweißkarierte Wachstuch, das auf dem Küchentisch lag. »Ziehen Sie lieber erst die Vorhänge zu«, sagte er geheimnisvoll.

In Dussanders Gesicht zeigte sich sofort Mißtrauen. »So? Warum denn?«

»Nun... man kann nie wissen, wer zuschaut«, sagte Todd lächelnd. »Haben Sie es nicht in all den Jahren so gehalten? Sich die Leute angeschaut, bevor Sie von ihnen gesehen wurden?«

Dussander zog die Küchenvorhänge zu. Dann schenkte er sich ein Glas Bourbon ein. Dann öffnete er die Schleife. Todd hatte es so eingewickelt, wie Jungen oft Weihnachtsgeschenke einwickeln – Jungen, die an wichtigere Dinge zu denken haben, Dinge wie Fußball und Straßenhockey und die Freitagabendsendung, die sie mit einem Freund sehen dürfen, der zum Schlafen bleibt, und wobei die beiden dann in eine Decke gehüllt auf der Couch sitzen und lachen. Das Papier hatte viele eingerissene Ecken und war unordentlich gefaltet, und Todd hatte viele Klebestreifen gebraucht. Das Paket verriet seine Ungeduld bei dieser Weiberarbeit.

Ganz gegen seinen Willen war Dussander gerührt. Und später, als sich sein Entsetzen ein wenig gelegt hatte, dachte er, *ich hätte es wissen müssen*.

Es war eine Uniform. Eine SS-Uniform. Komplett mit Stiefeln.

Wie erstarrt löste er den Blick vom Inhalt des Kartons und sah die Aufschrift auf dem Pappdeckel: PETER'S QUALITÄTS- KOSTÜMSCHNEIDEREI – SEIT 1951 AM SELBEN PLATZ!

»Nein«, sagte er leise. »Die werde ich nicht anziehen. Das geht zu weit, Junge. Ich will lieber tot umfallen, als sie anziehen.«

»Denken Sie daran, was mit Eichmann passiert ist«, sagte Todd feierlich.

»Er war ein alter Mann und interessierte sich nicht für Politik«, fuhr Todd fort. »Sagten Sie das nicht? Ich habe den ganzen Herbst darauf gespart. Zusammen mit den Stiefeln hat sie über achtzig Dollar gekostet. 1944 hat es Ihnen doch auch nichts ausgemacht, sie zu tragen. Kein bißchen.«

»Du kleines *Miststück*!« Dussander hob die Faust. Todd wich nicht zurück. Mit glänzenden Augen blieb er vor dem Alten stehen.

»Ja«, sagte er leise. »Los doch, fassen Sie mich an. Fassen Sie mich nur *einmal* an.«

Dussander ließ die Hand sinken. Seine Lippen zitterten. »Du Ausgeburt der Hölle«, murmelte er.

»Ziehen Sie sie an«, sagte Todd.

Dussanders Hand glitt an die Gürtelschnalle seines Morgenrocks und blieb dort liegen. Mit bettelnden Schafsaugen sah er Todd an. »Bitte«, sagte er. »Ich bin ein alter Mann. Jetzt ist Schluß.«

Langsam, aber sehr entschlossen schüttelte Todd den Kopf. Seine Augen glänzten immer noch. Es gefiel ihm, daß Dussander ihn anflehte. So mußte auch er einmal angefleht worden sein. Von den Häftlingen in Patin.

Dussander ließ seinen Morgenmantel fallen. Bis auf seine Pantoffeln und die Boxershorts war er jetzt nackt. Seine Brust war eingesunken, sein Bauch leicht aufgebläht. Seine Arme waren magere Altmännerarme. Aber die Uniform, dachte Todd. Die Uniform ändert alles.

Langsam nahm Dussander den Waffenrock aus dem Karton und zog ihn an.

Zehn Minuten später stand er in einer kompletten SS-Uniform vor Todd. Die Mütze saß etwas schief, und die Schultern hingen herab, aber das Totenkopfemblem stach auffällig hervor. Dussander strahlte eine dunkle Würde aus – jedenfalls in Todds Augen –, die er vorher nicht gehabt hatte. Trotz der herabhängenden Schultern und der blöden Fußstellung war Todd zufrieden. Zum ersten Mal sah Dussander so aus, wie er nach Todds Meinung aussehen sollte. Älter zwar und geschlagen. Aber wieder in Uniform. Kein alter Mann mehr, der seine letzten Jahre abspulte, vor seinem alten Schwarzweißfernseher saß und sich jeden Mist ansah, sondern Kurt Dussander. Der Bluthund von Patin.

Was Dussander anbetraf, so empfand er Widerwillen und Unbehagen... und ein leises Gefühl der Erleichterung. Für die letztere Emotion verachtete er sich, denn sie war das deutlichste Zeichen dafür, daß der Junge ihn psychologisch beherrschte. Er war der Gefangene des Jungen, und immer, wenn er feststellte, daß er noch weitere Beleidigungen ertragen konnte, immer, wenn er dieses Gefühl der Erleichterung empfand, wuchs die Macht des Jungen über ihn. Dennoch war er *wirklich* erleichtert. Es war nur Tuch mit ein paar Knöpfen und Druckknöpfen... dazu noch eine Imitation. Die Hose hatte einen Reißverschluß; es hätten Knöpfe sein müssen. Die Rangabzeichen waren falsch, die ganze Uniform schlampig geschneidert, die Stiefel billiges Kunstleder. Es war schließlich nur Tinnef. Wie konnte so etwas ihn fertigmachen? Nein, es –

»Rücken Sie die Mütze!« sagte Todd laut.

Dussander sah ihn an und blinzelte erschrocken.

»Rücken Sie die Mütze gerade, SS-Mann!«

Dussander tat es, und unbewußt gab er ihr diesen kecken Sitz, der das Markenzeichen seiner Untersturmführer gewesen war – und, wenn es auch auf traurige Weise nicht stimmte – dies *war* die Uniform eines Untersturmführers.

»Nehmen Sie die Hacken zusammen!«

Er knallte die Hacken zusammen, führte automatisch einen Befehl aus, als hätte er zusammen mit seinem Bademantel auch die dazwischenliegenden Jahre abgeworfen.

»*Achtung!*«

Ruckartig befolgte er auch diesen Befehl, und sekundenlang hat Todd Angst – richtige Angst. Er kam sich vor wie der Zauberlehrling, der den Besen zum Leben erweckt hatte, aber dessen Kunst nicht ausreichte, ihn wieder zu stoppen. Der alte Mann, der in vornehmer Armut lebte, war verschwunden. Hier stand Dussander.

Ein prickelndes Gefühl von Macht verdrängte seine Angst.

»*Ganze Abteilung kehrt!*«

Dussander drehte sich auf dem Absatz. Vergessen war der Bourbon, vergessen die Qual der letzten vier Monate. Er hörte seine Hacken zusammenknallen, als er mit dem Gesicht zum fettbespritzten Herd stand, und weit in der Ferne sah er den staubigen Exerzierplatz der Offiziersschule, in der er ausgebildet worden war.

»*Ganze Abteilung kehrt!*«

Wieder wirbelte er herum, aber diesmal gelang ihm die Ausführung nicht ganz. Er hätte fast die Balance verloren. Damals hätte ihm das Strafexerzieren eingetragen und die Faust des Ausbilders in den Magen. Innerlich mußte er lächeln. Der Junge kannte die Tricks nicht alle. Wirklich nicht.

»Im Gleichschritt *marsch*!« rief Todd. Seine Augen sprühten Feuer.

Dussanders straff aufgerichtete Gestalt sank wieder in sich zusammen. »Nein«, sagte er. »Bitte –«

»*Marsch! Marsch! Marsch, habe ich gesagt!*«

Mit einem erstickten Laut marschierte Dussander über das verblichene Linoleum der Küche. Er schwenkte rechts, um nicht gegen den Tisch zu stoßen, dann noch einmal rechts, als er sich der Wand näherte. Er hatte das Gesicht leicht erhoben. Es war ausdruckslos. Er setzte die Füße so hart auf, daß das billige Porzellan im Schrank über der Spüle zu klirren anfing. Seine Arme beschrieben kurze Bogen.

Das Bild des rennenden Besen stand wieder vor Todd, und gleichzeitig kam die Angst zurück. Plötzlich fiel ihm ein, daß er es gar nicht wünschte, daß Dussander an seinem Auftritt Freude hatte und daß er vielleicht – nur vielleicht – Dussander eher lächerlich als authentisch sehen wollte. Aber trotz seines Alters und trotz der Kücheneinrichtung aus den Billigläden wirkte der Mann ganz und gar nicht lächerlich. Er wirkte furchterregend. Zum ersten Mal nahmen die Leichen in den Gräben und Krematorien wirklich Gestalt an. Die Photos von den ineinander verschlungenen Armen und Beinen und Leibern, weiß wie Fischbäuche unter Deutschlands kaltem Frühlingsregen, waren kein für einen Horrorfilm gestelltes Szenarium – Schaufensterpuppen etwa, die nach dem Abdrehen der Szene von Bühnenarbeitern und Requisiteuren weggeräumt wurden – sie waren ganz einfach eine Tatsache, ungeheuerlich und unerklärlich und böse. Fast schien ihm, als röche er den süßlichen, leicht rauchigen Gestank von Verwesung.

Entsetzen packte ihn.

»Halt!« schrie er.

Dussander marschierte weiter, mit leerem und abwesendem Blick. Er hatte den Kopf noch höher erhoben, die Sehnen seines dürren Halses gestrafft, das Kinn arrogant emporgereckt. Seine schmale Nase ragte obszön nach oben.

Todd spürte den Schweiß in seinen Achselhöhlen. »Halt!« schrie er.

Dussander setzte den rechten Fuß auf, zog den linken an und stellte ihn stampfend neben den anderen. Er stand. Einen Augenblick noch blieb sein Gesicht ausdruckslos – roboterhaft, stumpf – dann stand in ihm Verwirrung. Die Verwirrung wurde von einem Gefühl der Niederlage abgelöst. Er erschlaffte.

Todd atmete erleichtert auf, und er war wütend auf sich selbst. *Wer hat denn eigentlich hier zu sagen?* Dann kam sein Selbstvertrauen wieder. *Ich habe zu sagen, ich. Und das sollte er lieber nicht vergessen.*

Er fing wieder an zu lächeln. »Das war schon ganz gut. Sie

brauchen nur ein wenig Übung, dann werden Sie bestimmt noch besser.«

Stumm stand Dussander vor ihm. Er ließ den Kopf hängen.

»Sie dürfen sie jetzt ausziehen«, fügte Todd großzügig hinzu ... und fragte sich, ob er wirklich wollte, daß Dussander sie je wieder anzog. Einige Sekunden lang hatte er –

7

Januar 1975

Nach dem letzten Glockenzeichen verließ Todd allein die Schule, nahm sein Rad und fuhr zum Park hinunter. Er fand eine leere Bank, stellte sein Rad ab und zog seine Zeugniskarte aus der Tasche. Er hielt Ausschau, um zu sehen, ob jemand, den er kannte, sich hier herumtrieb, aber er sah nur ein Pärchen, das am Teich herumalberte, und zwei ordinär aussehende Penner, die sich mit einer Einkaufstüte beschäftigten. Dreckige Scheißpenner, dachte er, aber es waren nicht die Penner, die ihn aufregten. Er klappte die Karte auf.

Englisch: Drei. Amerikanische Geschichte: Drei. Geographie: Vier. Gemeinschaftskunde: Zwei. Französisch für Anfänger: Sechs. Algebra: Sechs.

Ungläubig starrte er auf die Zensuren. Er hatte gewußt, daß sein Zeugnis schlecht ausfallen würde, aber dies war eine Katastrophe.

Vielleicht ist es am besten so, sagte plötzlich eine Stimme in ihm. *Vielleicht hast du es absichtlich getan, weil ein Teil von dir will, daß es aufhört:* Es dringend nötig hat, *daß es aufhört.* Bevor etwas Schlimmes passiert.

Er schob den Gedanken entschlossen beiseite. Es würde nichts Schlimmes passieren. Er hatte Dussander im Griff. Total im Griff. Der alte Mann glaubte, einer von Todds Freunden habe einen Brief, aber er wußte nicht, welcher Freund. Wenn Todd etwas passierte – *irgend etwas* –, würde der Brief an die

Polizei gehen. Einmal hatte er geglaubt, daß Dussander es trotzdem versuchen würde. Jetzt war er zum Weglaufen zu alt, selbst mit Vorgabe.

»Er ist unter Kontrolle, verdammt noch mal«, flüsterte Todd, und dann schlug er sich so hart mit der Faust auf den Schenkel, daß sich die Muskeln zusammenkrampften. Mit sich selbst reden, ist große Scheiße. Nur Verrückte reden mit sich selbst. Er hatte es sich während der letzten paar Wochen angewöhnt und schien von dieser Gewohnheit nicht loskommen zu können. Er hatte es schon erlebt, daß die Leute ihn deshalb komisch ansahen. Ein paar davon waren Lehrer gewesen. Und Bernie Everson, dieses Arschloch, hatte ihn direkt gefragt, ob er nicht ganz dicht sei. Todd war ganz, ganz nahe daran gewesen, diesem Weichling eine aufs Maul zu hauen, und so was – Streitereien, Gerangel, oder gar Schläge – war nicht gut. So was bringt einen nur in schlechtes Licht. Selbstgespräche sind Scheiße, gut, okay, aber –«

»Träume sind auch schlimm«, flüsterte er, aber diesmal erwischte er sich nicht dabei.

Gerade in letzter Zeit hatte er sehr schlechte Träume gehabt. In den Träumen hatte er immer eine Uniform an, wenn es auch jeweils verschiedene waren. Manchmal war es eine aus Papier, und er stand in einer Reihe mit Hunderten von hageren Männern; Brandgeruch hing in der Luft, und er hörte das Dröhnen von Bulldozermotoren. Dann schritt Dussander die Reihe ab und zeigte auf den einen oder anderen. Sie blieben zurück. Die anderen wurden zum Krematorium geführt. Einige traten um sich und leisteten Widerstand, aber die meisten waren zu unterernährt und erschöpft. Dann stand Dussander plötzlich vor Todd. Für einen langen, lähmenden Augenblick trafen sich ihre Blicke, und dann richtete Dussander einen alten verblichenen Regenschirm auf ihn.

»Bringt diesen zum Laboratorium«, sagte Dussander in Todds Traum, und zwischen seinen geöffneten Lippen waren die falschen Zähne zu sehen. »Schafft diesen amerikanischen *Jungen* weg.«

In einem anderen Traum trug er eine SS-Uniform. Seine langschäftigen Stiefel waren spiegelblank geputzt. Das Totenkopfemblem glänzte. Aber er stand mitten auf dem Santo Donato Boulevard, und alle schauten ihn an. Sie zeigten auf ihn. Einige von ihnen fingen an zu lachen. Einige wirkten schockiert, wütend, oder angewidert. In seinem Traum hielt plötzlich quietschend ein Wagen neben ihm, und Dussander sah ihn aus dem Wagen an, ein Dussander, zweihundert Jahre alt und fast mumifiziert, die Haut vergilbtes Pergament.

»Ich kenne Sie!« rief Dussander mit schriller Stimme. Er blickte sich unter den Zuschauern um und sah dann wieder Todd an. »Sie hatten das Kommando in Patin! Seht alle her! Dies ist der Bluthund von Patin! Himmlers ›Rationalisierungsexperte‹! Ich klage Sie an, Sie Mörder! Ich klage Sie an, Sie Schlächter! Ich klage Sie an, Sie Kindermörder! Ich klage Sie an!«

In noch einem anderen Traum trug er gestreifte Sträflingskleidung und wurde von zwei Wachen, die wie seine Eltern aussahen, einen Korridor mit steinernen Wänden entlanggeführt. Beide trugen auffällige gelbe Armbinden mit dem Davidstern darauf. Hinter ihnen ging ein Priester und las aus dem 5. Buch Mose. Todd schaute über die Schulter zurück und sah, daß Dussander der Priester war. Er trug den schwarzen Waffenrock eines SS-Offiziers.

Am Ende des Korridors öffneten sich Doppeltüren zu einem achteckigen Raum mit Glaswänden. In der Mitte stand ein Schafott. Hinter den Glaswänden ausgemergelte Männer und Frauen aufgereiht, alle nackt und alle mit dem gleichen düsteren und leeren Gesichtsausdruck. Alle trugen blaue Nummern an den Armen.

»Es ist in Ordnung«, flüsterte Todd. »Es ist okay, wirklich, alles ist unter Kontrolle.«

Das Pärchen schaute zu ihm herüber. Todd starrte sie wild an. Sie sollten es nur wagen, eine Bemerkung zu machen. Endlich schauten sie wieder weg. Hatte der Junge gelacht?

Todd stand auf, steckte sein Zeugnis wieder in die Tasche und stieg auf das Rad. Er fuhr zu dem Drugstore zwei Straßen weiter. Dort kaufte er eine Flasche Löschflüssigkeit für Tinte, und einen Feinstrichfederhalter mit blauer Tinte. Er fuhr zum Park zurück (das Pärchen war verschwunden, aber die Penner waren noch da und verpesteten die Gegend) und korrigierte sein Zeugnis. Für Englisch trug er eine Zwei ein, Amerikanische Geschichte eine Eins, Geographie eine Zwei, Französisch für Anfänger eine Drei und Algebra eine Zwei. Die Zensur für Gemeinschaftskunde löschte er und trug sie neu ein, damit die Zahlen gleich aussahen.

»Macht nichts«, flüsterte er. Das wird sie beruhigen. »Das wird sie schon beruhigen.«

An einem frühen Morgen gegen Ende des Monats wachte Kurt Dussander in seinem zerwühlten Bettzeug keuchend und stöhnend auf und starrte in eine beklemmende Dunkelheit. Er fühlte sich halb erstickt und war vor Angst wie gelähmt. Es war, als läge ihm ein schwerer Stein auf der Brust, und er fragte sich, ob er vielleicht einen Herzanfall hatte. Er griff nach der Nachttischlampe und hätte sie fast heruntergestoßen, als er sie einschaltete.

Ich bin in meinem eigenen Zimmer, dachte er, in meinem eigenen Schlafzimmer, hier in Santo Donato, hier in Kalifornien. Dieselben braunen Vorhänge vor demselben Fenster, dieselben Bücherregale mit denselben billigen Taschenbüchern aus dem Buchladen in der Soren Street, derselbe graue Läufer, dieselbe blaue Tapete. Kein Herzanfall. Kein Dschungel. Keine Augen.

Aber das Entsetzen hüllte ihn noch ein wie ein stinkender Pelz, und sein Herz raste immer noch. Der Traum war wiedergekommen. Er hatte gewußt, daß das früher oder später der Fall sein mußte, wenn der Junge so weitermachte. Dieser verfluchte Junge. Dussander hielt den Schutzbrief des Jungen für einen Bluff und nicht einmal für einen guten; etwas, was er im Fernsehen in irgendeinem Krimi gesehen hatte. Welchem Freund würde der Junge zutrauen, daß er einen wichtigen Brief nicht öffnete? Gar keinem, das war es nämlich. Das glaubte er wenigstens. Wenn er doch nur *sicher* sein könnte –

Seine Hände krampften sich mit einem arthritischen Knacken zusammen und öffneten sich dann langsam wieder.

Er nahm die Schachtel Zigaretten vom Tisch und zündete

sich dann eine an, nachdem er das Streichholz gleichgültig am hölzernen Bettpfosten angerissen hatte. Die Zeiger der Uhr standen auf zwei Uhr einundvierzig. In dieser Nacht würde er keinen Schlaf mehr finden. Er inhalierte den Rauch und hustete ihn in Krämpfen wieder aus. Keinen Schlaf mehr, bevor er nach unten ging, um einen oder zwei Whiskey zu trinken. Vielleicht auch drei. Er hatte überhaupt in den letzten sechs oder sieben Wochen zuviel getrunken. Er war kein junger Mann mehr, der einen nach dem anderen saufen konnte, wie er es als junger Offizier getan hatte, als er 1939 in Berlin auf Urlaub war. Damals, als der Sieg in der Luft lag und man überall die Stimme des Führers hörte, seine leuchtenden und gebieterischen Augen sah –

Der Junge ... der verfluchte Junge!

»Sei ehrlich«, sagte er laut, und im ruhigen Zimmer ließ ihn der Klang seiner eigenen Stimme zusammenzucken. Es war nicht seine Gewohnheit, Selbstgespräche zu führen, aber es war auch nicht das erste Mal. Er wußte noch, daß er es während der letzten Wochen in Patin manchmal getan hatte, als alles um sie herum zusammenbrach und der Donner der russischen Geschütze zuerst von Tag zu Tag und dann von Stunde zu Stunde lauter zu hören war. Damals war es ganz natürlich, gelegentlich Selbstgespräche zu führen. Es war eine Zeit höchster Anspannung gewesen, und in einer solchen Situation tun die Leute manchmal seltsame Dinge – sie halten durch die Hosentaschen ihre Hoden fest oder klappern mit den Zähnen ... Wolff war ein großer Zähneklapperer gewesen. Hoffmann hatte immer mit den Fingern geschnippt, und er schlug sich dauernd in einem komplizierten Rhythmus auf die Schenkel, ohne daß es ihm auch nur im geringsten bewußt wurde. Er, Kurt Dussander hatte manchmal Selbstgespräche geführt. Aber heute –

»Du stehst wieder unter Anspannung«, sagte er laut. Er hatte diesmal deutsch gesprochen. Er hatte viele Jahre lang nicht mehr deutsch gesprochen, aber jetzt schien ihm die Sprache anheimelnd und tröstlich. Sie lullte ihn ein und beruhigte ihn. Sie war so schön und dunkel.

»Ja, du stehst unter Anspannung. Wegen des Jungen. Aber

sei dir selbst gegenüber ehrlich. Es ist noch zu früh am Morgen, um sich selbst zu belügen. Es war dir nicht nur unangenehm zu reden. Zuerst warst du entsetzt bei dem Gedanken, der Junge könnte es einem Freund erzählen und der einem anderen und der gleich zwei anderen. Du hattest Angst, der Junge würde sein Geheimnis nicht für sich behalten. Aber wenn er es bisher für sich behalten hat, wird er es auch in Zukunft tun. Wenn man mich verhaftete, verliert er sein ... sein sprechendes Buch. Bin ich für ihn nicht so etwas Ähnliches? Ich glaube schon.

Er schwieg, aber seine Gedanken gingen weiter. Er war einsam gewesen – niemand würde je wissen, wie entsetzlich einsam. Mehr als einmal hatte er ernsthaft an Selbstmord gedacht. Er eignete sich schlecht zum Eremiten. Die einzigen Stimmen, die er hörte, kamen aus dem Radio. Die einzigen Leute, die er sah, blieben auf der anderen Seite eines schmutzigen Vierecks aus Glas. Er war ein alter Mann und hatte Angst vor dem Tod, aber noch mehr Angst hatte er davor, ein einsamer alter Mann zu sein.

Manchmal spielte ihm seine Blase einen Streich. Wenn er die Treppe zum Bad erst halb hinuntergegangen war, breitete sich dann an seiner Hose ein dunkler Fleck aus. Bei feuchtem Wetter fing es in seinen Gelenken an zu ziehen, bis sie dann aufschrieen, und es hatte Tage gegeben, an denen er zwischen Sonnenaufgang und Sonnenuntergang eine ganze Schachtel voll Schmerzmittel eingenommen hatte ... aber das Aspirin dämpfte nur den Schmerz, und schon solche Verrichtungen wie ein Buch aus dem Regal zu nehmen oder den Fernseher einzuschalten, wurden zu einer wahren Tortur. Seine Augen waren nicht mehr gut; manchmal stieß er Dinge um, verletzte sich die Schienbeine oder rannte mit dem Kopf irgendwo gegen. Er lebte in der ständigen Angst, sich die Knochen zu brechen und das Telefon nicht erreichen zu können, aber er hatte auch Angst, es zu erreichen und dann zu erleben, daß irgendein Arzt seine Vergangenheit aufdeckte, weil das Fehlen einer Krankengeschichte des Mr. Denker ihn mißtrauisch gemacht hatte.

Der Junge hatte ihm einige dieser Sorgen genommen. Wenn der Junge bei ihm war, konnte er über die Vergangenheit reden. Seine Erinnerung an jene Tage war so deutlich, daß es fast pervers war. Er konnte eine endlose Liste von Namen und Ereignissen herbeten und wußte sogar noch, wie das Wetter an diesem oder jenem Tag gewesen war. Er erinnerte sich an den SS-Mann Henreid, der im Nordostturm ein Maschinengewehr bediente, und an die Geschwulst, die der Mann zwischen den Augen hatte. Einige der Kameraden nannten ihn Dreiauge oder Alter Zyklop. Er erinnerte sich an Kessel, der ein Nacktphoto von seiner Freundin hatte, die auf einem Sofa lag und die Hände hinter dem Kopf verschränkt hielt. Wenn die Männer das Bild sehen wollten, mußten sie Kessel dafür bezahlen. Er erinnerte sich an die Namen der Ärzte und an ihre Experimente – Ermittlung der Schmerzschwelle, Gehirnströme sterbender Männer und Frauen, physiologische Retardation, die Wirkung verschiedener Strahlenarten und Dutzende mehr. *Hunderte mehr*.

Er redete wahrscheinlich mit dem Jungen, wie alle alten Männer reden, aber er hatte mehr Glück als die meisten alten Männer, deren Zuhörer ungeduldig uninteressiert oder ganz einfach unhöflich waren. *Sein* Zuhörer war immer ganz fasziniert.

Waren ein paar schlechte Träume dafür ein zu hoher Preis?

Er drückte seine Zigarette aus, blieb, den Blick zur Decke gerichtet, noch eine Weile liegen und schwang dann die Beine aus dem Bett. Er und der Junge, fand er, waren widerlich, sie ernährten sich voneinander, fraßen einander. Wenn die finstere, aber üppige Speise, die sie nachmittags in seiner Küche miteinander teilten, ihm manchmal sauer aufstieß, wie mochte es dem Jungen ergehen? Ob er noch gut schlafen konnte? Vielleicht nicht. Dussander fand, daß der Junge in letzter Zeit immer ein wenig blaß war. Er war auch magerer als damals, als er in Dussanders Leben trat.

Er ging durch das Schlafzimmer und öffnete die Schranktür. Er schob ein paar Bügel zur Seite, griff in die Schatten und holte die nachgemachte Uniform heraus. Wie eine Geierhaut hing sie von seiner Hand herab. Er berührte sie mit der anderen Hand. Berührte sie... und dann streichelte er sie.

Nach endlosen Augenblicken hängte er sie vom Bügel ab. Er

zog sie ganz langsam an und schaute erst in den Spiegel, als er sie ganz zugeknöpft und das Koppel geschlossen hatte (und den falschen Reißverschluß zugezogen).

Dann betrachtete er sich im Spiegel und nickte.

Er ging zum Bett zurück, legte sich hin und rauchte noch eine Zigarette. Als er sie zu Ende geraucht hatte, fühlte er sich wieder müde. Er schaltete das Licht aus und war erstaunt, wie leicht es ihm fiel. In fünf Minuten war er eingeschlafen, und diesmal schlief er traumlos.

8

Februar 1975

Nach dem Abendessen bot Dick Bowden einen Kognak an, den Dussander scheußlich fand. Aber natürlich lächelte er breit und lobte ihn über die Maßen. Bowdens Frau bot dem Jungen Schokoladenmalz an. Der Junge war während des ganzen Essens ungewöhnlich ruhig gewesen. Fühlte er sich unbehaglich? Ja. Aus irgendeinem Grund schien sich der Junge sehr unbehaglich zu fühlen.

Von dem Augenblick an, als er mit dem Jungen ankam, hatte Dussander Dick und Monica Bowden für sich eingenommen. Der Junge hatte Dussanders Sehschwäche seinen Eltern als viel schlimmer geschildert, als sie in Wirklichkeit war (weshalb der arme alte Mr. Denker auf einen Blindenhund angewiesen ist, dachte Dussander trocken), denn das erklärte die vielen angeblichen Vorlesestunden. Das hatte Dussander sorgfältig berücksichtigt, und er glaubte, keinen Fehler gemacht zu haben.

Er hatte seinen besten Anzug angezogen, und obwohl es ein feuchter Abend war, hatte seine Arthritis sich erstaunlich ruhig verhalten – höchstens ein gelegentliches Ziehen. Aus irgendeinem unerfindlichen Grund hatte der Junge darauf bestanden, daß er seinen Regenschirm zu Hause ließ, aber Dussander hatte ihn trotzdem mitgenommen. Alles in allem war es ein recht angenehmer und anregender Abend gewesen. Scheußlicher Kognak hin, scheußlicher Kognak her, er war neun Jahre lang schon nicht mehr zum Abendessen eingeladen worden.

Während des Essens hatte er von den Motorenwerken in Essen erzählt und über den Wiederaufbau im Deutschland der Nachkriegsjahre berichtet – Bowden hatte in diesem Zusammenhang einige intelligente Fragen gestellt, und Dussanders Antworten hatten ihn anscheinend beeindruckt. Außerdem hatten sie über deutsche Autoren gesprochen. Monica Bowden hatte ihn gefragt, wieso er in vorgerücktem Alter noch nach Amerika gekommen sei, und Dussander, ganz mit dem Gebaren des bedauernswerten Kurzsichtigen, sprach bewegt über den Tod seiner erfundenen Frau. Monica Bowden zerfloß vor Mitgefühl.

Und jetzt, bei diesem absurden Kognak, sagte Dick Bowden: »Wenn meine Frage zu persönlich ist, Mr. Denker, beantworten Sie sie bitte nicht... aber ich habe mir überlegt, was Sie wohl im Krieg gemacht haben.«

Der Junge zuckte nur ganz leicht zusammen.

Dussander lächelte und tastete nach seinen Zigaretten. Er sah sie ganz deutlich vor sich liegen, aber er durfte nicht den geringsten Fehler machen. Monica gab sie ihm in die Hand.

»Vielen Dank, meine Dame. Das Essen war ganz ausgezeichnet. Sie sind eine hervorragende Köchin. Nicht einmal meine Frau hätte es so gut machen können.«

Monica bedankte sich und schien ein wenig verwirrt. Todd schaute irritiert zu ihr hinüber.

»Die Frage ist überhaupt nicht persönlich«, sagte Dussander und zündete sich die Zigarette an. Dann wandte er sich Bowden zu. »Ab 1943 war ich in der Reserve, wie alle gesunden Männer, die für den aktiven Dienst zu alt waren. Zu der Zeit stand für das Dritte Reich und für die Irren, die es schufen, das Menetekel bereits an der Wand. Insbesondere natürlich für einen ganz bestimmten Irren.«

Er blies sein Streichholz aus und blickte feierlich drein.

»Es war für alle eine große Erleichterung, als das Blatt sich gegen Hitler wendete. Eine sehr große. Natürlich« –

und hier sah er Bowden entwaffnend an, ganz wie von Mann zu Mann – »hütete man sich, solche Gefühle laut zu äußern.«

»Das will ich gern glauben«, sagte Dick Bowden höflich.

»Nein«, sagte Dussander ernst. »Laut durfte man sich nicht so äußern. Ich erinnere mich an einen bestimmten Abend. Mit vier oder fünf Freunden gingen wir nach der Arbeit in ein Lokal, um eine Kleinigkeit zu trinken. Zu der Zeit gab es nicht immer Schnaps, nicht einmal Bier. Aber an dem Abend gab es beides. Wir kannten uns alle schon über zwanzig Jahre. Einer von uns, Hans Hassler, sagte beiläufig, daß der Führer vielleicht einen Fehler gemacht habe. Er hätte lieber keine zweite Front im Osten eröffnen sollen. Ich sagte: ›Um Gottes willen, Hans, achte auf deine Worte!‹ Der arme alte Hans wurde ganz blaß und wechselte sofort das Thema. Aber drei Tage später war er verschwunden. Ich habe ihn nie wiedergesehen, und soweit ich weiß, hat ihn auch keiner von denen, die damals mit uns am Tisch saßen, je wiedergesehen.«

»Wie schrecklich«, sagte Monica ganz außer Atem. »Noch einen Kognak, Mr. Denker?«

»Nein, danke.« Er lächelte sie an. »Meine Frau hat schon von ihrer Mutter gelernt: ›Man soll das Gute nie übertreiben‹.«

Todds leichtes Stirnrunzeln hatte sich vertieft.

»Glauben Sie, daß man ihn in eins dieser Lager geschickt hat?« fragte Dick. »Ihren Freund Hessler?«

»Hassler«, verbesserte Dussander höflich. Er wurde ernst. »Das ging vielen so. Die Lager... sie werden noch tausend Jahre lang die Schande des deutschen Volkes bleiben. Sie sind Hitlers eigentliche Hinterlassenschaft.«

»Oh, ich glaube, das ist ein wenig zu hart«, sagte Bowden und zündete sich die Pfeife an, wobei er eine dicke Wolke Cherry Blend ausstieß. »Nach allem, was ich gelesen habe, hatte die große Masse des deutschen Volkes von diesen Vorgängen keine Ahnung. Die Leute, die um Auschwitz herum wohnten, hielten es für eine Wurstfabrik.«

»Oh, wie *schrecklich*«, sagte Monica und schnitt ein Gesicht, das ihrem Mann bedeuten sollte, von diesen Dingen nicht mehr zu reden. Dann wandte sie sich an Dussander und lächelte. »Ich liebe den Duft von gutem Pfeifentabak, Mr. Denker. Sie auch?«

»Aber ja, Madam«, sagte Dussander. Er hatte gerade einen fast unwiderstehlichen Drang, laut zu niesen, unter Kontrolle bekommen.

Bowden griff plötzlich über den Tisch und schlug seinem Sohn auf die Schulter. Todd fuhr hoch. »Du bist heute abend so schrecklich still, mein Sohn. Fehlt dir etwas?«

Todd lächelte seltsam, und sein Lächeln schien teils seinem Vater, teils Dussander zu gelten. »Ich fühle mich gut. Aber ihr wißt doch, daß ich fast alle diese Geschichten schon gehört habe.«

»Todd!« sagte Monica. »Das ist doch kaum –«

»Der Junge ist nur ehrlich«, sagte Dussander. »Ein Privileg der Jungen, auf das Männer nur allzuoft verzichten müssen. Nicht wahr, Mr. Bowden?«

Dick lachte und nickte.

»Vielleicht könnte ich Todd dazu überreden, mich jetzt nach Hause zu begleiten«, sagte Dussander. »Ich bin sicher, daß er seine Schularbeiten schon gemacht hat.«

»Todd ist ein sehr guter Schüler«, sagte Monica, aber sie sprach fast automatisch und sah Todd seltsam an. »Gewöhnlich nur Einsen und Zweien. Im letzten Quartal hatte er eine Drei, aber er hat versprochen, bis zum Märzzeugnis sein Französisch zu verbessern. Stimmt's, Todd-Baby?«

Todd lächelte wieder sein sonderbares Lächeln und nickte.

»Sie brauchen nicht zu Fuß zu gehen«, sagte Dick. »Ich fahre Sie zu Ihrer Wohnung.«

»Ich gehe gern zu Fuß«, sagte Dussander. »Wegen der frischen Luft und um mir ein wenig Bewegung zu verschaffen. Wirklich, darauf muß ich bestehen ... es sei denn, Todd kommt nicht mit.«

»Nein, nein, ich gehe gern mit«, sagte Todd, und seine Mutter und sein Vater sahen ihn strahlend an.

Sie hatten fast Dussanders Ecke erreicht, als Dussander das Schweigen unterbrach. Es nieselte, und er hielt den Regenschirm über beide. Und immer noch hielt seine Arthritis sich zurück. Es war erstaunlich.

»Du bist wie meine Arthritis«, sagte er.

Todds Kopf kam hoch. »Was?«

»Keiner von euch beiden hatte heute abend viel zu sagen. Hast du deine Zunge verschluckt?«

»Es ist nichts«, murmelte Todd. Sie bogen in Dussanders Straße ein.

»Vielleicht kann ich es erraten«, sagte Dussander nicht ohne einen Anflug von Bosheit. »Als du mich hier abholtest, hattest du Angst, ich könnte einen Fehler machen... ›die Katze aus dem Sack lassen‹, wie es so schön heißt. Und doch warst du fest entschlossen, die Sache mit dem Dinner durchzusetzen, denn du hattest deinen Eltern gegenüber keine Ausreden mehr. Und jetzt bist du völlig fassungslos, weil alles gutgegangen ist. Das ist doch die Wahrheit.«

»Ist das nicht egal?« sagte Todd und zuckte mürrisch die Achseln.

»Und warum hätte es nicht gutgehen sollen? Ich habe schon geheuchelt, lange bevor du geboren wurdest. Du kannst gut ein Geheimnis für dich behalten, das gebe ich zu. Das gebe ich sogar sehr gern zu. Aber hast du mich heute abend beobachtet? Ich habe deinen Eltern gefallen. Ich habe ihnen *gefallen*!«

Plötzlich brach es aus Todd heraus: »Das wäre nicht gerade nötig gewesen!«

Dussander blieb abrupt stehen und starrte Todd an.

»Nicht nötig gewesen? *Nicht?* Ich dachte, das sollte ich, Junge! Jetzt werden sie bestimmt nichts mehr dagegen haben, daß du mich besuchst und mir ›vorliest‹.«

»Sie halten zu viele Dinge für selbstverständlich.« sagte Todd böse. »Vielleicht habe ich schon alles von Ihnen gehört, was ich wissen wollte. Glauben Sie, mich *zwingt* jemand, in Ihre elende Bude zu gehen und zu sehen, wie Sie von Schnaps überlaufen wie diese Eiterbeulen von Pennern am alten Güterbahnhof? Glauben Sie das wirklich?« Er hatte die Stimme gehoben, bis sie fast hysterisch klang. »Mich *zwingt* nämlich niemand. Wenn ich kommen will, komme ich, und wenn ich nicht kommen will, lasse ich es bleiben.«

»Sprich nicht so laut, sonst hören es die Leute.«

»Das ist mir egal«, sagte Todd, aber er ging weiter. Absichtlich ging er nicht mehr unter dem Regenschirm.

»Nein, niemand zwingt dich zu kommen«, sagte Dussander. Und dann riskierte er eine kalkulierte Provokation: »Es wäre mir sogar lieb, wenn du wegbliebest, Junge. Ich habe nicht die geringsten Bedenken, allein zu trinken. Nicht die geringsten.«

Todd sah ihn verächtlich an. »Das könnte Ihnen wohl so passen, was?«

Dussander lächelte nur unverbindlich.

»An Ihrer Stelle würde ich mich darauf aber nicht verlassen.« Sie hatten den betonierten Weg erreicht, der zu Dussanders Veranda führte. Dussander fummelte in der Tasche nach seinem Schlüssel. Rot flackerte die Arthritis in seinen Fingergelenken auf und ließ dann wieder nach. Sie wartete. Jetzt glaubte Dussander zu verstehen, worauf sie wartete. Sie wartete darauf, daß er wieder allein war. Dann würde sie sich wieder hervorwagen.

»Ich will Ihnen mal was sagen«, sagte Todd. Seine Stimme klang eigenartig atemlos. »Wenn meine Eltern wüßten, wer Sie sind, wenn ich es ihnen je erzählte, würden sie auf Sie spucken und Ihnen in Ihren mageren alten Arsch treten.«

Dussander sah Todd in der feuchten Dunkelheit jetzt aus der Nähe. Der Junge schaute trotzig zu ihm auf, aber Dussander sah, daß seine Haut blaß war und daß er dunkle Ringe unter den Augen hatte – einen solchen Hautton bekommt man, wenn man nächtelang grübelt, während andere schlafen.

»Ich bin sicher, daß sie mir gegenüber nichts als Abscheu empfinden würden«, sagte Dussander, aber insgeheim glaubte er, daß der ältere Bowden seinen Abscheu zügeln würde, um viele der Fragen zu stellen, die sein Sohn bereits gestellt hatte. »Nichts als Abscheu. Aber was würden sie von dir halten, Junge, wenn ich ihnen erzählte, daß du mich seit acht Monaten kennst ... und nichts gesagt hast?«

Aus der Dunkelheit starrte Todd ihn wortlos an.

»Besuch mich, wenn du willst«, sagte Dussander gleichgültig. »Wenn nicht, dann bleib zu Hause. Gute Nacht, Junge.«

Er ging den Weg hinauf zur Vordertür und ließ Todd im Nieselregen stehen. Dann drehte er sich noch einmal um und schaute ihm nach. Sein Mund war leicht geöffnet.

Am nächsten Morgen beim Frühstück sagte Monica: »Deinem Dad hat Mr. Denker sehr gut gefallen, Todd. Er sagt, er erinnert ihn an deinen Großvater.«

Todd murmelte etwas Unverständliches, während er seinen Toast kaute. Monica sah ihren Sohn an und fand, daß er schlecht geschlafen haben mußte. Er sah so blaß aus. Und seine Zensuren hatten diesen unerklärlichen Tiefstand erreicht.

»Fühlst du dich in letzter Zeit nicht wohl, Todd?«

Er sah sie einen Augenblick ausdruckslos an, und dann trat wieder dieses strahlende Lächeln in sein Gesicht, das sie so bezauberte ... und tröstete. Er hatte ein wenig Erdbeermarmelade am Kinn. »Klar«, sagte er. »Bestens.«

»Todd-Baby«, sagte sie.

»Monica-Baby« antwortete er, und sie fingen beide an zu lachen.

9

März 1975

»Musch, Musch«, sagte Dussander. »Komm, Musch, Musch. Komm.«

Er saß auf der hinteren Veranda, und neben seinem linken Fuß stand eine rosa Plastikschale. Die Schale war voll Milch. Es war halb zwei Uhr nachmittags, und der Tag war drückend heiß. Buschfeuer weit hinten im Westen erfüllten die Luft mit einem herbstlichen Geruch, der in seltsamem Widerspruch zum Kalender stand. Wenn der Junge heute kam, mußte er in etwa einer Stunde hier sein. Aber der Junge kam nicht mehr jeden Tag. Statt dessen kam er manchmal nur vier oder fünfmal die Woche. Dussander hatte eine Intuition, und diese Intuition sagte ihm, daß der Junge eigene Sorgen hatte.

»Musch, Musch, Musch«, lockte Dussander. Die streunende Katze saß am entfernten Ende des Hofes im dichten Gras unter Dussanders Zaun. Es war ein Kater, und er war genauso struppig wie das Gestrüpp selbst. Immer wenn Dussander sprach, stellte das Tier die Ohren nach vorn. Dabei behielt es ständig die mit Milch gefüllte rosa Schale im Auge.

Vielleicht, dachte Dussander, hat der Junge Ärger in der Schule. Oder schlechte Träume. Oder beides.

Bei diesem letzten Gedanken mußte er lächeln.

»Musch, Musch«, rief er leise. Wieder stellte der Kater die Ohren nach vorn. Er bewegte sich nicht, noch nicht. Aber er hatte immer noch die Milch im Auge.

Auch Dussander hatte seine eigenen Probleme. Ungefähr drei Wochen lang hatte er die SS-Uniform wie einen grotesken Pyjama nachts im Bett getragen, und die Uniform hatte ihn vor Schlaflosigkeit und schlechten Träumen bewahrt. Er hatte – zuerst – so gut geschlafen wie ein Holzfäller. Dann waren die Träume wiedergekommen, nicht allmählich, sondern ganz plötzlich und schlimmer als je zuvor. Die Träume vom Weglaufen und die von den Augen. Er rannte durch einen feuchten unsichtbaren Dschungel, wo dicke Blätter und nasse Farnwedel sein Gesicht peitschten und Tropfen hinterließen, die sich anfühlten wie Saft... oder Blut. Er rannte und rannte, und immer die glühenden Augen rings umher, die ihn seelenlos anstarrten, bis er eine Lichtung erreichte. In der Dunkelheit spürte er einen steilen Hang eher, als daß er ihn sah. Er fing am entfernten Ende der Lichtung an, und oben auf dieser Erhebung lag Patin, die flachen Betongebäude und offenen Flächen von Stacheldraht und elektrisch geladenem Draht umgeben. Die Wachttürme standen da wie die bewaffneten Raumschiffe vom Mars, direkt aus dem *Krieg der Welten*. Und in der Mitte stieg aus den riesigen Schornsteinen der Rauch in Schwaden zum Himmel auf, und unter diesen Ziegelsäulen lagen die Öfen, fertig beschickt und angeheizt, und sie glühten in der Nacht wie die Augen von bösartigen Dämonen. Den Leuten, die in der Nähe wohnten, hatte man gesagt, daß die Häftlinge von Patin Kleider und Kerzen herstellten, und sie glaubten das genausowenig wie die Leute in der Nähe von Auschwitz glaubten, das Lager sei eine Wurstfabrik. Aber das spielte keine Rolle.

Wenn er im Traum über die Schulter zurückschaute, sah er *sie* aus ihren Verstecken kommen, die ruhelosen Toten, die *Juden*, die auf ihn zuwankten, mit den auffälligen Nummern an den fahlen Armen, die Hände zu Krallen gekrümmt, die Gesichter nicht mehr ausdruckslos, sondern glühend vor Haß und Rachsucht und Mordgedanken. Kleinkinder liefen neben ihren Müttern daher, Greise wurden von ihren Kindern gestützt. Und der alles überdeckende Ausdruck in ihren Gesichtern war Verzweiflung.

Verzweiflung? Ja. Denn in seinen Träumen wußte er (und sie wußten es auch), daß er in Sicherheit sein würde, wenn es ihm gelänge, den Hügel zu erklimmen. Hier unten im nassen und sumpfigen Gelände, wo die nur bei Nacht blühenden Pflanzen Blut statt Saft absonderten, war er ein gehetztes Tier... eine Beute. Aber dort oben führte er das Kommando. Wenn dies ein Dschungel war, dann war das Lager oben auf dem Hügel ein Zoo, wo alle wilden Tiere sicher in Käfigen hockten und wo er der Zoodirektor war, der entscheiden konnte, welche man füttern sollte, welche überleben würden, welche man für Vivisektionen zur Verfügung stellen würde und schließlich, welche dem Abdecker überantwortet werden sollten.

Er fing an, den Hügel hinaufzulaufen. Er lief mit der ganzen Langsamkeit eines Alptraums und spürte schon, wie sich die ersten Skeletthände um seinen Hals legten, spürte ihren kalten stinkenden Atem, roch die Verwesung, hörte ihr vogelgleiches Triumphgeschrei, als sie ihn herabzerrten, als die Rettung nicht nur in Sicht war, sondern schon greifbar nahe schien –

»Musch, Musch«, rief Dussander. »Milch. Schöne Milch.«

Endlich kam die Katze näher. Sie lief halb über den Hof und blieb dort sitzen, aber sie war nervös, und ihr Schwanz bewegte sich unruhig. Sie traute ihm nicht; nein. Aber Dussander wußte, daß das Tier die Milch roch, und deshalb blieb er gelassen. Früher oder später würde es kommen.

Mit Schmuggel gab es in Patin keine Probleme. Einige der Häftlinge hatten sich, bevor sie im Lager ankamen, ihre Wertsachen in kleinen Beuteln aus Fensterleder tief in den Arsch gesteckt (und wie oft stellte sich heraus, daß diese Wertsachen gar nicht wertvoll waren – Photos, Haarlocken, falscher Schmuck), oft mit einem Stock so weit hochgeschoben, daß nicht einmal die langen Finger eines Kapo, den sie Stinkdaumen genannt hatten, sie erreichen konnten. Dussander erinnerte sich an eine Frau, die einen kleinen Brillanten hatte, mit einer Wolke, wie sich später herausstellte, also in Wirklichkeit nicht sehr wertvoll – aber er war schon seit sechs Generationen im Besitz der Familie gewesen und war immer von der Mutter auf die älteste Tochter vererbt worden (das sagte sie wenigstens, aber sie war Jüdin, und die logen natürlich alle). Bevor sie nach Patin kam, verschluckte sie ihn, und wenn er mit ihrem Kot ausgeschieden wurde, verschluckte sie ihn noch einmal. Sie verschluckte ihn immer wieder, obwohl er ihr zuletzt in die Eingeweide schnitt, so daß sie blutete.

Es hatte noch andere Listen gegeben, obwohl es fast immer um Kleinigkeiten ging, etwa um ein wenig Tabak oder eine oder zwei Haarlocken. Das spielte keine Rolle. In dem Raum, in dem Dussander die Häftlinge verhörte, standen eine Kochplatte und ein einfacher Küchentisch mit einem rotkarierten Wachstuch, ähnlich dem, das er jetzt in seiner eigenen Küche hatte. Auf der Platte stand immer ein Topf mit Lammragout, das munter vor sich hinbrodelte. Wenn Schmuggelgut vermutet wurde (und wann war das nicht der Fall?), wurde ein Mitglied der verdächtigen Clique in diesen Raum gebracht. Es mußte sich neben die Kochplatte stellen, damit ihm der Duft des Lammragouts in die Nase stieg. Dann fragte er leise, *wer*. Wer versteckt Gold? Wer Juwelen? Wer Tabak? Wer hat der Givenet die Tablette für ihr Baby gegeben? Wer? Das Ragout wurde ihnen nie direkt versprochen, aber fast immer löste ihnen das Aroma am Ende die Zunge. Natürlich hätte ein Knüppel den gleichen Dienst getan oder ein Gewehrlauf, in ihren dreckigen Leib gestoßen, aber das Ragout war... war *elegant*. Ja.

»Musch, Musch«, rief Dussander. Der Kater stellte die Ohren nach vorn und stand halb auf, aber dann erinnerte er sich an einen lange zurückliegenden Tritt, oder vielleicht an ein Streichholz, mit dem ihm jemand die Schnurrhaare versengt hatte, und er setzte sich wieder. Aber bald würde er sich bewegen.

Er hatte eine Methode gefunden, seine Alpträume erträglicher zu machen. Auf gewisse Weise war es nicht viel anders als eine SS-Uniform zu tragen... nur viel wirksamer. Dussander war mit sich zufrieden, es tat ihm nur leid, daß er nicht früher darauf gekommen war. Er vermutete, daß er diese neue Methode, sich zu beruhigen, dem Jungen zu verdanken hatte. Der hatte ihm gezeigt, daß der Schlüssel zu den Schrecken der Vergangenheit nicht in ihrer Ablehnung lag, sondern darin, über sie nachzudenken und sich sogar mit ihnen anzufreunden. Es stimmte, daß er vor dem Auftauchen des Jungen lange Zeit keine schlechten Träume mehr gehabt hatte, aber er glaubte jetzt, daß er in bezug auf seine Vergangenheit wie ein Feigling gehandelt hatte. Er war gezwungen worden, einen Teil seiner selbst aufzugeben. Jetzt hatte er ihn wiedererlangt.

»Musch, Musch«, rief Dussander, und ein Lächeln erschien in seinem Gesicht, ein beruhigendes Lächeln, das Lächeln aller alten Männer, die irgendwie die Grausamkeiten des Lebens hinter sich gebracht und einen sicheren Ort erreicht haben, noch immer einigermaßen intakt und wenigstens ein bißchen weise.

Der Kater stand auf, zögerte noch einen Augenblick und legte dann mit geschmeidigen Bewegungen den Rest der Strecke zurück. Er sprang die Stufen hinauf, warf einen letzten mißtrauischen Blick auf Dussander, legte die zerbissenen und eingerissenen Ohren an und begann, von der Milch zu trinken.

»Schöne Milch«, sagte Dussander und zog sich die Playtex-Gummihandschuhe an, die schon die ganze Zeit auf seinem Schoß gelegen hatten. »Schöne Milch für ein schönes Kätzchen.« Er hatte diese Handschuhe im Supermarkt gekauft. Ein paar alte Frauen hatten ihn zustimmend, vielleicht sogar erwartungsvoll angesehen. Für diese Handschuhe war im Fernsehen geworben worden. Sie hatten Stulpen. Sie waren so elastisch, und dünn, daß man eine kleine Münze aufheben konnte, wenn man sie anhatte.

Er streichelte dem Kater mit einem grünen Finger den Rükken und redete beruhigend auf ihn ein. Der Rücken des Tieres bog sich im Streichelrhythmus nach oben.

Kurz bevor der Napf leer war, packte er das Tier.

Im Griff seiner Hände war der Kater plötzlich wie elektrisiert. Er wand sich und zappelte und kratzte am Gummi. Geschmeidig fuhr der Körper des Tieres hin und her, und Dussander zweifelte nicht daran, daß der Kater gewonnen hätte, wenn er ihn mit den Zähnen oder Krallen hätte erwischen können. Ein Veteran. Man muß selbst einer sein, um einen zu erkennen, dachte Dussander grinsend.

Er hielt die Katze vorsichtig vom Körper ab, ein gequältes Grinsen im Gesicht. Dussander stieß die Hintertür mit dem Fuß auf und ging in die Küche. Die Katze jaulte und versuchte mit aller Kraft loszukommen. Mit den Krallen bearbeitete sie die Gummihandschuhe. Ihr wütendes dreieckiges Gesicht fuhr herab, und sie verbiß sich in einen der grünen Daumen.

»Böses Kätzchen«, sagte Dussander vorwurfsvoll.

Die Herdtür war geöffnet. Dussander schleuderte die Katze hinein. Es gab ein reißendes, kratzendes Geräusch, als ihre Krallen sich von den Handschuhen lösten. Dussander schlug mit dem Knie die Herdtür zu, wobei ihn ein heftiger Arthritisschmerz durchfuhr. Aber er hörte nicht auf zu grinsen. Schwer atmend, fast keuchend lehnte er sich einen Augenblick gegen den Herd. Sein Kopf sank herab. Es war ein Gasherd. Er hatte ihn selten für Ausgefalleneres als die Zubereitung eines TV-Dinners oder das Töten von streunenden Katzen benutzt.

Schwach übertönte das Kratzen und Schreien des Tieres das Zischen der Gasflammen.

Dussander schaltete den Ofen auf 250 Grad. Es gab einen hörbaren Knall, als die Zündflamme zwei Doppelreihen Gasdüsen aktivierte. Die Katze schrie nicht mehr, sie kreischte. Es hörte sich an... ja... fast wie ein kleiner Junge. Ein kleiner Junge, der fürchterliche Qualen erleidet. Bei dem Gedanken grinste Dussander noch breiter. Sein Herz hämmerte gegen seine Rippen. Die Katze raste wie verrückt im Herd hin und her. Sie schrie immer noch. Und dann zog ein heißer, pelziger Brandgeruch aus dem Herd in den Raum.

Eine halbe Stunde später kratzte er die Reste der Katze aus dem Herd. Dazu benutzte er eine Grillgabel, die er für zwei Dollar achtundneunzig Cents bei Grant's im nahegelegenen Einkaufszentrum erstanden hatte.
 Der geröstete Kadaver der Katze wanderte in einen leeren Mehlsack, den er in den Keller trug. Der Kellerfußboden war nicht betoniert. Dussander ging dann wieder nach oben. Er versprühte in der Küche Geruchsvertilger, bis sie nach künstlichem Tannenaroma roch. Er öffnete alle Fenster. Er wusch die Grillgabel ab und hängte sie wieder an den Haken. Dann setzte er sich, um abzuwarten, ob der Junge kommen würde. Er lächelte und lächelte.

Todd kam eine Viertelstunde nachdem ihn Dussander für den Nachmittag schon abgeschrieben hatte. Er trug eine Trainingsjacke mit seinen Schulfarben und eine Baseballmütze der San Diego Padres. Todd hatte seine Schultasche bei sich.
 »Hallo«, sagte er und zog die Nase kraus, als er in die Küche kam. »Was ist das für ein Gestank? Das ist ja ekelhaft.
 »Ich habe den Herd ausprobiert«, sagte Dussander, »und dabei leider mein Essen anbrennen lassen. Ich mußte es wegwerfen.«

Später im selben Monat kam der Junge eines Tages viel früher als gewöhnlich, lange vor dem normalen Schulschluß. Dussander saß in der Küche und trank aus einer angeschlagenen und fleckigen Tasse Bourbon der Marke Ancient Age. Die Tasse trug die Aufschrift HIER IST DEIN KAFFEE, MA, HA! HA! HA! Sein Schaukelstuhl stand jetzt in der Küche, und er trank und schaukelte und schaukelte und trank und stampfte dabei mit den Pantoffeln auf das verblichene Linoleum. Er war angenehm betrunken und hatte bis gestern nacht keine schlechten Träume mehr gehabt. Schon seit dem Kater mit den zerfledderten Ohren nicht mehr. Der Traum in der vergangenen Nacht war allerdings besonders grauenhaft gewesen. Das war nicht zu leugnen. *Sie* hatten ihn herabgezerrt, als er den Hügel schon halb erstiegen hatte, und *sie* hatten angefangen, ihm unaussprechliche Dinge zuzufügen, bevor er es endlich schaffte aufzuwachen. Und doch, nach seiner Rückkehr in die Welt der Wirklichkeit war er zuversichtlich gewesen. Wann immer er wollte, konnte er die Träume beenden. Vielleicht würde diesmal eine Katze nicht ausreichen. Aber es gab ja immer noch den Zwinger für herrenlose Hunde. Ja. Den gab es.

Todd stürmte in die Küche. Er war blaß und wirkte abgespannt. Sein Gesicht glänzte. Er hat tatsächlich Gewicht verloren, dachte Dussander. Und er hatte einen so sonderbaren leeren Blick, der Dussander überhaupt nicht gefiel.

»Sie werden mir helfen«, sagte Todd plötzlich trotzig.

»Wirklich?« sagte Dussander gelassen, aber Furcht sprang plötzlich in ihm auf. Er verzog aber keine Miene, als Todd seine Bücher so heftig auf den Tisch knallte, daß eins auf den Fußboden geschleudert wurde und vor Dussanders Füßen ein kleines Zelt bildete.

»Ja, Sie gottverdammter Scheißkerl!« schrie Todd mit schriller Stimme. »Das dürfen Sie mir ruhig glauben! Weil es Ihre Schuld ist! Alles Ihre Schuld!« Auf seinen Wangen erschienen hektische rote Flecken. »Aber Sie müssen mir da raushelfen, denn ich habe Sie in der Hand. *Ich habe Sie genau da, wo ich Sie haben will!*«

»Ich helfe dir auf jede mir mögliche Art«, sagte Dussander ruhig. Er merkte, daß er ganz in Gedanken die Hände vor sich auf dem Schoß gefaltet hielt – so wie er es vor langer Zeit gewohnt gewesen war. Er beugte sich im Schaukelstuhl vor, bis sein Kinn direkt über seinen gefalteten Händen hing – wie er es früher getan hatte. Sein Gesicht war ruhig und freundlich und fragend und zeigte nichts von der Angst, die in ihm aufstieg. Wenn er so saß, konnte er sich fast einbilden, daß auf dem Herd hinter ihm ein Topf mit Lammragout brodelte. »Was sind denn deine Schwierigkeiten?«

»Dies sind meine Scheißschwierigkeiten«, sagte Todd giftig und warf Dussander eine Mappe zu. Sie prallte von seiner Brust ab und landete auf seinem Schoß. Dussander war über die Intensität der Wut erstaunt, die in ihm aufstieg, über den Impuls, aufzuspringen und dem Jungen den Handrücken durchs Gesicht zu ziehen. Aber sein Gesichtsausdruck blieb freundlich. Er sah, daß die Mappe die Zeugniskarte des Jungen enthielt, obwohl die Schule sich eine geradezu lächerliche Mühe gegeben hatte, diese Tatsache zu verschleiern. Statt das Ding ganz einfach Zeugniskarte oder Schulzeugnis zu nennen, hieß es »Bericht über schulische Fortschritte im letzten Quartal«. Er knurrte und schlug die Karte auf.

Ein maschinengeschriebener halber Bogen fiel heraus. Dussander legte ihn beiseite, um ihn später zu lesen, und beschäftigte sich zunächst mit den Zensuren des Jungen.

»Du scheinst ganz schön auf den Bauch gefallen zu sein«, sagte Dussander nicht ohne Vergnügen. Der Junge hatte nur in Englisch und Amerikanischer Geschichte bestanden. In allen anderen Fächern hatte er eine Fünf.

»Es ist nicht meine Schuld«, zischte Todd böse. »Es ist *Ihre* Schuld. All diese *Geschichten*. Ich kriege davon Alpträume, wissen Sie das? Ich setze mich hin und schlage meine Bücher auf, und dann muß ich an das denken, was Sie mir an dem Tag erzählt haben, und bevor ich weiß, was los ist, sagt mir meine Mutter, daß es Zeit ist, ins Bett zu gehen. Das ist aber nicht meine Schuld. *Nein! Hören Sie? Es ist nicht meine Schuld!*«

»Ich höre dich sehr gut«, sagte Dussander und las den maschinegeschriebenen Brief, der in Todds Karte gesteckt hatte.

Liebe Mr. und Mrs. Bowden.
Mit diesem Schreiben möchte ich ein Gruppengespräch über Todds schulische Leistungen im zweiten und dritten Quartal anregen. In Anbetracht seiner früheren guten Leistungen scheinen seine letzten Zensuren anzudeuten, daß es ein spezifisches Problem gibt, das seine Leistungen ungünstig beeinflußt. Derlei Probleme können oft durch eine offene Aussprache geklärt werden.

Ich sollte darauf hinweisen, daß Todd, obwohl er im vergangenen Halbjahr nicht zurückgestuft wurde, in einigen Fächern den Abschluß nicht schaffen wird, es sei denn, seine Leistungen verbessern sich im vierten Quartal entscheidend. Ein Versagen in mehreren Fächern würde zusätzlichen Förderunterricht während der Sommerferien nach sich ziehen, damit er nicht zurückfällt und keine Planungsschwierigkeiten eintreten.

Ich weise ebenfalls darauf hin, daß Todd die Collegeabteilung besucht und daß seine Leistung in diesem Jahr dem für eine Zulassung zum College geforderten Standard nicht entspricht. Sie hat auch nicht das für die SAT-Tests nötige Niveau erreicht.

Bitte, seien Sie versichert, daß ich mich bemühen werde, einen für beide Seiten akzeptablen Termin für dieses Gespräch zu finden. In einem Fall wie dem vorliegenden ist gewöhnlich Eile geboten.

Mit freundlichen Grüßen
Edward French

»Wer ist dieser Edward French?« fragte Dussander und ließ den Brief in die Zeugniskarte zurückgleiten (dabei wunderte er sich im stillen über die amerikanische Liebe zum Gestelzten; ein so getragenes Schreiben, nur um die Eltern zu informieren, daß ihr Sohn durchgefallen ist!). Dann faltete er wieder die Hände. Seine Vorahnung kommenden Unheils war stärker als vorher, aber er weigerte sich, diesem Gefühl nachzugeben. Vor einem Jahr hätte er es getan. Vor einem Jahr war er auf eine Katastrophe vorbereitet gewesen. Jetzt war er es nicht, aber es schien, als hätte dieser verfluchte Junge sie ihm trotzdem ins Haus gebracht. »Ist das dein Direktor?«

»Gummi-Ede? Verdammt, nein. Er ist der Pädagogische Berater.«

»Der Pädagogische Berater? Was ist denn das?«

»Finden Sie das doch selbst raus«, sagte Todd. Er war nahezu hysterisch. »Sie haben doch den gottverdammten Brief gelesen.« Er ging unruhig im Raum auf und ab und warf Dussander hin und wieder einen scharfen Blick zu. »Ich werde mir nichts von dieser ganzen Scheiße gefallen lassen. Ich will es einfach nicht. Ich werde in den Sommerferien *nicht* zur Schule gehen. Meine Eltern fliegen in diesem Sommer nach Hawaii, und ich werde mitfliegen.« Er zeigte auf die Karte, die auf dem Tisch lag. »Wissen Sie, was mein Dad tun wird, wenn er die sieht?«

Dussander schüttelte den Kopf.

»Er wird alles aus mir rauskriegen. *Alles.* Er wird erfahren, daß Sie schuld sind. Es könnte an nichts anderem liegen, denn sonst hat sich ja nichts verändert. Er wird bohren und schnüffeln und alles aus mir rauskriegen. Und dann... dann bin ich unten durch.«

Er starrte Dussander beleidigt an.

»Sie werden mich beobachten. Verdammt, vielleicht schicken sie mich sogar zum Arzt. Ich weiß es nicht. Wie kann *ich* das wissen? Aber ich *will* nicht unten durch sein. Und ich gehe nicht in diese beschissene Ferienschule.«

»Oder in das Erziehungsheim«, sagte Dussander. Er sagte es sehr leise.

Todd hörte auf, im Kreis zu laufen. In seinem Gesicht regte sich nichts. Er war schon blaß gewesen, aber jetzt wurde er fast weiß. Er starrte Dussander an, und erst beim zweiten Versuch konnte er sprechen. »*Was? Was* haben Sie eben gesagt?«

»Mein lieber Junge«, sagte Dussander und mimte den Mann mit der Engelsgeduld. »In den letzten fünf Minuten mußte ich mir dein Gejammere anhören, und worüber du jammerst, ist ganz einfach dies: *Du* steckst in Schwierigkeiten. *Dir* könnte man auf die Schliche kommen. *Du* könntest plötzlich in einer üblen Lage sein.« Als er sah, daß der Junge ihm aufmerksam zuhörte – endlich –, trank Dussander nachdenklich einen Schluck aus seiner Tasse.

»Mein Junge«, fuhr er fort. »Deine Einstellung ist äußerst gefährlich. Und sie ist auch gefährlich für mich. Der mögliche Schaden wäre für mich viel größer. Du machst dir Sorgen um dein Zeugnis. Daß ich nicht lache. *Das* macht man mit einem Zeugnis.«

Er schnippte es mit einem seiner gelben Finger vom Tisch auf den Fußboden.

»Ich mache mir Sorgen um mein *Leben*!«

Todd antwortete nicht. Er sah Dussander nur mit weitaufgerissenen Augen und einem leicht irren Blick an.

»Den Israelis wird es kaum etwas ausmachen, daß ich schon sechsundsiebzig bin. Die Todesstrafe ist dort noch immer sehr beliebt, mußt du wissen. Besonders wenn der Mann auf der Anklagebank ein Nazi-Kriegsverbrecher ist, der mit den Lagern in Verbindung gebracht werden kann.«

»Sie sind amerikanischer Staatsbürger«, sagte Todd. »Die Amerikaner würden es nicht zulassen, daß man Sie ergreift. Ich habe darüber gelesen. Ich habe —«

»Du liest, aber du *hörst nicht zu!* Ich bin *kein* amerikanischer Staatsbürger. Meine Papiere stammen von der *Cosa Nostra*. Man würde mich deportieren, und die Mossad-Agenten würden schon am Flugzeug auf mich warten, wo ich auch immer lande.«

»Ich wollte, man *würde* Sie aufhängen«, murmelte Todd, ballte die Fäuste und betrachtete sie. »Ich war verrückt, daß ich mich überhaupt mit Ihnen eingelassen habe.«

»Zweifellos«, sagte Dussander und lächelte dünn. »Aber du *hast* dich mit mir eingelassen. Wir müssen in der Gegenwart leben, Junge, nicht in der Vergangenheit des ›Ach-hätte-ich-doch-nicht‹. Du mußt dir darüber klar werden, daß dein Schicksal und meines jetzt unentwirrbar miteinander verflochten sind. Wenn du mich verpfeifst, glaubst du, ich würde dann auch nur eine Sekunde zögern, dich ebenfalls zu verpfeifen? In Patin sind siebenhunderttausend gestorben. Für die Welt bin ich ein Verbrecher, ein Ungeheuer, selbst Schlächter nennt mich eure Skandalpresse. Und du bist mitschuldig, mein Junge. Du hast die kriminelle Vergangenheit eines illegalen Ausländers gekannt, aber du hast nicht die Behörden verständigt. Und wenn man mich erwischt, werde ich der Welt alles über dich erzählen. Wenn die Reporter mir die Mikrophone ins Gesicht halten, wird es dein Name sein, den ich ständig wiederhole. ›Todd Bowden, ja, so heißt er... wie lange? Fast ein Jahr. Er wollte alles wissen... all die interessanten Dinge. So hat er sich ausgedrückt, ja: All die interessanten Dinge‹!«

Todd hatte den Atem angehalten. Seine Haut wirkte durchsichtig. Dussander lächelte ihn an. Er nippte an seinem Bourbon.

»Ich denke, sie werden dich ins Gefängnis stecken. Sie mögen es Erziehungsheim nennen oder Besserungsanstalt – es mag einen Phantasienamen dafür geben, wie diesen ›Bericht über schulische Fortschritte im letzten Quartal‹« – er zog die Lippen kraus – »aber wie sie es auch nennen, es wird Gitterstäbe an den Fenstern haben.«

Todd leckte sich die Lippen. »Ich würde Sie einen Lügner nennen. Ich würde ihnen sagen, daß ich es ganz einfach herausgefunden habe. Sie würden mir und nicht Ihnen glauben. Daran sollten Sie denken.«

Das Lächeln wich nicht aus Dussanders Gesicht. »Du hast mir doch gesagt, daß dein Vater schon alles aus dir herauskriegen würde.«

Todd sprach langsam, so wie jemand spricht, bei dem Erkenntnis und Worte gleichzeitig kommen. »Vielleicht auch nicht. Vielleicht diesmal noch nicht. Es geht ja nicht um ein eingeworfenes Fenster.«

Dussander zuckte innerlich zusammen. Er vermutete, daß der Junge mit seinem Urteil richtig lag – da so viel auf dem Spiel stand, könnte es ihm in der Tat gelingen, seinen Vater zu überzeugen. Und wenn eine so ungünstige Nachricht ins Haus flattert, welche Eltern ließen sich dann nicht gern überzeugen?

»Vielleicht. Vielleicht auch nicht. Aber wie willst du die vielen Bücher erklären, die du mir vorlesen mußtest, weil der arme Mr. Denker halb blind ist? Meine Augen sind nicht mehr das, was sie mal waren, aber ich kann mit meiner Brille noch Kleingedrucktes lesen. Das kann ich beweisen.«

»Ich werde sagen, daß Sie mich getäuscht haben!«

»So? Und welchen Grund könntest du für so eine Täuschung anführen?«

»Aus... aus Freundschaft. Weil Sie sich einsam fühlten.«

Das, überlegte Dussander, kam der Wahrheit gerade nahe genug, um glaubhaft zu sein. Und früher, ganz am Anfang, hätte er einen solchen Grund auch nennen können. Aber jetzt hatte man ihm arg zugesetzt; jetzt löste er sich in Fäden auf wie ein alter Mantel, der nichts mehr taugt. Wenn jetzt ein Kind auf der anderen Straßenseite seine Spielzeugpistole abschösse, würde er in die Luft springen und schreien wie ein kleines Mädchen.

»Dein Schulzeugnis wird auch meinen Teil der Geschichte bestätigen«, sagte Dussander. »Deine Zensuren sind doch nicht wegen *Robinson Crusoe* derart in den Keller gefallen, mein Junge. Das weißt du ganz genau.«

»Halten Sie das Maul! Sie sollen darüber das Maul halten!«

»Nein«, sagte Dussander. »Darüber werde ich nicht das Maul halten.« Er riß ein Streichholz an der Tür des Gasherds an und nahm eine Zigarette aus der Schachtel. »Nicht bevor du die simple Wahrheit einsiehst. Wir stecken gemeinsam in dieser Geschichte. Auf Biegen oder Brechen.« Er sah Todd durch die Rauchwolken hindurch an. Er lächelte nicht mehr, und sein Gesicht hatte einen niederträchtigen Ausdruck angenommen. »Ich werde dich mit runterziehen, Junge. Das verspreche ich dir. Wenn irgend etwas herauskommt, wird *alles* herauskommen.

Todd sah ihn böse an und antwortete nicht.

»Nun«, sagte Dussander schnell und wirkte wie ein Mann, der etwas Unangenehmes aber Notwendiges hinter sich gebracht hat, »bleibt noch die Frage, was wir in dieser Situation tun sollen. Hast du eine Idee?«

»Dies erledigt die Sache mit der Zeugniskarte«, sagte Todd und holte die Flasche mit Löschflüssigkeit aus der Tasche. »Was wir mit dem Scheißbrief anfangen können, weiß ich nicht.«

Dussander betrachtete die Löschflüssigkeit mit Befriedigung. Er hatte seinerzeit selbst Berichte gefälscht. Wenn die Quoten phantastische Höhen erreichten. Und ... eine ähnliche Situation wie die jetzige – da war die Sache mit den Quittungen gewesen ... die Quittungen, auf denen die Beutestücke aufgeführt waren. Jede Woche prüfte er die Kisten mit Wertsachen, die in Spezialwaggons, die wie Banktresore aussahen, nach Berlin geschickt wurden. An der Seite jeder Kiste war ein Umschlag aus festem Papier angebracht, in dem eine beglaubigte Quittung über den Inhalt der Kiste steckte. So und so viele Ketten, Ringe, Halsbänder, so und so viel Gold. Dussander aber hatte seine eigene Kiste voll Wertsachen – keine sehr wertvollen Wertsachen, aber auch nicht ganz unbedeutend. Jade, Turmaline, Opale. Ein paar Perlen mit kleinen Fehlern, Industriediamanten. Und wenn er ein für Berlin bestimmtes Einzelstück sah, das ihm besonders gefiel oder das ihm besonders wertvoll erschien, nahm er es und ersetzte es durch ein Stück aus seiner eigenen Kiste. Dann fälschte er die Listen entsprechend. Im Laufe der Zeit hatte er sich zu einem recht geschickten Fälscher entwickelt... ein Talent, das ihm auch nach dem Krieg mehr als einmal gut zustatten gekommen war.

»Gut«, sagte er zu Todd. »Und was diese andere Sache anbetrifft...«

Dussander fing wieder an zu schaukeln und trank dabei aus seiner Tasse. Todd zog einen Stuhl an den Tisch und begann, seine Zeugniskarte zu behandeln, die er ohne ein Wort vom Fußboden aufgehoben hatte. Dussanders äußere Ruhe war nicht ohne Wirkung auf ihn geblieben, und jetzt machte er sich konzentriert an die Arbeit, wie jeder amerikanische Junge, der sich vorgenommen hat, eine verdammt gute Leistung zu bringen, ob er nun Mais sät, in der Meisterschaft der Juniorliga Punkte sammelt, oder ob er sein Schulzeugnis fälscht.

Dussander betrachtete Todds leicht gebräunten Nacken, der zwischen dem Haaransatz und dem runden Ausschnitt seines T-Shirts freilag. Von dort wanderte sein Blick zur oberen Schublade des Küchenschranks, wo er seine Fleischmesser aufbewahrte. Ein rascher Hieb – er wußte, wo er anzusetzen war –, und die Wirbelsäule des Jungen wäre durchtrennt. Das würde ihm das Maul für immer stopfen. Dussander lächelte voller Bedauern. Wenn der Junge verschwand, würden Fragen gestellt werden. Zu viele Fragen.

Einige würden an ihn gerichtet sein. Selbst wenn es keinen Freund gab, der einen Brief hatte, eine nähere Überprüfung seiner Umstände konnte er sich nicht leisten. Schade.

»Dieser French«, sagte er und tippte auf den Brief. »Kennt er deine Eltern privat?«

»Der?« Todd, und der Tonfall verriet seine ganze Verachtung. »Meine Eltern gehen nirgends hin, wo der überhaupt reingelassen wird.«

»Hat er sie jemals in seiner beruflichen Eigenschaft kennengelernt? Hat es solche Gespräche schon früher gegeben?«

»Nein, ich war immer einer der Besten in meiner Klasse. Bis jetzt.«

»Was weiß er also von ihnen?« sagte Dussander und schaute verträumt in seine Tasse, die jetzt fast leer war. »O ja, er weiß alles über *dich*. Er hat zweifellos alle Unterlagen über dich, bis zurück zum Kindergarten. Aber was weiß er über *sie*?«

Todd legte seinen Federhalter und die kleine Flasche mit Tintenlöscher auf den Tisch. »Nun, er kennt ihren Namen. Natürlich. Und ihr Alter. Er weiß, daß wir Methodisten sind. Man muß diese Rubrik nicht ausfüllen, aber meine Eltern tun es immer. Ja, er weiß schon, wer wir sind. Er weiß, womit mein Vater sein Geld verdient; das steht alles auf dem Fragebogen. Den müssen sie jedes Jahr ausfüllen. Aber das ist so ziemlich alles.«

»Würde er wissen, ob es zu Hause zwischen deinen Eltern Schwierigkeiten gibt?«

»Was wollen Sie denn damit sagen?«

Dussander trank den Rest Bourbon in seiner Tasse. »Zank. Streitereien. Dein Vater schläft im Wohnzimmer auf der Couch. Deine Mutter trinkt zuviel.« Seine Augen glänzten. »Eine Scheidung bahnt sich an.«

»So was gibt es bei uns nicht!« sagte Todd böse. »In keiner Weise!«

»Das habe ich auch gar nicht behauptet. Aber überleg doch, Junge. Stell dir vor, bei euch zu Hause ›fliegen die Fetzen‹, wie man so schön sagt.«

Todd sah ihn stirnrunzelnd an.

»Dann würdest du dir Sorgen um sie machen«, sagte Dussander. »Große Sorgen. Du würdest keinen Appetit mehr haben. Du würdest schlecht schlafen. Und was das Schlimmste ist, deine Arbeit für die Schule würde darunter leiden. Stimmt's? Sehr traurig für Kinder, wenn es zu Hause Schwierigkeiten gibt.«

In den Augen des Jungen dämmerte Verstehen – Verstehen und etwas wie eine leise Dankbarkeit. Dussander war zufrieden.

»Ja, es ist eine höchst unglückliche Situation, wenn eine Familie der Auflösung entgegentreibt«, sagte Dussander geschwollen und füllte seine Tasse mit Bourbon. Er war schon ziemlich besoffen. »Die Ehedramen im Fernsehen zeigen es deutlich. Es gibt Bitterkeit. Verleumdungen und Lügen. Das Schlimmste sind die seelischen Qualen. Der Schmerz, mein Junge. Du hast ja keine Ahnung, welche Hölle deine Eltern erleben. Sie sind so sehr in ihre eigenen Schwierigkeiten verstrickt, daß sie für die Probleme ihres Sohnes wenig Zeit haben. Verglichen mit ihren eigenen erscheinen seine Probleme ihnen banal. Stimmt's? Eines Tages, wenn die Narben verheilt sind, werden sie sich zweifellos wieder mehr für ihn interessieren. Aber im Augenblick haben sie keine andere Wahl. Sie müssen den netten alten Großvater zu Mr. French schicken.«

Todds Augen hatten einen Glanz angenommen, den man leidenschaftlich nennen konnte. »Könnte funktionieren«, murmelte er. »Könnte, ja, könnte funktionieren, könnte –« Er schwieg plötzlich. »Nein, es geht nicht. Sie sehen mir nicht ähnlich, nicht einmal ein bißchen. Gummi-Ede wird nicht darauf reinfallen.«

»*Gott im Himmel!*« rief Dussander und sprang auf. Er ging durch die Küche (ein wenig schwankend), öffnete die Kellertür und nahm noch eine Flasche Ancient Age vom Regal. Er drehte den Verschluß auf und goß sich reichlich ein. »Für einen gescheiten Jungen bist du ein großer Dummkopf. Wann sehen Großväter schon ihren Enkeln ähnlich? Ich habe weißes Haar. Hast du weißes Haar?«

Erstaunlich rasch trat er an den Tisch, packte eine gute Hand voll von Todds Blondhaar und zog kräftig daran.

»Lassen Sie das!« fauchte Todd, aber er lächelte dabei.

»Außerdem«, sagte Dussander und setzte sich wieder in seinen Schaukelstuhl, »hast du blondes Haar und blaue Augen. Ich habe auch blaue Augen, und bevor mein Haar weiß wurde, war es blond. Du erzählst mir deine ganze Familiengeschichte. Deine Onkel und Tanten. Die Leute, mit denen dein Vater zusammenarbeitet. Was für Hobbys deine Mutter hat. Ich werde es im Kopf behalten. Ich werde alles lernen und im Kopf behalten. Zwei Tage später werde ich es vergessen haben – mein Gedächtnis ist wie ein mit Wasser gefüllter Leinensack – aber ich werde mich lange genug an alles erinnern.« Er lächelte grimmig. »Früher war ich immer schneller als Wiesenthal, und ich habe sogar Himmler selbst verarscht. Wenn ich einen amerikanischen Pauker nicht aufs Kreuz legen kann, werde ich mich in ein Leichentuch wickeln und sofort ins Grab kriechen.«

»Vielleicht«, sagte Todd langsam, und Dussander erkannte, daß er schon akzeptiert hatte. Aus seinem Blick sprach Erleichterung.

»Nein – *bestimmt sogar*!« rief Dussander.

Er gackerte vor Lachen, und der Schaukelstuhl quietschte hin und her. Todd sah ihn erstaunt und ein wenig erschrocken an, aber nach einer Weile fing auch er an zu lachen. Sie saßen in Dussanders Küche und lachten und lachten. Dussander am offenen Fenster, durch das die warme kalifornische Luft hereinwehte, und Todd auf seinem Stuhl, dessen Lehne er gegen die Herdtür zurückgekippt hatte, auf der die vielen schwarzen Streifen zu sehen waren, die Dussander verursachte, wenn er an ihr seine Streichhölzer anriß.

Gummi-Ede French (seinen Spitznamen trug er, wie Todd Dussander erklärt hatte, weil er sich bei Regenwetter immer Gummigaloschen über die Turnschuhe zog) war ein schmächtiger Mann, der in der Schule mit Vorliebe Turnschuhe trug. Mit diesem Anflug von Zwanglosigkeit hoffte er sich bei den 106 Kindern zwischen zwölf und vierzehn beliebt zu machen, die seiner Obhut anvertraut waren. Er besaß fünf Paar in verschiedenen Farben von Dunkelblau bis zu einem schreienden Gelb, und er hatte keine Ahnung, daß man ihn hinter seinem Rücken auch Turnschuh-Ede oder den Turnschuh-Mann nannte. Im College war er als Fischmaul bekannt gewesen, und er hätte sich sehr gedemütigt gefühlt, wenn er gewußt hätte, daß auch diese peinliche Tatsache nicht geheim geblieben war.

Er trug selten Krawatten, sondern zog Rollkragenpullover vor. Diese trug er seit Mitte der sechziger Jahre, als David McCallum sie in *The Man from U.N.C.L.E.* populär gemacht hatte. In seinen College-Tagen hatten die anderen Studenten, wenn sie ihn über den Hof kommen sahen, immer gesagt »da kommt Fischmaul mit seinem U.N.C.L.E.-Pullover«. Er hatte sein Examen in pädagogischer Psychologie gemacht und hielt sich insgeheim für den einzigen guten pädagogischen Berater, den er je kennengelernt hatte. Er kam mächtig an bei seinen Schülern. Er hatte sie immer voll im Griff; er konnte sie *zusammenscheißen,* und dennoch verstand er gut, daß sie manchmal ein bißchen schreien mußten, um *Dampf abzulassen.* Er konnte sich in den *Putz* hineindenken, den sie manchmal mit ihren Lehrern hatten, denn er wußte, wie *ätzend* es ist, dreizehn zu sein und immer *eins übergebügelt* zu kriegen, obwohl man nicht weiß, wie man *die ganze Scheiße sortieren* soll.

Es war so, daß er verdammte Schwierigkeiten hatte, sich daran zu erinnern, wie man sich mit dreizehn fühlt. Das sei wohl der Preis, so glaubte er, den man dafür zahlen muß, daß man in den Fünfzigern aufgewachsen ist. Das und die Tatsache, daß man die schöne neue Welt der Sechziger mit dem Spitznamen Fischmaul behaftet erlebt hat.

Jetzt, als Todd Bowdens Großvater sein Büro betrat und die Tür mit dem Riffelglas fest hinter sich zuzog, stand Gummi-Ede höflich auf, um den alten Mann zu begrüßen, aber er hütete sich, hinter seinem Schreibtisch hervorzukommen. Er dachte an seine Turnschuhe. Manchmal begriffen die alten Knacker nicht, daß die Turnschuhe psychologisch sehr hilfreich waren, wenn er es mit einem Kind zu tun hatte, das mit seinen Lehrern nicht zurechtkam – mit anderen Worten, einige der älteren Herrschaften konnten sich einen pädagogischen Berater in Turnschuhen einfach nicht vorstellen.

Ein gutaussehender alter Geck, dachte Gummi-Ede. Sein weißes Haar sorgfältig zurückgekämmt. Sein dreiteiliger Anzug war makellos sauber, die taubengraue Krawatte ebenso makellos gebunden. In der linken Hand hielt er einen Regenschirm (es hatte seit dem Wochenende leicht genieselt). Seine Art, den Schirm zu halten, mutete fast militärisch an. Seit einiger Zeit waren Gummi-Ede und seine Frau auf einem Dorothy-Sayers-Trip und lasen alle Bücher dieser schätzenswerten Dame, deren sie habhaft werden konnten. Jetzt fiel ihm ein, daß dies ihr Geistesprodukt Lord Peter Wimsey in Person war. Wimsey mit fünfundsiebzig. Jahre, nachdem Bunter und Harriet Vane ihren gerechten Lohn erhalten hatten. Er nahm sich vor, Sandra heute abend darüber zu berichten.

»Mr. Bowden«, sagte er höflich und streckte die Hand aus.

»Es ist mir ein Vergnügen«, sagte Bowden und ergriff sie. Gummi-Ede verzichtete auf den festen Händedruck, mit dem er die Väter, die ihn aufsuchten, gewöhnlich begrüßte; der alte Junge reichte ihm die Hand so vorsichtig, daß man gleich sah, daß er an Arthritis litt.

»Es ist mir ein Vergnügen, Mr. French«, wiederholte Bowden und nahm Platz, wobei er umständlich die Knie seiner Hosen hochzog. Er stellte den Regenschirm zwischen seine Füße und lehnte sich darauf und wirkte wie ein sehr eleganter alter Geier, der in Gummi-Ede Frenchs Büro eingeschwebt war. Er sprach mit einem leichten Akzent, fand Gummi-Ede, aber es war nicht die abgehackte Sprechweise der britischen Oberschicht, wie es bei Wimsey der Fall gewesen wäre; es hörte sich breiter und europäischer an. Wie dem auch sei, seine Ähnlichkeit mit Todd war verblüffend. Besonders wegen der Nase und der Augen.

»Ich bin froh, daß Sie kommen konnten«, sagte Gummi-Ede und setzte sich seinerseits wieder hin, »obwohl in solchen Fällen die Mutter oder der Vater des Schülers –«

Das war natürlich der Eröffnungszug. Seine fast zehnjährige Erfahrung als pädagogischer Berater hatte ihn gelehrt, daß es gewöhnlich häusliche Schwierigkeiten bedeutete, wenn eine Tante oder ein Onkel oder ein Großvater zur Besprechung erschien – die Art von Schwierigkeiten, die unweigerlich die Ursache des jeweiligen Problems waren. Gummi-Ede war erleichtert. Häusliche Schwierigkeiten waren schlimm genug, aber für einen so intelligenten Jungen wie Todd wäre ein *schwerer Drogen-Trip* noch viel, viel schlimmer gewesen.

»Ja, natürlich«, sagte Bowden und brachte es fertig, bekümmert und wütend zugleich zu wirken. »Mein Sohn und seine Frau haben mich gebeten, Sie aufzusuchen und diese traurige Geschichte mit Ihnen zu besprechen, Mr. French. Glauben Sie mir, Todd ist ein guter Junge. Dieser Ärger mit seinen Zensuren ist gewiß nur vorübergehend.«

»Das hoffen wir doch alle, nicht wahr, Mr. Bowden? Sie dürfen ruhig rauchen. Das ist auf dem Schulgrundstück zwar verboten, aber ich werde niemandem etwas sagen.«

»Danke.«

Mr. Bowden holte eine zerdrückte Packung Camel aus der

Innentasche, steckte sich eine der beiden letzten Zigaretten zwischen die Lippen und riß das Streichholz an der Hacke eines seiner schwarzen Schuhe an. Beim ersten Zug hustete er ein unangenehmes Altmännerhusten, wedelte das Streichholz aus und legte es in den Aschenbecher, den Gummi-Ede ihm hingeschoben hatte. Dieser beobachtete das Ritual, das fast so förmlich war wie die Schuhe des alten Mannes, mit unverhohlener Faszination.

»Wo fangen wir an?« sagte Bowden mit sorgenvollem Gesicht und sah Gummi-Ede durch den aufsteigenden Qualm an.

»Nun«, sagte Gummi-Ede freundlich, »allein die Tatsache, daß Sie und nicht Todds Eltern gekommen sind, sagt mir schon eine ganze Menge.«

»Das kann ich mir denken.« Er faltete die Hände. Die Camel hielt er zwischen Zeigefinger und Ringfinger seiner Rechten. Er richtete sich auf und hob das Kinn. Wie er auf die Dinge losgeht, hat etwas fast Preußisches, dachte Gummi-Ede. Es erinnerte ihn an die vielen Kriegsfilme, die er als Junge gesehen hatte.

»Mein Sohn und meine Schwiegertochter haben Schwierigkeiten miteinander«, sagte Bowden, wobei er jedes Wort betonte. »Ziemlich üble Schwierigkeiten, möchte ich meinen.« Mit seinen alten, aber erstaunlich lebhaften Augen schaute er zu, wie Gummi-Ede die Mappe aufschlug, die er vor sich auf dem Tisch liegen hatte. Einige Bogen lagen darin, aber es waren nicht viele.

»Und Sie glauben, daß diese Schwierigkeiten Todds schulische Leistungen beeinträchtigen?«

Bowden beugte sich etwa sechs Zoll vor. Seine blauen Augen starrten unverwandt in Gummi-Edes braune. Bowden ließ eine bedeutungsschwere Pause eintreten und sagte dann: »Die Mutter trinkt.«

Seine Gestalt straffte sich wieder.

»Oh«, sagte Gummi-Ede.

»Ja«, erwiderte Bowden und nickte grimmig. »Der Junge hat mir erzählt, daß er sie schon zweimal eingeschlafen am Küchentisch vorgefunden hat, als er aus der Schule kam. Bei diesen Gelegenheiten hat der Junge sich dann selbst sein Essen heißgemacht und ihr schwarzen Kaffee zu trinken gegeben, damit sie wenigstens wach war, wenn Richard nach Hause kam.«

»Das ist ja nicht sehr schön«, sagte Gummi-Ede, der allerdings schon schlimmere Geschichten gehört hatte – von heroinabhängigen Müttern, von Vätern, die es sich plötzlich in den Kopf gesetzt hatten, ihre Töchter zu bumsen ... oder ihre Söhne. »Hat Mrs. Bowden schon daran gedacht, wegen ihres Problems Experten zu konsultieren?«

»Der Junge hat versucht, sie dazu zu überreden, aber ich glaube, sie schämt sich. Wenn man ihr ein wenig Zeit ließe ...« Er machte eine Geste mit seiner Zigarette, so daß ein Rauchring entstand, der sich langsam auflöste. »Sie verstehen doch.«

»Aber natürlich.« Gummi-Ede nickte und bewunderte insgeheim die Geste, die den Rauchring hatte entstehen lassen. »Ihr Sohn ... Todds Vater ...«

»Er ist daran nicht unschuldig«, sagte Bowden hart. »Die vielen Arbeitsstunden, die vielen verpaßten Mahlzeiten, die vielen Abende, an denen er plötzlich weg muß ... ich sage Ihnen, Mr. French, er ist mehr mit seinem Job verheiratet als mit Monica. Ich habe gelernt, daß die Familie im Leben eines Mannes absoluten Vorrang hat. War das bei Ihnen nicht auch so?«

»Ganz gewiß«, pflichtete Gummi-Ede ihm bei. Sein Vater war Nachtwächter in einem großen Kaufhaus in Los Angeles gewesen, und er hatte ihn eigentlich nur an den Wochenenden und während des Urlaubs gesehen.

»Das ist die andere Seite des Problems«, sagte Bowden.

Gummi-Ede nickte und dachte einen Augenblick nach. »Was ist mit Ihrem anderen Sohn, Mr. Bowden? Äh ...« Er sah in seine Mappe. »Harold, Todds Onkel.«

»Harry und Deborah leben jetzt in Minnesota«, sagte Bowden wahrheitsgetreu. »Er arbeitet an der Medizinischen Fakultät der dortigen Universität. Er hätte Schwierigkeiten herzukommen, und es wäre unfair, ihn darum zu bitten.« Sein Gesicht nahm einen biederen Ausdruck an. »Harry und seine Frau sind sehr glücklich verheiratet.«

»Ich verstehe.« Gummi-Ede schaute wieder in seine Akte und klappte sie dann zu. »Mr. Bowden, ich weiß Ihre Offenheit zu würdigen, und ich will mit Ihnen genauso offen sein.«

»Danke«, sagte Bowden steif.

»Wir können nicht so viel für unsere Schüler tun, wie wir gern möchten. Wir haben sechs Berater, und jeder betreut über hundert Schüler. Unser neuer Kollege Hepburn hat hundertfünfzehn. In unserer heutigen Gesellschaft brauchen alle Kinder Hilfe.«

»Natürlich«, sagte Bowden, drückte heftig seine Zigarette aus und faltete wieder die Hände.

»Manchmal werden schlimme Probleme an uns herangetragen. Gewöhnlich geht es um häusliche Schwierigkeiten oder Drogen. Glücklicherweise hat Todd nichts mit Speed, Meskalin oder PCP im Sinn.«

»Gott behüte.«

»Manchmal«, fuhr Gummi-Ede fort, »können wir einfach nichts tun. Es ist deprimierend, aber so ist das Leben nun einmal. Unsere Maschinerie spuckt zuerst die Unruhestifter aus, die mürrischen und verschlossenen Kinder, die sich gar nicht erst Mühe geben. Das sind einfach nur Schüler, die hoffen, daß unser System ihnen schon irgendwie zum Abschluß verhelfen wird. Oder sie warten, bis sie alt genug sind, auch ohne die Genehmigung ihrer Eltern die Schule zu verlassen, damit sie zur Armee gehen oder einen Job bei Speedy-Boy Carwash kriegen können. Andere heiraten ganz einfach ihre Freunde. Sie verstehen wohl, was ich meine. Unser System kann nicht alles leisten, was es eigentlich leisten sollte. Da bin ich ganz ehrlich.«

»Ich begrüße Ihre Offenheit.«

»Aber es tut einem weh, wenn man zusehen muß, wie die Maschinerie einen Jungen wie Todd ausspuckt. Im letzten Jahr hatte er einen Durchschnitt von zweiundneunzig. In Prozent ausgedrückt, bedeutet das fünfundneunzig. Sein Durchschnitt in Englisch ist sogar noch besser. Er hat eine Begabung für das Schreiben, und das ist selten bei einer Generation von Kindern, die glauben, daß die Kultur vor dem Fernseher beginnt und im Kino an der Ecke endet. Ich habe mit einer Lehrerin gesprochen, die ihn bis vor kurzem unterrichtet hat. Sie sagte, daß Todd den besten Aufsatz geschrieben hat, der ihr in zwanzig Jahren Lehrtätigkeit unter die Augen gekommen ist. Das Thema waren die deutschen Todeslager im Zweiten Weltkrieg. Er bekam die einzige Eins plus, die sie je für einen Aufsatz gegeben hat.«

»Ich habe den Aufsatz gelesen«, sagte Bowden. »Er war sehr gut.«

»Auch in Gemeinschaftskunde und in Sozialwissenschaften hat er überdurchschnittliche Leistungen gezeigt. Er wird zwar nie einer der bedeutendsten Mathematiker des Jahrhunderts werden, aber er hat sich wenigstens Mühe gegeben ... bis zu diesem Jahr. Bis zu diesem Jahr. Das ist, kurz gefaßt, alles.«

»Ja.«

»Der Gedanke, daß ausgerechnet Todd so absackt, ist mir unerträglich, Mr. Bowden. Und die Ferienschule ... nun, ich sagte Ihnen ja, daß ich ganz ehrlich sein will. Diese Ferienschule schadet einem Jungen wie Todd meistens mehr, als sie ihm nützt. Normalerweise ist der Laden eine Art Zoo. Alle Affen und Hyänen sind dort versammelt. Und die Zurückgebliebenen. Schlechte Gesellschaft für einen Jungen wie Todd.«

»Ganz gewiß.«

»Grundsätzlich schlage ich also vor, daß Mr. und Mrs. Bowden sich zu einigen Sitzungen im Beratungszentrum unten in der Stadt einfinden. Alles natürlich strikt vertraulich. Der Leiter des Beratungszentrums, Harry Ackermann, ist ein guter Freund von mir. Und Todd, der seine Eltern natürlich begleiten wird, darf sich nicht unter Zwang fühlen.«

Gummi-Ede lächelte. »Vielleicht kriegen wir bis Juni alles wieder hin. Unmöglich ist es nicht.«

Aber Bowden war über diesen Gedanken entsetzt.

»Wenn ich Ihnen jetzt diesen Vorschlag machte, würden sie es dem Jungen sehr übelnehmen«, sagte er. »Diese Dinge sind heikel. Sie können so oder so ausgehen. Der Junge hat mir versprochen, sich große Mühe zu geben. Er ist selbst entsetzt darüber, daß er so nachgelassen hat.« Er lächelte dünn, ein Lächeln, daß Ed French nicht recht deuten konnte. »Viel entsetzter, als Sie es sich überhaupt vorstellen können.«

»Aber –«

»Und sie würden es *mir* übelnehmen«, sagte Bowden hastig. »Weiß Gott, das würden sie. Monica findet ohnehin schon, daß ich mich zu sehr einmische. Dabei will ich das gar nicht, aber Sie kennen ja die Situation. Ich finde, man sollte die Dinge ruhen lassen ... vorläufig.«

»Ich habe in diesen Angelegenheiten einige Erfahrung«, sagte Gummi-Ede. Er faltete die Hände über Todds Akte und sah den alten Mann ernst an. »Ich halte tatsächlich in diesem Fall eine Beratung für angebracht. Sie werden verstehen, daß mein Interesse an den Problemen Ihres Sohnes und Ihrer Schwiegertochter an dem Punkt beginnt und endet, wo sie Todds Leistungen beeinträchtigen ... und das scheint zur Zeit in hohem Maße der Fall zu sein.«

»Lassen Sie mich einen Gegenvorschlag machen«, sagte Bowden. »Sie haben doch gewiß ein System, die Eltern zu benachrichtigen, wenn schlechte Zensuren drohen?«

»Ja«, sagte Gummi-Ede vorsichtig. »Wir versenden Karten mit Fortschrittsanalysen. Die Kinder nennen sie natürlich Sitzenbleiberkarten. Sie bekommen sie nur, wenn ihre Leistungen unter ein gewisses Niveau absinken. Mit anderen Worten, ein Kind bekommt eine Karte, wenn in irgendeinem Fach eine Fünf zu erwarten ist.«

»Sehr gut«, sagte Bowden. »Dann schlage ich folgendes vor: Wenn der Junge eine von diesen Karten bekommt ... auch nur *eine*« – er hob einen knotigen Finger – »dann werde ich meinem Sohn und seiner Frau diese Beratungsgespräche nahelegen. Ich gehe sogar noch weiter. Wenn der Junge im April eine dieser Sitzenbleiberkarten bekommt –«

»Wir verschicken sie im Mai.«

»So? Gut, wenn er dann eine bekommt, garantiere ich Ihnen, daß sie mit den Beratungsgesprächen einverstanden sein werden. Sie machen sich Sorgen um ihren Sohn, Mr. French. Aber zur Zeit stecken sie so tief in ihren eigenen Problemen, daß ...« Er zuckte die Achseln.

»Ich verstehe.«

»Lassen wir ihnen also noch bis dahin Zeit, ihre Probleme zu lösen. Sich an den eigenen Haaren aus dem Sumpf zu ziehen ... so macht man es doch in Amerika, nicht wahr?«

»Ganz recht«, sagte Gummi-Ede, nach kurzem Nachdenken ... und nach einem raschen Blick auf die Uhr, der ihm sagte, daß in fünf Minuten der nächste Besucher zu erwarten war. »Ich akzeptiere.«

Er stand auf, und Bowden erhob sich gleichzeitig. Sie reichten sich wieder die Hand, und auch diesmal nahm Gummi-Ede Rücksicht auf die Arthritis des Alten.

»Ich sollte Sie warnen«, sagte er. »Es kommt sehr selten vor, daß ein Schüler nach achtzehnwöchiger Talfahrt schon in vier Wochen wieder den Anschluß findet. Ich werde wohl auf Ihre Garantie zurückkommen müssen, Mr. Bowden.«

Wieder lächelte Bowden dieses dünne, beunruhigende Lächeln. »Meinen Sie?« sagte er nur.

Irgend etwas hatte Gummi-Ede während des ganzen Gesprächs gestört, aber er kam erst beim Lunch in der Cafeteria darauf, eine Stunde nachdem »Lord Peter« mit dem Regenschirm unter dem Arm gegangen war.

Er hatte sich über eine Viertelstunde, eher zwanzig Minuten lang mit Todds Großvater unterhalten, und er konnte sich nicht daran erinnern, daß der alte Mann auch nur ein einziges Mal den Namen seines Enkels ausgesprochen hatte.

Völlig außer Atem fuhr Todd Dussanders Gehweg hoch und stellte sein Rad ab. Erst vor einer Viertelstunde war Schulschluß gewesen. Mit einem Satz sprang er die Stufen hoch und öffnete die Tür mit seinem eigenen Schlüssel. Dann rannte er durch den Flur in die sonnenhelle Küche. Sein Magen verkrampfte sich, und er brachte kein Wort heraus, als er einen Augenblick in der Tür stehenblieb und Dussander ansah, der mit einer Tasse voll Bourbon in seinem Schaukelstuhl saß. Er hatte noch immer seinen besten Anzug an, wenn er auch die Krawatte gelockert und den oberen Knopf geöffnet hatte. Ausdruckslos sah er Todd an, die Eidechsenaugen halb geschlossen.

»Nun?« fragte Todd endlich.

Dussander ließ ihn einen Augenblick zappeln, einen Augenblick, der Todd wie zehn Jahre vorkam. Dann stellte Dussander die Tasse auf dem Tisch neben der Flasche Ancient Age ab und sagte: »Der Narr hat alles geglaubt.«

Todd stieß einen lauten Seufzer der Erleichterung aus.

Bevor er etwas sagen konnte, fuhr Dussander fort: »Er wollte, daß deine armen bekümmerten Eltern einen Freund von ihm zu Beratungsgesprächen aufsuchen. Er bestand darauf.«

»Mein Gott! Haben Sie ... was haben Sie ... wie haben Sie darauf reagiert?«

»Ich habe sehr schnell gedacht«, sagte Dussander. »Daß mir rasch etwas einfällt, war schon immer meine Stärke. Ich habe ihm versprochen, daß deine Eltern zu diesen Beratungsgesprächen in die Stadt kommen werden, wenn du im Mai auch nur eine einzige Karte bekommst.«

Alles Blut wich aus Todds Gesicht.

»Sie haben *was* getan?« Er kreischte fast. »Ich habe schon zwei Algebra-Arbeiten und einen Test in Geschichte verhauen, und das zählt alles mit!« Er trat in die Küche, und sein blasses Gesicht war jetzt schweißnaß. »Heute nachmittag haben wir eine Französischarbeit geschrieben, und die ist auch nichts geworden ... ich weiß es genau. Ich mußte die ganze Zeit an diesen gottverdammten Gummi-Ede denken. Sie sind wirklich wunderbar mit ihm fertig geworden«, schloß er bitter. »Auch nur eine einzige Karte? Ich kriege wahrscheinlich fünf oder sechs.«

»Mehr konnte ich nicht tun, ohne Verdacht zu erregen«, sagte Dussander. »Dieser French ist zwar ein Narr, aber er tut nur seine Pflicht. Du wirst jetzt die deine tun.«

»Was wollen Sie denn damit sagen?« Todds Gesicht war vor Wut und Trotz entstellt.

»Du wirst arbeiten. In den nächsten vier Wochen wirst du härter arbeiten als je zuvor in deinem Leben. Außerdem gehst du am Montag zu jedem deiner Lehrer und entschuldigst dich für deine bisherigen schlechten Leistungen. Du wirst –«

»Es ist unmöglich«, sagte Todd. »Begreifen Sie denn nicht, Mann? Es ist *unmöglich*. Ich bin in Naturwissenschaft und Geschichte fünf Wochen im Rückstand. In Algebra sind es eher zehn.«

»Trotzdem«, sagte Dussander. Er schenkte sich mehr Whisky ein.

»Sie denken, Sie sind schlau, was?« schrie Todd ihn an. »Ich lasse mir von Ihnen nichts befehlen. Die Tage, wo Sie befehlen konnten, sind lange vorüber. *Begreifen Sie das denn nicht?* Die tödlichste Waffe, die Sie hier haben, ist der Fliegenfänger. Sie sind nichts als ein klappriger alter Mann, der faule Eier furzt, wenn er ein Stück Brot gegessen hat. Wahrscheinlich pissen Sie sogar ins Bett.«

»Hör zu, du Rotznase«, sagte Dussander ruhig.

Todds Kopf fuhr wütend herum.

»Bis heute wäre es dir noch möglich gewesen, *gerade noch möglich*, mich zu denunzieren und selber ungeschoren davonzukommen. Ich glaube zwar nicht, daß du es bei dem jetzigen Zustand deiner Nerven geschafft hättest, aber wie dem auch sei. Es wäre technisch möglich gewesen. Aber die Lage hat sich geändert. Heute bin ich als dein Großvater aufgetreten, als ein gewisser Victor Bowden. Niemand wird daran zweifeln, daß ich es mit deiner... wie sagt man?... mit deinem Einverständnis getan habe. Wenn das rauskommt, Junge, sieht es für dich schlimmer aus als je zuvor. Und jetzt hast du keine Ausreden mehr. Dafür habe ich heute gesorgt.«

»Ich wünschte –«

»Du *wünschst!* Du *wünschst!*« brüllte Dussander. »Zur Hölle mit deinen Wünschen, deine Wünsche machen mich *krank*. Deine Wünsche sind nichts als kleine Haufen Hundescheiße in der Gosse! *Ich will von dir nur wissen, ob du die Situation begreifst, in der wir stecken!*«

»Ich begreife sie«, murmelte Todd. Er hatte die Fäuste geballt, als Dussander ihn anbrüllte – einen solchen Ton war er nicht gewohnt. Jetzt öffnete er sie wieder und betrachtete gleichgültig die kleinen blutenden Halbmonde in seinen Handflächen. Es hätte schlimmer kommen können, dachte er. Seit ungefähr vier Monaten kaute er Nägel.

»Gut. Dann wirst du dich hübsch entschuldigen, und du wirst lernen. Du wirst in deiner ganzen Freizeit lernen. Du wirst in der Mittagspause lernen, und an den Wochenenden wirst du zu mir kommen und ebenfalls lernen.«

»Nicht hier«, sagte Todd. »Zu Hause.«

»Nein. Zu Hause wirst du bummeln und träumen, wie du es bisher getan hast. Wenn du hier bist, kann ich dich überwachen und dich antreiben, wenn es sein muß. So kann ich am besten meine eigenen Interessen wahren. Außerdem kann ich dich abfragen und deine Aufgaben abhören.«

»Und wenn ich nun nicht komme? Sie können mich nicht dazu zwingen.«

Dussander trank. »Das stimmt. Die Dinge laufen dann weiter wie bisher. Du wirst versagen. Dieser Berater French wird erwarten, daß ich mein Versprechen einlöse. Wenn ich es nicht tue, wird er sich an deine Eltern wenden. Sie werden feststellen, daß der nette alte Mr. Denker auf deinen Wunsch als dein Großvater aufgetreten ist. Sie werden erfahren, daß du dein Zeugnis gefälscht hast. Sie –«

»Hören Sie endlich auf. Ich werde kommen.«

»Du bist schon hier. Fang mit Algebra an.«

»Kein Stück. Es ist Freitagnachmittag.«

»Du wirst ab sofort *jeden* Nachmittag arbeiten«, sagte Dussander leise. »Fang mit Algebra an.«

Todd starrte ihn an – nur ganz kurz, und dann holte er sein Mathematikbuch aus der Büchertasche – und Dussander sah Mord in den Augen des Jungen. Nicht im übertragenen Sinne, sondern wirklichen Mord. Es war viele Jahre her, daß er diesen finsteren, brennenden, grübelnden Blick zuletzt sah, aber einen solchen Blick vergißt man nie. Wenn ein Spiegel zur Hand gewesen wäre, als er damals den entblößten und wehrlosen Nacken des Jungen betrachtete, hätte er diesen Blick wohl in seinen eigenen Augen gesehen.

Ich muß mich schützen, dachte er und war ein wenig erstaunt. *Es ist gefährlich, eine Gefahr zu unterschätzen.*

Er trank seinen Bourbon, schaukelte und beobachtete den Jungen beim Lernen.

Es war fast fünf Uhr, als Todd nach Hause fuhr. Er fühlte sich wie ausgelaugt, seine Augen brannten, und er empfand ohnmächtige Wut. Immer wenn er von der bedruckten Seite aufsah – von dieser widerwärtigen, unverständlichen und so beschissen dummen Welt der Mengen, Teilmengen, geordneten Paare und kartesischen Koordinaten –, hatte Dussander seine scharfe Altmännerstimme erhoben. Sonst hatte er geschwiegen. Nur das ständige Stampfen mit den Füßen und das Quietschen des Schaukelstuhls hatten Todd nervös gemacht. Er saß da wie ein Geier, der auf den Tod seiner Beute wartet. Warum hatte er sich nur auf diese Sache eingelassen? *Wie* war er in diese Scheiße hineingeraten? Er hatte an diesem Nachmittag zwar Boden gewonnen – ein Teil der Mengenlehre, mit der er vor den Weihnachtsferien solche Schwierigkeiten gehabt hatte, war mit einem fast hörbaren Knacken bei ihm eingerastet – aber er hatte wenig Hoffnung, daß er in der Algebra-Arbeit in einer Woche auch nur eine Vier schreiben würde.

Noch vier Wochen bis zum Ende der Welt.

An der Ecke sah er einen Blauhäher auf dem Fußsteig liegen. Langsam öffnete und schloß das Tier seinen Schnabel. Es versuchte vergeblich, sich auf seine Vogelfüße zu stellen und davonzuhüpfen. Ein Flügel war zerquetscht. Der Häher mußte von einem Auto angefahren und auf den Fußsteig geschleudert worden sein. Aus einem seiner Perlenaugen sah er zu Todd auf.

Lange betrachtete Todd den Vogel, und seine Hände lagen dabei leicht auf dem Lenker des Rades. Die Wärme hatte nachgelassen, und es war jetzt schon fast kühl. Seine Freunde hatten den Nachmittag wahrscheinlich auf dem Baseballplatz in der Walnut Street verbracht. Es hieß, daß sie in diesem Jahr noch ihren eigenen Sandplatz bekommen sollten, um dann in einer City-Liga mitzuspielen. Es gab genug Väter, die bereit waren, ihre Söhne zu den Spielen zu fahren. Normalerweise hätte Todd natürlich mitgespielt. *Hätte*.

Na und? Er würde ganz einfach nein sagen müssen. Er würde ihnen sagen müssen: *Jungs, ich habe da Scherereien mit diesem Kriegsverbrecher. Ich denk, ich habe ihn an den Eiern, und dann – ha-ha, ihr lacht euch tot, Jungs – hab ich festgestellt, daß er mich genauso an den Eiern hat wie ich ihn. Ich fing an, schlecht zu träumen, und der kalte Schweiß brach mir aus. Meine Zensuren rutschten in den Keller, und ich hab sie auf meinen Zeugniskarten geändert, damit meine Alten nichts merken, und jetzt muß ich das erste Mal in meinem Leben für die Schule wirklich arbeiten. Ich habe keine Angst, daß ich sitzenbleibe, ich habe Angst, daß ich ins Erziehungsheim komm. Und deshalb kann ich mit euch auch nicht auf dem neuen Sandplatz spielen. Da seht ihr mal, wie es kommen kann, Jungs.*

Ein dünnes Lächeln, dem Lächeln Dussanders sehr ähnlich, huschte über sein Gesicht. Es war nicht mehr das breite Grinsen von früher. Es lag keine Fröhlichkeit darin und kein Selbstvertrauen. Es war ein düsteres Lächeln und sagte nur: *Da seht ihr mal, wie es kommen kann, Jungs.*

Ausgesucht langsam rollte er mit dem Vorderreifen über den

Blauhäher und hörte das Knistern der Federn und das Knacken der kleinen hohlen Knochen, die in seinem Innern zerbrachen. Er nahm das Rad zurück und fuhr wieder darüber. Der Vogel zuckte noch. Er rollte wieder darüber, und eine blutige Feder blieb am Reifen kleben und drehte sich mit, als er immer wieder das Vorderrad über das Tier rollen ließ. Nun bewegte sich der Vogel nicht mehr. Er hatte den Eimer umgestoßen, er war verreckt, er war in das große Vogelhaus dort oben im Himmel eingezogen, aber dennoch ließ Todd das Rad immer wieder über den zerquetschten Kadaver rollen. Hin und her. Das tat er ungefähr fünf Minuten lang, und während der ganzen Zeit blieb dieses dünne Lächeln in seinem Gesicht. *Da seht ihr mal, wie es kommen kann, Jungs.*

10

April 1975

Der alte Mann stand im Gang zwischen den Käfigen und lächelte breit, als Dave Klingerman herbeikam, um ihn zu begrüßen. Das wütende Gebell und der Gestank von Hundefell und Hundepisse schien ihn nicht im geringsten zu stören. Die über hundert verschiedenen Streuner, die gegen die Drahtgitter sprangen und unablässig kläfften, brachten ihn keineswegs aus der Ruhe. Klingerman wußte sofort: der alte Knabe ist Hundeliebhaber. Immer noch lächelnd streckte der alte Mann ihm eine geschwollene, von Arthritis verknotete Hand hin, die Klingerman nur sehr vorsichtig ergriff.

»Guten Tag, Sir«, sagte er und hob die Stimme. »Ganz schön laut hier, was?«

»Das macht mir nichts aus«, sagte der alte Mann. »Überhaupt nichts. Mein Namen ist Arthur Denker.«

»Klingerman. Dave Klingerman.«

»Freut mich, Sie kennenzulernen, Sir. Ich habe in der Zeitung gelesen – ich konnte es kaum glauben –, daß Sie Hunde *verschenken*. Vielleicht habe ich das falsch verstanden. Ich *muß* es falsch verstanden haben.«

»Oh, nein, Sir. Wir verschenken wirklich Hunde«, sagte Dave. »Wenn wir sie nicht loswerden, müssen wir sie töten lassen. Der Staat gibt uns sechzig Tage. Es ist eine Schande. Kommen Sie doch mit ins Büro. Ruhiger. Riecht auch besser.«

Im Büro hörte Dave eine ihm vertraute Geschichte (die ihn dennoch rührte): Arthur Denker war Mitte Siebzig. Er sei nicht reich, aber mit dem, was er habe, gehe er sparsam um. Nach dem Tode seiner Frau sei er nach Kalifornien gekommen, und er fühle sich einsam. Sein einziger Freund sei der Junge, der ihn manchmal besuche, um ihm vorzulesen. In Deutschland habe er einen schönen Bernhardiner gehabt. Hier in Santo Donato habe er ein Haus mit einem größeren eingezäunten Grundstück. Und er habe in der Zeitung gelesen ... ob es wohl möglich wäre, daß er ...

»Nun, Bernhardiner haben wir nicht«, sagte Dave. »Sie gehen so schnell weg, weil sie für Kinder so geeignet sind –«

»Das kann ich verstehen. Es muß ja auch nicht unbedingt ein –«

»– aber ich habe einen noch nicht ganz ausgewachsenen Schäferhund. Wäre das nicht etwas?«

Mr. Denkers Augen wurden ganz hell, und es sah aus, als sei er den Tränen nahe. »Wunderbar«, sagte er. »Das wäre ideal.«

»Der Hund selbst kostet nichts, aber es fallen einige andere Kosten an. Impfung gegen Staupe und Tollwut. Und die Hundemarke. Die meisten bezahlen ungefähr fünfundzwanzig Dollar, aber wenn Sie über fünfundsechzig sind, übernimmt der Staat die Hälfte – das kalifornische Programm für ein goldenes Alter.«

»Dann bin ich also ein goldener Alter«, sagte Mr. Denker und lachte. Nur einen Augenblick – es war albern – überlief Dave ein kalter Schauer.

»Äh ... ich denke doch, Sir.«

»Eine sehr vernünftige Regelung.«

»Das meinen wir auch. Derselbe Hund würde Sie in einer Tierhandlung hundertfünfundzwanzig Dollar kosten. Trotzdem gehen die Leute in einen solchen Laden, statt zu uns zu

kommen. Sie bezahlen für die Papiere und nicht für den Hund.«
Dave schüttelte den Kopf. »Wenn sie nur wüßten, wie viele schöne Tiere jedes Jahr ausgesetzt werden.«

»Und wenn Sie innerhalb von sechzig Tagen kein neues Zuhause für ein Tier finden, wird es getötet?«

»Wir lassen sie dann einschläfern, ja.«

»Wie bitte? Entschuldigen Sie, aber mein Englisch –«

»Aufgrund einer städtischen Verordnung«, sagte Dave. »Wir können nicht ganze Hunderudel auf den Straßen herumlaufen lassen.«

»Sie erschießen sie?«

»Nein, wir verwenden Gas. Es ist sehr human. Die Tiere merken nichts.«

»Nein«, sagte Mr. Denker. »Das glaube ich gern.«

In Algebra saß Todd am vierten Tisch in der zweiten Reihe. Er saß da und bemühte sich, seine Angespanntheit nicht zu zeigen, als Mr. Storrman die Algebra-Arbeiten zurückgab. Aber seine abgekauten Fingernägel gruben sich wieder in die Handflächen, und er schwitzte.

Nur keine Hoffnung aufkommen lassen. Sei nicht so ein verdammter Narr. Du kannst es nicht geschafft haben. Du weißt, daß du es nicht geschafft hast.

Dennoch konnte er diese lächerliche Hoffnung nicht ganz unterdrücken. Es war seit Wochen seine erste Algebra-Arbeit gewesen, die nicht so aussah, als sei sie auf griechisch geschrieben. Er wußte, daß er bei seiner Nervosität (Nervosität? Nein, man kann es ruhig nackte Panik nennen) nicht gut gearbeitet hatte, aber vielleicht ... wenn es nur ein anderer als Storrman gewesen wäre, der an Stelle eines Herzens ein Yale-Schloß hatte ...

AUFHÖREN! befahl er sich, und einen entsetzlichen Augenblick lang war er sicher, daß er diese beiden Worte laut durch die Klasse geschrien hatte. *Die Arbeit hast du verbockt. Du weißt es, und nichts auf der Welt kann das ändern.*

Kommentarlos reichte Storrman ihm die Arbeit und ging weiter. Todd legte den Bogen mit der beschriebenen Seite auf den Tisch mit den vielen eingeschnitzten Initialen. Im Moment traute er sich nicht einmal die Willenskraft zu, ihn umzudrehen, um das Ergebnis zu erfahren. Endlich riß er den Bogen mit einer so krampfhaften Bewegung an sich, daß er einriß. Die Zunge klebte ihm am Gaumen, als er auf den Bogen starrte, und sein Herz schien auszusetzen.

Oben auf dem Bogen stand in einem Kreis die Zahl 83. Darunter stand eine Drei plus. Unter der Zensur las er eine kurze Bemerkung: *Stark verbessert! Ich bin doppelt so erleichtert, wie du sein müßtest. Fehler genau prüfen. Die meisten sind Rechenfehler und keine Verständnisfehler.*

Mit dreifachem Tempo setzte sein Herzschlag wieder ein. Er war unendlich erleichtert, aber es war kein kühles Gefühl – es war heiß und kompliziert und seltsam. Er schloß die Augen und hörte nicht das Getuschel der anderen, die ihre Arbeiten diskutierten und den üblichen Kampf um den einen oder anderen Extrapunkt aufnahmen. Todd sah die Röte hinter seinen Augen. Mit jedem Herzschlag pulsierte sie wie fließendes Blut. In diesem Augenblick haßte er Dussander mehr als je zuvor. Wieder ballte er die Fäuste und wünschte sich von ganzem Herzen, daß er damit Dussanders dürren Vogelhals packen könnte.

Dick und Monica Bowden hatten durch einen Nachttisch getrennte Doppelbetten. Auf diesem Tisch stand die hübsche Imitation einer Tiffany-Lampe. Ihr Schlafzimmer war ganz in echtem Rotholz gehalten, und an den Wänden standen Bücherregale. Auf der anderen Seite des Raumes war zwischen zwei Bücherstützen aus Elfenbein (auf den Hinterbeinen stehende Elefantenbullen) ein rundes Sony-Fernsehgerät angebracht. Dick sah gerade Johnny Carson und hörte den Ton über einen Ohrhörer, während Monica den neuen Michael Crichton las, den der Buchklub heute geschickt hatte.

»Dick?« Sie legte ein Lesezeichen (HIER SCHLIEF ICH EIN stand darauf) in den Crichton und klappte das Buch zu.

Im Fernsehen hatte Buddy Hackett gerade sämtliche Gegner zusammengeschlagen. Dick lächelte.

»Dick?« sagte sie ein wenig lauter.

Er zog den Stöpsel aus dem Ohr. »Was?«

»Glaubst du, daß mit Todd alles in Ordnung ist?«

Er schaute sie einen Augenblick stirnrunzelnd an und schüttelte den Kopf. *»Je ne comprends pas, chérie.«* Über sein holpriges Französisch amüsierten sich die beiden immer wieder. Als er im Französischen versagte, hatte sein Vater ihm zweihundert Dollar extra geschickt, damit er Nachhilfestunden nehmen konnte. Er war an Monica Darrow geraten, deren Namen er aus den Karten am Schwarzen Brett zufällig ausgesucht hatte. Zu Weihnachten hatte sie schon seine Nadel getragen, und er hatte in Französisch eine Drei.

»Nun... er hat so abgenommen.«

»Ja, er sieht ein bißchen mager aus«, sagte Dick. Er legte den TV-Stöpsel in den Schoß, wo er quäkende Geräusche von sich gab. »Er wächst langsam heran, Monica.«

»So früh?« fragte sie besorgt.

Er lachte. So früh. »Ich bin als Teenager um achtzehn Zentimeter in die Höhe geschossen – von einem ein Meter siebenundsechzig großen Zwerg mit zwölf zu dem herrlichen ein Meter fünfundachtzig großen Muskelpaket, das du heute vor dir siehst. Meine Mutter sagte, als ich vierzehn war, hätte man mich nachts wachsen hören können.«

»Gut, daß nicht alles an dir so gewachsen ist.«

»Es kommt darauf an, wie man es gebraucht.«

»Willst du es heute gebrauchen?«

»Das Weib wird frech«, sagte Dick Bowden und schnippte den Stöpsel durch das Zimmer.

Danach, als er schon einschlief:

»Dick, er träumt auch schlecht.«

»Alpträume?« murmelte er.

»Alpträume. Ich habe ihn zwei oder dreimal im Schlaf stöhnen hören, als ich ins Badezimmer ging. Ich wollte ihn nicht wecken. Es ist albern, aber meine Großmutter sagte immer, wenn man jemand mitten in einem schlechten Traum weckt, kann er verrückt werden.«

»War das nicht das Polackenweib?«

»Das Polackenweib, ja, das Polackenweib. Wie schön du das wieder sagst!«

»Du weißt doch, was ich meine. Warum benutzt du nicht die Toilette hier oben?« Er hatte sie vor zwei Jahren selbst eingebaut.

»Du wirst doch immer von der Spülung wach.«

»Dann spülst du eben nicht.«

»Dick, das ist unanständig.«

Er seufzte.

»Manchmal, wenn ich reingehe, schwitzt er. Und das Bettzeug ist feucht.«

Er grinste. »Darauf will ich wetten.«

»Was heißt *das* ... ach so.« Sie gab ihm einen leichten Klaps. »Das ist auch unanständig. Außerdem ist er erst dreizehn.«

»Vierzehn im nächsten Monat. Er ist nicht zu jung. Ein bißchen frühreif vielleicht, aber nicht zu jung.«

»Wie alt warst du damals?«

»Vierzehn oder fünfzehn. Ich weiß es nicht mehr genau. Aber als ich aufwachte, dachte ich, ich sei gestorben und zum Himmel aufgefahren.«

»Aber du warst älter als Todd heute ist.«

»Heute geschehen solche Dinge früher. Es muß an der Milch liegen ... oder an den Fluoriden. Weißt du, daß in der Schule, die wir voriges Jahr in Jackson Park gebaut haben, in jeder Toilette ein Automat für Damenbinden hängt? Und das ist eine *Mittelschule*. In der sechsten Klasse ist das Durchschnittsalter nur zehn Jahre. Wie alt warst du, als es bei dir anfing?«

»Das weiß ich nicht mehr«, sagte sie. »Ich weiß nur, daß Todds Träume sich nicht so anhören ... als ob er stirbt und zum Himmel auffährt.«

»Hast du ihn mal gefragt?«

»Einmal. Vor ungefähr sechs Wochen. Du spieltest gerade Golf mit diesem widerlichen Ernie Jacobs.«

»Dieser widerliche Ernie Jacobs wird mich 1977 als gleichberechtigten Partner in seine Firma aufnehmen, wenn er sich bis dahin mit dieser blonden Sekretärin nicht zu Tode bumst. Außerdem bezahlt er immer die Platzgebühren. Und was hat Todd gesagt?«

»Daß er sich nicht erinnert. Aber eine Art . . . Schatten lief über sein Gesicht. Ich glaube, er erinnerte sich *doch*.«

»Monica, ich erinnere mich nicht mehr an alles aus meiner Jugendzeit, aber ich weiß, daß diese feuchten Träume nicht immer angenehm sind. Sie können sogar sehr unangenehm sein.«

»Wie ist das möglich?«

»Schuldgefühle. Alle Arten von Schuldgefühlen. Manche gehen vielleicht bis in die früheste Kindheit zurück, wo man ihm immer wieder gesagt hat, daß er das Bett nicht naß machen darf. Und dann die sexuelle Seite. Was löst diese feuchten Träume aus? Hat man im Bus plötzlich Gefühle gekriegt? Hat man in der Schule einem Mädchen unter den Rock gesehen? Ich weiß es nicht. Ich weiß noch, daß ich im Traum einmal beim gemeinsamen Schwimmen im YMCA-Pool vom Brett sprang und beim Eintauchen die Badehose verlor.«

»Und da ist es dir passiert?« fragte sie und kicherte.

»Ja. Wenn der Junge über seine Probleme mit dir nicht sprechen will, darfst du ihn nicht dazu zwingen.«

»Wir haben doch versucht, ihn so zu erziehen, daß er diese unnötigen Schuldgefühle nicht haben muß.«

»Ihnen kann man nicht entgehen. Er bringt sie aus der Schule mit wie in der ersten Klasse seine Erkältungen. Von seinen Freunden oder von der Art, wie die Lehrer über diese Dinge reden. Wahrscheinlich hat auch mein Vater damit zu tun. ›Du darfst ihn nachts nicht anfassen, Todd, sonst wachsen dir Haare an den Händen, und du wirst blind, und du verlierst dein Gedächtnis, und nach einiger Zeit wird dein Ding schwarz und fault ab. Sei also vorsichtig, Todd‹.«

»Dick Bowden! Dein Vater würde doch niemals –«

»Er würde nicht? Verdammt noch mal, er *hat*. Genauso wie deine Polackengroßmutter dir erzählt hat, daß jemand, der mitten in einem schlechten Traum geweckt wird, verrückt werden kann. Er hat mir auch gesagt, daß ich in einer öffentlichen Toilette die Brille abwischen soll, bevor ich mich hinsetze, damit ich nicht ›die Bazillen von anderen Leuten kriege‹. Er meinte damit wohl Syphilis. Ich wette, daß deine Großmutter dir das auch gesagt hat.«

»Nein, meine Mutter«, sagte sie zerstreut. »Und sie hat mir auch gesagt, daß ich immer spülen soll. Deshalb gehe ich auch immer nach unten.«

»Ich werde trotzdem davon wach«, murmelte Dick.

»Was?«

»Nichts.«

Diesmal war er tatsächlich fast eingeschlafen, als sie wieder seinen Namen rief.

»Was ist denn noch?« fragte er ein wenig ungeduldig.

»Du glaubst doch nicht... ach, nichts. Schlaf nur.«

»Nein, nein, sag schon. Ich bin wieder wach. Ich glaube *was* nicht?«

»Dieser alte Mann, dieser Mr. Denker. Du glaubst doch nicht, daß er ihn zu oft besucht? Vielleicht hat er... ach, ich weiß nicht... Todd zu viele Geschichten erzählt.«

»Die wirklich schlimmen Horrorgeschichten«, sagte Dick. »Von dem Tag, an dem die Motorenwerke in Essen einen Produktionsausfall hatten.« Er kicherte.

»Es war nur so ein Gedanke«, sagte sie ein wenig gekränkt. Die Decke raschelte, als sie sich auf die Seite drehte. »Ich wollte dich nicht stören.«

Er legte ihr die Hand auf die nackte Schulter. »Ich will dir mal was sagen«, sagte er und überlegte einen Augenblick, um sich die Worte zurechtzulegen. »Auch ich habe mir manchmal Sorgen um Todd gemacht. Andere als du, aber Sorgen sind Sorgen, nicht wahr?«

Sie drehte sich wieder zu ihm um. »Worüber denn?«

»Nun, ich bin ganz anders aufgewachsen als Todd. Mein Vater hatte einen Laden. Sie nannten ihn alle Vic, den Krämer. Er hatte ein Buch, in das er die Namen der Leute eintrug, die ihm etwas schuldeten und wieviel sie ihm schuldeten. Weißt du, wie er das Buch nannte?«

»Nein.« Dick sprach selten über seine Kindheit; sie hatte immer gedacht, daß er keine schöne Kindheit gehabt habe und deshalb darüber schwieg. Sie hörte aufmerksam zu.

»Er nannte es das Buch für die linke Hand. Er sagte, die rechte Hand sei für das Geschäft, aber die rechte Hand dürfe nie wissen, was die linke tut. Er sagte, wenn die rechte Hand das *wüßte*, würde sie wahrscheinlich ein Beil nehmen und die linke abhacken.«

»Das hast du mir nie erzählt.«

»Nun, ich mochte den Alten nicht sehr, als wir heirateten, und, ehrlich gesagt, mag ich ihn noch immer nicht. Ich konnte schon als Kind nicht verstehen, warum ich irgendwelche abgelegten Hosen tragen mußte, während Mrs. Mazursky einen Schinken auf Kredit bekam und dabei die alte Geschichte auftischte, daß ihr Mann nächste Woche wieder arbeiten würde. Die einzige Arbeit, die Bill Mazursky, dieser alte Scheißpenner, je hatte, war, eine Zwölf-Cent-Flasche Schnaps festzuhalten, damit sie nicht wegflog.

Damals war mein einziger Wunsch, aus diesem Leben auszubrechen. Deshalb habe ich mein Examen gemacht und Sportarten betrieben, zu denen ich eigentlich gar keine Lust hatte. Ich bekam ein Stipendium an der UCLA, und ich achtete scharf darauf, zu den besten zehn Prozent zu gehören, denn die einzigen Bücher für die linke Hand, die damals von den Universitäten geführt wurden, galten den GIs, die im Krieg waren. Mein Vater schickte mir Geld für Lehrbücher, aber sonst habe ich von ihm kein Geld angenommen. Nur einmal, als ich in Französisch völlig versagt hatte, schrieb ich ihm in Panik einen Brief. Ich lernte dich kennen. Später erfuhr ich von Mr. Halleck, einem Nachbarn, daß mein Vater seinen Wagen verpfänden mußte, um die zweihundert Dollar zusammenzukriegen.

Und jetzt habe ich dich, und wir haben Todd. Ich habe immer geglaubt, daß er ein verdammt guter Junge ist, und ich habe immer dafür gesorgt, daß er alles hat, was er braucht ... alles, was ihm hilft, zu einem vernünftigen Mann heranzuwachsen. Ich habe immer über diese abgedroschene Redensart gelacht, daß ein Mann will, daß sein Sohn es einmal besser hat als er. Aber je älter ich werde, um so weniger komisch finde ich diese Redensart, und um so mehr scheint sie zu stimmen. Ich will nicht, daß Todd jemals die abgelegten Klamotten anderer trägt, weil die Frau irgendeines Penners einen Schinken auf Kredit kriegt. Verstehst du, was ich meine?«

»Natürlich verstehe ich das«, sagte sie leise.

»Vor ungefähr zehn Jahren, kurz bevor mein alter Herr es leid war, sich mit den Leuten von der Stadtplanung herumzuschlagen, und er sich aus dem Geschäft zurückzog, hatte er einen leichten Schlaganfall. Er lag zehn Tage im Krankenhaus, und die Leute aus der Nachbarschaft, die Italiener und die Krauts und sogar ein paar von den Niggern, die seit ungefähr 1955 in die Gegend gezogen waren, legten zusammen und bezahlten seine Rechnung. Bis auf den letzten verdammten Cent. Ich konnte es kaum glauben. Sie hielten sogar den Laden offen. Fiona Castellano holte ein paar arbeitslose Bekannte heran, die umschichtig im Laden arbeiteten. Als mein Vater wiederkam, stimmten die Bücher auf den Cent genau.«

»Das ist ja enorm«, sagte sie.

»Weißt du, was mein alter Herr zu mir sagte? Daß er immer Angst davor gehabt habe, alt zu werden – alt und krank und einsam. Ins Krankenhaus gehen zu müssen, ohne zu wissen, ob das Geld reicht. Angst vor dem Sterben. Aber nach seinem Schlaganfall habe er keine Angst mehr gehabt. Er sagte, jetzt glaube er, gut sterben zu können. ›Meinst du, glücklich sterben, Dad?‹ fragte ich ihn. ›Nein‹, sagte er. ›Niemand stirbt glücklich, Dickie.‹ Er nannte mich immer Dickie, und er tut es noch heute. Noch etwas, an das ich mich nie gewöhnen werde. Er sagte, er glaube nicht, daß man glücklich sterben könne, aber man könne gut sterben. Das hat mich beeindruckt.«

Nachdenklich schwieg er eine ganze Weile.

»In den letzten fünf Jahren sah ich dann meinen alten Herrn aus einer anderen Perspektive. Vielleicht weil er unten in San Remo lebt und mir hier nicht auf der Pelle hockt. Ich glaubte allmählich, daß das Buch für die linke Hand vielleicht doch keine so schlechte Idee war. Zu der Zeit fing ich auch an, mir um Todd Sorgen zu machen. Immer wieder wollte ich ihm sagen, daß es noch andere Dinge im Leben gibt, als für einen Monat nach Hawaii zu fahren oder Todd Kleidung kaufen zu können, die nicht nach Mottenkugeln stinkt. Aber ich wußte nie, wie ich es ihm sagen sollte. Vielleicht weiß er es schon, habe ich gedacht, und dabei fiel mir ein Stein vom Herzen.«

»Du meinst, Mr. Denker etwas vorzulesen?«

»Ja. Dafür bekommt er nichts. Denker kann ihm nichts zahlen. Hier lebt nun dieser alte Knabe, Tausende von Meilen von

Freunden und Verwandten entfernt, die vielleicht noch leben, und befindet sich genau in der Lage, vor der sich mein Vater gefürchtet hat. Und dann kommt Todd.«

»So habe ich das Ganze noch nie gesehen.«

»Hast du schon mal bemerkt, wie Todd sich verhält, wenn du mit ihm über den alten Mann sprichst?«

»Er wird dann sehr still.«

»Ja. Er wird still und verlegen, als hätte er etwas Unanständiges getan. Genau wie mein Vater, wenn jemand sich dafür bedanken wollte, daß er ihm Kredit eingeräumt hatte. Wir sind Todds rechte Hand, weiter nichts. Du und ich und alles übrige – das Haus, der Skiurlaub in Tahoe, der Thunderbird in der Garage, sein Farbfernseher. Alles seine rechte Hand. Und er will nicht, daß wir sehen, was seine linke Hand tut.«

»Du glaubst also nicht, daß er Denker zu oft besucht?«

»Honey, schau dir doch seine Zeugnisse an. Wenn *die* schlechter werden, wäre ich der erste, der halt sagt. Denn wahre Schwierigkeiten erkennt man immer zuerst an den Zensuren. Und wie waren seine Zensuren?«

»Nach dem einen Ausrutscher wieder so gut wie vorher.«

»Warum reden wir also? Hör zu, Baby, ich habe morgen früh um neun eine Besprechung. Wenn ich nicht noch ein wenig Schlaf bekomme, bin ich dafür nicht ausgeruht genug.«

»Natürlich, schlaf nur«, sagte sie, und als er sich umdrehte, küßte sie ihn auf die Schulter. »Ich liebe dich.«

»Ich dich auch«, sagte er zufrieden und schloß die Augen. »Es ist alles in Ordnung, Monica. Du machst dir zu viele Sorgen.«

»Ja, das weiß ich. Gute Nacht.«

Sie schliefen.

»Schau nicht dauernd aus dem Fenster«, sagte Dussander. »Da draußen ist nichts, was dich interessieren könnte.«

Todd sah ihn mürrisch an. Sein Geschichtsbuch lag aufgeschlagen auf dem Tisch. Auf einem bunten Bild sah man Teddy Roosevelt über den San Juan Hill reiten. Hilflose Kubaner brachten sich vor den Hufen seines Pferdes in Sicherheit. Teddy grinste ein breites amerikanisches Grinsen, das Grinsen eines

Mannes, der weiß, daß Gott im Himmel ist und auf Erden alles seine Ordnung hat. Todd Bowden grinste nicht.

»Sie spielen wohl gern den Sklaventreiber, was?« fragte er.

»Ich bleibe gern ein freier Mann«, sagte Dussander. »Arbeite weiter.«

»Sie können mich am Arsch lecken.«

»Als Junge«, sagte Dussander, »hätte man mir den Mund mit Seifenlauge ausgewaschen, wenn ich so etwas gesagt hätte.«

»Die Zeiten ändern sich.«

»Wirklich?« Dussander schlürfte seinen Bourbon. »Arbeite.«

Todd starrte Dussander an. »Sie sind nichts als ein gottverdammter alter Säufer. Wissen Sie das?«

»Arbeite.«

»Halten Sie endlich das Maul.« Todd schlug das Buch zu. In Dussanders Küche hörte es sich an wie ein Gewehrschuß. »Ich hole es sowieso nicht mehr auf. Jedenfalls nicht bis zur nächsten Klassenarbeit. Ich habe noch fünfzig Seiten von dieser Scheiße, ganz bis zum Ersten Weltkrieg. Ich mache morgen einen Zettel und schreibe davon ab.«

»Das wirst du nicht tun«, sagte Dussander grob.

»Warum nicht? Wollen Sie mich daran hindern? Sie?«

»Junge, du hast noch immer große Schwierigkeiten, zu begreifen, was für uns auf dem Spiel steht. Meinst du, es macht mir Spaß, dafür zu sorgen, daß du deine Rotznase in die Bücher steckst?« Er hob die Stimme, schneidend, gebieterisch. »Glaubst du, ich höre mir gern dein albernes Gejammer und deine Kindergartenflüche an? ›Sie können mich am Arsch lecken‹.« In hohem Falsett ahmte er wütend die Stimme des Jungen nach, so daß Todd rot anlief. »Sie können mich am Arsch lecken, na und, wen kümmert's? Ich tue es morgen!«

»Es macht Ihnen *Spaß!*« schrie Todd zurück. »Es macht Ihnen *Spaß!* Sie fühlen sich nur dann nicht als Zombie, wenn Sie mir im Nacken sitzen! Hören Sie doch endlich auf, verflucht noch mal!«

»Was glaubst du, passiert, wenn man dich mit einem solchen Zettel erwischt? Wen wird man zuerst informieren?«

Todd sah auf seine Hände mit den abgebissenen Fingernägeln und schwieg.

»Wen?«

»Herrgott, das wissen Sie doch! Gummi-Ede. Dann wahrscheinlich meine Eltern.«

Dussander nickte. »Das glaube ich auch. Arbeite weiter. Den Morgenzettel steck in deinen Kopf, wo er hingehört.«

»Ich hasse Sie«, sagte Todd dumpf. »Ich hasse Sie wirklich.« Er schlug das Buch wieder auf, und Teddy Roosevelt grinste ihn an. Teddy galoppierte mit dem Säbel in der Hand in das zwanzigste Jahrhundert hinein, und ungeordnet rannten vor ihm die Kubaner zur Seite – wahrscheinlich vor der Macht seines wilden amerikanischen Grinsens.

Dussander fing wieder an zu schaukeln. Er hielt die Tasse mit Bourbon in den Händen. »So ist's brav, mein Junge«, sagte er fast zärtlich.

Todd hatte seinen ersten feuchten Traum in der letzten Aprilnacht, und als er aufwachte, flüsterte der Regen geheimnisvoll im Laub des Baumes vor seinem Fenster.

Im Traum war er in einem der Labors von Patin gewesen. Er stand am Ende eines langen niedrigen Tisches. Ein wohlgeformtes junges Mädchen von erstaunlicher Schönheit war mit Schraubzwingen an den Tisch gefesselt worden. Dussander assistierte ihm. Dussander trug eine weiße Schlachterschürze und sonst nichts. Als er sich zu den Kontrollapparaten umdrehte, sah Todd, wie sich seine dürren Hinterbacken gegeneinander bewegten wie zwei häßliche weiße Steine.

Er reichte Todd einen Gegenstand, den dieser sofort erkannte, obwohl er ihn noch nie gesehen hatte. Es war ein künstlicher Penis. Die Spitze war aus poliertem Metall und glänzte im Licht der Neonröhren an der Decke kalt wie Chrom. Aus dem Gerät hing ein schwarzer elektrischer Draht, der in einem kleinen roten Gummiball endete.

»Nur zu«, sagte Dussander. »Der Führer sagt, es ist in Ordnung. Es ist deine Belohnung für fleißiges Lernen.«

Todd schaute an sich herab und sah, daß er nackt war. Sein kleiner Penis war voll erigiert und stand in einem Winkel, zum weichen Flaum seiner Schamhaare. Er schob das Gerät darüber. Es saß eng, aber innen war eine Art Gleitmittel. Das

Gefühl war sehr angenehm. Nein, mehr als angenehm. Es war herrlich. Er schaute zu dem Mädchen hinunter und spürte eine seltsame Verschiebung in seinen Gedanken ... als ob sie jetzt in eine perfekte Bahn geglitten seien. Plötzlich schien alles seine Richtigkeit zu haben. Türen hatten sich geöffnet. Er würde durch sie hindurchgehen. Er nahm den Gummiball in die linke Hand und kniete sich auf den Tisch. Dann zögerte er einen Augenblick, um den Winkel einzuschätzen, während sein künstlicher Penis in einem eigenen Winkel von seinem schmalen Knabenkörper abstand.

Ganz schwach und entfernt hörte er Dussanders Stimme: »Test vierundachtzig. Elektrizität. Sexueller Reiz. Stoffwechsel. Basierend auf Thyssens Theorie der negativen Verstärkung. Testperson ist eine jüdische junge Frau von etwa sechzehn Jahren, keine Narben, keine besonderen Kennzeichen, keine feststellbaren Behinderungen –«

Sie schrie auf, als die Spitze des Geräts sie berührte. Todd empfand den Schrei als angenehm und auch ihre erfolglosen Versuche, sich loszureißen und, als das nicht ging, wenigstens die Beine zusammenzupressen.

Das können sie in den Illustrierten über den Krieg nicht zeigen, dachte er, *aber dennoch gibt es das*.

Plötzlich warf er sich nach vorn und drang brutal in sie ein. Sie schrie wie eine Alarmsirene.

Nach ihren anfänglichen wild zappelnden Versuchen, ihn abzuwehren, lag sie ganz still und apathisch da. Das glatte Innere des Geräts glitt an Todds erigiertem Penis hin und her. Herrlich. Himmlisch. Seine Finger spielten an dem Gummiball in seiner Linken.

Weit weg nannte Dussander die Werte für Puls, Blutdruck, Atmung, Alphawellen, Betawellen.

Als sich der Höhepunkt ankündigte, wurde Todd ganz ruhig und drückte auf den Gummiball. Die vorher geschlossenen Augen des Mädchens flogen auf und traten aus den Höhlen. Die Zunge flatterte in ihrer rosigen Mundhöhle. Ihre Arme und Beine zuckten und zitterten. Aber das Eigentliche fand in ihrem Oberkörper statt, der sich hob und senkte und vibrierte, und jeder Muskel

(oh, jeder Muskel jeder Muskel bewegt sich spannt sich an schließt sich jeder)
jeder Muskel und das Gefühl beim Höhepunkt war
(Ekstase)
oh, es war, es war

(draußen donnerte das Ende der Welt)
Bei diesem Geräusch wachte er auf und bei dem Plätschern von Regen. Er hatte sich auf der Seite zusammengerollt, und sein Herz schlug wie das eines Sprinters. Sein Unterleib war mit einer warmen klebrigen Flüssigkeit bedeckt. Einen Augenblick kam Panik in ihm auf, weil er zu verbluten glaubte, aber als er merkte, was es wirklich war, empfand er nur Ekel. Es war Sperma. Und die anderen Ausdrücke dafür fielen ihm ein, die man auf Toilettenwänden liest. Damit wollte er nichts zu tun haben.

Hilflos ballte er die Hände zu Fäusten. Sein Traum-Orgasmus kam ihm jetzt fade vor und sinnlos und beängstigend. Aber es kitzelte noch an den Nervenenden, die sich nur langsam beruhigten. Diese letzte Szene, die jetzt verblaßte, war ekelhaft und doch folgerichtig, als ob man nichtsahnend in eine tropische Frucht beißt und dann (eine Sekunde zu spät) merkt, daß sie nur deshalb so süß schmeckt, weil sie verfault ist.

Und da kam ihm der Gedanke. Da wußte er, was er zu tun hatte.

Er hatte nur eine Möglichkeit, sich selbst wiederzufinden. Er mußte Dussander umbringen. Es war die einzige Möglichkeit. Die Spiele waren gespielt; die Zeit für Geschichten war vorbei. Es ging ums Überleben.

»Töte ihn, und alles ist vorbei«, flüsterte er in die Dunkelheit, und er hörte den Regen im Laub des Baumes vor dem Fenster, und dabei trocknete das Sperma an seinem Bauch. Das Flüstern machte die Worte zu Wirklichkeit.

Dussander hatte immer drei oder vier Flaschen Ancient Age in einem Regal über der steilen Kellertreppe stehen. Er ging gewöhnlich zur Kellertür, öffnete sie (sehr oft schon halb besoffen) und ging zwei Stufen hinunter. Dann stützte er sich mit einer Hand am Regal ab und ergriff mit der anderen die Flasche. Der Kellerfußboden war nicht gepflastert oder betoniert, aber er war hart. Dussander putzte ihn regelmäßig mit der Effizienz einer Maschine. Diese Effizienz hielt Todd neuerdings eher für preußisch als für deutsch. Er tat es alle zwei Monate, damit dort kein Ungeziefer nisten konnte. Beton oder nicht Beton, alte Knochen brechen leicht. Und alte Männer können schon mal verunglücken. Die Obduktion würde ergeben, daß »Mr. Denker« voll Schnaps war, als er »stürzte«.

Was ist passiert, Todd?

Er machte nicht auf, als ich klingelte, und deshalb benutzte ich den Schlüssel, den er für mich hat machen lassen. Er schläft nämlich manchmal ein. Ich ging in die Küche und sah, daß die Kellertür offenstand. Ich ging hinunter, und er ... er ...

Dann natürlich Tränen.

Es müßte funktionieren.

Er hätte sich selbst wieder.

Lange lag Todd in der Dunkelheit noch wach und hörte, daß das Gewitter sich nach Westen verzog, auf den Pazifik hinaus, er lauschte dem geheimnisvollen Geräusch des Regens. Er glaubte, er würde die ganze Nacht wach bleiben und immer wieder darüber nachdenken. Aber schon wenig später schlief er ein, und er schlief traumlos, die Faust unter dem Kinn. Zum ersten Mal seit Monaten wachte er am ersten Mai völlig ausgeruht auf.

11

Mai 1975

Für Todd war dieser Freitag der längste seines Lebens. Er saß in einer Klasse nach der anderen und hörte nichts. Er wartete nur immer auf die letzten fünf Minuten, in denen der jeweilige Lehrer seinen kleinen Stoß Sitzenbleiberkarten aus der Tasche zog und verteilte. Immer wenn ein Lehrer sich mit diesen Karten Todds Tisch näherte, wurde ihm ganz kalt. Und immer wenn der Lehrer an seinem Tisch vorbeiging ohne stehenzubleiben, wurde ihm schwindlig und ergriff ihn eine Art Hysterie.

Am schlimmsten war es bei Algebra. Storrman kam... zögerte... und gerade als Todd schon überzeugt war, daß er vorbeigehen würde, legte er eine Karte umgedreht auf Todds Tisch. Todd betrachtete sie kalt. Jetzt, da es passiert war, blieb er ganz kalt. *Das wär's*, dachte er. *Spiel, Satz und Sieg. Es sei denn, Dussander fiele noch etwas anderes ein. Aber da habe ich meine Zweifel.*

Ohne großes Interesse deckte er die Karte auf, um zu sehen, um wieviel Punkte er die Drei verfehlt hatte. Es mußte knapp gewesen sein, aber daß Storrman einem so leicht keine Chance gab, stand fest. Er sah, daß die Rubriken für die Benotung leer waren. In der Rubrik für den Kommentar stand: *Ich bin froh, daß ich dir von diesen Karten nicht WIRKLICH eine geben muß! Chas. Storrman.*

Wieder hatte er dieses Schwindelgefühl, und viel schlimmer als vorher dröhnte es ihm durch den Kopf. Er fühlte sich wie ein mit Helium gefüllter Ballon. Er packte die Tischkarten so hart er konnte, und nur ein Gedanke beherrschte ihn: *Du darfst nicht ohnmächtig werden, nicht ohnmächtig werden, nicht ohnmächtig werden.* Ganz allmählich wurde sein Kopf wieder klar, und er mußte mit aller Gewalt dem Drang widerstehen, hinter Storrman herzulaufen, ihn umzudrehen und ihm mit dem neugespitzten Bleistift, den er in der Hand hielt, die Augen auszustechen. Und bei alledem blieb sein Gesicht völlig leer. Das einzige Anzeichen dafür, daß überhaupt etwas in ihm vorging, war ein leichtes Zucken eines Augenlids.

Fünfzehn Minuten später war die Schule für diese Woche aus. Todd ging langsam um das Gebäude herum zu den Fahrradständern, den Kopf gesenkt, die Hände in die Taschen und die Bücher unter den rechten Arm geklemmt. Er beachtete die unter lauten Rufen vom Hof hastenden Schüler überhaupt nicht. Er warf die Bücher in den Korb an seinem Rad, schloß die Kette auf und radelte davon. Zu Dussanders Haus. *Heute*, dachte er, *heute ist dein Tag, alter Mann.*

»Und jetzt«, sagte Dussander und goß sich Whiskey in seine Tasse, als Todd die Küche betrat, »verläßt der Angeklagte den Gerichtssaal. Was haben sie gesagt, Häftling?« Er trug seinen Bademantel und ein paar Wollsocken, die ihm fast bis an die Knie reichten. In solchen Socken kann man leicht ausrutschen, dachte Todd. Er schaute zu der Flasche Ancient Age hinüber, die Dussander gerade bearbeitete. Sie war bis auf einen kleinen Rest leergetrunken.

»Keine Vieren, keine Fünfen und keine Karten«, sagte Todd. »Ich muß im Juni immer noch ein paar Zensuren auf meiner Karte ändern, aber wahrscheinlich nur die Durchschnittswerte. Wenn ich so weiterarbeite, kriege ich für dieses Quartal nur Einsen und Zweien.«

»Oh, du wirst so weiterarbeiten«, sagte Dussander. »Dafür werden wir schon sorgen.« Er trank und goß sich noch mehr Bourbon in die Tasse. »Das muß gefeiert werden.« Seine Sprache war schon ein wenig beeinträchtigt – nicht merklich, aber Todd wußte, daß der alte Arsch so besoffen war wie eh und je. Ja, heute. Es mußte heute sein.

Aber er blieb ganz kühl.

»Wir feiern einen Scheißdreck!« sagte er zu Dussander.

»Leider ist der Botenjunge mit dem Beluga und den Trüffeln noch nicht gekommen«, sagte Dussander und ignorierte den Einwurf des Jungen. »Die Aushilfen sind heutzutage so unzuverlässig. Wie wäre es mit ein paar Ritz-Crackers und etwas Velveta, da wir schon warten müssen?«

»Okay«, sagte Todd. »Was soll's.«

Dussander stand auf (mit einem Knie stieß er gegen den Tisch und zuckte vor Schmerz zusammen) und ging an den Kühlschrank. Er nahm den Käse heraus, holte ein Messer aus der Schublade und einen Teller aus dem Schrank und nahm die Cracker aus dem Brotkasten.

»Alles sorgfältig mit Blausäure gespritzt«, sagte er zu Todd, als er den Käse und die Cracker auf den Tisch stellte. Er grinste, und Todd sah, daß er sich die falschen Zähne wieder nicht eingesetzt hatte. Trotzdem lächelte Todd zurück.

»So still heute!« rief Dussander aus. »Ich hätte erwartet, daß du einen Handstandüberschlag nach dem anderen machen würdest.« Er kippte den Rest Bourbon in seine Tasse, trank und schnalzte mit den Lippen.

»Ich glaube, ich bin immer noch wie betäubt«, sagte Todd. Er biß in einen Cracker. Er lehnte schon lange nicht mehr ab, was ihm Dussander zu essen anbot. Dussander glaubte, daß einer seiner Freunde einen Brief habe – das stimmte natürlich nicht; er hatte Freunde, aber keinen, dem er *so* sehr traute. Er nahm an, daß Dussander das schon seit langem ahnte, aber er wußte, daß Dussander, was diese Ahnung anbetraf, vor einem so extremen Test wie Mord zurückschrecken würde.

»Worüber wollen wir uns heute unterhalten?« erkundigte sich Dussander und trank den letzten Schluck. »Du brauchst heute nicht zu arbeiten. Ich gebe dir den Tag frei. Wie gefällt dir das?« Wenn er trank, war sein deutscher Akzent ausgeprägter. Im Laufe der Zeit hatte Todd angefangen, diesen Akzent zu hassen. Aber heute machte er ihm nichts aus. Heute war ihm alles recht. Er war immer noch ganz kühl. Er betrachtete die Hände, die dem Alten den Stoß versetzen würden, und sie sahen genauso aus wie immer. Sie zitterten nicht. Sie waren ganz ruhig.

»Mir ist es gleich«, sagte er. »Was Sie wollen.«

»Soll ich dir von der Spezialseife erzählen, die wir hergestellt haben? Oder von den Experimenten mit erzwungener Homosexualität? Oder vielleicht möchtest du wissen, wie ich aus Berlin herauskam, nachdem ich so verrückt gewesen war, dort wieder hinzufahren? Das war knapp, das kann ich dir sagen.« Er lachte.

»Es ist mir egal«, sagte Todd. »Wirklich.« Er sah, daß Dussander die leere Flasche prüfte, sie in eine Hand nahm und aufstand. Er trug sie zum Abfalleimer und ließ sie hineinfallen.

»Nein, diese Geschichten nicht«, sagte Dussander. »Du scheinst nicht in der richtigen Stimmung zu sein.« Nachdenklich blieb er einen Augenblick neben dem Abfalleimer stehen und ging dann zur Kellertür. Seine Wollsocken machten auf dem unebenen Linoleum ein wischendes Geräusch. »Ich denke, heute erzähle ich dir statt dessen die Geschichte von dem alten Mann, der Angst hatte.«

Dussander öffnete die Kellertür. Er wandte dem Tisch jetzt den Rücken zu. Todd stand leise auf.

»Er hatte Angst«, fuhr Dussander fort, »vor einem gewissen Jungen, der auf seltsame Weise sein Freund war. Ein gescheiter Junge. Seine Mutter nannte diesen Jungen einen ›guten Schüler‹, und der alte Mann hatte schon entdeckt, daß er *wirklich* ein guter Schüler war... wenn auch vielleicht anders als seine Mutter dachte.«

Dussander fummelte an dem altmodischen Lichtschalter herum und versuchte mit knotigen und unbeholfenen Fingern, das Licht anzuschalten. Todd ging – er glitt fast – über das Linoleum und vermied es dort hinzutreten, wo der Fußboden knarrte. Er kannte diese Küche inzwischen so gut wie seine eigene. Vielleicht besser.

»Zuerst war der Junge kein Freund des alten Mannes«, sagte Dussander. Es war ihm endlich gelungen, das Licht anzuschalten. Mit der Vorsicht eines erfahrenen Säufers stieg er die erste Stufe hinunter. »Zuerst konnte der alte Mann den Jungen nicht leiden. Aber dann... fand er Gefallen an seiner Gesellschaft, wenn auch noch eine starke Abneigung bestand.« Er schaute in das Regal, hielt sich aber immer noch am Geländer fest. Kühl – nein, er war jetzt *kalt* – trat Todd hinter ihn und überlegte, ob sich Dussanders Hände bei einem heftigen Stoß vom Geländer lösen würden. Er beschloß zu warten, bis Dussander sich vorbeugte.

»Ein Teil des Vergnügens, das der alte Mann in der Gesellschaft des Jungen empfand, war auf ein Gefühl der Gleichheit zurückzuführen«, fuhr Dussander nachdenklich fort. »Weißt du, der Junge und der alte Mann hatten einander gegenseitig in einem tödlichen Griff. Jeder wußte etwas, was der andere geheimhalten wollte. Und dann... ja, dann wurde es dem alten Mann klar, daß sich etwas änderte. Er verlor den Jungen aus dem Griff – teilweise oder ganz. Das hing davon ab, wie verzweifelt der Junge war. Und wie intelligent. Während einer langen, schlaflosen Nacht fiel dem alten Mann ein, daß es für ihn gut wäre, den Jungen wieder in den Griff zu bekommen. Zu seiner eigenen Sicherheit.«

Jetzt ließ Dussander das Geländer los und beugte sich über die steile Kellertreppe, aber Todd rührte sich nicht. Die bis in die Knochen gehende Kälte floß ab und wich heißer Wut und Verwirrung. Als Dussander die neue Flasche aus dem Regal nahm, dachte Todd böse, daß dies der stinkigste Keller in der ganzen Stadt sein mußte, ob geputzt oder nicht geputzt. Er roch, als ob dort unten etwas gestorben sei.

»Deshalb stand der alte Mann sofort aus seinem Bett auf. Was bedeutet einem alten Mann schon Schlaf? Und er setzte sich an seinen kleinen Schreibtisch und dachte darüber nach, wie geschickt er den Jungen in die Verbrechen verwickelt hatte, die dieser ihm selbst vorhalten konnte. Er dachte darüber nach, wie hart der Junge gearbeitet hatte, um seine Zensuren zu verbessern, und daß er, waren sie erst verbessert, den alten Mann nicht mehr brauchen würde. Jedenfalls nicht lebendig. Und war der alte Mann tot, dann hatte der Junge seine Freiheit wieder.«

Jetzt drehte er sich um. Die neue Flasche hatte er am Hals gepackt.

»Ich habe dich gehört«, sagte er fast sanft. »Von dem Augenblick an, als du den Stuhl zurückschobst und aufstandest. Du bist nicht so leise, wie du denkst, Junge. Wenigstens noch nicht.«

Todd sagte nichts.

»So!« rief Dussander, kam in die Küche zurück und schloß die Kellertür fest hinter sich. »Der alte Mann hat alles aufgeschrieben, nicht wahr? Vom ersten bis zum letzten Wort hat er es aufgeschrieben. Als er endlich fertig war, dämmerte es schon, und seine Hand schmerzte von der Arthritis – dieser *verdammten* Arthritis – aber zum ersten Mal seit Wochen fühlte er sich gut. Er fühlte sich *sicher*. Er ging wieder ins Bett und schlief bis zum Nachmittag. Wenn er noch länger geschlafen hätte, wäre seine Lieblingssendung vorbei gewesen – *General Hospital*.«

Er hatte seinen Schaukelstuhl erreicht. Er setzte sich, zog ein altes Taschenmesser mit gelbem Elfenbeingriff aus der Tasche und schnitt langsam und mühselig die Versiegelung vom Hals der Flasche.

»Am nächsten Tag zog der alte Mann seinen besten Anzug an und ging zu der Bank, bei der er sein bescheidenes Konto unterhält. Er sprach mit einem der Bankangestellten, der alle seine Fragen höchst befriedigend beantworten konnte. Er mietete ein Schließfach. Der Angestellte erklärte ihm, daß er einen Schlüssel bekommen würde und die Bank ebenfalls einen. Um das Fach zu öffnen, brauchte man beide Schlüssel. Ein anderer als der alte Mann hätte das Fach nur mit einer notariell beglaubigten Genehmigung des alten Mannes selbst öffnen können. Mit einer Ausnahme.«

Dussander lächelte sein zahnloses Lächeln in Todd Bowdens blasses Gesicht. »Und diese Ausnahme ist der Tod des Schließfachinhabers«, sagte er. Immer noch sah er Todd an, und immer noch lächelte er. Dussander schob das Messer wieder in die Tasche seines Bademantels, schraubte den Verschluß der Bourbonflasche ab und kippte noch einen Schuß in seine Tasse.

»Und was passiert dann?« fragte Todd heiser.

»Dann wird das Fach in Gegenwart eines Bankangestellten und eines Vertreters der Finanzbehörde geöffnet und sein Inhalt geprüft. In diesem Fall werden sie einen zwölf Seiten langen Brief finden. Nicht steuerpflichtig ... aber hochinteressant.«

Fest verschränkte Todd die Finger beider Hände. *Das können Sie nicht tun*«, sagte er, und seine Stimme klang ungläubig und wie betäubt. Es war die Stimme eines Menschen, der sieht, wie jemand an der Zimmerdecke spazierengeht. »*Das können ... können Sie nicht tun.*«

»Mein Junge«, sagte Dussander freundlich, »ich habe es schon getan.«

»Aber ... Ich ... Sie«, seine Stimme stieg plötzlich zu einem gequälten Geheul an. »Sie sind *alt*! Wissen Sie denn nicht, daß Sie *alt* sind? Sie könnten sterben. *Sie könnten jeden Tag sterben!*«

Dussander stand auf. Er ging an einen der Küchenschränke und nahm ein kleines Glas heraus. In dem Glas war einmal Gelee gewesen. Am Rand waren Comic-Figuren aufgemalt. Todd kannte sie alle – Fred und Wilma Flintstone, Barney und Betty Rubble, Pepples und Bam-Bam. Er war mit ihnen aufgewachsen. Er schaute zu, als Dussander das Geleeglas fast zeremoniell mit einem Geschirrtuch abrieb. Er schaute zu, als Dussander es vor ihn hinstellte. Er schaute zu, als Dussander einen Finger breit Whiskey in das Glas goß.

»Was soll das?« murmelte Todd. »Ich trinke nicht. Trinken ist für billige Penner wie Sie.«

»Heb dein Glas, Junge. Dies ist ein besonderer Anlaß. Heute wirst du trinken.«

Todd sah ihn lange an. Dann hob er das Glas. Dussander stieß mit seiner billigen Tasse dagegen.

»Ich bringe einen Trinkspruch aus, Junge – auf ein langes Leben! Ein langes Leben für uns beide! Prosit!« Er trank seinen Bourbon auf einen Schluck und fing an zu lachen. Er schaukelte hin und her, seine bestrumpften Füße stampften auf das Linoleum, und er lachte. Todd fand, daß er noch nie so sehr wie ein Geier ausgesehen hatte, ein Geier im Bademantel, ein widerlicher Aasvogel.

»Ich hasse Sie«, flüsterte er, und dann verschluckte sich Dussander an seinem eigenen Gelächter. Sein Gesicht lief rot an, und es war, als ob er gleichzeitig hustete, lachte und erstickte. Todd erschrak.

Er sprang auf und schlug ihm auf den Rücken, bis der Hustenanfall vorbei war.

»Danke schön«, sagte Dussander. »Und jetzt trink aus. Es wird dir guttun.«

Todd trank. Es schmeckte wie schlechte Medizin und brannte in der Kehle.

»Ich kann nicht glauben, daß Sie den ganzen Tag diese Scheiße trinken«, sagte er, stellte das Glas ab und schüttelte sich. »Sie sollten damit aufhören. Mit Trinken *und* Rauchen aufhören.«

»Daß du so um meine Gesundheit besorgt bist, ist rührend«, sagte Dussander. Er holte eine zerknüllte Packung Zigaretten aus der Tasche, in der er das Messer hatte verschwinden lassen. »Und ich bin genauso an deinem Wohlergehen interessiert, Junge. Fast jeden Tag lese ich in der Zeitung, daß wieder ein Radfahrer auf einer belebten Kreuzung zu Tode gekommen ist. Du solltest das Radfahren aufgeben. Du solltest zu Fuß gehen oder mit dem Bus fahren, wie ich.«

»Ach, ficken Sie sich doch«, schrie Todd.

»Mein Junge«, sagte Dussander, goß sich etwas Bourbon ein und fing wieder an zu lachen, »wir ficken uns doch gegenseitig – wußtest du das nicht?«

Eines Tages, etwa eine Woche später, saß Todd auf einer der Rampen im alten Güterbahnhof. Er warf einzelne Schlackebrocken auf die rostigen, von Unkraut dicht bewachsenen Gleise.

Warum sollte ich ihn nicht trotzdem umbringen?

Weil er ein Junge war, der logisch denken konnte, kam die logische Antwort zuerst. Es gab überhaupt keinen Grund dafür. Früher oder später würde Dussander sterben, und wenn man seine Lebensgewohnheiten bedachte, würde es wohl eher früher sein. Alles würde herauskommen, ob er den alten Mann nun tötete, oder ob Dussander in seiner Badewanne an einem Herzanfall starb. Im ersteren Fall hätte er allerdings das Vergnügen, dem alten Geier den Hals umzudrehen.

Früher oder später – der Satz sprach jeder Logik hohn.

Vielleicht geschieht es erst später, dachte Todd. *Zigaretten hin, Schnaps her, er ist ein zäher alter Hund. Er hat schon so lange gelebt, warum... warum kann es dann nicht später geschehen?*

Unter sich hörte er ein leises Grunzen.

Todd sprang auf und ließ die Schlacke fallen, die er noch in der Hand hielt. Wieder hörte er das Grunzen.

Er blieb stehen und dachte schon daran wegzulaufen, aber jetzt hörte er nichts mehr. Achthundert Meter weiter führte eine achtspurige Autostraße am Horizont entlang, hoch über diesem toten Bahnhof mit seinem Unkraut und seinem Gerümpel, mit den verlassenen Gebäuden, den rostigen Zäunen und den zersplitterten Rampen, deren Bohlen sich im Laufe der Zeit verzogen hatten. Die Wagen oben auf der Straße glänzten in der Sonne wie bunte exotische Käfer. Dort oben achtspuriger Verkehr, hier unten nichts als Todd, ein paar Vögel... und das, was eben gegrunzt hatte.

Vorsichtig beugte er sich vor, die Hände auf den Knien und schaute unter die Rampe. Im verdorrten Unkraut lag zwischen leeren Dosen und dreckigen Flaschen ein Penner. Es war unmöglich, sein Alter zu schätzen. Er konnte zwischen dreißig und vierhundert Jahre alt sein, fand Todd. Er trug ein altes T-Shirt, an dem getrocknete Kotze klebte, und grüne Hosen, die viel zu groß für ihn waren. An den Füßen hatte er graue Arbeitsschuhe. Die Risse sahen aus wie qualvoll aufgerissene Münder. Todd fand, daß er wie Dussanders Keller roch.

Langsam öffnete der Penner die rotgeränderten Augen und starrte Todd an. In seinem trüben Blick lag nicht das geringste Erstaunen. Todd dachte an das Schweizer Armeemesser, das er in der Tasche trug. Er hatte es vor fast einem Jahr in einem Sportartikelladen in Redondo Beach gekauft. In Gedanken hörte er den Angestellten, der ihn bedient hatte, sagen: *Du könntest dir kein besseres Messer aussuchen, mein Junge – ein solches Messer könnte dir eines Tages das Leben retten. In jedem verdammten Jahr verkaufen wir fünfzehnhundert Schweizer Messer.*

Fünfzehnhundert im Jahr.

Er steckte die Hand in die Tasche und ergriff das Messer. In Gedanken sah er Dussanders Taschenmesser, das langsam die Versiegelung der Bourbonflasche öffnete. Sekunden später merkte er, daß er eine Erektion hatte.

Kaltes Entsetzen beschlich ihn.

Der Penner wischte sich mit der Hand über die aufgesprungenen Lippen und leckte sie dann mit einer Zunge, die von Nikotin ganz gelb war. »Hast du zehn Cent für mich, Junge?«

Todd sah ihn ausdruckslos an.

»Muß nach L. A. Brauche noch zehn Cents für den Bus. Habe dort 'ne Verabredung. Kann 'nen Job kriegen. Netter Junge wie du muß zehn Cents haben. Vielleicht sogar fünfundzwanzig.«

Yes, Sir, mit einem solchen Messer könnte man einen Sonnenfisch schlachten ... verdammt, wenn nötig, könnte man damit sogar einen Speerfisch schlachten. Wir verkaufen fünfzehnhundert davon im Jahr. Jedes Sportartikelgeschäft in Amerika verkauft sie, und wenn einer auf den Gedanken kommt, damit einen dreckigen alten Scheißpenner zu schlachten, würde niemand feststellen können, wem das Messer gehört, absolut NIEMAND.

Der Penner ließ die Stimme sinken. Sie wurde zu einem vertraulichen dunklen Flüstern. »Für 'n Dollar blas' ich dir einen, so gut wie noch nie. Du würdest verrückt werden, Junge. Du würdest –«

Todd zog die Hand aus der Tasche. Erst als er sie öffnete, wußte er, was er in der Hand hatte. Zwei Fünfundzwanziger, zwei Fünfcentstücke, ein Zehncentstück, dazu ein paar einzelne Cents. Er warf das Geld dem Penner zu und rannte weg.

12

Juni 1975

Todd Bowden, jetzt vierzehn, fuhr Dussanders Fußweg hoch und stellte sein Rad ab. Auf der Treppe lag die L. A. *Times;* er hob sie auf. Er betrachtete die Klingel und die Schilder ARTHUR DENKER und KEINE BETTLER, KEINE HAUSIERER, KEINE VERTRETER, die immer noch dort hingen. Natürlich kümmerte er sich nicht um die Klingel; er hatte seinen Schlüssel.

Irgendwo in der Nähe war das knatternde und rülpsende Geräusch eines Rasenmähers zu hören. Er schaute auf Dussanders Rasen und stellte fest, daß er dringend geschnitten werden mußte; er würde Dussander sagen, daß er sich einen Jungen mit einem Rasenmäher bestellen solle. In letzter Zeit vergaß Dussander häufig diese Kleinigkeiten. Vielleicht wurde er senil; vielleicht machte sich auch die Wirkung des Ancient Age auf sein Gehirn bemerkbar. Das war ein erwachsener Gedanke für einen Jungen von vierzehn Jahren, aber solche Gedanken empfand Todd nicht mehr als etwas Besonderes. Er hatte in letzter Zeit häufig erwachsene Gedanken. Die meisten waren nicht besonders großartig.

Er schloß die Tür auf.

Wie üblich kam dieser kurze Augenblick kalten Entsetzens, als er Dussander zusammengesunken in seinem Schaukelstuhl sitzen sah, ein wenig zur Seite geneigt, die Tasse auf dem Tisch, die halb geleerte Flasche Bourbon daneben. Im Deckel eines Mayonnaisenglases, in dem schon einige ausgedrückte Kippen lagen, war eine Zigarette in ganzer Länge zu einem grauen Aschenstreifen verbrannt. Dussanders Mund war geöffnet. Sein Gesicht hatte eine gelbliche Farbe. Seine großen Hände hingen schlaff von den Lehnen des Schaukelstuhls herab. Er schien nicht zu atmen.

»Dussander«, rief Todd ein wenig zu laut. »Wachen Sie auf, Dussander.«

Er war sehr erleichtert, als der alte Mann zusammenzuckte, blinzelte und sich aufrichtete.

»Du bist es? Schon so früh?«

»Am letzten Tag durften wir früher nach Hause«, sagte Todd. Er zeigte auf die Reste der Zigarette im Mayonnaisendeckel. »Wenn Sie so weitermachen, werden Sie eines Tages noch die Bude abbrennen.«

»Vielleicht«, sagte Dussander gleichgültig. Er fummelte seine Zigaretten aus der Tasche, schnippte eine aus der Schachtel (sie wäre fast vom Tisch gerollt, bevor Dussander sie erreichen konnte) und zündete sie an. Ein längerer Hustenanfall folgte, und Todd schüttelte sich vor Ekel. Als der alte Mann richtig loshustete, glaubte Todd, daß er jeden Augenblick grauschwarze Brocken Lungengewebe auf den Tisch spucken würde ... und dabei würde er wahrscheinlich noch grinsen.

Endlich hatte der Hustenanfall so weit nachgelassen, daß Dussander sprechen konnte. »Was hast du da?«

»Zeugniskarte.«

Dussander nahm sie und schlug sie auf. Dann hielt er sie sich in Armlänge vors Gesicht, um sie lesen zu können. »Englisch ... Eins. Amerikanische Geschichte ... Eins. Geographie ... Zwei plus. Gemeinschaftskunde ... Eins. Französisch für Anfänger ... Zwei minus. Algebra ... Zwei.« Er legte die Karte weg. »Sehr gut. Wie heißt es bei euch? Wir haben deinen Arsch gerettet, Junge. Wirst du die Durchschnittswerte in der letzten Spalte ändern müssen?«

»Nur für Französisch und Algebra, aber höchstens um acht oder neun Punkte. Ich glaube nicht, daß es jemals herauskommen wird. Und ich denke, das habe ich Ihnen zu verdanken. Darauf bin ich zwar nicht stolz, aber es ist die Wahrheit. Deshalb vielen Dank.«

»Eine rührende Ansprache«, sagte Dussander und fing wieder an zu husten.

»Ich werde Sie in der nächsten Zeit wohl kaum sehen«, sagte Todd, und Dussander hörte plötzlich auf zu husten.

»Nein?« fragte er höflich.

»Nein«, sagte Todd. »Wir fahren am fünfundzwanzigsten Juni für einen Monat nach Hawaii. Ab September besuche ich dann eine Schule am anderen Ende der Stadt. Es geht um dieses Busproblem.«

»Ach ja, die Schwarzen«, sagte Dussander und beobachtete

eine Fliege, die über das weißrotkarierte Wachstuch kroch. »Seit zwanzig Jahren macht sich dieses Land Sorgen und jammert wegen der Schwarzen, aber wir beide kennen die Lösung... nicht wahr, Junge?« Er lächelte Todd mit seinem zahnlosen Lächeln an, und Todd schaute zu Boden. Er hatte ein Gefühl, als wollte sich ihm der Magen umdrehen. Er empfand Entsetzen und Haß und das Verlangen, etwas so Schreckliches zu tun, daß er es nur in seinen Träumen wirklich zu Ende denken konnte.

»Hören Sie zu, ich will das College besuchen, falls Sie es noch nicht wissen«, sagte Todd. »Ich weiß, bis dahin habe ich noch lange Zeit, aber ich denke schon darüber nach. Ich weiß sogar schon, was ich als Hauptfach wähle. Geschichte.«

»Hervorragend. Wer nicht aus der Vergangenheit lernen will, ist –«

»Ach, hören Sie auf«, sagte Todd.

Dussander tat ihm den Gefallen. Er wußte, daß der Junge noch etwas auf dem Herzen hatte. Er faltete die Hände und sah ihn an.

»Ich könnte den Brief von meinem Freund zurückfordern«, sagte Todd plötzlich. »Wissen Sie das? Sie könnten ihn lesen und dann selbst sehen, wie ich ihn verbrenne. Wenn –«

»– wenn ich ein gewisses Dokument aus einem Schließfach entferne.«

»Nun... ja.«

Dussander stieß einen langen traurigen Seufzer aus. »Mein Junge«, sagte er. »Du begreifst die Situation immer noch nicht. Du hast sie nie begriffen. Teils weil du noch ein Junge bist, aber nicht nur deswegen... denn du warst schon damals, als alles anfing, ein sehr *alter* Junge. Nein, der wahre Schurke war und ist dein absurdes amerikanisches Selbstbewußtsein, das dir nie gestattet hat, die Konsequenzen deiner Handlungen zu bedenken... und das dir dies auch heute noch nicht gestattet.«

Todd wollte etwas sagen, aber Dussander hob unerbittlich die Hand, jetzt der Welt ältester Verkehrspolizist.

»Nein, widersprich mir nicht. Es stimmt. Tu, was du willst. Verlasse mein Haus, verschwinde und komm nie wieder her. Kann ich dich aufhalten? Nein. Amüsiere dich in Hawaii, während ich in dieser heißen, nach Fett stinkenden Küche sitze und abwarte, ob die Schwarzen in Watts beschließen, dieses Jahr wieder Polizeibeamte umzubringen und ihre beschissenen Hütten anzustecken. Ich kann dich ebensowenig daran hindern wie ich es verhindern kann, jeden Tag einen Tag älter zu werden.«

Er sah Todd fest an, so fest, daß Todd wegschaute.

»Ganz tief in meinem Innern mag ich dich nicht, und nichts könnte mich dazu veranlassen, dich zu mögen. Du hast dich mir aufgedrängt. Du bist ein ungebetener Gast in meinem Haus. Du hast mich dazu gezwungen, Grüfte aufzureißen, die besser verschlossen geblieben wären, denn ich habe entdeckt, daß einige der Leichen lebendig begraben wurden, und daß einige von ihnen *immer* noch atmen.

Du selbst bist jetzt darin verstrickt, aber soll ich dich deshalb bedauern? Gott im Himmel! Du hast dir dein Bett gemacht; soll ich dich bedauern, weil du darin schlecht schläfst? Nein ... ich bedaure dich nicht, und ich mag dich nicht, aber seit einiger Zeit respektiere ich dich ein wenig. Aber bitte mich nicht, es dir noch einmal zu erklären. Das würde meine Geduld überfordern. Wir könnten unsere Dokumente herschaffen und sie hier in meiner Küche vernichten. Und dennoch wäre es nicht vorbei. Wir wären in keiner besseren Lage, als wir es jetzt sind.«

»Ich verstehe Sie nicht.«

»Nein, weil du dir nie Gedanken darüber gemacht hast, welche Konsequenzen das, was du in Bewegung gesetzt hast, haben könnte. Aber hör zu, Junge, wenn wir nun unsere Briefe hier in diesem Dosendeckel verbrennen, wie kann ich wissen, ob du nicht eine Kopie hast? Oder zwei? Oder drei? Unten in der Bibliothek steht ein Kopiergerät, mit dem jeder für fünf Cent eine Kopie machen kann. Für einen Dollar könntest du mein Todesurteil über zwanzig Blocks an jede Straßenecke kleben. *Zwei Meilen* von Todesurteilen, Junge. Daran solltest du denken! Kannst du mir sagen, wie ich wissen soll, daß du so etwas nicht getan hast?«

»Ich ... nun, ich ... ich ...« Todd merkte, daß er stotterte und zwang sich dazu, den Mund zu halten. Ganz plötzlich wurde seine Haut unerträglich heiß, und ohne jeden Grund mußte er an etwas denken, das ihm mit sieben oder acht Jahren passiert war. Er und ein Freund waren durch ein Kabelrohr gekrochen, das unter der alten Güterumgehungsstraße vor der Stadt hindurchführte, der Freund, schmächtiger als Todd, hatte keine Probleme gehabt... aber Todd war steckengeblieben. Und plötzlich hatte er an die vielen Meter Erde und Gestein über seinem Kopf gedacht, das ganze dunkle *Gewicht*, und als ein Lastwagen oben in Richtung L. A. fuhr und die Erde erschütterte und das Wellblechrohr vibrieren ließ, mit einem tonlosen unheimlichen Geräusch, da hatte er gezappelt und geweint und mit den Beinen gestrampelt und um Hilfe gerufen. Endlich war es ihm gelungen weiterzukriechen, und als er sich auf der anderen Seite aus dem Rohr herausgearbeitet hatte, war er in Ohnmacht gefallen.

Dussander hatte ihm eben eine Gemeinheit unterstellt, die so hinterlistig war, daß sie ihm nie im Leben eingefallen wäre. Er fühlte seine Haut noch heißer werden, und er dachte: *Ich werde nicht heulen.*

»Und wie solltest du wissen, ob in meinem Schließfach nicht *zwei* Exemplare liegen... daß ich das eine verbrannt und das andere im Fach gelassen habe?«

In der Falle. Ich sitze in der Falle wie damals im Rohr, und zu wem soll ich jetzt um Hilfe schreien?

Sein Herz schlug schneller. Er spürte, daß ihm im Nacken und auf den Handrücken der Schweiß ausbrach. Er wußte noch, wie es in dem Rohr gewesen war. Er erinnerte sich an den Geruch von Brackwasser und an das kalte gerippte Metall und an den Schock, als der Lastwagen darüber hinwegfuhr. Er erinnerte sich an seine heißen verzweifelten Tränen.

»Selbst wenn es einen unparteiischen Dritten gäbe, an den wir uns wenden könnten, würden immer Zweifel bleiben. Das Problem ist unlösbar, Junge. Glaub es nur.«

Gefangen. Gefangen im Rohr, hier gab es keinen Ausweg.

Die Welt wurde grau. *Ich will nicht heulen. Ich will nicht ohnmächtig werden.* Er zwang sich zu normalem Verhalten.

Dussander nahm einen großen Schluck aus seiner Tasse und sah Todd über den Rand hinweg an.

»Und jetzt will ich dir noch zwei Dinge sagen. Erstens, wenn dein Anteil an dieser Angelegenheit herauskommt, wäre deine Strafe sehr gering. Es ist sogar möglich – nein, es ist sehr wahrscheinlich –, daß es nicht in die Zeitungen kommt. Ich habe dir einmal mit dem Erziehungsheim Angst gemacht, weil ich fürchtete, du würdest die Nerven verlieren und alles erzählen. Aber daran habe ich natürlich nicht geglaubt. Nein – ich habe es als Drohung gebraucht, wie ein Vater seinen Kindern mit dem ›Schwarzen Mann‹ droht, damit sie vor Dunkelwerden nach Hause kommen. Ich glaube nicht, daß man dich in ein solches Heim geschickt hätte, nicht in diesem Land, wo man Mördern einen Klaps auf die Hände gibt und sie wieder auf die Straße schickt, damit sie weitere Morde begehen, nachdem sie zwei Jahre im Gefängnis vor dem Farbfernseher gesessen haben.

Aber dennoch könnte es dein Leben ruinieren. Es gibt Akten... und die Leute reden. Sie reden immer. So einen saftigen Skandal lassen sie nicht in Vergessenheit geraten, sie ziehen ihn auf Flaschen wie Wein. Und wenn die Jahre vergehen und du heranwächst, wächst natürlich deine Schuldfähigkeit mit dir. Dein Schweigen erscheint dann um so verdammenswerter. Wenn die Wahrheit heute ans Licht käme, würde man sagen: ›Aber er ist doch nur ein Kind‹... weil die Leute nicht, wie ich, wissen, daß du ein sehr *altes* Kind bist. Aber was würden sie sagen, wenn die Wahrheit über mich, zusammen mit der Tatsache, daß du sie seit 1974 kennst und *geschwiegen hast*, herauskommt, wenn du schon das College besuchst? Das wäre sehr schlimm. Wenn das während deiner Studienzeit herauskommt, wäre es eine Katastrophe. Für einen jungen Mann, der gerade ins Berufsleben eintreten will, wäre das... der Weltuntergang. Hast du diesen ersten Punkt begriffen?«

Todd schwieg, aber Dussander schien zufrieden zu sein. Er nickte.

Immer noch nickend, sagte er: »Zweitens glaube ich nicht, daß du überhaupt einen solchen Brief geschrieben hast.«

Todd bemühte sich, sein Pokergesicht beizubehalten, aber er hatte schreckliche Angst, daß seine Augen sich vor Entsetzen geweitet hatten. Dussander sah ihn in gieriger Erwartung an, und plötzlich wurde Todd sich der nackten Tatsache bewußt, daß dieser alte Mann schon Hunderte, vielleicht Tausende von Leuten verhört hatte. Er war Experte. Todd hatte das Gefühl, daß sein Schädel sich in Fensterglas verwandelt hatte und daß alle Gedanken darin in großen Lettern zu lesen waren.

»Ich habe mich gefragt, wem du wohl so sehr trauen könntest. Wer sind deine Freunde... mit wem gibst du dich ab? Wem bringt dieser Junge, dieser selbständige, kalte und beherrschte kleine *Junge* sein Vertrauen entgegen? Die Antwort: Niemandem.«

Dussanders Augen glänzten gelb.

»Wie oft habe ich das Risiko einzuschätzen versucht. Ich kenne dich, und ich kenne auch ein wenig deinen Charakter – und doch kenne ich dich nicht, denn kein Mensch kann einem anderen Menschen ins Herz sehen – aber ich weiß wenig über das, was du außerhalb dieses Hauses treibst und mit wem du umgehst. Also sage ich mir: ›Dussander, es kann sein, daß du dich irrst. Willst du nach all den Jahren ergriffen und vielleicht hingerichtet werden, weil du einen Jungen falsch eingeschätzt hast?‹ Als ich jünger war, wäre ich das Risiko vielleicht eingegangen – denn meine Chancen stehen gut, und das Risiko ist gering. Weißt du, es kommt mir sehr seltsam vor – je älter man wird, um so weniger hat man zu verlieren, wenn es um Leben und Tod geht... und dennoch wird man immer konservativer.«

Er sah Todd scharf an.

»Ich muß dir noch etwas sagen, und dann kannst du gehen, wohin du willst. Selbst wenn ich an der Existenz deines Briefes zweifle, solltest du nicht den Fehler machen, an der Existenz des meinen zu zweifeln. *Das Dokument, das ich dir beschrieben habe, existiert tatsächlich.* Wenn ich heute sterbe... morgen... wird alles herauskommen. *Alles.*«

»Dann habe ich ja ohnehin keine Chance«, sagte Todd. Er lachte ein wenig benommen. »Sehen Sie das nicht selbst?«

»Aber ja. Die Jahre vergehen. Und im Laufe der Jahre wird deine Bedeutung für mich immer geringer werden, denn, so wichtig meine Freiheit und mein Leben für mich auch bleiben werden, die Amerikaner – ja, und sogar die Israelis – werden immer weniger Interesse daran haben, mir beides zu nehmen.«

»So? Und warum wird Heß dann nicht freigelassen?«

»Wenn die Amerikaner ihn allein bewachten – die Amerikaner, die Mördern einen Klaps auf die Finger geben –, *hätten* sie ihn schon freigelassen«, sagte Dussander. »Werden die Amerikaner den Israelis einen achtzigjährigen Mann ausliefern, damit sie ihn hängen, wie sie Eichmann gehängt haben? Ich glaube nicht. Nicht in einem Land, in dem man Bilder von Feuerwehrleuten, die Katzen aus Bäumen retten, auf den Titelseiten der Zeitungen sieht. Nein, du wirst mich immer weniger in der Hand haben, auch wenn meine Macht über dich noch wächst. Keine Situation ist statisch. Und es wird eine Zeit kommen – wenn ich lange genug lebe – da ich feststelle, daß dein Wissen um meine Vergangenheit keine Rolle mehr spielt. Dann werde ich das Dokument vernichten.«

»Aber vorher kann noch so viel passieren. Unfälle, Krankheiten –«

Dussander zuckte die Achseln. »Es wird Wasser geben, wenn Gott es will, und wir werden es finden, wenn Gott es will, und wir werden es trinken, wenn Gott es will. Was mit uns geschieht, liegt nicht in unsrer Hand.«

Todd sah den alten Mann lange an – sehr lange. In Dussanders Argumentation gab es Fehler. Es mußte sie geben. Es mußte einen Ausweg, ein Schlupfloch für sie beide geben, oder für Todd allein. Eine Möglichkeit, alles ungeschehen zu machen – Moment, Jungs, ich hab mir nur den Fuß verletzt. Düstere Ahnungen hinsichtlich der kommenden Jahre zitterten irgendwo hinter seiner Stirn. Er spürte sie dort. Sie warteten nur darauf, sich in bewußte Gedanken zu verwandeln. Wohin er auch ging, was immer er tat –

Er dachte an eine Comic-Figur, der ein Amboß über dem Kopf hing. Wenn er mit der Schule fertig war, würde Dussander einundachtzig sein, aber damit wäre es noch nicht zu Ende; wenn er sein B. A.-Examen geschafft hatte, würde sich der dann fünfundachtzigjährige Dussander wahrscheinlich immer noch nicht alt genug fühlen. Seine Magister-Arbeit würde er dann in dem Jahr schreiben, wo Dussander siebenundachtzig wurde... und Dussander fühlte sich dann vielleicht noch immer nicht sicher.

»Nein«, sagte Todd mit belegter Stimme. »Was Sie da sagen... das werde ich nicht aushalten.«

»Mein Junge«, sagte Dussander freundlich, und Todd hörte

zum ersten Mal und mit wachsendem Entsetzen die leichte Betonung, die der alte Mann auf das erste Wort gelegt hatte. »Mein Junge ... du mußt es.«

Todd starrte ihn an, und seine Zunge schwoll ihm im Mund und wurde immer dicker, und es schien, als würde sie ihm die Kehle verstopfen, so daß er ersticken mußte. Dann wirbelte er herum und stolperte aus dem Haus.

Dussander beobachtete das alles ohne jede Regung, und als die Tür ins Schloß gefallen war und die raschen Schritte des Jungen nicht mehr zu hören waren, er also auf sein Rad gestiegen sein mußte, zündete er sich eine Zigarette an. Es gab natürlich kein Schließfach, und es gab kein Dokument. Aber der Junge glaubte, daß diese Dinge existierten; er hatte ihn fest davon überzeugen können. Er war in Sicherheit. Es war zu Ende.

Aber es war nicht zu Ende.

In dieser Nacht träumten sie beide von Mord, und beide erwachten in einer Mischung aus Entsetzen und Heiterkeit.

Todd erwachte mit dem ihm schon vertrauten klebrigen Gefühl am Unterleib. Dussander, für diese Dinge zu alt, zog die SS-Uniform an und legte sich wieder hin, um abzuwarten, bis sein wild klopfendes Herz sich wieder beruhigte. Die Uniform war aus billigem Material und stellenweise schon abgewetzt.

Im Traum hatte Dussander endlich das Lager oben auf dem Hügel erreicht. Das breite Tor rollte für ihn zur Seite, und als er es passiert hatte, schloß es sich rasselnd wieder. Das Tor und der Zaun, der das Lager umgab, standen unter Strom. Seine dürren und nackten Verfolger warfen sich in Wellen dagegen. Dussander hatte sie ausgelacht und war hin und her stolziert, die Brust vorgereckt, die Mütze im genau richtigen Winkel schief auf dem Kopf. Der Geruch von brennendem Fleisch erfüllte die schwarze Luft, und er war in Südkalifornien aufgewacht und hatte an Irrlichter gedacht und an die Nacht, in der Vampire die blaue Flamme suchen.

Zwei Tage bevor die Bowdens nach Hawaii fliegen sollten, ging Todd wieder zu dem alten verlassenen Güterbahnhof, von wo einst Züge nach San Francisco, Seattle und Las Vegas abgefahren waren, und wo Leute, die jetzt schon alt waren, einst den Schienenwagen nach Los Angeles bestiegen hatten.

Der Abend dämmerte schon, als er dort ankam. Die Wagen oben auf der achthundert Meter entfernten Autostraße fuhren mit Standlicht. Obwohl es warm war, trug Todd eine leichte Jacke. In seinem Gürtel steckte ein in ein altes Handtuch gewickeltes Schlachtermesser, das er in einem Discountladen gekauft hatte, einem von den großen mit den riesigen Parkplätzen.

Er schaute unter die Rampe, wo vor einem Monat der Penner gelegen hatte. Seine Gedanken kreisten unablässig, aber sie kreisten um gar nichts; in diesem Augenblick bestand alles in ihm aus Schatten, schwarz auf schwarz.

Er traf denselben Penner an, aber vielleicht war es auch ein anderer; sie sahen alle ziemlich gleich aus.

»He«, sagte Todd. »He! Willst du etwas Geld?«

Der Penner rollte sich blinzelnd auf die Seite. Er sah Todds breites, strahlendes Lächeln und lächelte zurück. Einen Moment später fuhr das Schlachtermesser herab, blitzschnell und chromweiß, und durchschnitt dem Mann die unrasierte rechte Wange. Das Blut spritzte. Todd sah die Klinge im weit geöffneten Mund des Penners... und dann verfing sich die Spitze für Sekundenbruchteile in seinem linken Mundwinkel und zog seine Lippen zu einem grausigen schiefen Grinsen auseinander. Und jetzt grinste nur noch das Messer. Todd zersäbelte den Penner wie einen Kürbis zu Allerheiligen.

Er stieß siebenunddreißigmal zu. Er zählte mit. Siebenunddreißig, wenn man den ersten Stoß mitrechnete, der dem Penner in die Wange schnitt und sein angedeutetes Lächeln in ein großes fürchterliches Grinsen verwandelte. Nach dem vierten Stoß versuchte der Mann nicht mehr zu schreien. Nach dem sechsten gab er es auf, vor Todd davonzukriechen. Todd kroch dann ganz unter die Rampe und beendete sein Werk.

Auf dem Nachhauseweg warf er das Messer in den Fluß. Seine Hosen waren blutbeschmiert. Er warf sie in die Waschmaschine und stellte den Kaltwaschgang ein. Anschließend waren noch schwache Flecken zu sehen, aber das beunruhigte Todd nicht weiter. Sie würden mit der Zeit schon weggehen. Am nächsten Tag stellte er fest, daß er seinen rechten Arm kaum heben konnte. Er erklärte seinem Vater, daß er ihn beim Spielen unten im Park verrenkt haben mußte.

»Das wird in Hawaii schon besser werden«, sagte Dick Bowden und fuhr Todd mit der Hand durch das Haar. Und das wurde es auch. Als sie wieder nach Hause kamen, war der Arm so gut wie neu.

13

Es war wieder Juli.

Dussander stand in einem seiner besten Anzüge (nicht dem besten) an der Bushaltestelle und wartete auf den letzten Bus, mit dem er nach Hause fahren wollte. Es war zweiundzwanzig Uhr fünfundvierzig. Er war im Kino gewesen und hatte eine leichte und etwas alberne Komödie gesehen. Seit der Postzustellung am Morgen war er guter Laune. Er hatte von dem Jungen eine Postkarte bekommen, ein Hochglanzfarbphoto von Waikiki Beach mit hohen schneeweißen Hotels im Hintergrund. Auf der Rückseite stand eine kurze Nachricht.

Dear Mr. Denker,
hier ist es vielleicht Klasse. Ich gehe jeden Tag schwimmen. Mein Dad hat einen großen Fisch gefangen, und Mom versucht im Lesen aufzuholen (Scherz). Morgen besuchen wir einen Vulkan. Ich will versuchen, nicht hineinzufallen. Hoffentlich geht es Ihnen gut.

Bleiben Sie gesund,
Todd

Er lächelte noch immer leise über diese bedeutungsschwere letzte Floskel, als eine Hand seinen Ellenbogen berührte.

»Mister?«

»Ja?«

Er drehte sich vorsichtig um – selbst in Santo Donato waren Räuber nichts völlig Ungewöhnliches – und fuhr zurück, als der Geruch ihm in die Nase stieg. Es war eine Mischung von Bier, üblem Mundgeruch und getrocknetem Schweiß. Es war ein Penner in ausgebeulten Hosen. Er – *es* trug ein graues Flanellhemd und sehr alte Turnschuhe, die von einem dreckigen Klebestreifen zusammengehalten wurden. Das Gesicht über diesem scheckigen Kostüm sah aus wie der Gevatter Tod persönlich.

»Haben Sie vielleicht zehn Cents, Mr.? Ich muß nach L. A. Kann da 'n Job kriegen. Die fehlen mir noch für den Express-Bus. Ich würde nich' fragen, wenn's nich' 'ne gute Chance für mich wär.«

Dussander hatte schon die Stirn gerunzelt, aber jetzt kehrte sein Lächeln zurück.

»Geht es Ihnen wirklich um diese Busfahrt?«

Der Penner lächelte dümmlich. Er hatte die Frage nicht begriffen.

»Warum fahren Sie nicht zu mir nach Hause? Ich kann Ihnen einen Drink, eine Mahlzeit, ein Bad und ein Bett anbieten. Als Gegenleistung möchte ich mich nur ein wenig mit Ihnen unterhalten. Ich bin ein alter Mann und lebe allein. Da ist mir Gesellschaft manchmal sehr willkommen.«

In dem Maße wie die Situation dem Betrunkenen klar wurde, hellte sich auch sein Lächeln auf. Hier war ein wohlhabender alter Kerl, der nichts gegen Penner hatte.

»Ganz allein? Keine Alte, was?«

Dussander beantwortete das breite, anzügliche Grinsen mit einem höflichen Lächeln. »Ich möchte Sie nur bitten, sich im Bus nicht neben mich zu setzen. Sie riechen ziemlich streng.«

»Sie wollen also nicht, daß ich Ihnen die Luft verpeste«, sagte der Penner mit einer plötzlichen besoffenen Würde.

»Kommen Sie, der Bus wird in einer Minute hier sein. Steigen Sie eine Haltestelle nach mir aus und gehen Sie einen Block zurück. Ich werde an der Ecke auf Sie warten. Morgen früh werde ich sehen, wieviel ich entbehren kann. Vielleicht zwei Dollar.«

»Vielleicht sogar fünf«, sagte der Penner voll Hoffnung. Seine Würde, besoffen oder nicht, war vergessen.

»Vielleicht, vielleicht«, sagte Dussander ungeduldig. Er hörte schon das dumpfe Dröhnen des Dieselmotors. Der Bus mußte gleich kommen. Er drückte dem Penner ein Fünfundzwanzigcentstück in die schmierige Hand (das korrekte Fahrgeld) und trat ein paar Schritte zur Seite, ohne sich umzusehen.

Der Penner stand unentschlossen da, als die Scheinwerfer des Busses über einem Hügel auftauchten. Er stand immer noch da und starrte stirnrunzelnd auf das Geldstück, als der Alte, ohne ihn zu beachten, einstieg. Dann wandte der Penner sich ab, und dann – in der letzten Sekunde änderte er die Richtung und stieg ein, als sich die Falttüren gerade schlossen. Er steckte das Geldstück in den Fahrkartenautomaten wie ein Mann, der auf eine ganz geringe Chance setzt. Als er an Dussander vorbeiging, warf er ihm nur einen kurzen Blick zu und setzte sich auf einen der hintersten Plätze. Er nickte ein, und als er wieder aufwachte, war der alte Kerl verschwunden. Er stieg an der nächsten Haltestelle aus, wenn er auch nicht wußte, ob es die richtige war. Es war ihm eigentlich auch gleichgültig.

Er ging zwei Straßen zurück und sah unter einer Straßenlaterne eine Gestalt. Es war tatsächlich der alte Kerl. Der Alte sah ihn kommen und stand wie in Habachtstellung.

Einen kurzen Augenblick lang überkam den Penner kalte Angst, und er wäre am liebsten abgehauen und hätte die ganze Sache vergessen.

Dann nahm der alte Mann ihn beim Arm ... und sein Griff war überraschend fest.

»Gut«, sagte der alte Mann. »Ich bin froh, daß Sie gekommen sind. Mein Haus liegt hier unten. Es ist nicht weit.«

»Vielleicht sogar zehn«, sagte der Penner und ließ sich führen.

»Vielleicht sogar zehn«, sagte der alte Kerl und lachte. »Wer weiß?«

14

Das Jahr der Zweihundertjahrfeier war gekommen.
Todd besuchte Dussander von seiner Rückkehr aus Hawaii im Sommer 1975 bis zu der Reise nach Rom, auf die ihn seine Eltern mitnahmen, ungefähr ein halbes Dutzend Mal. Das Getrommel und das Flaggengeschwenke und das Bestaunen der großen Schiffe hatte gerade seinen Höhepunkt erreicht. Todd hatte vorzeitig von der Schule freibekommen, und drei Tage vor dem vierten Juli waren sie wieder zurück.

Diese Besuche bei Dussander waren nicht sehr aufregend und durchaus nicht unangenehm. Die beiden stellten fest, daß sie auch einigermaßen höflich miteinander umgehen konnten. Sie verständigten sich mehr durch Schweigen als durch Worte, und was sie tatsächlich sprachen, hätte einen FBI-Agenten einschlafen lassen. Todd erzählte dem alten Mann, daß er sich hin und wieder mit einem Mädchen namens Angela Farrow getroffen habe. Er sei nicht gerade verrückt nach ihr, aber sie sei die Tochter einer Freundin seiner Mutter. Der alte Mann berichtete Todd, er habe angefangen, Matten zu flechten, denn er habe gelesen, eine solche Beschäftigung sei gut für Arthritis. Er zeigte Todd ein paar Proben seiner Arbeit, und Todd bewunderte sie gebührend.

Ob der Junge nicht ein ganzes Stück gewachsen sei? (Nun, etwa fünf Zentimeter.) Ob Dussander das Rauchen aufgegeben habe? (Nein, aber er sei gezwungen gewesen, es einzuschränken, da er sonst zuviel huste.) Wie die Arbeit in der Schule gewesen sei? (Schwierig, aber interessant; er habe nur Einsen und Zweien und wolle mit seinem Projekt über Solarenergie an der Endausscheidung für die Wissenschaftliche Ausstellung teilnehmen. Am College wolle er übrigens als Hauptfach Anthropologie statt Geschichte wählen.) Wer im vergangenen Jahr Dussanders Rasen gemäht habe? (Randy Chambers, der ein paar Häuser weiter wohne – ein guter Junge, aber zu fett und zu langsam.)

In jenem Jahr hatte Dussander in seiner Küche drei Penner umgebracht. Er war an der Bushaltestelle ungefähr zwanzigmal angesprochen worden und hatte siebenmal einen Drink, ein Essen, ein Bad und ein Bett angeboten. Zwei hatten sein Angebot abgelehnt, und zwei waren mit dem Fahrgeld weggegangen. Nach einigem Nachdenken hatte er sich dagegen etwas einfallen lassen. Er kaufte einfach einen Block mit Fahrscheinen. Diese Fahrscheine kosteten zwei Dollar fünfzig Cents, reichten für fünfzehn Fahrten, und wurden in den örtlichen Schnapsläden als Zahlungsmittel nicht anerkannt.

An warmen Tagen hatte Dussander in letzter Zeit einen unangenehmen Geruch bemerkt, der aus dem Keller aufstieg. An solchen Tagen hielt er alle Fenster und Türen fest verschlossen.

Todd Bowden hatte in einem nicht mehr benutzten Abwasserrohr auf einem abgelegenen Grundstück im Cienaga Way einen Penner schlafend angetroffen – das war im Dezember während der Weihnachtsferien gewesen. Er hatte dort mit den Händen in den Taschen eine Zeitlang gestanden, den Mann beobachtet und dabei gezittert. Über einen Zeitraum von fünf Wochen hatte er das Grundstück sechsmal wieder aufgesucht, und immer trug er dabei seine leichte Jacke, deren Reißverschluß er halb hochgezogen hatte, um den Zimmermannshammer zu verbergen, den er im Gürtel trug. Zuletzt hatte er den Penner dann – denselben oder irgendeinen anderen, und wen interessierte das auch nur einen Scheißdreck – am ersten März dort wieder angetroffen. Er hatte zuerst mit dem stumpfen Ende zugeschlagen, und später (er wußte nicht mehr genau wann, denn alles hatte er nur noch durch einen roten Nebel gesehen) hatte er das gespaltene Ende genommen und dem Penner das Gesicht weggeschlagen.

Für Kurt Dussander bedeuteten die Penner eine halb zynische Besänftigung von Göttern, die er endlich anerkannte ... oder wieder anerkannte. Und die Penner machten ihm Spaß. Sie ließen ihn aufleben. Er hatte langsam den Eindruck, daß die Jahre in Santo Donato – die Jahre bevor der Junge mit seinen großen blauen Augen und seinem breiten amerikanischen Grinsen auf seiner Schwelle erschien – Jahre gewesen waren, die er ohne Not und vor der Zeit als alter Mann verbracht hatte. Schließlich war er, als er herkam, erst Mitte Sechzig gewesen. Und heute fühlte er sich noch viel jünger.

Der Gedanke, die Götter zu besänftigen, hätte Todd zuerst erschreckt – aber später hätte er ihn vielleicht akzeptiert. Nachdem er den Penner unter der Bahnhofsrampe erstochen hatte, war eigentlich zu erwarten gewesen, daß seine Alpträume schlimmer wurden – ihn gar in den Wahnsinn getrieben hätten. Er hatte Wellen lähmender Schuldgefühle erwartet, die sehr leicht ein unbesonnenes Geständnis zur Folge haben könnten... oder Selbstmord.

Statt dessen aber war er nach Hawaii geflogen und hatte dort den schönsten Urlaub seines Lebens verbracht.

Im vergangenen September hatte er sich für die Oberstufe seiner Schule qualifiziert, und jetzt fühlte er sich so neu und frisch, als sei ein anderer in Todd Bowdens Haut geschlüpft. Dinge, die ihn schon seit seiner frühesten Kindheit kaum beeindruckt hatten – ein Sonnenaufgang, ein Blick vom Pier auf den Ozean, der Anblick hastender Menschen in einer Straße des Geschäftsviertels, wenn die Straßenlampen aufleuchteten – alle diese Dinge prägten sich ihm jetzt wieder ein wie eine Serie von glänzenden Kameen, in Bildern, die so klar waren, als seien sie galvanisiert. Er schmeckte das Leben auf der Zunge wie einen Schluck Wein direkt aus der Flasche.

Als er den Penner im Abwasserrohr gesehen hatte, kamen die Alpträume wieder.

Meistens trat in ihnen der Penner auf, den er unter der Rampe des alten Güterbahnhofs erstochen hatte. Nach der Schule stürmte er ins Haus, ein fröhliches *Hi, Monica-Baby* auf den Lippen, das erstarb, als er in der höher gelegenen Frühstücksecke den toten Penner sitzen sah. In seinem nach Kotze riechenden Hemd und den dreckigen Hosen saß er zusammengesunken an dem Hauklotz, der als Tisch diente. Über die hellen Fliesen des Fußbodens floß Blut; es trocknete an den Beschlägen aus rostfreiem Stahl. An den Schränken aus Fichtenholz waren blutige Handabdrücke.

Auf dem Notizblock über dem Kühlschrank stand eine Botschaft von seiner Mutter: *Todd – Bin einkaufen. – Um 3:30 zurück.* Die Zeiger der modischen Uhr mit der Sonne auf dem Zifferblatt standen auf 3:20, und der Betrunkene lag dort oben in der Ecke wie ein scheußliches Relikt aus dem Tiefkeller eines Trödlers, und überall war Blut. Und Todd versuchte, es aufzuwischen. Er wischte alle glatten Flächen ab und schrie dabei den Penner an, daß er *gehen* solle, ihn *in Ruhe lassen* solle, aber der Penner rührte sich nicht. Er blieb tot und grinste die Decke an, und aus den Stichwunden in seiner dreckigen Haut strömte das Blut. Und Todd riß einen Lappen aus dem Schrank und rieb wie wild den Fußboden ab, aber er merkte bald, daß er das Blut nicht aufwischen konnte, sondern es nur verdünnte und überall verteilte. Aber er konnte nicht aufhören. Und als er den Wagen seiner Mutter hörte, der auf das Grundstück fuhr, wußte er plötzlich, daß der Penner Dussander war. Aus diesen Träumen wachte er immer schwitzend und keuchend auf, die Finger in das Laken gekrallt.

Aber als er dann endlich den Penner im Abwasserrohr fand – diesen Penner oder irgendeinen anderen – und ihn mit dem Hammer erschlug, verschwanden diese Träume. Er vermutete, daß er wieder würde töten müssen. Es war schade, aber diese Kreaturen waren natürlich als menschliche Wesen nicht mehr nützlich, von ihrer Nützlichkeit für Todd abgesehen. Und wie alle anderen, die er kannte, paßte Todd lediglich seinen Lebensstil seinen Bedürfnissen an, als er älter wurde. Er unterschied sich wirklich nicht von anderen. In der Welt muß man seinen eigenen Weg gehen. Wenn man weiterkommen wollte, mußte man schon selbst dafür sorgen.

15

Im Herbst 1976 spielte Todd für die Santo Donato Cougars, und in dem Quartal, das spät im Januar 1977 endete, gewann er den für patriotische Aufsätze ausgeschriebenen Wettbewerb der American Legion. An diesem Wettbewerb durfte jeder teilnehmen, der amerikanische Geschichte als Fach gewählt hatte. Todds Beitrag hatte den Titel »Wofür ein Amerikaner verantwortlich ist«. Im Baseball tat er sich derart hervor, daß er im Juni zum Athleten des Jahres gewählt wurde. Coach Haines überreichte ihm die Plakette (derselbe Coach Haines, der ihn einmal beiseite genommen und ihm geraten hatte, seine Bogenwürfe zu üben, »denn keiner von den Niggern kann einen vernünftigen Bogenwurf ausführen, Bowden, nicht einer«). Monica Bowden brach in Tränen aus, als Todd sie nach der Schule anrief und ihr erzählte, daß er den Preis bekommen würde. Dick Bowden brüstete sich damit zwei Wochen lang in seinem Büro, wobei er versuchte, Bescheidenheit an den Tag zu legen. Im Sommer des Jahres mieteten sie ein Ferienhaus in Big Sur, wo sie drei Wochen blieben und wo Todd sich hauptsächlich mit Tauchen beschäftigte. Im Laufe des Jahres brachte er vier Landstreicher um. Zwei erstach er, die anderen schlug er mit einem Knüppel tot. Er hatte es sich angewöhnt, während dieser Jagdexpeditionen, wie er sie nannte, zwei Hosen zu tragen. Manchmal fuhr er in City-Bussen durch die Stadt, um geeignete Örtlichkeiten zu suchen. Die beiden besten schienen ihm die Armenmission von Santo Donato in der Douglas Street und die Euclid Street in der Nähe des Büros der Heilsarmee. Hier ging er dann langsam auf und ab und wartete darauf, angesprochen zu werden. Wenn sich ein Penner an ihn heranmachte, sagte Todd ihm, daß er, Todd, eine Flasche Whiskey haben wolle. Wenn der Penner sie ihm kaufe, würde er sie mit ihm teilen. Er kenne einen Ort, wo sie die Flasche in Ruhe trinken könnten. Es war natürlich immer ein anderer Ort. Er widerstand erfolgreich einem starken Impuls, den alten Güterbahnhof oder das Abwasserrohr auf dem abgelegenen Grundstück am Cienaga Way noch einmal aufzusuchen. Den Ort eines früheren Verbrechens erneut aufzusuchen, wäre unklug.

In diesem Jahr rauchte Dussander mäßig, trank Bourbon der Marke Ancient Age und sah fern. Todd besuchte ihn hin und wieder, aber ihre Unterhaltungen wurden immer unergiebiger. Sie hatten sich auseinandergelebt. Im selben Jahr feierte Dussander seinen neunundsiebzigsten Geburtstag. Es war das Jahr, in dem Todd sechzehn wurde. Dussander bemerkte, daß sechzehn das beste Jahr im Leben eines jungen Mannes sei, einundvierzig das beste Jahr eines Mannes in mittleren Jahren und neunundsiebzig das beste eines alten Mannes. Todd nickte höflich, aber

Dussander war ziemlich besoffen und gackerte auf eine Weise, die Todd entschieden beunruhigte.

Während Todds Schuljahr 1976/77 hatte Dussander zwei Penner erledigt. Der zweite war viel lebhafter gewesen, als er aussah. Obwohl Dussander ihn bis an den Rand mit Schnaps gefüllt hatte, taumelte er, ein Steakmesser bis an das Heft im Genick, in der Küche umher. Das Blut ergoß sich vorn über sein Hemd und auf den Fußboden. Nachdem er in der Küche zwei Runden gedreht hatte, fand er die Vordertür und wäre fast aus dem Haus gelaufen.

Dussander hatte mit aufgerissenen Augen in der Küche gestanden und es nicht glauben wollen. Er schaute zu, wie der Penner ächzend und keuchend die Tür zu erreichen versuchte, wobei er im Flur von einer Wand gegen die andere torkelte und dabei wertlose Drucke herunterriß. Dussander stand wie gelähmt, bis der Penner tatsächlich den Türgriff in der Hand hatte. Dann schoß er durch den Raum, riß eine Schublade auf und ergriff eine lange Fleischgabel. Er rannte durch den Flur und stieß sie dem Penner mit aller Gewalt in den Rücken.

Schweratmend stand Dussander dann über ihm und sein Herz raste wie das des Infarktopfers in der Samstagssendung *Notarzt*, die er so gern sah. Aber dann hatte sein Herz sich wieder auf seinen normalen Rhythmus besonnen, und Dussander hatte gewußt, daß nichts passieren würde.

Anschließend mußte er sehr viel Blut aufwischen.

Das war schon vier Monate her, und seitdem hatte er an der Bushaltestelle in der Stadt keine weiteren Angebote mehr gemacht. Die stümperhafte Arbeit, die er beim letzten Mal geleistet hatte, saß ihm noch in den Knochen ... aber wenn er daran dachte, wie souverän er noch in letzter Sekunde die Situation gerettet hatte, empfand er Stolz. Der Penner hätte es nie geschafft, und nur das zählte.

16

Im Herbst 1977, während des ersten Quartals des letzten Schuljahres, trat Todd in einen Schießklub ein. Im Juni 1978 hatte er sich schon als Meisterschütze qualifiziert. Auch im Football und im Baseball machte er wieder von sich reden. Außerdem bestand er mit der drittbesten Benotung in der Geschichte der Schule die Prüfung für ein Stipendium. Er bewarb sich in Berkeley und wurde sofort angenommen. Im April wußte er schon, daß er bei der Schulabschlußfeier entweder die Begrüßungs- oder die Abschiedsrede würde halten müssen. Er hoffte sehr, daß es die Abschiedsrede sein würde.

In seiner letzten Hälfte seines Abschlußjahres überkam ihn ein seltsamer Impuls – ein Impuls, der Todd genauso beängstigend wie irrational erschien. Er hatte ihn aber offenbar unter Kontrolle, und wenigstens *das* war tröstlich, aber es war schon furchterregend, daß ihm überhaupt ein solcher Gedanke gekommen war. Er hatte sich mit dem Leben arrangiert. Er hatte einen Plan. Sein Leben glich sehr der hellen, sonnigen Küche seiner Mutter, in der alle Flächen mit Chrom eingefaßt waren oder mit rostfreiem Stahl – ein Ort, wo alles funktionierte, wenn man die richtigen Knöpfe drückte. Es gab natürlich tiefe und dunkle Schränke in dieser Küche, aber in ihnen konnte man vieles aufbewahren und die Türen geschlossen halten.

Der neue Impuls erinnerte ihn an den Traum, in dem er nach Hause gekommen war und in Mutters sauberem und hell erleuchtetem Reich den toten und immer noch blutenden Penner vorgefunden hatte. In seinem ganzen sorgfältig ausgeklügelten Arrangement, in dieser hellen Küche seiner Gedanken, in der alles seinen Platz hatte, lauerte jetzt ein finsterer und blutiger Eindringling, der nur einen Ort suchte, an dem er auffällig sterben konnte...

Vierhundert Meter vom Haus der Bowdens entfernt lag die achtspurige Autostraße. Eine steile, mit Gebüsch bewachsene Böschung führte zu ihr hinunter. An der Böschung konnte man sich gut verstecken. Sein Vater hatte ihm zu Weihnachten eine Winchester .30-.30 geschenkt, die ein abnehmbares Zielfernrohr hatte. Während der Hauptverkehrszeit, wenn alle acht Spuren verstopft waren, könnte er sich an der Böschung einen Platz suchen ... er könnte dann leicht ...

Was?

Selbstmord begehen?

Alles zerstören, für das er in den letzten vier Jahren gearbeitet hatte?

No, *Sir*, no, *Madam*, auf keinen *Fall*.

Es ist, wie man sagt, zum Lachen.

Gewiß, es war zum Lachen ... aber der Impuls blieb.

An einem Samstag, ein paar Wochen vor seinem Schulabschluß, packte Todd die Winchester in das Futteral, nachdem er sorgfältig das Magazin geleert hatte. Er legte es auf den Rücksitz des neuesten Spielzeugs seines Vaters – eines gebrauchten Porsche. Er fuhr an die Stelle, wo der dicht mit Büschen bestandene Hang steil zur Straße hin abfiel. Seine Eltern hatten den Kombi genommen und waren nach L. A. gefahren. Dick, inzwischen als gleichberechtigter Partner in seine Firma aufgenommen, wollte mit den Leuten von Hyatt Verhandlungen über den Bau eines neuen Hotels in Reno führen.

Todds Herz klopfte, und saurer Speichel lief ihm im Mund zusammen, als er sich mit dem eingepackten Gewehr im Arm den Hang hinunterarbeitete. Er erreichte einen umgestürzten Baum, hinter dem er sich im Schneidersitz niederließ. Ein vorspringender gegabelter Ast bot eine ideale Auflage für den Lauf. Er zog den Kolben in die Schulter ein und schaute durch das Zielfernrohr.

Dumm! schrie sein Verstand ihn an. *Junge, dies ist wirklich dumm! Wenn jemand dich sieht, spielt es keine Rolle, ob das Gewehr geladen ist oder nicht! Du wirst in jedem Fall große Schwierigkeiten kriegen. Vielleicht schießt sogar irgendein Idiot auf dich!*

Es war mitten am Vormittag, und weil es Samstag war, herrschte nur leichter Verkehr. Er nahm eine Frau hinter dem Steuer eines blauen Toyota ins Fadenkreuz. Die Frau hatte das Fenster halb geöffnet, und der runde Kragen ihrer ärmellosen Bluse flatterte. Todd zielte auf ihre Schläfe und drückte ab. Das war nicht gut für den Schlagbolzen, aber scheiß der Hund drauf.

»Puh«, flüsterte er, als der Toyota eine halbe Meile weiter in einer Unterführung verschwand. Er schluckte an einem Kloß in seiner Kehle, der wie zusammengeklebte Münzen schmeckte.

Jetzt kam ein Mann am Steuer eines Subaru-Transporters. Dieser Mann hatte einen verfilzten grauen Bart und trug eine Baseball-Kappe der San Diego Padres.

»Du bist es ... du bist die dreckige Ratte ... die dreckige Ratte, die meinen Bruder erschossen hat«, flüsterte Todd und kicherte. Wieder drückte er ab.

Er schoß noch auf fünf andere, aber diesmal verdarb ihm das leere Klicken des Schlagbolzens die Illusion des Tötens. Dann tat er das Gewehr wieder in das Futteral. Er stieg den Abhang hoch und bückte sich dabei, damit ihn niemand sah. Er legte die Waffe wieder auf den Rücksitz des Porsche. In seinen Schläfen spürte er ein trockenes, heißes Dröhnen. Er fuhr nach Hause. Ging in sein Zimmer. Onanierte.

17

Der Penner trug einen löcherigen Norwegerpullover, der sich schon in seine Bestandteile auflöste, und der so auffällig war, daß er hier in Südkalifornien fast surreal anmutete. Außerdem trug er Seemannsjeans, die an den Knien aufgescheuert waren, so daß mit Schorf bedecktes behaartes weißes Fleisch zu sehen war. Er hob das Geleeglas – Fred und Wilma, Barney und Betty tanzten um den Rand wie in einem grotesken Fruchtbarkeitsritual – und trank den reichlich eingeschenkten Ancient Age in einem Zug. Zum letzten Mal in seinem Leben leckte er sich die Lippen.

»Mister, das traf 'ne trockene Stelle, will ich mal sagen.«

»Auch ich nehme abends gern einen Drink«, stimmte Dussander ihm von hinten zu und rammte dem Penner sein Schlachtermesser ins Genick. Es gab ein knirschendes Geräusch, als risse jemand einem frisch gebratenen Stück Geflügel die Keule aus. Der Penner ließ das Geleeglas auf den Tisch fallen. Es rollte bis an den Rand, und die Bewegung verstärkte die Illusion, daß die Comic-Figuren darauf tatsächlich tanzten.

Er warf den Kopf zurück und versuchte zu schreien, aber aus seiner Kehle kam nur ein häßliches Pfeifen. Seine Augen wurden immer größer ... und dann schlug sein Kopf dumpf auf das rotweißkarierte Wachstuch auf, das Dussander wie immer über seinen Küchentisch gebreitet hatte. Die obere Zahnprothese des Penners glitt ihm halb aus dem Mund, wie ein Grinsen, das sich selbständig gemacht hatte.

Mit einem Ruck zog Dussander das Messer heraus – er brauchte dazu beide Hände – und ging an die Spüle. Sie war mit heißem Wasser, einem nach Zitrone duftenden Spülmittel und benutztem Geschirr gefüllt. Das Messer verschwand in der Brühe, wie ein Jagdflugzeug in eine Wolke taucht.

Er ging wieder an den Tisch und blieb dort stehen. Er stützte sich mit der Hand auf die Schulter des toten Penners, als er von einem Hustenanfall geschüttelt wurde. Er zog ein Taschentuch aus der Gesäßtasche und spuckte gelblichbraunen Schleim hinein. In der letzten Zeit hatte er zuviel geraucht. Das tat er immer, wenn er sich entschlossen hatte, noch einen zu erledigen. Aber diesmal war es glattgegangen; wirklich sehr glatt. Nach all dem Ärger mit dem letzten hatte er schon Angst davor gehabt, das Schicksal noch einmal herauszufordern.

Wenn er sich jetzt beeilte, konnte er noch den zweiten Teil von *Lawrence Welk* sehen.

Er eilte durch die Küche, öffnete die Kellertür und schaltete das Licht an. Dann holte er aus dem Schrank unter der Spüle einen großen grünen Müllsack und ging zu dem am Tisch zusammengesunkenen Landstreicher. Sein Blut war über das Wachstuch gelaufen und hatte sich in seinem Schoß gesammelt. Auch das Linoleum war blutbeschmiert und gewiß war auch auf dem Stuhl Blut, aber das alles ließ sich reinigen.

Dussander packte den Penner bei den Haaren und riß seinen Kopf hoch. Der Kopf fiel schlaff nach hinten, und der Penner sah aus wie jemand, der sich vor dem Haarschnitt den Kopf waschen läßt. Dussander zog ihm den Müllsack über den Kopf und Schultern bis zu den Ellenbogen. Weiter reichte er nicht. Er öffnete den Gürtel seines toten Gastes und zog ihn aus den abgewetzten Schlaufen. Er legte den Gürtel etwas über den Ellenbogen um den Müllsack und schnallte ihn fest zu. Der Plastiksack raschelte. Leise pfiff Dussander »Lili Marlen«.

Die Füße des Penners steckten in abgetretenen und dreckigen Hush Puppies. Sie bildeten auf dem Fußboden ein schlaffes V, als Dussander die Leiche am Gürtel zur Kellertreppe schleifte. Etwas Weißes rutschte aus dem Plastiksack und fiel klappernd zu Boden. Es war die obere Prothese des Penners, wie Dussander erkannte. Er hob sie auf und steckte sie dem Penner in die Tasche.

Er zerrte den Penner in den Kellereingang, so daß sein Kopf zwei Stufen herabhing. Dussander stieg über die Leiche hinweg und gab ihr drei kräftige Tritte. Bei den ersten beiden bewegte sie sich nur leicht, aber beim dritten glitt sie die Treppe hinunter. Halb unten flogen die Füße hoch, und die Leiche vollführte eine akrobatische Rolle. Klatschend landete sie auf dem Kellerfußboden. Einer der Hush Puppies flog durch die Gegend, und Dussander nahm sich vor, ihn später aufzusammeln.

Er ging in den Keller hinunter, wich der Leiche aus und trat an seine Werkbank. Links daneben standen ein Spaten, eine Harke und eine Hacke säuberlich aufgereiht. Dussander nahm den Spaten. Ein wenig körperliche Betätigung war für einen alten Mann immer gut. Bei körperlicher Betätigung fühlte man sich jung.

Es roch hier unten nicht gut, aber das störte ihn kaum. Er kälkte den Keller einmal im Monat (wenn er einen Penner »erledigt« hatte, tat er es alle drei Tage), und er hatte sich einen Ventilator besorgt, den er oben laufen ließ, damit der Gestank nicht im ganzen Haus zu riechen war, wenn es warm und windstill war. Er erinnerte sich daran, daß Josef Kramer gern sagte: Die Toten reden, aber wir hören sie mit unseren Nasen.

Dussander suchte eine Stelle in der Nordecke des Kellers aus und machte sich an die Arbeit. Das Grab maß achtzig Zentimeter mal ein Meter achtzig. Er hatte es schon bis zu einer Tiefe von etwa sechzig Zentimetern ausgehoben, als der erste lähmende Schmerz seine Brust traf wie ein Schrotschuß. Mit weit aufgerissenen Augen richtete er sich auf. Dann fuhr ihm der Schmerz in den Arm... ein unglaublicher Schmerz, als zerrte eine unsichtbare Hand an allen Blutgefäßen. Der Spaten glitt ihm aus der Hand, und ein paar grauenhafte Sekunden lang war er überzeugt, daß er selbst in das Grab fallen würde.

Aber er taumelte drei Schritte zurück und saß plötzlich auf seiner Werkbank. In seinem Gesicht lag ein Ausdruck dümmlicher Überraschung – er merkte es selbst –, und er mußte aussehen wie einer von diesen Stummfilmschauspielern, der gerade von einer Schwingtür getroffen wurde oder in einen Kuhfladen getreten ist. Er ließ den Kopf zwischen die Knie hängen und keuchte.

Fünfzehn Minuten schlichen dahin. Die Schmerzen hatten ein wenig nachgelassen, aber er glaubte nicht, daß er würde aufstehen können. Zum ersten Mal begriff er die ganze Wahrheit über das Alter, die ihm bisher erspart geblieben war. Sein Entsetzen war so groß, daß er fast laut gejammert hätte. Der Tod war in diesem feuchten, übelriechenden Keller an ihm vorbeigestrichen; er hatte ihn mit dem Saum seines Mantels gestreift. Er konnte immer noch zurückkommen, um ihn zu holen. Aber hier unten wollte Dussander nicht sterben, wenn er es nur irgendwie verhindern konnte.

Er stand auf, die Hände immer noch vor der Brust verschränkt, als wollte er die zerbrechliche Maschinerie zusammenhalten. Er taumelte von der Werkbank zur Treppe hinüber. Dabei stolperte er mit dem linken Fuß über das ausgestreckte Bein des Penners und ging mit einem leisen Schrei zu Boden. Wieder zuckte dumpfer Schmerz in seiner Brust auf. Er schaute die Treppe hoch – die schrecklich steilen Stufen. Im ganzen zwölf. Das helle Rechteck oben war so weit weg. Es schien ihn zu verhöhnen.

»Eins«, sagte Dussander und zog sich verbissen auf die erste Stufe hoch. »Zwei. Drei. Vier.«

Er brauchte zwanzig Minuten, um den Linoleumfußboden der Küche zu erreichen. Als er auf der Treppe war, hatten sich die Schmerzen zweimal wieder angekündigt, und jedes Mal hatte Dussander mit geschlossenen Augen abgewartet, was geschehen würde. Wenn die Schmerzen wieder so stark würden wie unten im Keller, müßte er wahrscheinlich sterben. Das wußte er. Aber beide Male waren die Schmerzen wieder zurückgegangen.

Er kroch durch die Küche und wich dabei den Blutlachen aus, die schon anfingen zu gerinnen. Er griff sich die Flasche Ancient Age, nahm einen Schluck und schloß die Augen. Etwas, das in seiner Brust eingeschnürt gewesen war, schien sich ein wenig zu lösen. Die Schmerzen ließen weiter nach. Nach fünf Minuten war er in der Lage, sich in den Flur vorzuarbeiten. Er mußte die halbe Länge des Flurs hinter sich bringen, um sein Telefon zu erreichen, das dort auf einem kleinen Tisch stand.

Es war Viertel vor neun, als im Haus der Bowdens das Telefon klingelte. Todd saß mit gekreuzten Beinen auf der Couch und beschäftigte sich mit seinen Notizen für den Abschluß in Trigonometrie. Trigonometrie stank ihm genauso wie alle übrige Mathematik, und das würde wahrscheinlich immer so bleiben. Sein Vater saß am anderen Ende des Raumes mit einem tragbaren Rechner auf dem Schoß und rechnete die Schecks nach. In seinem Gesicht lag ungläubiges Staunen. Monica, die dem Telefon am nächsten saß, sah gerade den James-Bond-Film, den Todd vor zwei Tagen aufgezeichnet hatte.

»Hallo?« Sie lauschte eine Weile und runzelte die Stirn. Dann hielt sie Todd den Hörer entgegen. »Es ist Mr. Denker. Er scheint sich über irgend etwas aufzuregen. So hört es sich wenigstens an.«

Todd schlug das Herz bis in den Hals, aber sein Gesichtsausdruck änderte sich kaum. »So?« Er ging an den Apparat und nahm ihr den Hörer aus der Hand. »Hallo, Mr. Denker.«

Dussanders Stimme klang heiser und abgehackt. »Komm sofort rüber, Junge. Ich habe einen Herzanfall gehabt. Ich glaube, einen ziemlich schlimmen.«

»Mein Gott«, sagte Todd und versuchte, seine rasenden Gedanken zu ordnen und die Angst zu unterdrücken, die in ihm aufstieg. »Das ist aber interessant. Allerdings ist es schon ziemlich spät, und ich arbeite gerade –«

»Ich weiß, daß du nicht sprechen kannst«, bellte Dussander. »Aber du kannst zuhören. Ich kann keinen Krankenwagen anrufen, und ich kann auch nicht zwei-zwei-zwei wählen ... jedenfalls jetzt noch nicht. Hier sieht es aus wie im Schweinestall. Ich brauche Hilfe ... und das bedeutet, daß du Hilfe brauchst.«

»Ja ... wenn es so ist ...« Todds Herz machte hundertzwanzig Schläge in der Minute, aber er verzog keine Miene, wirkte fast heiter. Hatte er nicht schon immer gewußt, daß eine solche Nacht einmal kommen mußte? Ja, natürlich hatte er das.

»Sag deinen Eltern, daß ich einen Brief bekommen habe«, sagte Dussander. »Einen wichtigen Brief, verstehst du?«

»Ja, okay«, sagte Todd.

»Und jetzt werden wir sehen, Junge. Jetzt werden wir sehen, was in dir steckt.«

»Natürlich«, sagte Todd. Er merkte plötzlich, daß seine Mutter nicht mehr dem Geschehen auf dem Bildschirm folgte, sondern ihn beobachtete, und er zwang sich zu einem starren Grinsen.

Dussander sagte noch etwas, aber Todd legte auf.

»Ich gehe noch kurz zu Mr. Denker«, sagte er, und obwohl er zu beiden sprach, sah er nur seine Mutter an. In ihrem Gesicht drückte sich immer noch leise Sorge aus. »Soll ich euch noch etwas aus dem Laden mitbringen?«

»Für mich Pfeifenreiniger und für deine Mutter ein kleines Paket Verantwortungsgefühl bei Geldausgaben«, sagte Dick.

»Wie witzig«, sagte Monica. »Todd, ist Mr. Denker –«

»Was um alles in der Welt hast du wieder bei Fielding's gekauft?« unterbrach Dick sie.

»Das Gestell mit den Nippsachen drüben im Schrank. Das sagte ich dir doch schon. Mr. Denker ist doch nicht krank, Todd? Seine Stimme hörte sich so komisch an.«

»Es gibt also *tatsächlich* Gestelle mit Nippsachen? Ich dachte immer, das sei eine Erfindung britischer Kriminalschriftstellerinnen, damit der Mörder überall einen dumpfen Gegenstand findet.«

»Dick, darf ich auch mal was sagen?«

»Aber gewiß. Bedien dich nur.«

»Ich denke, ihm fehlt nichts«, sagte Todd. Er schlüpfte in seine Lederjacke und zog den Reißverschluß zu. Aber aufgeregt war er schon. »Er hat einen Brief von einem Neffen bekommen. Aus Hamburg oder Düsseldorf oder irgendwo. Er hat von den Leuten schon seit vielen Jahren nichts mehr gehört, und jetzt hat er diesen Brief und kann ihn wegen seiner schlechten Augen nicht lesen.«

»Das ist ja wirklich unangenehm«, sagte Dick. »Los, Todd. Geh rüber, damit der Mann beruhigt ist.«

»Ich dachte, er hätte jemand, der ihm vorliest«, sagte Monica. »Einen anderen Jungen.«

»Hat er auch«, sagte Todd, und plötzlich haßte er seine Mutter, haßte sie wegen der sich schon abzeichnenden Intuition, die er in ihren Augen erkannte. »Aber vielleicht war er nicht zu Hause oder durfte so spät nicht mehr weg.«

»Nun... dann geh. Aber sei vorsichtig.«

»Ja. Braucht ihr wirklich nichts aus dem Laden?«

»Nein. Was macht übrigens die Mathematik?«

»Es ist Trigonometrie«, sagte Todd. »Es geht einigermaßen. Ich wollte sowieso für heute Schluß machen.« Das war eine faustdicke Lüge.

»Willst du den Porsche nehmen?« fragte Dick.

»Nein, ich nehme das Fahrrad.« Er brauchte die zusätzlichen fünf Minuten, um seine Gedanken zu ordnen und seine Gefühle unter Kontrolle zu bekommen – es wenigstens zu versuchen.

In seiner gegenwärtigen Verfassung würde er mit dem Porsche wahrscheinlich gegen einen Telefonmast fahren.

»Schnall dir die Reflektoren um«, sagte Monica, »und grüß Mr. Denker von uns.«

»Okay.«

In den Augen seiner Mutter lag noch Mißtrauen, aber es war nicht mehr so ausgeprägt. Er warf ihr eine Kußhand zu und ging in die Garage, wo sein Fahrrad stand – er hatte jetzt ein italienisches Rennrad. Sein Herz raste immer noch, und er verspürte den wilden Impuls, mit der .30-.30 ins Haus zurückzugehen und seine Eltern zu erschießen, um anschließend an den Hang über der Autobahn zu fahren. Keine Schwierigkeiten mit Dussander mehr. Keine schlechten Träume und keine Penner mehr. Er würde schießen und schießen und schießen und nur eine einzige Kugel für das Ende aufsparen.

Aber dann kam die Vernunft wieder, und er machte sich auf den Weg zu Dussanders Haus. Die um seine Knie geschnallten

Reflektoren bewegten sich gleichmäßig auf und ab, und sein langes blondes Haar flatterte im Wind.

»Mein *Gott!*« Todd kreischte fast.

Er stand in der Küchentür. Dussander saß zusammengesunken am Tisch, den Kopf auf die Ellenbogen gestützt, zwischen denen die billige Keramiktasse stand. Auf seiner Stirn glänzten große Schweißtropfen. Aber Todd sah nicht Dussander an. Er sah das Blut. Überall war Blut. Blutlachen auf dem Tisch, auf dem leeren Küchenstuhl und auf dem Fußboden.

»Wo bluten Sie?« schrie Todd, als er sich endlich aus seiner Erstarrung lösen konnte. Er mußte tausend Jahre in der Küchentür gestanden haben. *Dies ist das Ende*, dachte er. *Dies ist das absolute Ende aller Dinge. Der Ballon steigt immer höher, Baby, ganz bis in den Himmel, und jetzt ist er klitzeklein, goodbye.* Er achtete dennoch darauf, nicht in das Blut zu treten. »Ich dachte, Sie hätten einen Scheißherzanfall!«

»Es ist nicht mein Blut«, murmelte Dussander.

»Was?« Todd blieb ruhig stehen. »Was haben Sie gesagt?«

»Geh nach unten. Dann wirst du sehen, was zu tun ist.«

»Was zum Teufel ist hier *passiert?*« fragte Todd, und dann kam ihm plötzlich ein entsetzlicher Gedanke.

»Verschwende nicht unsere Zeit, Junge. Was du unten im Keller findest, wird dich wahrscheinlich gar nicht überraschen. Ich denke, in solchen Dingen hast du selbst Erfahrung. Erfahrung aus erster Hand.«

Todd sah ihn eine Weile ungläubig an. Dann rannte er in den Keller. Er nahm zwei Stufen auf einmal. Er sah sich im trüben Licht der einzigen Birne im Keller um und meinte zuerst, einen Sack voll Abfall dort liegen zu sehen. Dann sah er die aus dem Sack herausragenden Beine und die dreckigen, von dem Gürtel zusammengehaltenen Arme und Hände.

»Mein Gott«, wiederholte er, aber diesmal kamen die Worte kraftlos. Sie waren nur ein leises heiseres Flüstern.

Er hielt sich die rechte Hand vor den Mund. Seine Lippen waren so trocken wie Sandpapier. Er schloß einen Augenblick die Augen ... und als er sie öffnete, hatte er endlich seine Selbstbeherrschung wiedergewonnen.

Todd bewegte sich.

Er sah den Griff des Spatens aus der flachen Grube in der hinteren Ecke ragen und erkannte, womit Dussander beschäftigt gewesen war, als seine Pumpe ihm diesen Streich spielte. Augenblicke später registrierte er den widerlichen Gestank, der hier unten herrschte – es roch wie verfaulte Tomaten. Er hatte ihn schon vorher gerochen, aber oben war er natürlich schwächer, und außerdem war er in den letzten paar Jahren nicht so oft hier gewesen.

Jetzt wußte er *genau*, was dieser Geruch bedeutete, und er mußte gegen seinen Brechreiz ankämpfen. Er stieß eine Reihe von erstickten und würgenden Lauten aus, gedämpft durch die Hand, die er vor Mund und Nase hielt.

Aber dann hatte er sich allmählich wieder in der Gewalt.

Er packte den Toten an den Beinen und schleifte ihn an den Rand der Grube, wo er sie fallen ließ. Dann wischte er sich mit dem linken Handrücken den Schweiß von der Stirn und blieb einen Augenblick stehen. Er dachte konzentrierter nach als je zuvor in seinem Leben.

Dann nahm er den Spaten und machte sich daran, die Grube tiefer auszuschachten. Als sie einen Meter fünfzig tief war, stieg er heraus und schob die Leiche mit dem Fuß über den Rand. Todd blieb am Grab stehen. Zerfetzte Bluejeans, dreckige verschorfte Hände. Kein Zweifel, es war ein Penner. Eine fast komische Ironie. Man hätte schreien können vor Lachen.

Er rannte wieder nach oben.

»Wie fühlen Sie sich jetzt?« fragte er Dussander.

»Es geht. Hast du alles erledigt?«

»Ich bin noch dabei, okay?«

»Beeil dich. Hier oben gibt's auch noch was zu tun.«

»Ich wollte, ich hätte ein paar Schweine, an die ich Sie verfüttern könnte«, sagte Todd und ging in den Keller zurück, bevor Dussander antworten konnte.

Der Penner war schon fast vollständig mit Erde bedeckt, als Todd das Gefühl hatte, daß irgend etwas nicht stimmte. Er starrte in das Grab und hielt den Spaten in der einen Hand. Die

Beine des Penners ragten noch ein Stück heraus und auch seine Fußspitzen waren zu sehen – ein alter Schuh, möglicherweise ein Hush Puppy, und eine verdreckte Socke, die zur Zeit von Tafts Präsidentschaft noch weiß gewesen sein mochte.

Ein Hush Puppy? *Einer?*

Todd rannte um den Ofen herum an den Fuß der Treppe. Er schaute sich wild um. Er spürte, daß er Kopfschmerzen bekam. Es war ein dumpfes Bohren in den Schläfen. Dann entdeckte er den Schuh in einiger Entfernung unter einem alten Regal. Todd hob ihn auf, rannte an das Grab zurück und warf ihn hinein. Dann schaufelte er weiter. Er bedeckte den Schuh, die Beine und alles übrige mit Erde.

Als das Loch völlig zugeschüttet war, schlug er mit dem Spaten die Erde fest. Dann nahm er die Harke und ließ sie ein paarmal hin und her fahren, damit man nicht so deutlich erkannte, daß hier vor kurzem gegraben worden war. Es hatte wenig Zweck. Ohne gute Tarnung sieht ein Loch, das vor kurzem gegraben und wieder zugeschüttet wurde, immer wie ein Loch aus, das vor kurzem gegraben und wieder zugeschüttet wurde. Dennoch, niemand würde Veranlassung haben, in diesen Keller hinunterzusteigen, oder etwa doch? Er und Dussander konnten nur hoffen, daß es nicht der Fall sein würde.

Todd rannte wieder nach oben. Er atmete schwer.

Dussanders Ellenbogen waren auseinandergerutscht und sein Kopf auf den Tisch gesunken. Seine Augen waren geschlossen, die Lider ein leuchtendes Rot – die Farbe von Astern.

»Dussander!« schrie Todd. Er hatte einen heißen, süßlichen Geschmack im Mund – der Geschmack von Angst und Adrenalin und pulsierendem Blut. »*Wagen* Sie es nicht, hier vor meinen Augen zu verrecken, Sie gottverdammtes altes Arschloch!«

»Schrei nicht so laut«, sagte Dussander, ohne die Augen zu öffnen. »Die ganze Nachbarschaft kommt gleich angelaufen.«

»Wo haben Sie Reinigungsmittel? Lestoil ... Top Job ... oder irgend etwas Ähnliches. Und Lappen. Ich brauche Lappen.«

»Alles unter der Spüle.«

Das meiste Blut war schon angetrocknet. Dussander hob den Kopf und schaute zu, wie Todd auf dem Fußboden herumkroch und bei den Lachen auf dem Linoleum anfing. Dann bearbeitete er die Spritzer an den Beinen des Stuhls, auf dem der Penner gesessen hatte. Todd biß sich auf die Lippen wie ein Pferd auf sein Gebißstück. Endlich hatte er es geschafft. Der beißende Geruch des Reinigungsmittels hing in der Luft.

»Unter der Treppe steht ein Karton mit alten Lappen«, sagte Dussander. »Leg die blutbeschmierten ganz nach unten. Und vergiß nicht, dir die Hände zu waschen.«

»Sparen Sie sich Ihre Ratschläge. Sie haben mir das alles eingebrockt.«

»Habe ich das? Ich muß sagen, daß du gut damit zurechtgekommen bist.« Ein wenig von dem alten Spott lag in Dussanders Stimme. Aber dann gab er seinem Gesicht mit einer bitteren Grimasse einen völlig anderen Ausdruck. »Beeil dich.«

Todd schaffte die Lappen weg und rannte zum letzten Mal die Kellertreppe hinauf. Nervös schaute er noch einmal in den Keller hinunter. Dann machte er das Licht aus und schloß die Tür. Er ging an die Spüle und krempelte die Ärmel auf und drehte das Wasser so heiß auf, wie er es gerade noch aushalten konnte. Er tauchte die Hände hinein ... und zog das Schlachtermesser heraus, das Dussander benutzt hatte.

»Ich würde Ihnen sehr gern damit die Kehle durchschneiden«, sagte Todd zornig.

»Ja, und mich dann an die Schweine verfüttern. Daran zweifle ich nicht im geringsten.«

Todd spülte das Messer ab, trocknete es und legte es weg. Rasch erledigte er den restlichen Abwasch, ließ das Wasser ablaufen und wischte das Becken aus. Er schaute auf die Uhr, als er sich die Hände trocknete, und sah, daß es zwanzig Minuten nach zehn war.

Er ging an das Telefon im Flur, nahm den Hörer ab und betrachtete ihn nachdenklich. Ihn quälte der Gedanke, daß er etwas vergessen haben könnte – etwas potentiell so Gefährliches wie den Schuh des Penners. Was könnte es sein? Er wußte es nicht. Wenn die Kopfschmerzen nicht gewesen wären, hätte er es vielleicht gewußt. Diese dreimal verfluchten Kopfschmerzen. Er neigte nicht dazu, etwas zu vergessen. Das Ganze war beängstigend.

Er wählte 222, und schon gleich nach dem ersten Signal

antwortete eine Stimme: »Hier ist das Medizinische Zentrum San Donato. Haben Sie ein medizinisches Problem?«

»Mein Name ist Todd Bowden. Ich bin in 963 Claremont Street. Ich brauche einen Krankenwagen.«

»Worum geht es denn, mein Sohn?«

»Es geht um meinen Freund Mr. D –« Er biß so hart auf die Lippen, daß sie bluteten. Er wußte nicht weiter. Seine Kopfschmerzen wurden unerträglich. *Dussander!* Fast hätte er dem Fremden vom Medizinischen Zentrum Dussanders richtigen Namen genannt.

»Beruhigen Sie sich, mein Junge. Sprechen Sie ganz langsam.«

»Mein Freund, Mr. Denker. Ich glaube, er hat einen Herzanfall gehabt.«

»Wie sind die Symptome?«

Todd berichtete, aber sobald er über die Schmerzen in der Brust erzählte, die in den linken Arm ausstrahlten, hatte der Mann am anderen Ende genug gehört. Er sagte Todd, daß der Krankenwagen in zehn bis zwanzig Minuten, je nach Verkehrslage, eintreffen würde. Todd legte auf und hielt sich die Hände vor die Augen.

»Hast du einen gekriegt?« rief Dussander schwach.

»*Ja!*« brüllte Todd. »*Ja, ich habe einen gekriegt! Ja, verdammt noch mal, ja! Ja ja ja! Halten Sie doch endlich Ihr verfluchtes Maul!*«

Er preßte die Hände noch fester gegen die Augen, daß er zuerst Blitze und dann eine helle rote Fläche sah. *Reiß dich zusammen, Todd-Baby. Bleib ruhig. Bleib ganz cool.*

Er öffnete die Augen und nahm den Hörer wieder ab. Jetzt kam das Schwierigste. Es war Zeit, zu Hause anzurufen.

»Hallo?« hörte er Monicas leise und kultivierte Stimme. Einen Augenblick – nur einen Augenblick lang – stellte er sich vor, daß er ihr den Lauf seiner Winchester in die Nase rammte und in das erste ausströmende Blut hinein abdrückte.

»Hier ist Todd, Mommy. Laß mich bitte rasch mit Daddy sprechen.«

Er nannte sie sonst nicht mehr Mommy. Deshalb mußte ihr dieses Signal sofort auffallen, und das zeigte sich auch sofort. »Was ist los? Ist irgend etwas nicht in Ordnung, Todd?«

»Laß mich rasch mit ihm reden.«

»Aber was –« Das Telefon klapperte und rasselte. Er hörte, daß seine Mutter etwas zu seinem Vater sagte. Todd wartete.

»Todd? Hast du Probleme?«

»Ja. Es geht um Mr. Denker, Daddy. Er ... es ist ein Herzanfall, glaube ich. Ich bin ziemlich sicher.«

»Mein Gott!« Die Stimme seines Vaters verschwand, und dann hörte Todd, wie er die Information an seine Frau weitergab. Dann war er wieder am Apparat. »Lebt er noch? Soweit du das beurteilen kannst?«

»Er lebt. Er ist sogar bei Bewußtsein.«

»Gott sei Dank. Du mußt sofort einen Krankenwagen rufen.«

»Habe ich eben getan.«

»Zwei-zwei-zwei?«

»Ja.«

»Sehr gut, Junge. Wie schlecht ist sein Zustand. Kannst du darüber etwas sagen?«

(leider nicht schlecht genug!)

»Ich weiß nicht, Dad. Sie sagen, daß der Krankenwagen bald kommt, aber ... ich habe ein bißchen Angst. Kannst du nicht rüberkommen und zusammen mit mir auf den Wagen warten?«

»Aber klar. Gib mir vier Minuten.«

Todd hörte seine Mutter noch etwas sagen, als sein Vater die Verbindung unterbrach.

Auch Todd legte auf.

Vier Minuten.

Vier Minuten, um das zu tun, was er vielleicht vergessen hatte. *Hatte* er überhaupt etwas vergessen? Es waren vielleicht nur die Nerven. Mein Gott, wenn er doch nur seinen Vater nicht hätte anrufen müssen. Aber war das nicht das Natürlichste von der Welt? Natürlich. Aber gab es etwas Natürlicheres, das er nicht getan hatte? Etwas –?

»Oh, du Scheißgehirn!« stöhnte er plötzlich und rannte in die Küche zurück. Dussander lag mit dem Kopf auf dem Tisch, die Augen halb geöffnet, mit umflortem Blick.

»Dussander!« rief Todd. Er schüttelte ihn grob, und der alte Mann stöhnte. »Aufwachen! Wachen Sie auf, Sie stinkender alter Scheißkerl!«

»Was? Ist das der Krankenwagen?«

»Der Brief! Mein Vater kommt rüber. Er muß jeden Augenblick hier sein. *Wo ist der verdammte Brief?*«

»Was ... was für ein Brief?«

»Sie haben mir gesagt, ich soll meinen Eltern sagen, daß Sie einen wichtigen Brief bekommen haben. Ich habe gesagt ...« Er war plötzlich ganz verzweifelt. »Ich habe gesagt, er kommt von Übersee ... aus Deutschland. Mein Gott!« Todd fuhr sich mit der Hand durch die Haare.

»Ein Brief.« Dussander hob mühsam den Kopf. Seine Wangen hatten eine ungesunde gelblichweiße Farbe, und seine Lippen waren blau. »Von Willi, glaube ich. Willi Frankel. Der liebe ... liebe Willi.«

Todd schaute auf die Uhr und sah, daß schon zwei Minuten vergangen waren, seit er aufgelegt hatte. Sein Vater *konnte* es bis Dussanders Haus nicht in vier Minuten schaffen, aber mit dem Porsche war er dennoch verdammt schnell. Schnell, das war's. Alles ging viel zu schnell. Und irgend etwas stimmte hier noch nicht; das *spürte* er. Aber er hatte keine Zeit mehr herumzulaufen und nach dem Fehler zu suchen.

»Ja, okay, ich habe Ihnen den Brief vorgelesen, und Sie regten sich auf, daß Sie einen Herzanfall kriegten. Gut. Wo ist er?«

Dussander sah ihn ausdruckslos an.

»Der Brief. Wo ist er?«

»Welcher Brief?« fragte Dussander monoton, und Todd juckte es in den Händen, das besoffene alte Ungeheuer zu erwürgen.

»Der, den ich Ihnen vorgelesen habe! Der von Willi Wie-heißt-er-noch! Wo ist er?«

Sie schauten beide auf den Tisch, als ob er sich dort auf der Stelle materialisieren müsse.

»Oben«, sagte Dussander endlich. »Sieh in meiner Kommode nach. Die dritte Schublade. Unten in der Schublade steht ein kleiner Kasten. Du wirst ihn aufbrechen müssen. Ich habe den Schlüssel schon vor langer Zeit verloren. Da sind ein paar sehr alte Briefe von einem Freund. Keiner unterschrieben. Keiner datiert. Alle auf Deutsch. Eine Seite oder zwei genügen. Wenn du dich beeilst –«

»Sind Sie *verrückt*?« raste Todd. »Ich verstehe kein Deutsch! Wie kann ich Ihnen einen deutsch geschriebenen Brief vorlesen, Sie beknacktes Schwein?«

»Warum sollte Willi mir auf englisch schreiben?« konterte Dussander müde. »Wenn du mir einen deutschen Brief vorliest, verstehe *ich* ihn, auch wenn du ihn nicht verstehst. Natürlich wäre deine Aussprache mörderisch, aber ich könnte trotzdem –«

Dussander hatte recht – wieder einmal, aber Todd wollte nichts mehr hören. Selbst nach seinem Herzanfall war der Alte ihm immer noch einen Schritt voraus. Todd sprang durch den Flur zur Treppe und blieb gerade lange genug an der Vordertür stehen, um sich zu vergewissern, daß sein Vater noch nicht angekommen war. Der Porsche war nicht in Sicht, aber ein Blick auf die Uhr sagte Todd, wie knapp es jetzt wurde. Schon fünf Minuten waren vergangen.

Er nahm zwei Stufen auf einmal und stürzte in Dussanders Schlafzimmer. Er war hier oben noch nicht gewesen und warf auf diesem unbekannten Terrain ein paar wilde Blicke um sich. Dann sah er die Kommode, ein billiges Möbel in dem Stil, den sein Vater Discountladen-Moderne nannte. Er warf sich vor dem Ding auf die Knie und riß die dritte Schublade auf. Sie klemmte auf halbem Wege, verschob sich und saß endgültig fest.

»Du gottverdammtes Ding«, flüsterte er. Von den roten Flecken auf seinen Wangen und seinen blauen Augen abgesehen, war sein Gesicht totenblaß. Seine Augen waren jetzt so dunkel wie Gewitterwolken über dem Atlantik. »Komm *raus*, du verdammtes Scheißding!«

Er riß so heftig, daß die ganze Kommode mitgerissen wurde und fast auf ihn gefallen wäre. Die Schublade schoß heraus und landete auf Todds Schoß. Dussanders Socken, Unterwäsche und Taschentücher lagen um ihn herum. Er fummelte zwischen den Sachen, die in der Schublade geblieben waren, und stieß auf einen kleinen fünfundzwanzig Zentimeter langen und knapp zehn Zentimeter breiten Holzkasten. Er versuchte, den Deckel aufzureißen. Nichts geschah. Er war verschlossen, genau wie Dussander gesagt hatte. Heute abend klappte nichts.

Er stopfte die herumliegenden Sachen wieder in die Schublade und rammte sie in die Kommode. Wieder blieb sie stecken.

Todd ruckte sie hin und her, und der Schweiß floß ihm über das Gesicht. Endlich konnte er sie zuschieben. Er nahm den Kasten und stand auf. Wieviel Zeit war jetzt vergangen?

Dussanders Bett hatte Pfosten am Fußende. So hart er konnte, knallte Todd den Kasten mit dem Schloß auf einen der Pfosten und verzog das Gesicht, als ihm ein scharfer Schmerz von den Händen bis in die Ellenbogen fuhr. Dann betrachtete er das Schloß. Es war ein wenig verbogen, aber es hielt noch. Ohne auf die Schmerzen zu achten, knallte er es noch härter auf den Pfosten. Diesmal schlug er einen Splitter vom Pfosten ab, aber das Schloß war immer noch nicht gesprengt. Todd lachte laut auf und trat an den anderen Pfosten. Er hob den Kasten hoch über den Kopf und ließ ihn mit aller Gewalt niedersausen. Diesmal krachte das Schloß auseinander.

Als er den Deckel anhob, fiel Scheinwerferlicht in Dussanders Fenster.

In fliegender Hast durchwühlte er den Inhalt. Postkarten. Ein Medaillon. Das mehrfach gefaltete Bild einer Frau, die schwarze Strumpfhalter mit Rüschen und sonst nichts trug. Eine alte Brieftasche.

Verschiedene Ausweispapiere. Eine leere Paßhülle. Und ganz unten Briefe.

Das Licht der Scheinwerfer wurde heller, und er hörte das charakteristische Röhren des Porschemotors. Es wurde lauter... und dann verstummte es.

Todd riß drei Bogen auf beiden Seiten engbeschriebenes Luftpostpapier aus dem Stapel und rannte aus dem Zimmer. Er war fast schon an der Treppe, als ihm einfiel, daß er den gewaltsam geöffneten Kasten auf Dussanders Bett gelegt hatte. Er rannte zurück, packte den Kasten und öffnete die dritte Schublade. Wieder blieb sie stecken, diesmal mit einem lauten Quietschen von Holz auf Holz.

Er hörte, wie draußen die Handbremse des Porsches einrastete und eine Tür geöffnet und wieder zugeschlagen wurde.

Todd hörte sich leise stöhnen. Er legte den Kasten in die schiefe Schublade, richtete sich auf und trat mit dem Fuß zu. Sauber schloß sich das Ding. Er drehte sich um und rannte durch den Flur. Er raste die Treppe hinunter. Als er halb unten war, hörte er die schnellen Schritte seines Vaters auf Dussanders Gartenweg. Todd schoß über das Geländer, federte sich ab und rannte in die Küche.

Ein Hämmern an der Tür. »Todd? Todd, ich bin's.«

In der Ferne hörte er jetzt auch die Sirene des Krankenwagens. Dussander war wieder in einen halb bewußtlosen Zustand zurückgefallen.

Todd legte die Briefseiten auf den Tisch und breitete sie fächerförmig aus, als ob jemand sie in aller Eile fallengelassen hätte.

»Ich komm schon, Dad!« rief er.

Dann ging er durch den Flur, um seinen Vater einzulassen.

»Wo ist er?« fragte Dick Bowden und drängte sich an Todd vorbei.

»In der Küche.«

»Du hast alles richtig gemacht, Todd«, sagte sein Vater und umarmte ihn rauh und ein wenig verlegen.

»Ich hoffe nur, daß ich an alles gedacht habe«, sagte Todd bescheiden und folgte seinem Vater durch den Flur in die Küche. In dem Gewühl, das entstand, als Dussander aus dem Haus getragen werden sollte, wurde der Brief fast völlig ignoriert. Todds Vater nahm ihn nur kurz in die Hand und legte ihn wieder hin, als die Männer mit der Trage kamen. Todd und sein Vater folgten dem Wagen bis zum Krankenhaus, und als Todd erklärte, was vorgefallen sei, akzeptierte der Arzt, der sich mit Dussanders Fall beschäftigte, seine Schilderung, ohne weitere Fragen zu stellen. Schließlich war »Mr. Denker« schon achtzig Jahre alt und befleißigte sich nicht gerade einer sehr gesunden Lebensweise. Auch der Arzt lobte Todd für seine Umsicht und seine schnelle Reaktion. Todd bedankte sich zerstreut und fragte seinen Vater, ob sie jetzt nach Hause fahren könnten.

Während der Fahrt sagte Dick ihm noch einmal, wie stolz er auf ihn sei. Todd hörte ihn kaum. Er dachte wieder an seine Winchester.

18

Am selben Tag brach Morris Heisel sich das Rückgrat.

Morris hatte nie die *Absicht* gehabt, sich das Rückgrat zu brechen. Seine *Absicht* war es lediglich gewesen, die Dachrinne an der Westseite seines Hauses zu reparieren. Nichts hatte ihm ferner gelegen, als sich das Rückgrat zu brechen. In seinem Leben gab es auch so schon genug Sorgen, herzlichen Dank. Seine erste Frau war mit fünfundzwanzig Jahren gestorben, und ihre beiden Töchter waren ebenfalls tot. Seine Brüder waren 1971 bei einem tragischen Autounfall in der Nähe von Disneyland umgekommen. Morris selbst ging auf die Sechzig zu und hatte Arthritis, die sich bei ihm relativ früh und sehr schnell verschlimmerte. Außerdem hatte er Warzen an beiden Händen, und zwar Warzen, die genauso rasch wieder da waren, wie der Arzt sie ausbrennen konnte. Darüber hinaus neigte er zu migräneartigen Kopfschmerzen, und seit ein paar Jahren nannte ihn dieser Rogan von nebenan »Morris der Kater«. Morris hatte in Gegenwart seiner zweiten Frau Lydia gegenüber einmal laut darüber nachgedacht, was Rogan wohl davon halten würde, wenn er ihn »Rogan die Hämorrhoide« nennen würde.

»Hör auf damit, Morris«, sagte Lydia dann immer. »Du verstehst einfach keinen Spaß. Du konntest noch *nie* Spaß verstehen! Manchmal frage ich mich, wie ich nur einen Mann heiraten konnte, der nicht *den geringsten* Sinn für Humor hat. Wir fahren nach Las Vegas«, hatte Lydia gesagt und zu der leeren Küche gesprochen, als spräche sie zu einer ganzen Horde von Leuten, die nur sie dort stehen sah, »wir sehen uns Buddy Hackett an, und Morris lacht nicht *ein einziges Mal*.«

Außer Arthritis, Warzen und Migräne hatte Morris auch noch Lydia, die sich, Gott schütze sie, während der letzten fünf Jahre zu einer bösen Nörglerin entwickelt hatte ... und zwar seit man ihr die Gebärmutter entfernt hatte. So hatte er also auch ohne ein gebrochenes Rückgrat schon jede Menge Sorgen und Probleme.

»*Morris!*« rief Lydia, als sie aus der Hintertür trat und sich mit einem Geschirrtuch die nassen Hände abtrocknete. »Morris, du kommst sofort von der Leiter runter!«

»Was?« Er drehte den Kopf, damit er sie sehen konnte. Er stand fast ganz oben auf der Trittleiter aus Aluminium. Morris trug seine Zimmermannsschürze mit den großen Taschen. In einer der Taschen hatte er Nägel, in der anderen große Krampen. Der Boden unter der Trittleiter war ein wenig uneben, und die Leiter schaukelte leicht, wenn er sich bewegte. Er hatte jene häßlichen Schmerzen im Genick, die einen Migräneanfall ankündigten, und war schlechter Laune. »Was?«

»Komm sofort runter, bevor du dir das Rückgrat brichst.«

»Ich bin fast fertig.«

»Du schaukelst auf der Leiter, als ob du in einem Boot sitzt, Morris. Komm runter.«

»Ich komme runter, wenn ich fertig bin!« sagte er wütend. »Laß mich in Ruhe!«

»Du wirst dir das Rückgrat brechen«, wiederholte sie bekümmert und ging wieder ins Haus.

Zehn Minuten später, als er den letzten Nagel in die Dachrinne schlug und sich dabei so weit zurücklehnte, daß er fast das Gleichgewicht verlor, hörte er das Schreien einer Katze, gefolgt von lautem Hundegekläff.

»Was um Gottes willen –?«

Er drehte sich um, und die Trittleiter wackelte bedenklich. In diesem Moment kam ihre Katze – *sie* hieß Lover Boy, nicht Morris – um die Garagenecke gejagt, das Fell gesträubt und mit böse funkelnden Augen. In wildem Jagdeifer rannte Rogans junger Collie hinter ihr her. Er ließ die Zunge heraushängen und schleifte seine Leine durch den Staub.

»Paß doch auf, du dämlicher Köter!« schrie Morris.

Die Leiter schwankte. Der Hund stieß mit der Flanke dagegen. Dann kippte die Leiter, und Morris kippte mit. Er stieß ein lautes Geheul aus. Aus den Taschen seiner Zimmermannsschürze flogen Nägel und Krampen. Er landete halb auf und halb neben dem Beton der Auffahrt, und ein gigantischer Schmerz flammte in seinem Rücken auf. Er hörte eigentlich nicht, daß sein Rückgrat brach, aber er fühlte es. Dann wurde die Welt für eine Weile grau.

Als er wieder zu sich kam, lag er mitten zwischen Nägeln und Krampen immer noch halb auf und halb neben dem Beton. Lydia kniete weinend über ihm. Rogan von nebenan war auch herbeigeeilt. Sein Gesicht war weiß wie ein Leichentuch.

»Habe ich es dir nicht gesagt!« jammerte Lydia. »Ich habe dir gesagt, daß du von der Leiter runterkommen sollst! Und jetzt sieh dir das an!«

Morris hatte nicht die geringste Lust, sich irgend etwas anzusehen.

Ein erstickender und pulsierender Schmerz schnürte sich wie ein Gürtel um seine Körpermitte, und das war schlimm, aber er stellte etwas noch viel Schlimmeres fest: Unterhalb dieses Schmerzgürtels fühlte er nichts mehr – überhaupt nichts.

»Du kannst später jammern«, sagte er heiser. »Jetzt rufst du erst mal einen Arzt.«

»Das erledige ich«, sagte Rogan und rannte zu seinem Haus zurück.

»Lydia«, sagte Morris und leckte sich die Lippen.

»Was? Was ist, Morris?« Sie beugte sich über ihn, und eine Träne fiel auf seine Wange. Das fand er rührend, aber er zuckte dabei zusammen, und das machte die Schmerzen schlimmer.

»Lydia, ich habe außerdem wieder einen Migräneanfall.«

»Oh, mein armer Liebling! Armer Morris! Aber ich habe dir *gesagt* –«

»Ich habe die Kopfschmerzen, weil Rogans Hund die ganze Nacht gebellt hat und ich nicht schlafen konnte. Und heute jagt der Hund meine Katze und stößt die Leiter um, und ich glaube, ich habe mir das Rückgrat gebrochen.«

Lydia schrie laut auf. Das Geräusch ließ Morris Kopf vibrieren.

»Lydia«, sagte er und leckte sich wieder die Lippen.

»Was ist, Darling?«

»Ich hatte lange Jahre schon den Verdacht, aber jetzt bin ich sicher.«

»Mein armer Morris, was ist es denn?«

»Es gibt keinen Gott«, sagte Morris und verlor das Bewußtsein.

Sie brachten ihn nach Santo Donato, und ungefähr um die Zeit, da er sich gewöhnlich an den Tisch setzte, um Lydias scheußliches Abendessen einzunehmen, sagte ihm sein Arzt, daß er nie wieder würde gehen können. Zu der Zeit lag er schon in einem Gipskorsett, und Blut- und Urinproben waren ihm abgenommen worden. Dr. Kemmelman hatte seine Augen untersucht und ihm mit einem kleinen Gummihammer auf die Knie geschlagen – aber seine Beine hatten bei den Schlägen keinerlei Reflexe gezeigt. Und ständig war da Lydia, deren Tränenstrom nicht versiegen wollte, während sie ein Taschentuch nach dem anderen verbrauchte. Lydia, die als Hiobs Ehefrau glücklich gewesen wäre, hatte ständig einen reichlichen Vorrat kleiner spitzenbesetzter Tücher bei sich, nur für den Fall, daß irgendwann einmal länger geheult werden mußte. Sie hatte ihre Mutter angerufen, und ihre Mutter würde schon bald eintreffen (»Wie nett Lydia« – obwohl Morris nichts auf der Welt so von ganzem Herzen verabscheute wie Lydias Mutter). Sie hatte den Rabbi angerufen, und auch der würde bald aufkreuzen (»Wie nett, Lydia« – obwohl er schon seit fünf Jahren keine Synagoge mehr betreten hatte und nicht einmal den Namen des Rabbi kannte). Sie hatte seinen Boss angerufen, und wenn der auch nicht kommen würde, so schickte er doch seine besten Genesungswünsche (»Wie nett, Lydia« – obwohl er diesen zigarrenkauenden Affen Frank Haskell genausowenig ausstehen konnte wie Lydias Mutter). Endlich gab man Morris eine Valiumtablette und schickte Lydia nach Hause. Kurz darauf schlief Morris ein – keine Sorgen, keine Migräne, kein nichts. Wenn sie ihm weiterhin solche kleinen blauen Pillen gaben, war sein letzter Gedanke, würde er gern noch einmal auf eine Leiter steigen und sich das Rückgrat brechen.

Als er aufwachte – oder das Bewußtsein wiedererlangte, was wohl eher zutraf –, dämmerte gerade der Morgen, und das Krankenhaus war still. Morris war ganz ruhig ... fast heiter. Er hatte keine Schmerzen und fühlte sich wie in Windeln gewickelt und angenehm schwerelos. Sein Bett war von einer Vorrichtung eingerahmt, die wie ein Eichhörnchenkäfig aussah – eine Art Gestänge aus rostfreiem Stahl mit Drähten und Rollen. Seine Beine wurden durch an diesen Vorrichtungen befestigte Kabel hochgehalten. Die Matratze, auf der er lag, schien in einem bestimmten Winkel gebogen zu sein, aber das war nicht eindeutig feststellbar. Er konnte es ja nur aus seinem Blickwinkel einschätzen.

Anderen geht es schlimmer, dachte er. *Überall in der Welt geht es anderen schlimmer. In Israel bringen die Palästineser ganze Busladungen Bauern um, die das politische Verbrechen begehen, in die Stadt zu fahren, um sich einen Film anzusehen. Und die Israelis vergelten diese Ungerechtigkeit, indem sie Bomben auf die Palästinenser werfen und dabei außer einigen wenigen Terroristen zahlreiche Kinder töten. Anderen geht es schlimmer als mir . . . was nicht bedeutet, daß es mir gutgeht, keine Spur, aber anderen geht es schlimmer.*

Mit einiger Anstrengung hob er die Hand – er hatte irgendwo im Körper Schmerzen, aber sie waren nur schwach – und ballte sie zur Faust. Er schaute hin. Da. Seinen Händen fehlte nichts. Auch mit seinen Armen war alles in Ordnung. Was machte es schon aus, daß er unterhalb der Hüften kein Gefühl mehr hatte? Überall in der Welt gab es Leute, die vom Genick abwärts gelähmt waren. Es gab Leute mit Lepra. Es gab Leute, die an Syphilis starben. Irgendwo in der Welt gab es vielleicht genau in diesem Augenblick Leute, die ein Flugzeug bestiegen, das abstürzen würde. Nein, dies war nicht sehr schön, aber es gab Schlimmeres in der Welt.

Und früher hatte es *noch* viel schlimmere Dinge in der Welt gegeben.

Er hob den linken Arm. Wie losgelöst vom Körper schien er vor seinen Augen zu schweben – ein dürrer Altmännerarm mit schrumpfenden Muskeln. Er trug einen Anstaltspyjama, aber er hatte kurze Ärmel, und er konnte immer noch die mit verblaßter blauer Tinte eintätowierte Nummer lesen. P49995214. Schlimmere Dinge, ja, schlimmere Dinge als von einer Leiter zu fallen und sich das Rückgrat zu brechen und in ein sauberes und steriles Krankenhaus in der Stadt gebracht zu werden und eine Valiumtablette zu bekommen, die einem ohnehin die Sorgen fortspült.

Da gab es die Duschen, und sie waren schlimmer. Seine erste Frau Ruth war in einer dieser dreckigen Duschen gestorben. Da waren die Gräben, die zu Gräbern wurden – wenn er die Augen schloß, sah er heute noch die Männer in den offenen Rachen der Gräben liegen, hörte er die Gewehrsalven, erinnerte er sich daran, daß sie wie verrückte Marionetten nach hinten in die Gruben gepurzelt waren. Da waren die Krematorien, die ebenfalls schlimmer waren, die Krematorien, die ständig die Luft mit dem süßen Geruch von Juden füllten, die wie Fackeln brannten. Die von Grauen gezeichneten Gesichter alter Freunde oder Verwandter... Gesichter, die wegschmolzen wie tropfende Kerzen, während man zuschaute – dünn, dünner am dünnsten. Und dann waren sie eines Tages verschwunden. Wohin? Wohin verschwindet die Flamme einer Fackel, wenn der kalte Wind sie ausgeblasen hat? In den Himmel? In die Hölle? Lichter in der Dunkelheit. Kerzen im Wind. Als Hiob endlich zusammenbrach und Gott anklagte, fragte Gott ihn: *Wo warst du, als ich die Welt erschuf?* Wenn Morris Heisel Hiob gewesen wäre, hätte er geantwortet: *Wo warst du, als meine Ruth starb? Da hast du wohl gerade in die falsche Richtung geschaut. Wenn du dein Geschäft nicht besser versehen kannst, dann geh mir aus den Augen.*

Ja, es gab schlimmere Dinge, als sich das Rückgrat zu brechen, daran zweifelte er nicht. Aber welcher Gott konnte zulassen, daß er sich das Rückgrat brach, um sein Leben lang gelähmt zu bleiben, nachdem er seine Frau hatte sterben sehen? Und seine Töchter? Und seine Freunde?

Überhaupt kein Gott.

Eine Träne rollte ihm aus dem Augenwinkel und lief langsam die Wange herab zum Ohr. Draußen vor dem Krankenzimmer ertönte leise eine Klingel. Die weißen Kreppsohlen an den Schuhen einer Schwester quietschten vorbei. Seine Tür stand einen Spalt offen, und an der gegenüberliegenden Wand des Korridors konnte er die Buchstaben TENSIVSTA erkennen. Das ganze Wort mußte wohl INTENSIV-STATION heißen.

In dem Zimmer bewegte sich etwas. Bettzeug raschelte.

Mit einer sehr vorsichtigen Bewegung drehte Morris den Kopf nach rechts, von der Tür weg. Er erkannte neben sich einen Nachttisch, auf dem ein Krug voll Wasser stand. Auf der Tischplatte waren zwei Knöpfe angebracht. Weiter hinten stand

noch ein Bett, und in dem lag ein Mann, der sogar noch älter und kranker aussah, als Morris sich fühlte. Die Haut des Mannes war eingesunken und gelb. Er hatte tiefe Falten um Mund und Augen. Sein Haar war gelblichweiß und wirkte trocken und ohne Leben. Er war nicht an ein riesiges Übungsgerät für Rennmäuse angeschlossen wie Morris, aber neben seinem Bett hing ein intravenöser Tropf, und am Fußende stand eine Konsole mit Kontrollinstrumenten. Seine Augenlider sahen gequetscht aus und glänzten, und an seiner Nase erkannte Morris die geplatzten Blutgefäße des chronischen Trinkers.
Morris schaute weg... und sah wieder hin. Als es heller wurde und es sich im Haus zu regen begann, hatte Morris das seltsame Gefühl, daß er seinen Zimmergenossen kannte. Konnte das sein? Der Mann mochte zwischen fünfundsiebzig und achtzig Jahre alt sein, und Morris glaubte nicht, daß er jemanden kannte, der so alt war – außer Lydias Mutter, ein Scheusal, das Morris manchmal für älter hielt als die Sphinx, der die Frau sehr ähnlich sah.

Vielleicht war der Kerl jemand, den er früher gekannt hatte, vielleicht sogar bevor er, Morris, nach Amerika gekommen war. Vielleicht. Vielleicht auch nicht. Und warum spielte das plötzlich überhaupt eine Rolle? Warum waren ihm zum Beispiel all die Erinnerungen an Patin ausgerechnet heute abend gekommen, wo er doch immer versuchte – und meistens gelang es ihm auch –, diese Dinge begraben sein zu lassen?

Plötzlich bekam er eine Gänsehaut, als habe er ein geistiges Spukschloß betreten, in dem die alten Leichen noch nicht zur Ruhe gekommen waren und in dem alte Gespenster umgingen. Konnte das hier und jetzt geschehen, in diesem sauberen Krankenhaus und dreißig Jahre danach?

Er wandte seine Blicke von dem alten Mann im Nachbarbett ab, und bald fühlte er sich wieder schläfrig.

Wenn man glaubt, daß man diesen Mann kennt, ist es nur ein Streich, den einem der Verstand spielt. Nur der Verstand, der einen so gut er kann amüsieren will, so wie er einen damals amüsieren wollte, damals in –

Aber daran wollte er nicht denken. Er wollte sich einfach nicht *gestatten*, daran zu denken.

Als er langsam einschlief, dachte er noch daran, wie er vor Ruth geprahlt hatte (aber nie vor Lydia; es lohnte sich nicht, vor Lydia zu prahlen; sie war nicht wie Ruth, die über seine harmlosen Prahlereien nur immer liebenswürdig gelacht hatte: *Ich vergesse nie ein Gesicht.* Hier hatte er die Chance festzustellen, ob das immer noch so war. Wenn er den Mann in dem anderen Bett wirklich einmal gesehen hatte, dann müßte er doch eigentlich noch wissen wann... und wo.

Dem Schlaf schon sehr nahe, immer auf der Schwelle zwischen Träumen und Wachen, dachte Morris: *Vielleicht kenne ich ihn aus dem Lager.* Das wäre in der Tat Ironie – das wäre, was man einen »Witz Gottes« nannte.

Welcher Gott? fragte sich Morris noch einmal und schlief ein.

19

Todd mußte bei der Abschlußfeier die Begrüßungsrede halten, möglicherweise wegen seiner schlechten Zensur im Trigonometrie-Abschluß, für den er an dem Abend gearbeitet hatte, an dem Dussander seinen Herzanfall erlitt. Sie drückte seine Ergebnisse auf 89, einen Punkt unter den Durchschnitt für Eins minus.

Eine Woche nach dem Abschluß besuchten die Bowdens Mr. Denker im Allgemeinen Krankenhaus von Santo Donato. Unruhig überstand Todd fünfzehn Minuten lang Banalitäten und Dankeschöns und Wie-geht-es-Ihnen, und er war dankbar für die Unterbrechung, als der Mann im Nachbarbett ihn bat, doch für eine Minute zu ihm zu kommen.

»Entschuldigen Sie bitte«, sagte der Mann höflich. Er lag in einem riesigen Gipskorsett, und aus irgendeinem Grund war er an ein System von Drähten und Rollen angeschlossen, das über ihm angebracht war. »Mein Name ist Morris Heisel. Ich habe mir das Rückgrat gebrochen.«

»Das ist aber unangenehm«, sagte Todd ernst.

»Unangenehm, sagt er! Der Junge ist ein Meister der Untertreibung!«

Todd wollte sich entschuldigen, aber Heisel hob die Hand und lächelte ein wenig.

Sein Gesicht war blaß und müde wie das jedes beliebigen alten Mannes im Krankenhaus, der ein Leben voller Veränderungen vor sich sieht – die meisten nicht zum besten. So gesehen, fand Todd, ähnelten er und Dussander sich.

»Keine Ursache«, sagte Morris. »Man braucht einen rüden Kommentar nicht auch noch zu kommentieren. Sie sind ein Fremder. Muß ich einen Fremden mit meinen Problemen belästigen?«

»Kein Mensch ist eine Insel, ganz für sich allein –« zitierte Todd, und Morris lachte.

»Der zitiert Donne! Ein kluges Kind! Ihr Freund da, geht es ihm sehr schlecht?«

»Nun, die Ärzte meinen, daß es ihm den Umständen entsprechend ganz ausgezeichnet geht. Schließlich ist er schon achtzig.«

»So alt schon?« rief Morris. »Wissen Sie, er redet nicht viel. Aber aus dem, was er sagt, schließe ich, daß er naturalisiert ist. Wie ich. Ich bin nämlich Pole. Ursprünglich natürlich. Aus Radom.«

»So?« sagte Todd höflich.

»Wissen Sie, wie man in Radom eine orangefarbene Plane für ein Einmannloch nennt?«

»Nein«, sagte Todd und lächelte.

»Einen Howard Johnson«, sagte Morris und lachte. Todd lachte auch. Dussander schaute stirnrunzelnd zu ihnen herüber. Das Geräusch hatte ihn erschreckt. Dann sagte Monica etwas, und Dussander wandte sich ihr wieder zu.

»*Ist* Ihr Freund denn naturalisiert?«

»Oh, ja«, sagte Todd. »Er stammt aus Deutschland. Aus Essen. Kennen Sie die Stadt?«

»Nein«, sagte Morris, »aber ich war nur einmal in Deutschland. Ich möchte wissen, ob er am Krieg teilgenommen hat.«

»Das weiß ich wirklich nicht.« Todds Blick verlor sich in der Ferne.

»Nicht? Nun, das ist nicht so wichtig. Der Krieg ist lange

vorbei. In ein paar Jahren wird es hier Leute geben, die für das Amt des Präsidenten kandidieren dürfen, obwohl sie erst nach dem Krieg geboren wurden. Für das Präsidentenamt! Sie werden den Unterschied nicht kennen zwischen dem Wunder von Dünkirchen und Hannibals Alpenüberquerung mit seinen Elefanten.«

»Haben Sie am Krieg teilgenommen?« fragte Todd.

»Irgendwie schon, möchte ich meinen. Es ist sehr nett von Ihnen, mein Junge, einen so alten Mann zu besuchen... zwei alte Männer, wenn man mich mitrechnet.«

Todd lächelte bescheiden.

»Ich bin jetzt müde«, sagte Morris. »Vielleicht kann ich ein wenig schlafen.«

»Hoffentlich fühlen Sie sich bald besser«, sagte Todd.

Morris nickte, lächelte und schloß die Augen. Todd ging zu Dussanders Bett zurück, wo seine Eltern gerade aufbrechen wollten – sein Vater schaute dauernd auf die Uhr und sagte immer wieder, daß es schon sehr spät sei. Aber Morris Heisel schlief nicht. Er sollte sehr lange nicht mehr schlafen.

Zwei Tage später kam Todd allein in das Krankenhaus. Morris Heisel war, eingemauert in sein Gipskorsett, im Nebenbett fest eingeschlafen.

»Du hast alles ziemlich gut gemacht«, sagte Dussander. »Bist du später noch in das Haus zurückgegangen?«

»Ja. Ich habe den verdammten Brief verbrannt. Ich glaube nicht, daß irgend jemand an dem Brief besonders interessiert war, aber ich hatte Angst... ach, ich weiß nicht.« Er zuckte die Achseln. Er konnte Dussander einfach nicht sagen, daß er wegen des Briefes eine fast abergläubische Angst gehabt hatte – Angst, daß vielleicht jemand das Haus betreten würde, der Deutsch lesen konnte, jemand, der in dem Brief vielleicht zehn oder zwanzig Jahre alte Hinweise bemerken würde.

»Wenn du das nächste Mal kommst, solltest du mir etwas Trinkbares reinschmuggeln«, sagte Dussander. »Die Zigaretten vermisse ich nicht so sehr, aber –«

»Ich komme nicht wieder«, sagte Todd. »Nie mehr. Es ist vorbei. Wir sind quitt.«

»Quitt.« Dussander faltete die Hände über der Brust und lächelte. Es war kein freundliches Lächeln ... aber freundlicher konnte Dussander wahrscheinlich gar nicht lächeln. »Das stand wohl in den Karten. Ich soll nächste Woche aus diesem Leichenhaus entlassen werden ... das hat man mir jedenfalls gesagt. Der Arzt meint, daß ich noch ein paar Jahre in meiner Haut leben kann. Ich fragte ihm, wie viele, aber er lachte nur. Wahrscheinlich bedeutet das höchstens drei und wahrscheinlich nur zwei. Aber vielleicht überrasche ich ihn noch.«

Todd sagte nichts.

»Aber unter uns gesagt, Junge, ich habe schon fast die Hoffnung aufgegeben, die Jahrhundertwende noch zu erleben.«

»Ich möchte Sie etwas fragen«, sagte Todd und sah Dussander ruhig an. »Deshalb bin ich heute gekommen. Ich möchte Sie über etwas befragen, was Sie mir mal gesagt haben.«

Todd schaute über die Schulter zu dem Mann im Nachbarbett hinüber und rückte seinen Stuhl näher an Dussanders Bett heran. Er roch Dussanders Geruch, der so trocken war wie der Ägyptische Saal im Museum.

»Dann frag doch.«

»Dieser Penner. Sie behaupteten, ich hätte in diesen Dingen Erfahrung. Erfahrung aus erster Hand. Was meinten Sie damit?«

Dussanders Lächeln wurde ein wenig breiter. »Ich lese Zeitungen, Junge. Alte Männer lesen immer Zeitungen, aber sie lesen sie anders als jüngere Leute. Am Ende gewisser Startbahnen auf südamerikanischen Flugplätzen versammeln sich immer dann Bussarde, wenn gefährliche Seitenwinde aufkommen. Genauso lesen alte Männer die Zeitung. Vor einem Monat stand ein Bericht im Sonntagsblatt. Natürlich nicht auf der Titelseite, denn so sehr interessiert sich niemand für Penner und Alkoholiker, aber immerhin an prominenter Stelle auf der zweiten Seite. MACHT JEMAND JAGD AUF SANTO DONATOS GESCHEITERTE? – so lautete die Überschrift. Primitiv. Regenbogenpresse. Dafür seid ihr Amerikaner ja berühmt.«

Todds Hände ballten sich zu Fäusten, und damit versteckte er gleichzeitig seine abgekauten Fingernägel. Er las nie Sonntagszeitungen. Er wußte mit seiner Zeit Besseres anzufangen. Natürlich hatte er nach seinen kleinen Abenteuern mindestens eine Woche lang jeden Tag die Zeitungen geprüft, aber keiner seiner Penner war je über die Seite drei hinausgelangt. Daß jemand hinter seinem Rücken Nachforschungen angestellt hatte, empörte ihn allerdings.

»In dem Artikel wurden mehrere Morde erwähnt«, fuhr Dussander fort. »Äußerst brutale Morde. Die Opfer wurden erstochen oder erschlagen. ›Unmenschliche Brutalität‹ nannte der Verfasser des Artikels das, aber du kennst ja Reporter. Der Autor dieses traurigen Stücks räumte ein, daß die Todesrate unter diesen Unglücklichen recht hoch ist und daß es in Santo Donato, über einen längeren Zeitraum betrachtet, überdurchschnittlich viele dieser Bedürftigen gegeben hat. Nicht alle diese Männer sterben eines natürlichen Todes oder an ihrem üblen Lebenswandel. Morde sind nicht selten. Aber in den meisten Fällen ist der Täter ein Leidensgenosse des Ermordeten, und meistens geht es dabei nur um eine Flasche billigen Wein oder um Streit beim Kartenspiel. Der Täter gesteht sofort und bereut seine Tat.

Aber diese jüngsten Morde wurden nie aufgeklärt. Was diesem Journalisten von der Sensationspresse dabei besonders verdächtig vorkommt, ist die Tatsache, daß in den letzten paar Jahren besonders viele verschwunden sind. Natürlich gibt er zu, daß diese Leute nichts anderes sind als Landstreicher. Sie kommen und gehen. Aber einige sind verschwunden, ohne ihre Wohlfahrtsgutscheine abzuholen, die nur am Freitag ausgegeben werden. Könnte nicht der eine oder andere, so fragt sich dieser Journalist, das Opfer seines Pennermörders geworden sein? Opfer, die noch nicht gefunden wurden? Lächerlich!«

Dussander fuhr mit der Hand durch die Luft, als wollte er einer so krassen Unverantwortlichkeit seine Verachtung bezeugen.

»Es geht natürlich um den Kitzel. Das angenehme Gruseln am Sonntagmorgen. Der Mann erinnert die Leute an unheimliche Mörder von gestern, fadenscheinig, aber die Sache hat Unterhaltungswert – an den Massenmörder von Cleveland, an Zodiac, an den geheimnisvollen Mr. X, der die Schwarze Dahlie umbrachte, an den Schnellen Jack. Alles Geschwätz. Aber wenn ich solche Artikel lese, denke ich nach. Was soll ein alter Mann anderes tun, wenn seine alten Freunde ihn nicht mehr besuchen?«

Todd zuckte die Achseln.

»Ich dachte: ›Wenn ich diesem Hund von der Sensationspresse helfen wollte, was ganz gewiß nicht meine Absicht ist, dann könnte ich sehr wohl das Verschwinden einiger Leute erklären.‹ Nicht die Leichen, die man erstochen oder erschlagen aufgefunden hat, nicht *die*, Gott sei ihren besoffenen Seelen gnädig, aber doch einige, denn ein paar von den Pennern sind in meinem Keller verschwunden.«

»Wie viele liegen da unten?« fragte Todd leise.

»Sechs«, sagte Dussander gelassen. »Wenn man den mitzählt, bei dem du mir geholfen hast, sechs.«

»Sie sind ja wahnsinnig«, sagte Todd. Die Haut unter seinen Augen war ganz weiß und glänzend geworden. »Irgendwann müssen sich bei Ihnen sämtliche Schrauben gelockert haben.«

»Sämtliche Schrauben gelockert. Eine elegante Formulierung! Vielleicht hast du recht! Aber dann sagte ich mir: ›Wie gern würde dieser Schakal von einem Journalisten die Morde und das Verschwinden einiger Leute einer und derselben Person anhängen – seinem hypothetischen Pennermörder.‹ Aber ich glaube, das ist unmöglich, denn so kann es gar nicht geschehen sein.

Und dann fragte ich mich: ›Kenne ich jemanden, der so etwas tun könnte? Jemanden, der während der letzten Jahre unter der gleichen Anspannung gelebt hat wie ich? Jemanden, der gehört hat, wie die alten Gespenster mit ihren Ketten rasseln?‹ Und die Antwort lautet ja. Ich kenne *dich*, Junge.«

»Ich habe nie jemanden umgebracht.« Auf dem Bild, das er vor Augen hatte, war kein Penner; sie waren ja keine Menschen. Sie waren wirklich keine Menschen. Er sah nur ein Bild von sich selbst, wie er hinter dem toten Baum hockte und durch das Zielfernrohr seiner Winchester starrte und die Schläfe des Mannes mit dem Bart im Fadenkreuz hatte, des Mannes, der den Transporter fuhr.

»Vielleicht nicht«, räumte Dussander liebenswürdig ein. »Aber du hast an dem Abend alles so gut gemacht. Ich glaube, deine ganze Überraschung war nur Wut, Wut darüber, daß die

Schwäche eines alten Mannes dich in eine so gefährliche Lage gebracht hatte. Habe ich recht?«

»Ja, Sie haben recht«, sagte Todd. »Ich hatte von Ihnen die Schnauze voll, und das habe ich noch. Ich habe Ihnen nur deshalb geholfen, die Sache zu vertuschen, weil Sie etwas in einem Schließfach liegen haben, das mein Leben zerstören könnte.«

»Das stimmt nicht.«

»Was? Was reden Sie da?«

»Das stimmt genausowenig wie dein Gerede von einem ›Brief bei einem Freund‹. Du hast einen solchen Brief nie geschrieben, und es gab auch nie einen solchen Freund. Und auch ich habe nie ein einziges Wort über unsere ... Beziehungen zu Papier gebracht, wenn ich sie mal so nennen soll. Ich lege jetzt meine Karten auf den Tisch. Du hast mir das Leben gerettet, ganz gleich ob du es nur getan hast, um dich selbst zu retten. Das ändert nichts an der Tatsache, daß du mir schnell und wirksam geholfen hast. Ich kann dir nichts tun, Junge. Das sage ich dir ganz offen. Ich habe dem Tod ins Auge gesehen, und ich hatte Angst, aber es war nicht so schlimm, wie ich gedacht hatte. Es gibt kein Dokument. Du hast recht: Wir sind quitt.«

Todd lächelte. Ganz eigenartig zog er die Lippen hoch. Ein seltsamer Hohn blitzte in seinen Augen auf:

»Herr Dussander«, sagte er. »Wenn ich das nur glauben könnte.«

Am Abend stieg Todd den Hang über der Autostraße hinab. Er erreichte den toten Baum und setzte sich darauf. Es wurde schon langsam dunkel. Der Abend war warm. Die Scheinwerfer der Autos bildeten gelbe Blütenketten.

Es gibt kein Dokument.

Er hatte erst während der anschließenden Diskussion erkannt, wie verfahren die Angelegenheit war. Dussander schlug Todd vor, das Haus nach einem Schlüssel für das Fach zu durchsuchen. Wenn diese Suche erfolglos blieb, wäre der Beweis dafür geliefert, daß es kein Schließfach gab und folglich auch kein Dokument. Aber einen Schlüssel konnte man überall verstecken – man konnte ihn in eine Dose legen und vergraben, man konnte ihn hinter ein loses Brett schieben und dies anschließend wieder vernageln. Vielleicht war Dussander sogar mit dem Bus nach San Diego gefahren und hatte den Schlüssel hinter einem Stein irgendeiner Kirchhofsmauer versteckt. Außerdem, fuhr Todd fort, hätte Dussander den Schlüssel auch einfach wegwerfen können. Er hatte ihn nur ein einziges Mal gebraucht, um sein Dokument in das Fach zu legen, und im Falle seines Todes wäre es auch ohne ihn geöffnet worden.

Widerwillig gab Dussander Todd recht, aber nach einigem Nachdenken machte er einen anderen Vorschlag. Wenn er, Dussander erst wieder zu Hause sei, solle Todd jede einzelne Bank in Santo Donato anrufen und sich nach einem Schließfach unter dem Namen Arthur Denker erkundigen. Sein armer Großvater sei sehr krank und in den letzten Jahren ziemlich senil geworden. Er habe den Schlüssel zu seinem Schließfach verlegt. Schlimmer noch, er wisse nicht einmal mehr, bei welcher Bank er das Fach eingerichtet habe. Ob sie nicht einmal ihre Unterlagen überprüfen könnten? Und wenn Todd bei jeder Bank in der Stadt eine negative Auskunft bekäme –

Todd schüttelte schon wieder den Kopf. Erstens würde eine solche Geschichte fast mit Sicherheit Verdacht erregen. Sie war einfach zu glatt. Man würde sofort einen Schwindel vermuten und die Polizei verständigen. Und selbst wenn alle ihm seine Geschichte abkauften, wäre er noch keinen Schritt weiter. Wenn es bei keiner der fast neun Dutzend Banken in Santo Donato ein Schließfach unter dem Namen Denker gab, konnte man immer noch nicht wissen, ob er nicht in San Diego oder Los Angeles oder in irgendeiner anderen Stadt gemietet hatte.

Schließlich gab Dussander auf.

»Du weißt auf alles eine Antwort, Junge. Außer vielleicht auf eins: Was hätte ich davon, dich zu belügen? Ich habe diese Geschichte erfunden, um mich gegen dich abzusichern – das ist ein Motiv. Und nun versuche ich, diese Erfindung rückgängig zu machen. Welchen möglichen Vorteil siehst du darin?«

Dussander stützte sich mühsam auf einen Ellenbogen.

»Im übrigen würde ich nach Lage der Dinge überhaupt kein solches Dokument mehr benötigen. Ich könnte dein Leben vom

Krankenhausbett aus zerstören, wenn ich wollte. Ich brauchte nur mit dem ersten Arzt, der vorbeikommt, zu sprechen. Es sind alles Juden. Sie würden wissen, wer ich bin oder, besser gesagt, wer ich war. Aber warum sollte ich das tun? Du bist intelligent. Du hast eine glänzende Karriere vor dir... es sei denn, du ließest bei deinen Pennern nicht genügend Vorsicht walten.«

Todds Gesicht gefror. »Ich habe Ihnen doch gesagt...«

»Ich weiß. Du hast nie von ihnen gehört, du hast ihren verdreckten und verlausten Köpfen kein Haar gekrümmt, in Ordnung, gut, wunderbar. Darüber will ich auch gar nicht mehr reden. Aber. Und jetzt sag mir, Junge, warum sollte ich in dieser Angelegenheit lügen? Du sagst, wir sind quitt. Aber ich sage dir, daß wir nur dann quitt sind, wenn wir einander trauen können.«

Und als er jetzt an dem Abhang, der zur Straße hin abfiel, hinter dem toten Baum saß und die endlosen Lichterketten der Scheinwerfer wie langsame Leuchtspurgeschosse in der Ferne verschwinden sah, wußte er ganz genau, wovor er Angst hatte.

Dussander hatte von Vertrauen geredet. Das machte ihm Angst.

Der Gedanke, daß Dussander tief im Herzen immer noch eine Flamme des Hasses nährte, machte ihm ebenfalls Angst.

Einen Haß auf Todd Bowden, der jung war und ein glattes faltenloses Gesicht hatte; Todd Bowden, der ein guter Schüler war und der das ganze Leben noch vor sich hatte.

Aber was ihm am meisten Angst machte, war Dussanders Weigerung, ihn mit seinem Namen anzureden.

Todd. Was war daran so schwer, selbst für einen alten Kraut mit falschen Zähnen? *Todd.* Eine Silbe. Leicht auszusprechen. Man legt die Zunge an den Gaumen, läßt die unteren Zähne ein wenig sinken, nimmt die Zunge wieder zurück, und schon ist der Name heraus. Und doch nannte Dussander ihn immer ›Junge‹. Nur das. Verächtlich. *Anonym.* Ja, das war es: anonym. So anonym wie die Häftlingsnummer in einem Konzentrationslager.

Vielleicht sagte Dussander *wirklich* die Wahrheit. Nein, nicht nur vielleicht, wahrscheinlich sogar. Aber da waren diese

Ängste... und die schlimmste Angst bereitete es ihm, daß Dussander nie seinen Namen benutzte.

Und schuld an allem war seine eigene Unfähigkeit, zu einer harten und endgültigen Entscheidung zu kommen. Schuld daran war die traurige Wahrheit, daß er zwar vier Jahre lang Dussander regelmäßig besucht hatte, aber immer noch nicht wußte, was im Kopf dieses alten Mannes vorging. Vielleicht war er doch kein so guter Schüler.

Wagen und Wagen und Wagen. Seine Finger juckten danach, das Gewehr in Anschlag zu bringen. Wie viele würde er schaffen? Drei? Sechs? Die böse Dreizehn? Und wie viele Meilen bis Babylon?

Er rückte unruhig hin und her. Er fühlte sich unbehaglich. Er würde wohl erst bei Dussanders Tod die Wahrheit erfahren. Irgendwann während der nächsten fünf Jahre, vielleicht sogar früher. Drei bis fünf... das klang wie ein Gerichtsurteil. *Todd Bowden, das Gericht verurteilt Sie zu drei bis fünf Jahren wegen Ihrer Verbindungen zu einem als Kriegsverbrecher bekannten Mann. Drei bis fünf Jahre bei kaltem Schweiß und schlechten Träumen.*

Früher oder später würde Dussander ganz einfach tot umfallen. Dann würde das Warten beginnen. Der Druck im Magen, wenn es an der Haustür klingelte.

Er war nicht sicher, ob er das aushalten würde.

Es juckte Todd in den Fingern, das Gewehr aufzunehmen. Er ballte die Fäuste und stieß sie sich zwischen die Beine. Er krümmte sich vor Schmerzen und blieb eine ganze Weile liegen. Seine Lippen öffneten sich zu einem stummen Schrei. Die Schmerzen waren entsetzlich, aber sie löschten seine endlosen quälenden Gedanken aus.

Wenigstens für kurze Zeit.

20

Für Morris Heisel war dieser Sonntag ein Tag der Wunder.

Die Atlantic Braves, seine Lieblings-Baseballmannschaft, hatte überraschend 7–1 und 8–0 gegen die arroganten Cincinnati Reds gewonnen. Lydia, die ständig selbstgefällig damit prahlte, daß sie immer vorsichtig sei – ihr Lieblingsspruch war »vorbeugen ist besser als heilen« – war auf dem nassen Küchenfußboden bei ihrer Freundin Janet ausgerutscht und hatte sich die Hüfte verrenkt. Sie lag zu Hause im Bett. Es war nichts Ernstes, beileibe nicht und Gott sei Dank (welcher Gott), aber es bedeutete, daß sie ihn mindestens zwei Tage, vielleicht sogar vier Tage lang nicht besuchen konnte.

Vier Tage ohne Lydia! Vier Tage lang würde er sich nicht anhören müssen, daß sie ihm doch gesagt hatte, daß die Trittleiter wacklig sei und daß er nicht so hoch raufsteigen solle. Vier Tage lang mußte er sich nicht mehr anhören, sie habe ja immer schon gesagt, daß Rogans Köter eines Tages noch Unheil anrichten würde, wenn er nicht aufhörte, den Kater Lover Boy zu jagen. Vier Tage lang würde Lydia ihn nicht fragen, ob er nicht froh sei, daß sie darauf gedrungen habe, daß er endlich den Versicherungsantrag abschickte, denn sonst wären sie jetzt auf dem Weg ins Armenhaus. Vier Tage, ohne daß Lydia ihm erzählte, daß viele Leute, die von der Hüfte abwärts gelähmt waren, völlig normal lebten – wenigstens fast normal. In jedem Museum und in jeder Galerie seien außer Treppen auch Auffahrten für Rollstühle, von Spezialbussen ganz zu schweigen. Nach solchen Bemerkungen lächelte Lydia immer tapfer und brach dann unvermeidlich in Tränen aus.

Zufrieden schlief Morris ein.

Als er aufwachte, war es halb sechs Uhr nachmittags. Sein Nachbar schlief. Morris hatte Dussander immer noch nicht unterbringen können, aber er war ganz sicher, daß er den Mann kannte. Ein oder zweimal hatte er Denker schon direkt fragen wollen, aber irgend etwas hielt ihn davon ab, über eine banale Konversation hinauszugehen – er sprach nur vom Wetter, vom letzten Erdbeben, vom nächsten Erdbeben und, ja, er habe im

Guide gelesen, daß Myron Floren am Wochenende in der Lawrence Welk-Show auftreten würde.

Morris erklärte sich seine Zurückhaltung so: Es handelte sich um bloße Gedankenspiele, und wenn man von den Schultern bis zur Hüfte in einem Gipskorsett liegt, sind Gedankenspiele das einzige, was einem übrigbleibt. Wenn man sich ein wenig geistig beschäftigt, kümmert man sich nicht mehr so sehr darum, ob man für den Rest seines Lebens durch einen Katheter pissen muß.

Wenn er Dussander jetzt ganz direkt fragte, würde dieses Gedankenspiel wahrscheinlich abrupt und sehr unbefriedigend enden. Sie würden vielleicht darauf kommen, daß sie sich von irgendwoher kannten – eine gemeinsame Bahnreise, eine Schiffsreise, vielleicht sogar aus dem Lager. Denker könnte in Patin gewesen sein; dort hatte es viele deutsche Juden gegeben.

Andererseits hatte ihm eine Schwester gesagt, Denker würde wahrscheinlich in ein oder zwei Wochen entlassen. Wenn Morris es bis dahin nicht rauskriegte, würde er sein Gedankenspiel für verloren ansehen und den Mann direkt fragen: *Sagen Sie mal, ich habe das Gefühl, daß wir uns kennen –*

Aber damit war es nicht getan, das wußte er. Er hatte irgendwie ein ungutes Gefühl, das ihn an die Geschichte von der »Affenpfote« denken ließ, die ein böses Schicksal mit der Eigenschaft ausgestattet hatte, jeden Wunsch zu erfüllen. Das alte Ehepaar, das in den Besitz der Pfote gelangte, wünschte sich hundert Dollar und erhielt das Geld als Beileidsgeschenk, als ihr einziger Sohn bei einem häßlichen Unfall in einer Spinnerei ums Leben kam. Dann hatte die Mutter sich gewünscht, daß der Sohn wieder zurückkommen möge. Kurz darauf hörten sie schleppende Schritte vor dem Haus; dann ein Klopfen an der Tür, ein wahres Trommelfeuer. Halb verrückt vor Freude eilte die Mutter die Treppe hinunter, um ihr einziges Kind einzulassen. Der Vater, halb verrückt vor Angst, suchte in der Dunkelheit nach der getrockneten Pfote, fand sie endlich und wünschte seinen Sohn wieder tot. Einen Augenblick später riß die Mutter die Tür auf und fand draußen nichts als das Rauschen des nächtlichen Windes.

Irgendwie hatte Morris das Gefühl, daß er *tatsächlich* wußte, wo er und Denker sich kennengelernt hatten, aber dieses Wissen glich dem Sohn des alten Ehepaares in der Geschichte – aus dem Grabe zurückgekehrt, aber nicht wie seine Mutter ihn kannte, sondern grauenhaft zerquetscht und verstümmelt, nachdem er in das alles zermalmende Getriebe der Maschine geraten war. Er hatte das Gefühl, daß sein Wissen um Denker im Unterbewußten lag und an die Tür klopfte, um in sein Bewußtsein eingelassen zu werden... und daß ein Teil seines Verstandes verzweifelt nach der Affenpfote oder ihrem psychologischen Äquivalent suchte, nach dem Talisman, mit dem man dieses Wissen für immer fortwünschen konnte.

Stirnrunzelnd schaute er zu Denker hinüber.

Denker, Denker. Woher kenne ich dich, Denker? Wirklich aus Patin? Will ich es deshalb nicht wissen? Aber zwei Überlebende eines gemeinsamen Grauens brauchen einander doch nicht zu fürchten. Außer natürlich...

Wieder zog er die Stirn in Falten. Er spürte, daß er nahe daran war, aber seine Füße fingen plötzlich an zu kribbeln und störten ihn in seiner Konzentration. Sie kribbelten, wie ein Glied kribbelt, wenn das Blut wieder normal zu zirkulieren anfängt, nachdem man darauf gelegen hat. Wenn er nicht in diesem verdammten Gipskorsett läge, könnte er jetzt aufstehen und sich die Füße reiben, um das Kribbeln loszuwerden. Er könnte –

Morris' Augen weiteten sich.

Lange lag er völlig reglos da. Lydia war vergessen, Denker war vergessen, Patin war vergessen, *alles* war vergessen, nur nicht das Kribbeln in seinen Füßen. Ja, in *beiden* Füßen, aber im rechten war es heftiger. Wenn man dieses Kribbeln spürt, sagt man *Mir sind die Füße eingeschlafen.*

Aber in Wirklichkeit meint man natürlich *Meine Füße wachen gerade auf.*

Morris tastete nach dem Klingelknopf. Er drückte immer wieder darauf, bis endlich die Schwester kam.

Die Schwester wollte die Sache herunterspielen – sie hatte schon öfter Patienten erlebt, die sich falsche Hoffnungen machten. Sein Arzt war nicht im Gebäude, und die Schwester wollte ihn nicht gern zu Hause anrufen. Dr. Kemmelman konnte ziemlich unangenehm werden... besonders wenn man ihn zu

Hause anrief. Aber Morris ließ sich nicht so einfach abspeisen. Er war ein höflicher Mensch, aber hier wollte er es nicht bei einem Protest belassen; wenn nötig würde er einen Aufruhr veranstalten. Die Braves hatten zweimal hintereinander gewonnen. Lydia hatte sich die Hüfte verrenkt. Aber aller guten Dinge sind drei, wie jeder weiß.

Endlich erschien die Schwester mit einem Assistenzarzt, einem jungen Mann namens Dr. Timpnell, dessen Haar aussah, als sei es unter einen Rasenmäher mit sehr stumpfen Klingen geraten. Dr. Timpnell zog ein Schweizer Armeemesser aus der Tasche seiner weißen Hose, klappte den Schraubenzieher auf und fuhr damit an Morris' rechtem Fuß von den Zehen bis zur Ferse. Der Fuß bog sich nicht durch, aber die Zehen zuckten – sie zuckten so deutlich, daß es einem nicht entgehen konnte. Morris brach in Tränen aus.

Timpnell schien ziemlich überrascht zu sein. Er setzte sich zu Morris auf das Bett und tätschelte ihm die Hand.

»So etwas kommt gelegentlich vor«, sagte er (vermutlich aus dem reichen Fundus seiner sechsmonatigen praktischen Erfahrung heraus). »So etwas kann kein Arzt voraussagen, dennoch kann es geschehen. Bei Ihnen ist es offenbar geschehen.«

Morris nickte durch seine Tränen hindurch.

»Offensichtlich sind Sie nicht völlig gelähmt.« Timpnell tätschelte ihm immer noch die Hand. »Ich wage nicht vorauszusagen, ob die Heilung geringfügig, partiell oder total erfolgen wird. Und ich bezweifle, ob Dr. Kemmelman eine solche Voraussage treffen würde. Ich vermute, daß Sie sich einer Therapie werden unterziehen müssen, die nicht in allen Teilen angenehm sein wird. Aber sie ist immer noch angenehmer als ... na, Sie wissen ja.«

»Ja«, sagte Morris, der immer noch weinte. »Ich weiß. Gott sei Dank!« In diesem Augenblick erinnerte er sich daran, daß er Lydia gesagt hatte, es gäbe keinen Gott, und heiß schoß ihm das Blut zu Kopf.

»Ich werde dafür sorgen, daß Dr. Kemmelman informiert wird«, sagte Timpnell, gab Morris noch einen aufmunternden Klaps auf die Hand und stand auf.

»Könnten Sie meine Frau anrufen?« bat Morris. Trotz ihres

ewigen Gezeters und Händeringens empfand er doch *irgend etwas* für sie. Vielleicht war es sogar Liebe, ein Gefühl, das wenig damit zu tun hatte, daß er manchmal nicht übel Lust hatte, ihr das Genick umzudrehen.

»Ja, das wird veranlaßt. Schwester, würden Sie –«

»Selbstverständlich, Doktor«, sagte die Schwester, und Timpnell hatte Schwierigkeiten, ein Grinsen zu unterdrücken.

»Vielen Dank«, sagte Morris und wischte sich mit einem Kleenex-Tuch aus der Schachtel auf dem Nachttisch die Augen. »Recht vielen Dank.«

Timpnell verließ das Zimmer. Irgendwann während dieser Unterhaltung war Mr. Denker aufgewacht. Morris wollte sich schon für den ganzen Lärm entschuldigen und vielleicht auch dafür, daß er weinte, aber dann fand er, daß es keiner Entschuldigung bedürfe.

»Man darf Ihnen wohl gratulieren«, sagte Denker.

»Das werden wir sehen«, sagte Morris und, wie Timpnell, hatte er Schwierigkeiten, ein Grinsen zu unterdrücken. »Das werden wir sehen.«

»Irgendwie regeln sich die Dinge schon«, sagte Denker und schaltete mit Fernbedienung das TV-Gerät ein. Es war jetzt Viertel vor sechs, und sie sahen sich den Rest von *Hee Haw* an. Dann folgten die Abendnachrichten. Die Arbeitslosenzahl hatte sich erhöht. Die Inflationsrate war gesunken. Billy Carter plante, in das Biergeschäft einzusteigen. Eine Meinungsumfrage hatte ergeben, daß, wenn heute Wahlen wären, fünf republikanische Kandidaten Billys Bruder Jimmy Carter schlagen könnten. Und nach dem Mord an einem schwarzen Kind in Miami hatte es Rassenkrawalle gegeben. »Eine Nacht der Gewalttätigkeit« nannte es der Sprecher. In der Nähe von Santo Donato war am Highway 46 ein unbekannter Mann erstochen und erschlagen aufgefunden worden.

Lydia rief kurz vor sechs Uhr dreißig an. Dr. Kemmelman hatte mit ihr telefoniert und auf den Bericht des Assistenzarztes hin vorsichtigen Optimismus durchblicken lassen. Lydia reagierte mit vorsichtiger Freude und versprach, morgen zu kommen und koste es sie das Leben. Morris sagte ihr, daß er sie liebe. Heute liebte er alle – Lydia, Dr. Timpnell mit dem Rasenmäherhaarschnitt, Mr. Denker und sogar das junge Mädchen, das ihnen das Abendessen brachte, als Morris auflegte.

Es gab Hamburger, Kartoffelpüree, Erbsen und Karotten und als Nachtisch einen Eisbecher. Die Kleine, die servierte, war Felice, ein schüchternes blondes Mädchen von etwa zwanzig. Sie brachte ihre eigene gute Nachricht – ihr Freund habe bei IBM einen Job als Programmierer bekommen und sie offiziell gebeten, seine Frau zu werden.

Mr. Denker, der einen zurückhaltenden höflichen Charme verströmte, der bei jungen Mädchen gut ankam, gab seiner Freude Ausdruck. »Oh, das ist ja wunderbar. Sie müssen sich setzen und uns alles genau erzählen. Erzählen Sie uns alles. Lassen Sie nichts aus.«

Felice errötete und sagte, daß das nicht ginge. »Wir sind noch nicht mit dem B-Flügel fertig, und dann müssen wir noch den C-Flügel machen. Und jetzt ist es schon sechs Uhr dreißig.«

»Aber morgen abend bestimmt. Wir bestehen darauf . . . nicht wahr, Mr. Heisel?«

»Ja, natürlich«, murmelte Morris, aber seine Gedanken waren eine Million Meilen weit weg.

(*Sie müssen sich setzen und uns alles genau erzählen*)

In genau dem gleichen scherzenden Ton gesprochene Worte. Er hatte sie schon früher gehört, daran bestand kein Zweifel. Aber war es Denker gewesen, der so gesprochen hatte? *War* er es gewesen?

(*Erzählen Sie uns alles*)

Die Stimme eines Mannes von Welt. Eines kultivierten Mannes. Aber in seiner Stimme lag etwas Drohendes. Eine stählerne Faust in einem Samthandschuh. Ja.

Wo?

(*Erzählen Sie uns alles. Lassen Sie nichts aus.*)

(*? PATIN ?*)

Morris Heisel starrte auf sein Abendessen. Mr. Denker war schon hungrig über sein eigenes Essen hergefallen. Nach dem kurzen Gespräch mit Felice hatte er gute Laune – die gleiche gute Laune wie nach dem Besuch des Jungen mit den blonden Haaren.

»Ein nettes Mädchen«, sagte Denker, und seine Worte

klangen undeutlich, weil er den Mund voll Erbsen und Karotten hatte.

»Oh, ja –

(*Sie müssen sich setzen*)

– Sie meinen Felice. Sie ist

(*und uns alles genau erzählen.*)

wirklich sehr nett.«

(*Erzählen Sie uns alles. Lassen Sie nichts aus*)

Wieder schaute er auf sein Essen, und plötzlich erinnerte er sich daran, wie es damals war, wenn man schon einige Zeit im Lager gesessen hatte. Zuerst hätte man wegen einem Stück Fleisch einen Mord begangen, und wenn es noch so grünschillernd und voller Maden war. Aber nach einiger Zeit verschwand dieser verrückte Hunger, und man spürte den Magen nur noch wie einen kleinen grauen Stein im Leib. Man glaubte, daß man nie wieder hungrig sein würde.

Bis jemand einem etwas Eßbares zeigte.

(»*Erzählen Sie uns alles, mein Freund. Lassen Sie nichts aus. Sie müssen sich setzen und uns ALLES genau erzählen.*«)

Das Hauptgericht auf Morris' Plastiktablett war ein Hamburger. Warum sollte er ihn plötzlich an Lamm denken lassen? Nicht an Hammel oder Kotelett – Hammelfleisch war oft faserig und ein Kotelett oft zäh, und jemand, dem die Zähne wie alte Stümpfe verrottet waren, verspürte vielleicht keinen sonderlichen Appetit auf Hammelfleisch oder Kotelett. Nein, er dachte an ein schmackhaftes Lammragout mit reichlich Soße und viel Gemüse. Weiches, wohlschmeckendes Gemüse. Warum dachte er an ein Lammragout? Warum? Es sei denn –

Die Tür flog auf. Es war Lydia, das rosige Gesicht ein einziges Lächeln. Sie stützte sich auf eine Aluminiumkrücke und ging wie Sheriff Dillons Freund Chester. »*Morris!*« trällerte sie. Hinter ihr betrat Emma Rogan von nebenan das Zimmer. Sie hatte eine genauso glückliche Miene aufgesetzt wie Lydia.

Mr. Denker fuhr zusammen und ließ die Gabel fallen. Er fluchte leise und hob sie ächzend vom Fußboden auf.

»Es ist so WUNDERBAR!« sagte Lydia und bellte fast vor Aufregung. »Ich habe Emma angerufen und sie gefragt, ob wir nicht statt morgen heute abend kommen können. Die Krücke hatte ich schon, und ich habe gesagt: ›Emma‹, habe ich gesagt, ›was für eine Ehefrau wäre ich, wenn ich diese Schmerzen nicht ertragen würde?‹ Genau das waren meine Worte, nicht wahr, Emm?«

Emma, die vielleicht gerade daran dachte, daß ihr Collie wenigstens einen Teil des Problems verursacht hatte, nickte eifrig.

»Ich habe also im Krankenhaus angerufen«, sagte Lydia, zog den Mantel aus und richtete sich offenbar auf einen längeren Besuch ein. »Die Besuchszeit sei schon vorbei, haben sie mir gesagt, aber in meinem Fall würden sie eine Ausnahme machen, wenn es Mr. Denker stört, bleiben wir natürlich nicht lange. Wir stören Sie doch nicht, Mr. Denker?«

»Keineswegs, meine Dame«, sagte Mr. Denker resigniert.

»Setz dich, Emma. Nimm Mr. Denkers Stuhl, er braucht ihn ja nicht. Morris , laß das Eis stehen. Du bekleckerst dich ja wie ein Baby. Warte nur, bald bist du wieder ganz mobil. Komm, ich werde dich füttern. Gu-gu, ga-ga. Aufgemacht und schön geschluckt. Nein, nicht sprechen, Mommy macht das schon. Schau ihn dir an, Emma, er hat kaum noch Haare auf dem Kopf, und das ist kein Wunder, wenn man bedenkt, daß er vielleicht nie mehr laufen wird. Und jetzt diese Gnade Gottes! Ich habe ihm gesagt, daß die Trittleiter wacklig ist. ›Morris‹, hab ich gesagt, ›komm da runter, bevor –‹«

Sie löffelte ihm das Eis in den Mund und redete noch eine geschlagene Stunde. Als sie ging, humpelte sie auffällig an ihrer Krücke, während Emma ihren anderen Arm hielt. Morris Heisel dachte jetzt an alles andere als an Lammragout und an das Echo von Stimmen aus einer fernen Vergangenheit. Er war total erschöpft. Wollte man sagen, es sei ein aufregender Tag gewesen, hätte man es noch gelinde ausgedrückt. Bald war Morris fest eingeschlafen.

Irgendwann zwischen drei und vier Uhr morgens wachte er mit einem Schrei hinter den Lippen auf.

Jetzt wußte er es. Er wußte genau, wann und wo er den Mann im anderen Bett kennengelernt hatte. Nur war sein Name damals nicht Denker gewesen. Keine Spur.

Er war aus dem entsetzlichsten Alptraum seines Lebens erwacht. Jemand hatte ihm und Lydia eine Affenpfote geschenkt, und sie hatten sich Geld gewünscht. Dann war plötzlich ein Telegrammbote in Hitlerjugenduniform bei ihnen im Zimmer gewesen. Er gab Morris ein Telegramm mit folgendem Text: *BEDAUERN IHNEN MITTEILEN ZU MÜSSEN BEIDE TÖCHTER VERSTORBEN STOP KONZENTRATIONSLAGER PATIN STOP GROSSES BEDAUERN ÜBER DIESE ENDLÖSUNG STOP BRIEF DES KOMMANDANTEN FOLGT STOP WIRD IHNEN ALLES ERZÄHLEN UND NICHTS AUSLASSEN STOP ÜBERWEISUNG VON 100 REICHSMARK MORGEN AUF IHREM KONTO STOP GEZEICHNET ADOLF HITLER REICHSKANZLER.*

Lydia jammerte laut, und obwohl sie Morris' Töchter nie gesehen hatte, hob sie die Affenpfote und wünschte ihnen das Leben zurück. Im Zimmer wurde es dunkel, und plötzlich war draußen das Geräusch von schleppenden Schritten zu hören.

Morris hockte auf Händen und Knien in einer Dunkelheit, die plötzlich nach Gas und Rauch und Tod stank. Er suchte die Pfote. Er hatte noch einen Wunsch übrig. Wenn er die Pfote fand, konnte er diesen schrecklichen Traum fortwünschen. Er würde sich den Anblick seiner Töchter ersparen, dürr wie Vogelscheuchen, die Augen tiefe verwundete Löcher, ihre Nummern in das Fleisch der Arme eingebrannt.

Ein Klopfen an der Tür. Eine wahre Klopfsalve.

In seinem Alptraum suchte er die Pfote immer verzweifelter, aber es war vergebens. Es schien Jahre zu dauern. Und dann flog hinter ihm krachend die Tür auf. *Nein*, dachte er, *ich will nicht hinschauen. Ich schließe die Augen. Wenn nötig, reiße ich sie mir aus, aber ich will nicht hinschauen.*

Aber er schaute doch hin. Er mußte hinschauen. Im Traum war es, als ob eine riesige Hand seinen Kopf packte und umdrehte.

Nicht seine Töchter standen vor der Tür; es war Denker. Ein viel jüngerer Denker, ein Denker in SS-Uniform, die Mütze mit dem Totenkopf schief aufgesetzt. Die Knöpfe glänzten kalt, die Stiefel waren spiegelblank.

Er hielt einen riesigen Topf mit brodelndem Lammragout im Arm.

Und der Traum-Denker lächelte sein finsteres, aber verbindliches Lächeln und sagte: *Sie müssen sich setzen und uns alles genau erzählen – wie ein Freund mit einem andern spricht, was? Wir haben gehört, daß hier Gold versteckt wird. Daß einige Tabak horten. Daß Schneibel keine Lebensmittelvergiftung hatte, sondern daß in seinem Essen gemahlenes Glas war. Tun Sie nicht so, als wüßten Sie nichts. Sie wollen uns doch nicht etwa für dumm verkaufen? Sie haben ALLES gewußt. Deshalb müssen Sie uns auch alles erzählen. Lassen Sie nichts aus.*

Und in der Dunkelheit roch er den Duft des Lammragouts und erzählte ihnen alles. Sein Magen, der ein kleiner grauer Stein gewesen war, wurde jetzt zu einem reißenden Tiger. Ihm troffen die Worte nur so von den Lippen. Hilflos spuckte er sie aus als sinnloses Geschwafel eines Wahnsinnigen, bei dem Wahrheit und Lügen nicht mehr zu unterscheiden waren.

Brodin hat sich den Ehering seiner Mutter unter den Sack geklebt!
(»Sie müssen sich setzen«)
Laslo und Herman Dorksy haben darüber gesprochen, daß sie den Wachtturm Nummer drei überfallen wollen!
(»und uns alles genau erzählen«)
Rachel Tannenbaums Mann hat Tabak, und er hat dem Wachposten, der Zeickert immer ablöst und den alle Rotzfresser nennen, weil er dauernd in der Nase bohrt und sich anschließend den Finger in den Mund steckt, Tannenbaum hat dem Rotzfresser Tabak gegeben, damit er seiner Frau die Perlenohrringe nicht wegnimmt!
(»Oh, nein, das gibt überhaupt keinen Sinn, ich glaube, da bringen Sie zwei Geschichten durcheinander, aber das ist schon in Ordnung, es ist besser, wenn Sie zwei Geschichten durcheinanderbringen, als daß Sie eine völlig verschweigen, Sie dürfen NICHTS auslassen!«)
Da ist ein Mann, der beim Appell den Namen seines toten Sohnes gerufen hat, damit er doppelte Rationen bekommt!
(»Nennen Sie uns seinen Namen«)
Ich kenne den Namen nicht, aber ich kann Ihnen den Mann zeigen, ja, das werde ich tun, das werde ich tun.

(»*Erzählen Sie uns alles was Sie wissen*«)
Ja, das werde ich tun, ja, ja, ja, ja.

Und dann wachte er auf, und in seiner Kehle steckte ein Schrei, der wie Feuer brannte.

Zitternd schaute er zu der schlafenden Gestalt im Nachbarbett hinüber. Besonders genau beobachtete er den faltigen eingefallenen Mund. Ein alter Tiger ohne Zähne. Ein alter bösartiger Elefant, ein Einzelgänger mit nur einem schon angefaulten Stoßzahn. Ein seniles Ungeheuer.

»Oh, mein Gott«, flüsterte Morris Heisel. Ganz spitz und schwach klang seine Stimme, und nur er selbst konnte sie hören. Tränen liefen ihm über die Wangen. »Oh, lieber *Gott*, der Mann der meine Frau und meine Töchter ermordet hat, schläft mit mir in einem Zimmer, mein *Gott*, oh, mein *Gott*, er ist hier bei mir im Zimmer.«

Die Tränen flossen jetzt schneller – Tränen des Zorns und des Grauens, heiß und bitter.

Zitternd erwartete er den Morgen, aber der Morgen kam erst nach einer Ewigkeit.

21

Am nächsten Tag, einem Montag, war Todd um sechs Uhr früh aufgestanden und stocherte lustlos in dem Rührei, das er sich zubereitet hatte, als sein Vater herunterkam. Er trug noch den mit einem Monogramm verzierten Morgenmantel, und seine Füße steckten in Hausschuhen.

»Hmmm«, brummte er, als er an Todd vorbei zum Kühlschrank ging, um sich Orangensaft zu holen.

Todd brummte ebenfalls etwas, ohne von seinem Buch aufzusehen. Für die Sommerferien hatte er bei einem Landschaftsgärtner, der in der Nähe von Pasadena arbeitete, einen Job gefunden. Normalerweise wäre das zu weit gewesen, um abends wieder nach Hause zu fahren, selbst wenn seine Eltern ihm für den Sommer einen Wagen zur Verfügung gestellt hätten (wozu sie nicht bereit waren), aber sein Vater leitete in der Gegend ein Bauvorhaben. Auf dem Weg zur Arbeit konnte er Todd an einer Bushaltestelle absetzen und ihn abends dort wieder abholen. Todd war von dieser Regelung alles andere als begeistert; er fuhr abends nicht gern mit seinem Vater zusammen von der Arbeit nach Hause, und morgens zusammen mit ihm zur Arbeit zu fahren, war ihm erst recht ein Greuel. Morgens fühlte er sich immer besonders nackt, denn dann war die Trennwand zwischen dem, was er war, und dem, was er sein könnte, besonders dünn. Noch schlimmer war es, wenn er nachts schlecht geträumt hatte, aber selbst wenn er nicht geträumt hatte, war es schlimm genug. Eines Morgens stellte er erschrocken, nein, voller Entsetzen fest, daß er ernsthaft daran gedacht hatte, seinem Vater ins Steuer zu greifen und den Porsche auf die Schnellspur zu lenken und eine Schneise der Zerstörung durch die Kolonne der frühen Pendler zu ziehen.

»Willst du noch ein Ei, Todd-O?«

»Nein, danke Dad.« Dick Bowden aß sie gebraten. Wie konnte man nur Spiegeleier essen? Zwei Minuten auf dem Grill, und dann hatte man am Ende etwas auf dem Teller, das aussah wie ein riesiges totes Auge mit einem grauen Star, und dieses Auge blutete orangerot, wenn man die Gabel hineinstieß.

Er schob sein Rührei von sich. Er hatte es kaum angerührt.

Draußend klatschte die Morgenzeitung auf die Treppe.

Sein Vater war mit dem Braten fertig und schaltete den Grill ab. Er trat an den Tisch. »Keinen Hunger heute, Todd-O?«

So nennst du mich noch ein einziges Mal, und ich ramme dir mein Messer in deine verdammte Nase ... Dad-O.

»Ich hab wohl keinen Appetit.«

Dick lächelte seinen Sohn liebevoll an. Am rechten Ohr des Jungen hing noch ein wenig Rasierschaum. »Betty Trask hat dir den Appetit verdorben, vermute ich.«

»Das wird's wohl sein.« Er lächelte müde, aber das Lächeln verschwand sofort aus seinem Gesicht, als sein Vater die Stufen hinunterging, um die Zeitung zu holen. *Würdest du aufwachen, wenn ich dir erzählte, was für eine elende Fotze sie ist, Dad-O? Wie wäre es, wenn ich sagte »Wußtest du übrigens schon, daß die Tochter deines guten Freundes Ray Trask eine der größten Nutten von Santo Donato ist? Sie würde ihr eigenes Ding küssen, wenn sie gelenkig genug wäre, Dad-O. Eine stinkende kleine Nutte. Ein paar Cola, und du hast sie für die Nacht. Sie würde mit einem Köter bumsen, wenn sie keinen Mann hat.« Würdest du dann endlich aufwachen, Dad-O? Sozusagen ein fliegender Start in den Tag.*

Mit Gewalt schob er diese Gedanken von sich, aber er wußte, daß sie wiederkommen würden.

Sein Vater brachte die Zeitung. Todd sah die Schlagzeile: RAUMFÄHRE STARTET NICHT, SAGEN EXPERTEN.

Dick setzte sich. »Betty ist ein gutaussehendes Mädchen«, sagte er. »Sie erinnert mich an deine Mutter, als ich sie kennenlernte.«

»Tatsächlich?«

»Hübsch ... jung ... frisch ...« Dicks Blicke bekamen einen verträumten Ausdruck. Aber dann sah er fast ängstlich seinen Sohn an. »Nicht daß deine Mutter nicht immer noch eine gutaussehende Frau wäre. Aber in dem Alter hat ein Mädchen einen gewissen ... Glanz, könnte man vielleicht sagen. Er hält sich eine Weile, und dann ist er verschwunden.« Er zuckte die Achseln und schlug die Zeitung auf. »*C'est la vie.*«

Sie ist eine läufige Hündin. Vielleicht glänzt sie deshalb.

»Behandelst du sie auch richtig, Todd-O?« Wie üblich blätterte sein Vater rasch die Zeitung durch, bis er den Sportteil fand. »Wirst du auch nicht zu frech?«

»Alles ganz cool, Dad.«

(Wenn er nicht gleich aufhört, tue ich irgendwas, ich schreie oder kippe ihm den Kaffee ins Gesicht, irgendwas.)

»Ray sagt, du bist ein netter Junge«, sagte Dick zerstreut. Er hatte endlich den Sportteil gefunden. Er konzentrierte sich auf die Berichte. Am Frühstückstisch breitete sich gesegnete Ruhe aus.

Als er das erste Mal mit Betty Trask ausging, waren sie nach dem Kino in eine abgelegene Gegend gefahren, denn er wußte, daß man das von ihm erwartete. Dort konnte man sich eine halbe Stunde lang gegenseitig ablecken, und dann konnte man seinen jeweiligen Freunden am nächsten Tag genau das Richtige erzählen. Sie konnte mit den Augen rollen und erzählen, wie sie seine

Zudringlichkeiten abgewehrt habe – Jungs seien doch in Wirklichkeit furchtbar langweilig, und bei der ersten Verabredung bumse sie sowieso nicht, nein, so eine sei sie nicht. Ihre Freundinnen würden ihr zustimmen, und dann würden sie gemeinsam in die Mädchentoilette gehen, um dort zu tun, was sie dort immer taten – ihr Make-up auffrischen, rauchen, was auch immer.

Und ein Junge... nun, man mußte schon versuche unternehmen. Man mußte wie beim Baseball mindestens das zweite Mal erreichen und wenn möglich das dritte. Todd war nicht daran interessiert, als gewaltiger Bumser zu gelten; er wollte nur als normal angesehen werden. Und wenn man es nicht wenigstens *versuchte*, wurde geredet. Dann fragten sich die Leute, ob man tatsächlich normal sei.

Deshalb fuhr er mit den Mädchen zum Jan's Hill, küßte sie, griff ihnen an die Titten und ging noch ein wenig weiter, wenn sie es zuließen. Dann konnten sie sich am nächsten Tag in der Toilette erzählen, was sie wollten. Kein Mensch würde auf den Gedanken kommen, daß Todd nicht normal sei. Außer –

Außer daß Betty Trask *wirklich* zu den Mädchen gehörte, die sich bei der ersten Verabredung bumsen ließen. Bei jeder Verabredung. Und zwischen den Verabredungen.

Todd hatte immer ein Gefühl dafür gehabt, ob ein Mädchen es bei der nächsten Verabredung mit sich machen lassen würde. Er sah gut aus und hatte überdurchschnittliche Zukunftsaussichten. Einen Jungen wie ihn hielten ihre beschissenen Mütter für »einen guten Fang«. Und wenn er merkte, daß ein Mädchen seinen Widerstand allmählich aufgab, versuchte er es bei einem anderen. Und was immer das über seine Persönlichkeit aussagen mochte, Todd wußte, wenn ihm jemals ein wirklich frigides Mädchen über den Weg lief, würde er mit ihm nur allzugern länger zusammenbleiben und es vielleicht sogar heiraten.

Das erste Mal mit Betty war ganz gut gewesen – *sie* war nicht mehr unschuldig, wenn er es auch war. Sie mußte ihm helfen, seinen Schwanz reinzuschieben, aber das schien sie gewohnt zu sein. Und mitten im Akt hatte sie von der Wolldecke, auf der sie lagen, zu ihm aufgeschaut und gegurgelt: »Ich *liebe* Bumsen!« In diesem Tonfall hätte jedes andere Mädchen seine Vorliebe für Erdbeereis ausgedrückt.

Spätere Begegnungen – es hatte fünf gegeben (fünfeinhalb, wenn man den letzten Abend mitrechnete) – waren nicht so befriedigend verlaufen. Ein Mal war schlechter als das andere gewesen... obwohl sie es selbst wahrscheinlich gar nicht gemerkt hatte (wenigstens nicht vor gestern abend). Ganz im Gegenteil. Betty glaubte anscheinend, den Rammbock ihrer Träume gefunden zu haben.

Todd hatte nichts von dem empfunden, was man dabei eigentlich empfinden müßte. Ihre Lippen zu küssen war, als küßte man warme, aber ungekochte Leber. Wenn er ihre Zunge im Mund hatte, fragte er sich, wie viele Keime wohl daran seien, und manchmal glaubte er, ihre Zahnfüllungen zu schmecken – ein unangenehmer metallischer Geschmack wie von Chrom. Ihre Brüste waren Fleischsäcke. Sonst nichts.

Vor Dussanders Herzanfall war er noch zweimal mit ihr zusammengewesen. Jedes Mal war es schwieriger gewesen, eine Erektion zu bekommen. In beiden Fällen hatte er seine Phantasie bemüht, damit es endlich klappte. Sie stand nackt vor allen ihren Freundinnen und seinen Freunden. Sie weinte, und Todd zwang sie, vor ihnen auf und ab zu gehen, während er rief: *Zeig deine Titten! Zeig ihnen deine Fotze, du billige Nutte! Mach die Beine breit! Das ist richtig, bück dich und mach sie BREIT!*

Es war nicht überraschend, daß Betty ihn zu schätzen wußte. Er war ein guter Liebhaber, nicht trotz, sondern wegen seiner Probleme. Das Ding hart zu bekommen, war nur der erste Schritt. Hatte man erst eine Erektion, mußte es auch zu einem Orgasmus kommen. Beim vierten Mal – das war drei Tage nach Dussanders Herzanfall – hatte er sie zehn Minuten lang gerammelt. Betty Trask glaubte schon, sie sei gestorben und im Himmel; sie hatte drei Orgasmen und bemühte sich um den vierten, als Todd sich an eine alte Phantasie erinnerte... es war überhaupt die erste Phantasie. Das auf den Tisch geschnallte hilflose Mädchen. Der riesige Kunstpenis. Der Gummiball. Jetzt aber, als er verzweifelt und schwitzend versuchte, einen Orgasmus zu bekommen, um dieses Grauen zu beenden, verwandelte sich das Gesicht des Mädchens auf dem Tisch in Bettys Gesicht.

Dann verspürte er einen freudlosen schwachen Krampf, der, wenigstens technisch, ein Orgasmus war. Wenig später hauchte Betty ihm ihren nach Fruchtgummi riechenden heißen Atem ins Ohr und flüsterte: »Liebling, du darfst mich jederzeit. Du brauchst nur anzurufen.«

Todd hätte fast laut aufgestöhnt.

Sein Dilemma war: Würde sein Ruf nicht leiden, wenn er sich von einem Mädchen trennte, das sich so offensichtlich auf ihn eingestellt hatte? Würden die Leute sich nicht fragen, warum? Eigentlich glaubte er das nicht. In seinem ersten Jahr am College war er mal hinter zwei älteren Jungen gegangen und hatte gehört, wie der eine dem anderen erzählte, er habe mit seiner Freundin Schluß gemacht. Der andere wollte wissen, warum. »Ich habe sie oft genug gebumst«, sagte der erste, und die beiden meckerten vor Lachen wie die Ziegen.

Wenn jemand mich fragt, warum ich mich von ihr getrennt habe, werde ich sagen, daß ich sie oft genug gebumst habe. Aber wenn sie nun erzählt, daß es nur fünfmal war? Ist das nicht genug? Was? ... Wie oft? ... Wer wird überhaupt fragen? ... Was werden sie sagen?

Unruhig kreisten seine Gedanken, wie eine Ratte in einem ausweglosen Labyrinth. Verschwommen ahnte er, daß er aus einem kleinen Problem ein großes machte und daß seine Unfähigkeit, dieses Problem zu lösen, deutlich zeigte, wie nervös er geworden war. Aber selbst dieses Wissen ermöglichte es ihm nicht, sein Verhalten zu ändern, und er verfiel in dumpfe Depressionen.

College. Das College war die Antwort. Das College war ein Grund, sich von Betty zu trennen, den jeder verstehen würde. Aber der September war noch weit.

Beim fünften Mal hatte es fast zwanzig Minuten gedauert, bis er eine Erektion hatte, aber der anschließende Akt hatte Betty für das Warten entschädigt. Dann aber, gestern abend, war überhaupt nichts mehr gelaufen.

»Was ist denn los mit dir?« hatte Betty mürrisch gefragt. Als sie zwanzig Minuten lang seinen schlaffen Penis manipuliert hatte, waren ihre Haare ganz zerzaust, und sie verlor die Geduld. »Bist du vielleicht schwul?«

Beinahe hätte er sie auf der Stelle erwürgt. Und wenn er seine Winchester gehabt hätte –

»Nanu, ich werd' verrückt! Herzlichen Glückwunsch, mein Sohn!«

»Was?« Er fuhr aus seinen finsteren Gedanken hoch.

»Du sollst für die Southern Cal High School All-Stars spielen!« Sein Vater lachte ihn stolz und glücklich an.

»So?« Im ersten Augenblick wußte er gar nicht, wovon sein Vater redete; die Bedeutung der Worte ging ihm nicht gleich auf. »Ach ja, Trainer Haines hat schon Ende des Jahres mit mir darüber gesprochen. Er sagte, er will mich und Billy DeLyons aufstellen. Damit hatte ich gar nicht mehr gerechnet.«

»Mein Gott, freust du dich denn gar nicht?«

»Ich muß mich erst noch

(wen interessiert das auch nur einen Scheißdreck?)

an den Gedanken gewöhnen.« Mit großer Anstrengung gelang ihm ein Grinsen. »Darf ich den Artikel mal sehen?«

Sein Vater reichte ihm die Zeitung und stand auf. »Ich werde Monica wecken. Sie muß das lesen, bevor wir wegfahren.«

Mein Gott, nein – beide zusammen kann ich heute morgen wirklich nicht ertragen.

»Tu's lieber nicht. Du weißt doch, daß sie nicht wieder einschlafen kann, wenn du sie geweckt hast. Wir legen ihr die Zeitung auf den Tisch.«

»Auch gut. Du bist ein sehr rücksichtsvoller Junge, Todd.« Er schlug Todd auf den Rücken, und Todd kniff die Augen zu. Gleichzeitig zuckte er abwehrend die Achseln, worüber sein Vater lachen mußte. Todd machte die Augen wieder auf und sah in die Zeitung.

VIER JUNGEN FÜR DIE SOUTHERN CAL ALL-STARS nominiert, lautete die Schlagzeile. Darunter waren Photos der vier in ihrem Sportdress – der Fänger und der linke Feldspieler von Fairview High, der Linkshänder von Mountfort, und ganz rechts grinste Todd unter dem Schirm seiner Baseballmütze hervor. Er las den Artikel. Billy DeLyons hatte es geschafft, in die zweite Mannschaft zu kommen. Wie erfreulich. DeLyons konnte behaupten, er sei Methodist, bis ihm die Zunge rausfiel, wenn es ihm Spaß machte, aber Todd konnte er nichts vormachen. Er wußte ganz genau, was Billy DeLyons war. Vielleicht sollte er ihn mit Betty Trask bekanntmachen. Sie war nämlich auch jüdisch. Er hatte lange darüber nachgedacht, aber gestern abend war er ganz sicher gewesen. Die Trasks galten als normale Weiße. Ein Blick auf ihre Nase und ihren olivfarbenen Teint – bei ihrem Alten war es noch schlimmer – und man wußte Bescheid. Deshalb hatte er wahrscheinlich auch keine Erektion bekommen. Es war ganz einfach: sein Schwanz hatte den Unterschied früher erkannt als sein Verstand. Wen wollten die wohl verarschen, wenn sie sich Trask nannten?

»Nochmals herzlichen Glückwunsch, mein Sohn.«

Er schaute auf und sah zuerst die ausgestreckte Hand seines Vaters und dann sein dümmlich grinsendes Gesicht.

Dein alter Freund Trask ist ein Jidd! hörte er sich seinem Vater ins Gesicht schreien. *Deshalb war ich gestern abend bei seiner Tochter, dieser Nutte, impotent! Das war der Grund!* Dann, gleich darauf, hörte er wieder diese kalte Stimme, die in solchen Augenblicken tief aus seinem Inneren aufstieg und die steigende Flut der Irrationalität einschloß wie

(DU WIRST DICH AUF DER STELLE BEHERRSCHEN)

hinter Gitterstäben.

Er schüttelte seinem Vater die Hand und schaute ihm offen in das vor Stolz strahlende Gesicht. »Danke, Dad«, sagte er.

Sie ließen die Zeitung aufgeschlagen liegen, zusammen mit einem Zettel für Monica, den Todd auf Bitten seines Vaters selbst schrieb.

Er unterzeichnete ihn mit: *Dein All-Stars-Sohn Todd.*

22

Ed French, alias »Fischmaul« French, alias Turnschuhmann, alias Gummi-Ede hielt sich in der hübschen kleinen Küstenstadt San Remo auf, wo er an einer Konferenz pädagogischer Berater teilnahm. Es war die reinste Zeitverschwendung – das einzige, auf das sich die pädagogischen Berater einigen konnten, war, sich auf nichts zu einigen – und schon am ersten Tag langweilten ihn die Vorlagen, Seminare und Diskussionen entsetzlich. Am zweiten Tag stellte er fest, daß auch San Remo ihn langweile, und daß von den Eigenschaften klein und hübsch *klein* wahrscheinlich die *wesentliche* war. Die Landschaft war zwar reizvoll, und es gab herrliche alte Rotholzbäume, aber San Remo hatte weder ein Kino noch eine Bowling-Bahn, und Ed lehnte es ab, die einzige Bar der Stadt aufzusuchen. Auf ihrem Parkplatz standen lauter Lieferwagen, und die meisten hatten Reagan-Aufkleber auf den hinteren Türen oder den verrosteten Stoßstangen. Vor etwaigen Streitereien hatte er keine Angst, aber er hatte keine Lust, den ganzen Abend Männer mit Cowboyhüten zu sehen und aus der Musikbox Songs von Loretta Young zu hören.

Und heute war der dritte Tag einer Konferenz, die sich über vier unglaublich lange Tage erstrecken sollte; er saß in Zimmer 217 des Holiday Inn, während seine Frau und seine Tochter zu Hause waren. Das Fernsehgerät in seinem Zimmer war defekt, und aus dem Badezimmer drang ein unangenehmer Geruch. Es gab zwar einen Swimming Pool, aber sein Ekzem war in diesem Sommer wieder so schlimm, daß er sich noch nicht mal als Leiche in einer Badehose hätte sehen lassen mögen. Von den Schienbeinen abwärts sah er aus wie ein Leprakranker. Bis zur nächsten Arbeitssitzung hatte er noch eine Stunde Zeit (Hilfe für das sprachgestörte Kind – damit waren Stotterer und Kinder mit einem Wolfsrachen gemeint, aber das *sagt* man doch nicht so direkt, mein Gott, da könnte einem ja das Gehalt gekürzt werden), er hatte in San Remos einzigem Restaurant zu Mittag gegessen, er hatte keine Lust, ein Nickerchen zu machen, und der einzige Sender, der mit dem Fernsehgerät noch zu empfangen war, strahlte eine Wiederholung von *Bewitched* aus.

Er nahm das Telefonbuch, setzte sich hin und blätterte wahllos darin herum. Er wußte kaum, was er tat. Nur ganz vage überlegte er, ob er jemanden kannte, der so versessen auf kleine und hübsche Küstenstädte war, daß er ausgerechnet in San Remo wohnte. Alle gelangweilten Leute in allen Holiday Inns der Welt taten wahrscheinlich nach einiger Zeit genau das, was er jetzt tat. Das oder sie sahen fern oder sie lasen in der Bibel, die in jedem Zimmer ausliegt, was sagte man dann? »Frank! Wie geht es dir? Bist du hier wegen klein oder hübsch oder Küstenstadt?« Natürlich. Klar. Gebt dem Mann 'ne Zigarre und zündet ihn an.

Dennoch, als er auf dem Bett lag und das dünne Telefonbuch von San Remo durchblätterte, kam es ihm so vor, als habe er hier *tatsächlich* einen Bekannten. Den Vertreter eines Buchklubs? Einen von Sondras Nichten oder Neffen, von denen es ganze Bataillone gab? Einen Freund aus der Studentenzeit? Angehörige eines Schülers? Das schien eine Assoziation auszulösen, aber ihm fiel kein Name ein.

Er blätterte weiter und wurde langsam doch müde. Er war fast eingeschlafen, als es ihm plötzlich einfiel. Er richtete sich auf und war hellwach.

Lord Peter!

Erst kürzlich hatte es im Fernsehen Wiederholungen der Wimsey-Geschichten gegeben – *Clouds of Witness, Murder Must Advertise, The Nine Tailors*. Er und Sandra waren begeistert. Ein Mann namens Ian Carmichael spielte Wimsey, und Sandra war ganz verrückt nach ihm. So verrückt, daß Ed ganz irritiert war. Er fand überhaupt nicht, daß Carmichael wie Lord Peter aussah.

»Sandy, er hat doch eine ganz andere Gesichtsform. Mein Gott, und außerdem hat er falsche Zähne!«

»Ach was«, hatte Sandra von der Couch herübergerufen, auf der sie sich zusammengerollt hatte. »Du bist bloß eifersüchtig. Er sieht so *gut* aus.«

»Daddy eifersüchtig, Daddy eifersüchtig«, sang die kleine Norma und sprang im Wohnzimmer hin und her. Sie hatte schon ihren Pyjama an.

»Du hättest schon vor einer Stunde im Bett sein müssen«, sagte Ed und sah seine Tochter strafend an. »Und wenn ich dich dauernd *hier* sehe, kann ich nicht recht glauben, daß du *dort* bist.«

Einen Augenblick war die kleine Norma verlegen. Ed drehte sich zu Sandra um.

»Ich weiß nicht, vor drei oder vier Jahren hatte ich einen Schüler, der Todd Bowden hieß. Sein Großvater suchte mich auf. *Der* Mann sah wie Wimsey aus. Ein sehr *alter* Wimsey, aber die Gesichtsform stimmte, und –«

»Wimsey, Wimsey, Dimsey, Jimsey«, sang die kleine Norma. »Winsey, Bimsey, duudelduudelduu –«

»Seid still, ihr beiden«, sagte Sandra. »Er ist ein so schöner Mann.« Die Frau kann einem auf die Nerven gehen!

Aber hatte Todd Bowdens Großvater seinen Alterssitz nicht in San Remo? Bestimmt. Das hatte doch im Fragebogen gestanden. Todd war einer der besten Schüler seines Jahrgangs gewesen. Dann war er plötzlich abgesackt. Der Großvater war gekommen und hatte die übliche Geschichte erzählt: Eheprobleme. Er hatte Ed überredet, die Sache eine Weile ruhen zu lassen und abzuwarten, ob sich die Dinge nicht von selbst regelten. Ed glaubte zwar nicht an das alte Laissez-faire – wenn man einem Teenager sagt, er soll sich hinsetzen und büffeln oder sterben, dann stirbt er lieber – aber der alte Mann hatte eine geradezu unheimliche Überredungskunst angewandt (vielleicht war es seine Ähnlichkeit mit Wimsey), daß Ed sich bereit erklärt hatte, den nächsten Termin für die Vergabe der Karten abzuwarten. Und verdammt, der Junge hatte es mit Glanz geschafft. Der Alte mußte die ganze Familie aufgeschreckt und irgendwem fürchterlich in den Arsch getreten haben, dachte Ed. Er wirkte wie ein Typ, der das nicht nur fertigbrachte, sondern vielleicht sogar seine Freude daran hatte. Dann hatte Ed vor ungefähr zwei Tagen Todds Bild in der Zeitung gesehen – er war im Baseball für die Southern Cal All-Stars nominiert worden. Nicht schlecht, wenn man bedachte, daß sich in jedem Frühjahr ungefähr fünfhundert Jungen darum bewarben. Wenn er das Photo in der Zeitung nicht gesehen hätte, wäre ihm wahrscheinlich der Name des Großvaters überhaupt nicht eingefallen.

Jetzt wußte er, was er im Telefonbuch suchte. Er fuhr mit dem Finger die Spalten herunter, und dann hatte er es. BOWDEN, VICTOR S. 403 Ridge Lane. Ed wählte die Nummer und ließ mehrere Male durchklingeln. Er wollte schon auflegen, als sich die Stimme eines alten Mannes meldete. »Hallo?«

»Hallo, Mr. Bowden. Ed French von der Santo Donato Junior High School.«

»Ja?« Höflicher Ton, aber weiter nichts. Ganz bestimmt kein

Wiedererkennen. Nun, inzwischen war der alte Junge drei Jahre älter (waren das nicht alle?), und hin und wieder vergaß er wohl das eine oder andere.

»Erinnern Sie sich an mich, Sir?«

»Müßte ich das?« Bowdens Stimme klang vorsichtig, und Ed mußte lächeln. Der alte Mann war vergeßlich geworden, aber er wollte nicht, daß es jemand merkte. Eds Vater hatte sich ähnlich verhalten, als er langsam taub wurde.

»Ich war an der Santo Donato Junior High School als pädagogischer Berater für Ihren Enkel verantwortlich. Er hat die Schule wirklich gut geschafft. Und zum Schluß dann noch die Nominierung für die All-Stars. Alle Achtung!«

»Todd!« sagte der alte Mann, und seine Stimme wurde ganz lebhaft. »Ja, er war ein guter Schüler, nicht wahr? Der zweitbeste seiner Klasse! Und das Mädchen, das noch ein bißchen besser war, hatte leichtere Fächer.« In der Stimme des Alten schwang Verachtung mit. »Mein Sohn rief mich an und wollte mich zu Todds Immatrikulationsfeier mitnehmen, aber ich sitze jetzt im Rollstuhl. Ich habe mir im letzten Januar die Hüfte gebrochen. Im Rollstuhl wollte ich nicht an der Feier teilnehmen. Aber die Bilder hängen natürlich bei mir an der Wand. Todds Eltern sind stolz auf ihn und ich erst recht.«

»Ja. Aus seiner Krise konnten wir ihm ja heraushelfen«, sagte Ed. Er lächelte, als er das sagte, aber es war ein etwas erstauntes Lächeln. Irgendwie sprach Todds Großvater anders als damals. Es war allerdings schon lange her.

»Krise? Welche Krise?«

»Erinnern Sie sich nicht an unser kleines Gespräch? Als Todd Schwierigkeiten in der Schule hatte? In der neunten Klasse?«

»Da kann ich Ihnen nicht folgen«, sagte der alte Mann langsam. »Ich würde mir nie erlauben, für Richards Sohn zu sprechen. Das würde Ärger geben. Ha-ha-ha, Sie ahnen ja nicht, wieviel Ärger es geben würde. Nein, Sie müssen sich irren, junger Mann.«

»Aber –«

»Es muß sich um einen Irrtum handeln. Sie verwechseln mich wahrscheinlich mit dem Großvater eines anderen Schülers.«

Ed war ziemlich konsterniert. Er wußte nicht, was er sagen

sollte, und das passierte ihm nur sehr selten. Wenn es hier einen Irrtum gab, war es ganz gewiß nicht *seiner*.

»Nun ja«, sagte Bowden ein wenig mitrauisch, »nett, daß Sie angerufen haben, Mr. –«

Ed fand die Sprache wieder. »Ich bin in San Remo, Mr. Bowden. Ich nehme hier an einer Konferenz teil. Morgen früh um zehn ist Abschlußbesprechung. Könnte ich Sie anschließend nicht...« er schaute wieder ins Telefonbuch »... in der Ridge Lane aufsuchen und kurz mit Ihnen sprechen?«

»Warum in aller Welt?«

»Ich bin ein bißchen neugierig. Es spielt heute eigentlich keine Rolle mehr, aber vor ungefähr drei Jahren hatte Todd erheblichen Ärger mit seinen Zensuren. Sie waren so schlecht, daß ich ihm zusammen mit seinem Zeugnis einen Brief an seine Eltern mitgeben mußte. Ich bat um eine Besprechung mit einem der Elternteile, möglichst mit beiden Eltern. Es kam aber nur sein Großvater, ein sehr netter Herr namens Victor Bowden.«

»Aber ich sagte Ihnen doch schon –«

»Ja, ich weiß. Ich *habe* aber mit einem Mann gesprochen, der behauptete, er sei Todds Großvater. Es spielt wahrscheinlich keine große Rolle mehr, aber ich möchte mich gern persönlich überzeugen. Ich werde Ihre Zeit nicht lange in Anspruch nehmen. Das könnte ich gar nicht, denn ich werde zum Abendessen zu Hause erwartet.«

»Zeit ist das einzige, was ich habe«, sagte Bowden ein wenig traurig. »Ich werde den ganzen Tag hier sein. Sie dürfen gern hereinschauen.«

Ed bedankte sich und legte auf. Er saß auf der Bettkante und starrte nachdenklich das Telefon an. Nach einer Weile stand er auf und nahm eine Packung Phillies Cheroots aus seinem Sakko, den er über einen Stuhl gehängt hatte. Jetzt war Eile geboten. Er mußte noch zu dieser einen Sitzung, und wenn er nicht teilnahm, würde man ihn vermissen. Mit einem Holiday Inn-Streichholz zündete er sich eine Cheroot an und warf das Steichholz in einen Holiday Inn-Aschenbecher. Er trat an das Holiday Inn-Fenster und schaute blicklos auf den Holiday Inn-Hof hinaus.

Es spielt keine Rolle mehr hatte er zu Bowden gesagt, aber für ihn spielte es schon eine Rolle. Er war es nicht gewohnt, sich von seinen Schülern verschaukeln zu lassen, und was er heute erfahren hatte, störte ihn gewaltig. Noch konnte sich herausstellen, daß es sich tatsächlich nur um die Senilität eines alten Mannes handelte, aber Victor Bowdens Sprache hatte nicht geklungen, als sabberte er sich in den Bart. Und, verdammt noch mal, sie hatte sich auch ganz anders angehört.

Hatte Todd Bowden ihn aufs Kreuz gelegt?

Möglich war es schon. Wenigstens theoretisch. Besonders bei einem so intelligenten Jungen wie Todd. Er hätte jeden aufs Kreuz legen können, nicht nur Ed French. Als ihm schlechte Zensuren drohten, hatte er vielleicht die Benachrichtigungskarten für seine Eltern gefälscht. Viele Kinder entdeckten in einer solchen Situation ihr Fälschertalent. Es gab schließlich Mittel zum Entfernen von Tinte. Vielleicht hatte er die Zeugnisse für das zweite und dritte Quartal geändert, bevor er sie seinen Eltern zeigte, und sie dann erneut geändert, damit sein Lehrer nichts merkte, wenn Todd sie zurückgab. Wer genau hinsah, mußte die Fälschung natürlich entdecken, aber jeder Lehrer hatte im Durchschnitt sechzig Schüler. Die Lehrer konnten von Glück sagen, wenn sie es schafften, vor dem ersten Klingelzeichen die Namen aufzurufen, von Stichproben, um Fälschungen festzustellen, ganz zu schweigen.

Was Todds Abschlußergebnis anbetraf, so hätte es sich vielleicht nur um etwa drei Punkte verschlechtert – zwei schlechte Bewertungszeiträume aus insgesamt zwölf. Seine übrigen Zensuren waren durch die Bank gut genug gewesen, um das auszugleichen. Und wie viele Eltern kommen schon in die Schule, um die Zeugnisunterlagen einzusehen, besonders wenn es sich um so aufgeweckte Schüler wie Todd Bowden handelt?

Auf Ed Frenchs normalerweise glatter Stirn erschienen Falten.

Es spielt keine Rolle mehr. Das war die reine Wahrheit. Todds schulische Leistungen waren hervorragend gewesen. Ein Durchschnitt von 94 Prozent war durch keinen Bluff der Welt zu erreichen. In dem Zeitungsartikel hatte er gelesen, daß der Junge sich für Berkeley qualifiziert hatte, und seine Eltern waren gewiß stolz auf ihn – mit Recht. Mehr und mehr schien es Ed, als ginge es mit Amerika bergab. Ein Abgrund von Opportunismus tat sich auf, und überall gab es Unkorrektheiten. Drogen waren leicht erhältlich, ebenso Sex. Die Moral wurde von Jahr zu Jahr schlechter. Wenn ein Junge die Schule in so hervorragender Manier absolvierte, hatten die Eltern wirklich das Recht, stolz auf ihn zu sein.

Es spielt keine Rolle mehr – aber wer war sein verdammter Großvater?

Das machte ihm zu schaffen. Wer? War Todd Bowden zum örtlichen Büro der Künstlervermittlung gegangen und hatte einen Zettel am Schwarzen Brett ausgehängt? JUNGER MANN MIT SCHULSCHWIERIGKEITEN SUCHT ÄLTEREN HERRN, MÖGLICHST ZWISCHEN 70 UND 80, DER EINEN GROSSVATER DARSTELLEN SOLL. TARIFLOHN ZUGESICHERT? Hm-mm. Kein Stück. Und welcher Erwachsene würde sich zu einer derart verrückten Verschwörung bereitfinden und aus welchem Grund?

Ed French, alias Fischmaul, alias Gummi-Ede wußte es ganz einfach nicht.

Am nächsten Tag fuhr er in die Ridge Lane und hatte ein langes Gespräch mit Mr. Bowden. Sie unterhielten sich über Weine; sie diskutierten den Lebensmittelhandel und klagten darüber, daß die großen Handelsketten die kleinen Krämer erdrückten; sie diskutierten das politische Klima in Südkalifornien. Mr. Bowden bot Ed ein Glas Wein an, das Ed mit Freuden akzeptierte. Er brauchte dringend ein Glas Wein, auch wenn es erst zehn Uhr vormittags war. Victor Bowden sah Peter Wimsey so ähnlich wie ein Maschinengewehr einem Eichenknüppel. Victor Bowden hatte nicht die Spur dieses leichten Akzents, an den Ed sich erinnerte, und er war ziemlich fett. Der Mann, der sich als Todds Großvater ausgegeben hatte, war klapperdürr gewesen.

Bevor er ging, sagte Ed zu dem Alten: »Ich wäre Ihnen sehr dankbar, wenn Sie Mr. und Mrs. Bowden gegenüber nichts erwähnen würden. Es gibt für das Ganze vielleicht eine vernünftige Erklärung ... und selbst wenn nicht, es ist Vergangenheit.«

»Manchmal«, sagte Bowden und hielt sein Glas Wein gegen die Sonne, um die reiche, dunkle Farbe zu bewundern, »schläft die Vergangenheit nicht. Warum sonst sollten Leute Geschichte studieren?«

Ed lächelte verkniffen und sagte nichts.

»Aber machen Sie sich keine Sorgen. Ich mische mich nie in Richards Angelegenheiten. Und Todd ist ein guter Junge. Er hat für seine Klasse die Begrüßungsrede gehalten ... er muß ein guter Junge sein. Habe ich recht?«

»Selbstverständlich«, sagte Ed French von ganzem Herzen und bat um noch ein Glas Wein.

23

Dussander schlief unruhig; ihn quälten böse Träume.

Sie brachen den Zaun nieder. Es waren Tausende, vielleicht Millionen. Sie kamen aus dem Dschungel gerannt und warfen sich gegen den elektrisch geladenen Stacheldraht, der sich schon bedenklich nach innen neigte. Einige Drähte waren schon gerissen, rollten sich auf dem festgestampften Appellplatz zusammen und sprühten blaue Funken. Und immer mehr kamen. Der Führer war so verrückt, wie Rommel immer behauptet hatte, wenn er dachte – falls er überhaupt jemals gedacht hat –, daß es für dieses Problem eine Endlösung geben könnte. Sie zählten nach Milliarden; sie erfüllten das ganze Universum; und sie waren alle hinter ihm her.

»Alter Mann. Wachen Sie auf, alter Mann. Wachen Sie auf, Dussander. Aufwachen.«

Zuerst dachte er, die Stimme gehörte zu seinem Traum.

Sie hatte deutsch gesprochen; sie mußte Teil seines Traumes sein. Darum war es natürlich auch so eine entsetzliche Stimme. Wenn er aufwachte, würde er ihr entrinnen. Langsam löste er sich aus seinem Schlaf ...

Der Mann saß auf einem Stuhl neben seinem Bett – der Mann war Wirklichkeit. »Wachen Sie auf, alter Mann«, sagte sein

Besucher. Er war jung – höchstens dreißig. Seine dunklen Augen blickten aufmerksam hinter einer Brille mit einfachem Metallgestell hervor. Sein braunes Haar fiel ihm bis auf den Kragen, und in einer momentanen Verwirrung dachte Dussander, es sei der Junge, der sich nur verkleidet hatte. Aber dieser Mann, der einen ziemlich altmodischen, für das kalifornische Klima viel zu warmen Anzug trug, war nicht der Junge. Am Aufschlag trug er eine kleine silberne Nadel. Silber, das Metall, mit dem man Vampire und Werwölfe tötet. Es war ein Judenstern.

»Sprechen Sie mit mir?« fragte Dussander auf deutsch.

»Mit wem sonst? Ihr Zimmergenosse ist nicht mehr hier.«

»Heisel? Ja, der ist gestern nach Hause gekommen.«

»Sind Sie jetzt wach?«

»Natürlich. Aber Sie müssen mich mit jemandem verwechseln. Mein Name ist Arthur Denker. Vielleicht sind Sie im falschen Zimmer.«

»Mein Name ist Weiskopf. Und Ihrer ist Kurt Dussander.«

Dussander wollte sich die Lippen lecken, aber er ließ es. Vielleicht war dies alles doch noch ein Teil seines Traums – eine neue Traumphase, weiter nichts. *Bringen Sie mir einen Penner und ein Fleischmesser, Mr. Judenstern am Aufschlag, und ich puste Sie weg wie Rauch.*

»Ich kenne keinen Dussander«, sagte er zu dem jungen Mann. »Ich verstehe Sie nicht. Soll ich nach der Schwester klingeln?«

»Sie verstehen sehr gut«, sagte Weiskopf. Er bewegte sich auf seinem Stuhl und strich sich eine Haarsträhne aus der Stirn. Das Alltägliche dieser Geste raubte Dussander die letzte Hoffnung.

»Heisel«, sagte Weiskopf und zeigte auf das leere Bett.

»Heisel, Dussander, Weiskopf – keiner dieser Namen sagt mir etwas.«

»Heisel stürzte von einer Leiter, als er eine neue Dachrinne an seinem Haus anbrachte«, sagte Weiskopf. »Dabei brach er sich das Rückgrat. Vielleicht wird er nie wieder gehen können. Tragisch. Aber das war nicht die einzige Tragödie in seinem Leben. Er war Häftling in Patin, wo er seine Frau und seine beiden Töchter verlor. Patin, wo Sie Kommandant waren.«

»Sie müssen verrückt sein«, sagte Dussander. »Mein Name ist

Arthur Denker. Ich kam in dieses Land, als meine Frau gestorben war. Vorher war ich –«

»Ersparen Sie mir Ihre Geschichte«, sagte Weiskopf und hob die Hand. »Er hatte Ihr Gesicht nicht vergessen. Dies Gesicht.«

Wie durch einen Zaubertrick hatte Weiskopf plötzlich ein Photo in der Hand und hielt es Dussander vor die Nase. Es war eins der Bilder, die der Junge ihm vor Jahren gezeigt hatte. Ein junger Dussander an seinem Schreibtisch, die Mütze schief auf dem Kopf.

Dussander sprach jetzt wieder englisch. Er sprach langsam und artikulierte jedes Wort sorgfältig.

»Während des Krieges war ich Maschinenführer in einer Fabrik. Meine Aufgabe war es, die Herstellung von Antriebswellen und anderen Teilen für Panzer und Lastwagen zu überwachen. Ich war auch an der Herstellung von Tiger-Panzern beteiligt. Meine Reserve-Einheit wurde während der Schlacht um Berlin eingezogen, und ich habe ehrenhaft gekämpft, wenn auch nur kurze Zeit. Nach dem Krieg arbeitete ich für die Menschler-Motorenwerke bis –«

»– bis Sie sich nach Südamerika absetzen mußten. Mit Ihrem aus jüdischen Zähnen eingeschmolzenen Gold und Ihrem aus jüdischem Schmuck eingeschmolzenen Silber und Ihrem Schweizer Nummernkonto. Wissen Sie, Mr. Heisel war ganz glücklich, als er nach Hause fuhr. O ja, es war ein entsetzlicher Augenblick für ihn, als er in der Dunkelheit aufwachte und plötzlich wußte, wer mit ihm zusammen in einem Zimmer lag. Aber jetzt fühlt er sich schon besser. Er ist Gott dankbar für das unvergleichliche Privileg, sich das Rückgrat zu brechen und dadurch mitzuhelfen, einen der größten Schlächter, die je gelebt haben, dingfest zu machen.«

Dussander sprach langsam und deutlich.

»Während des Krieges war ich Maschinenführer in einer Fabrik –«

»Ach, hören Sie doch auf. Ihre Papiere werden einer ernsthaften Überprüfung nicht standhalten. Ich weiß es, und Sie wissen es. Sie sind entlarvt.«

»Meine Aufgabe war die Herstellung –«

»Die Herstellung von Leichen! So oder so, Sie werden noch

vor Ende des Jahres in Tel Aviv sein. Diesmal werden uns die Behörden keine Schwierigkeiten machen, Dussander. Die Amerikaner wollen uns glücklich machen, und Sie gehören zu den Dingen, die uns glücklich machen.«

»— von Antriebswellen und anderen Teilen für Panzer und Lastwagen zu überwachen. Ich war auch an der Herstellung von Tiger-Panzern beteiligt.«

»Warum langweilen Sie mich? Warum wollen Sie die Sache in die Länge ziehen?«

»Meine Reserve-Einheit wurde während der Schlacht um Berlin —«

»Nun gut. Sie werden mich wiedersehen. Sehr bald.«

Weiskopf stand auf. Er verließ das Zimmer. Eine Weile huschte sein Schatten noch über die Wand, dann war auch der Schatten verschwunden. Dussander schloß die Augen. Er hätte gern gewußt, ob Weiskopf im Zusammenhang mit einem Entgegenkommen der Amerikaner die Wahrheit gesagt hatte. Vor drei Jahren, als das Öl in Amerika knapp war, hätte er es nicht geglaubt. Aber die gegenwärtigen Umwälzungen im Iran mochten Amerika zu einer massiveren Unterstützung Israels veranlaßt haben. Das war schon möglich. Und war es nicht gleichgültig? So oder so, legal oder illegal, Weiskopf und seine Kollegen würden ihn in die Hände bekommen. Was Nazis anbetraf, waren sie unnachgiebig, und was die Lager anbetraf, waren sie total verrückt.

Er zitterte am ganzen Leib. Aber er wußte, was zu tun war.

24

Die Schulakten für Schüler, die die Santo Donato High School absolviert hatten, waren in einem alten Lagerhaus im Norden der Stadt untergebracht. Es lag nicht weit von dem verlassenen Güterbahnhof entfernt. Es hatte riesige dunkle Bäume, in denen jedes Geräusch von den Wänden widerhallte, und roch nach

Bohnerwachs und Reinigungsmitteln – es diente der Schulbehörde nämlich auch für allgemeine Lagerungszwecke.

Mit Norma im Schlepptau kam Ed French gegen vier Uhr nachmittags dort an. Ein Hausmeister ließ sie ein, sagte Ed, daß er das Gesuchte im vierten Stockwerk finden würde, und führte sie in ein dunkles, unheimliches Lagerhaus, das Norma so ängstigte, daß sie sofort verstummte – für sie sehr ungewöhnlich.

Erst im vierten Stock wurde sie wieder mutig und tollte zwischen den Kisten und Aktenstapeln umher, während Ed die Akten mit den Zeugniskarten für 1975 suchte und schließlich fand. Er zog den zweiten Karton heraus und schaute unter B nach. BORK. BOSTWICK. BOSWELL. BOWDEN, TODD. Er zog die Karte und schüttelte ungeduldig den Kopf, als er in der trüben Beleuchtung nichts erkennen konnte. Er ging zu einem der hohen verstaubten Fenster hinüber.

»Renn hier nicht so herum, Honey«, rief er über die Schulter zurück.

»Warum nicht, Daddy?«

»Weil dich sonst die Gespenster holen«, sagte er und hielt Todds Karte ins Licht.

Er sah es sofort. Diese Karte war sorgfältig, fast professionell geändert worden.

»Mein Gott«, murmelte Ed French.

»Gespenster, Gespenster, Gespenster«, sang Norma fröhlich und hüpfte zwischen den Kisten auf und ab.

25

Dussander ging vorsichtig durch den Korridor. Er war immer noch ein wenig wacklig auf den Beinen. Er trug seinen blauen Morgenmantel über einem weißen Anstaltspyjama. Es war kurz nach acht Uhr abends, und die Schwestern hatten gerade Schichtwechsel. Während der nächsten halben Stunde würde hier ein heilloses Durcheinander herrschen – er hatte beobachtet, daß es hier bei jedem Schichtwechsel drunter und drüber ging. Um diese Zeit saßen die Schwestern in der Schwesternstation, tranken Kaffee und tauschten Tratschgeschichten aus. Die Station lag in der Nähe des Trinkbrunnens um die Ecke herum.

Sein Ziel lag dem Trinkbrunnen genau gegenüber.

Niemand beachtete ihn in dem breiten Gang, der um diese Zeit an eine lange Bahnhofshalle erinnerte, Minuten vor der Abfahrt eines Personenzuges. Langsam gingen hier Kranke auf und ab, einige in Morgenmänteln wie er, andere in ihren Anstaltspyjamas, die sie hinten mit den Händen zusammenhielten. Er hörte Musikfetzen aus einem halben Dutzend verschiedenen Transistorgeräten in einem halben Dutzend verschiedenen Zimmern. Besucher kamen und gingen. In einem Zimmer lachte ein Mann, und der Mann auf der anderen Seite des Ganges schien zu weinen. Ein Arzt schlenderte vorbei und las dabei in einem Taschenbuch.

Dussander ging an den Brunnen, trank einen Schluck Wasser und wischte sich den Mund ab. Er schaute zu der geschlossenen Tür auf der anderen Seite hinüber. Die Tür war ständig abgeschlossen – jedenfalls theoretisch. Er hatte aber beobachtet, daß sie in der Praxis oft unverschlossen und das Zimmer, zu dem sie führte, unbeaufsichtigt war. Meistens war das während der chaotischen halben Stunde des Schichtwechsels der Fall, wenn die Schwestern sich in ihrer Station versammelt hatten. Dussander hatte das alles mit dem geschärften Blick eines Mannes beobachtet, der schon seit vielen Jahren auf der Flucht war. Wenn er die unbezeichnete Tür doch nur eine weitere Woche lang beobachten könnte, um festzustellen, ob sich diese Routine gelegentlich änderte – er hatte nur eine einzige Chance. Aber er hatte keine ganze Woche mehr Zeit. Sein Status als im Krankenhaus liegender Werwolf würde vielleicht erst in zwei oder drei Tagen bekannt werden, es könnte aber auch schon morgen geschehen. Er durfte nicht länger warten. Wenn es herauskam, würde man ihn ständig beobachten.

Er nahm noch einen kleinen Schluck, wischte sich wieder über den Mund und schaute nach beiden Seiten. Dann ging er, ohne den geringsten Versuch, etwas zu verbergen, über den Gang zu der Tür, drehte den Knopf und betrat das Medikamentenzimmer. Sollte die aufsichtführende Schwester an ihrem Tisch sitzen, war er ganz einfach der kurzsichtige Mr. Denker. Tut mir leid, meine Dame, ich dachte, dies sei das WC. Wie dumm von mir.

Aber das Zimmer war leer.

Er nahm sich zuerst das oberste Regal an der linken Seite vor. Nur Augentropfen und Ohrentropfen. Auf dem zweiten Regal: Abführmittel und Zäpfchen. Auf dem dritten sah er Seconal und Veronal. Er ließ eine Flasche Seconal in die Tasche seines Bademantels gleiten. Dann ging er zur Tür und trat, ohne sich umzuschauen, auf den Gang hinaus. Dabei lächelte er erstaunt – das war ganz bestimmt nicht das WC gewesen, nicht wahr? *Dort* war es, gleich neben dem Trinkbrunnen. Wie dumm von mir!

Er ging zu der Tür mit der Aufschrift MÄNNER, ging hinein und wusch sich die Hände. Dann ging er den Gang entlang zu dem halb privaten Krankenzimmer zurück, das jetzt völlig privat war, da man den berühmten Mr. Heisel nach Hause geschickt hatte. Auf dem Tisch zwischen den Betten standen ein Glas und ein Krug mit Wasser. Schade, daß er keinen Bourbon hatte; wirklich ein Jammer. Aber die Tabletten würden ihn einschläfern, ganz gleich, womit er sie hinunterspülte.

»Morris Heisel, *salud*«, sagte er mit einem schwachen Lächeln und schenkte sich ein Glas Wasser ein. Nach all den Jahren, in denen er vor Schatten zusammengezuckt war. In denen er auf Parkbänken, in Restaurants und an Bushaltestellen Gesichter gesehen hatte, die ihm bekannt vorkamen, war er endlich von einem Mann erkannt und gestellt worden, den er nicht von Adam hätte unterscheiden können. Es war fast komisch. Er hatte Heisel kaum eines zweiten Blicks gewürdigt. Heisel und sein durch Gottes Fügung gebrochenes Rückgrat. Bei näherer Überlegung war es nicht *fast* komisch; es war *sehr* komisch.

Er schob sich drei Tabletten in den Mund und spülte mit Wasser nach. Er nahm drei mehr und dann noch einmal drei. Im Zimmer gegenüber sah er zwei gebückte alte Männer, die an ihrem Nachttisch mit verdrießlichen Gesichtern Karten spielten. Der eine litt an einem Bruch, das wußte Dussander. Was hatte der andere? Gallensteine? Nierensteine? Einen Tumor? War es etwas mit der Prostata? Die Schrecken des Alters. Es gab unzählige.

Er füllte sein Glas wieder auf, aber im Augenblick nahm er noch keine weiteren Tabletten. Zu viele könnten seinen Plan vereiteln. Er könnte sie wieder ausbrechen, und man würde ihm den Rest aus dem Magen pumpen. Er wäre dann jeder unwürdigen Behandlung von seiten der Amerikaner oder der Israelis ausgesetzt. Er würde nicht den dummen Selbstmordversuch einer Hausfrau unternehmen, die hofft, gerettet zu werden. Wenn er spürte, daß er schläfrig wurde, wollte er ein paar weitere Tabletten nehmen. Das würde funktionieren.

Die zitternde Stimme von einem der Kartenspieler drang zu ihm herüber, dünn und triumphierend: »Zweimal drei für acht... fünfzehn für zwölf... und der richtige Bube für dreizehn. Wie gefällt dir *das* Blatt?«

»Keine Angst«, sagte der alte Mann mit dem Bruch zuversichtlich. »Ich zähle zuerst. Dann mache ich mich davon.«

Ich mache mich davon, dachte Dussander, der schon schläfrig war. Eine passende Redewendung. Die Amerikaner haben einen Hang zum Idiom. *Das kümmert mich eine Dose Scheiße, steck's dir hin, wo keine Sonne scheint, Geld redet.* Wunderbare idiomatische Wendungen.

Sie glauben, sie hätten ihn, aber er würde sich unter ihren Augen davonmachen.

Er überraschte sich bei dem Gedanken, daß er dem Jungen gern eine Nachricht hinterlassen hätte. Er wünschte, er könnte ihn noch ermahnen, vorsichtig zu sein. Auf einen alten Mann zu hören, der sich am Ende übernommen hatte. Er wünschte, daß er dem Jungen sagen könnte, er, Dussander habe ihn am Ende respektiert, wenn er ihn auch nicht habe leiden können, und ihm zuzuhören sei immer noch besser gewesen als den eigenen Gedanken zu lauschen. Aber jede Notiz, wenn sie auch noch so harmlos war, würde Verdacht auf den Jungen lenken, und das wollte Dussander nicht. Oh, er würde einen oder zwei Monate voller Angst darauf warten, daß irgendein Beamter auftauchte, um ihn zu verhören. Es sei in einem an einen gewissen Kurt Dussander, alias Arthur Denker, vermieteten Schließfach ein Dokument aufgefunden worden... aber nach einiger Zeit würde der Junge davon überzeugt sein, daß Dussander nicht gelogen hatte, als er zu ihm sagte, daß es kein solches Dokument gab. Den Jungen berührte dies alles nicht, solange er nur einen kühlen Kopf bewahrte.

Mit einer Hand, die sich meilenweit auszustrecken schien, ergriff Dussander das Glas und nahm noch drei Tabletten. Er stellte das Glas zurück, schloß die Augen und legte sich tiefer in die weichen Kissen. Noch nie hatte er so sehr das Bedürfnis gehabt einzuschlafen, und dieser Schlaf würde sehr lange dauern. Er würde ihm endlich Ruhe bringen.

Wenn es keine Träume gab.

Dieser Gedanke schockierte ihn. *Träume? Oh, lieber Gott, nein. Nicht solche Träume. Nicht bis in alle Ewigkeit, mit keiner Möglichkeit, wieder aufzuwachen. Nicht –*

Plötzlich war er entsetzt und wollte wieder aufwachen. Es war, als griffen aus dem Bett Hände nach ihm, Hände, die ihn packen wollten, Hände mit hungrigen Fingern.

(!NEIN!)

Seine Gedanken verloren sich in einer aufsteigenden Spirale von Dunkelheit, und an dieser Spirale glitt er hinab, immer tiefer, den Träumen entgegen, die es dort vielleicht gab.

Die Überdosis wurde um ein Uhr dreißig morgens festgestellt, und fünfzehn Minuten später wurde er für tot erklärt. Die diensthabende Schwester war jung und hatte immer die leicht ironische Höflichkeit des alten Mr. Denker zu würdigen gewußt. Sie brach in Tränen aus. Sie war katholisch, und sie konnte nicht begreifen, warum ein so netter alter Mann, dem es schon besserging, so etwas tat und seine unsterbliche Seele dadurch zur Hölle verdammte.

26

Am Samstagmorgen stand keiner der Bowdens vor neun Uhr auf. An diesem Morgen saßen Todd und sein Vater um neun Uhr dreißig am Frühstückstisch und lasen, und Monica, die immer erst langsam aufwachte, brachte ihnen wortlos Rührei, Saft und Kaffee. Sie träumte noch halb.

Todd las ein Taschenbuch, einen Science-Fiction-Roman. Dick blätterte im Architectural Digest, als die Morgenzeitung gegen die Tür klatschte.

»Soll ich sie holen, Dad?«

»Mach ich schon selbst.«

Dick brachte die Zeitung, fing an, seinen Kaffee zu schlürfen und verschluckte sich, als er die Titelseite sah.

»Dick, was ist denn los?« fragte Monica und eilte auf ihn zu.

Dick hustete den Kaffee aus, der ihm in die falsche Kehle geraten war, und Todd sah ihn über den Rand seines Taschenbuchs hinweg erstaunt an. Monica klopfte ihrem Mann auf den Rücken. Beim dritten Schlag sah auch sie die Schlagzeile. Sie verpaßte den nächsten Schlag und stand wie eine Statue. Sie riß die Augen so weit auf, daß es aussah, als wollten sie auf den Tisch fallen.

»Heiliger Herr im Himmel«, rief Dick Bowden mit erstickter Stimme.

»Ist das nicht... ich kann es nicht glauben...« stammelte Monica und schwieg. Sie sah Todd an. »Oh, Honey –«

Auch sein Vater sah ihn jetzt an.

Todd erschrak und kam um den Tisch herum. »Was ist denn los?«

»Mr. Denker«, sagte Dick – mehr brachte er nicht heraus.

Todd las die Schlagzeile und wußte alles. In schwarzen Buchstaben stand dort FLÜCHTIGER NAZI BEGEHT SELBSTMORD IM STÄDTISCHEN KRANKENHAUS VON SANTO DONATO! Darunter waren nebeneinander zwei Photos abgebildet. Todd kannte beide. Das eine zeigte Arthur Denker sechs Jahre jünger und sechs Jahre lebhafter. Todd wußte, daß ein Straßenphotograph es aufgenommen und der alte Mann es nur gekauft hatte, um es nicht in die falschen Hände fallen zu lassen. Das andere Bild zeigte einen SS-Offizier namens Kurt Dussander mit leicht schief sitzender Mütze an seinem Schreibtisch in Patin.

Wenn sie das Photo hatten, das der Straßenphotograph aufgenommen hatte, mußten sie in seinem Haus gewesen sein.

Todd überflog den Artikel, und seine Gedanken rasten. Die Penner wurden nicht erwähnt, aber irgendwann würde man die Leichen finden, und wenn man sie fand, würde die Story um die ganze Welt gehen. KOMMANDANT VON PATIN BLIEB IN SEINEM GEWERBE. GRAUENHAFTE ENTDECKUNG IM KELLER EINES NAZIS. ER HÖRTE NIE AUF ZU MORDEN.

Todd Bowden schwankte.

Weit weg hörte er wie ein Echo den lauten Schrei seiner Mutter: »Halt ihn fest, Dick! Er fällt in Ohnmacht!«

Das Wort

(OhnmachtOhnmachtOhnmacht)

wiederholte sich endlos. Ganz schwach fühlte er, daß sein Vater ihn mit den Armen auffing, und dann fühlte Todd Bowden eine Weile überhaupt nichts mehr, und er hörte auch nichts.

27

Ed French aß ein Stück Blätterteiggebäck, als er die Zeitung aufschlug. Er hustete, stieß einen erstickten Laut aus und spuckte seine dänische Pastete brockenweise über den Tisch.

»Eddie!« rief Sandra French erschrocken. »Um Gottes willen!«

»Daddy erstickt, Daddy erstickt«, rief die kleine Norma fröhlich und half ihrer Mutter begeistert, Ed auf den Rücken zu schlagen. Er spürte die Schläge kaum. Er glotzte immer noch auf die Zeitung.

»Was ist denn los, Eddie?« fragte Sandra.

»Das ist er! Das ist er!« schrie Ed und ließ den Finger so heftig auf die Zeitung niedersausen, daß er die Seite zerriß. »Dieser Mann! Lord Peter!«

»Um Gottes willen, wovon redest du?«

»*Das ist Todd Bowdens Großvater!*«

»Was? Dieser Kriegsverbrecher? Eddie, das ist doch *Wahnsinn!*«

»Aber er *ist* es.« Ed stöhnte die Worte fast. »Herr im Himmel, er *ist* es!«

Sandra French betrachtete das Bild lange und sehr genau.

»Er sieht überhaupt nicht wie Peter Wimsey aus«, sagte sie endlich.

28

Bleich wie Milchglas saß Todd zwischen seiner Mutter und seinem Vater auf der Couch.

Ihnen gegenüber saß ein grauhaariger Kriminalbeamter namens Richler. Todds Vater hatte sich erboten, die Polizei zu rufen, aber Todd hatte es selbst getan, mit überschnappender Stimme, wie er als Vierzehnjähriger gesprochen hatte.

Er beendete seine Aussage. Sie hatte nicht lange gedauert. Er sprach so mechanisch und ausdruckslos, daß Monica von nackter Angst gepackt wurde. Gewiß, er war siebzehn, aber in mancher Hinsicht war er immer noch ein Kind. Diese Sache würde Narben hinterlassen.

»Ich habe ihm vorgelesen... ach, ich weiß nicht. *Tom Jones. The Mill on the Floss.* Das Buch war ziemlich langweilig. Ich dachte schon, wir würden es nie durchkriegen. Ein paar Geschichten von Hawthorne – ich weiß nicht, daß ihm ›The Great Stone Face‹ und ›Young Goodman Brown‹ besonders gut gefallen haben. Wir haben angefangen, *The Pickwick Papers* zu lesen, aber das Buch gefiel ihm nicht. Er sagte, Dickens sei nur in seinen ernsten Büchern komisch, und *Pickwick* sei bloß albern. Genau das sagte er, albern. Am besten gefiel uns *Tom Jones.* Das Buch mochten wir beide.«

»Und das liegt alles drei Jahre zurück«, sagte Richler.

»Ja. Auch danach besuchte ich ihn, wenn es möglich war, aber zur High School mußte ich mit dem Bus durch die ganze Stadt fahren... und mit ein paar Jungens gründeten wir dann eine Baseballmannschaft... die Arbeit für die Schule wurde schwerer... wissen Sie... so kam alles zusammen.«

»Du hattest nicht mehr so viel Zeit.«

»Weniger Zeit. Das stimmt. In der High School mußte ich mehr arbeiten...ich wollte mich ja für das College qualifizieren.«

»Aber Todd ist ein sehr guter Schüler«, sagte Monica fast automatisch.

»Er mußte bei der Abschlußfeier die Begrüßungsansprache halten. Wir waren so stolz.«

»Das glaube ich gern«, sagte Richler und lächelte freundlich. »Ich habe zwei Jungs unten in Fairview, und die sind nur im Sport gut.«

Er wandte sich wieder an Todd. »Während der Zeit in der High School hast du ihm also keine Bücher mehr vorgelesen?«

»Nein. Hin und wieder las ich ihm aus der Zeitung vor. Ich ging zu ihm, und er wollte wissen, was in den Schlagzeilen stand. Er war sehr an der Watergate-Angelegenheit interessiert. Und ich mußte ihm immer die Aktienkurse vorlesen. Die sind so klein gedruckt, das stank ihm ganz gewaltig – Entschuldigung, Mom.«

Sie tätschelte ihm die Hand.

»Ich weiß nicht, wieso er sich für die Aktienkurse interessierte, aber das tat er nun mal.«

»Er hatte ein paar Aktien«, sagte Richler. »So kam er einigermaßen zurecht. Und da gibt es einen merkwürdigen Zufall. Der Mann, der für ihn investierte, wurde Ende der vierziger Jahre wegen Mordes verurteilt. Dussander hatte fünf verschiedene Ausweise im Haus liegen. Der Mann war ganz schön gewieft.«

»Die Aktien hat er wahrscheinlich irgendwo in einem Schließfach gehabt«, sagte Todd.

»Wie bitte?« Richler hob die Brauen.

»Seine Aktien«, sagte Todd. Sein Vater, der ebenfalls erstaunt aufgeblickt hatte, nickte jetzt Richler zu.

»Die paar Aktien, die er noch hatte, lagen in einer Kiste unter seinem Bett«, sagte Richler, »zusammen mit einem Photo von ihm. Hatte er denn ein Schließfach, mein Junge? Hat er sich darüber mal geäußert?«

Todd überlegte und schüttelte dann den Kopf. »Ich dachte nur, daß man seine Aktien in einem Schließfach aufbewahrt. Ich weiß nicht. Diese... diese ganze Sache hat mich doch... ein wenig mitgenommen.« Es wirkte ganz echt, als er wie benommen den Kopf schüttelte, denn er war wirklich benommen. Dennoch trat allmählich sein Selbsterhaltungstrieb wieder in den Vordergrund. Er war wieder hellwach und einigermaßen zuversichtlich. Wenn Dussander tatsächlich für sein »Dokument« ein Schließfach gemietet hätte, würde er doch auch seine restlichen Aktien hineingelegt haben. Und das Photo?

»In dieser Sache arbeiten wir mit den Israelis zusammen«, sagte Richler. »Natürlich nicht offiziell. Ich wäre dir dankbar, wenn du das der Presse gegenüber nicht erwähnen würdest, falls du sie überhaupt empfängst. Die Leute sind Profis. Da gibt es zum Beispiel einen gewissen Weiskopf, der sich morgen gern mit dir unterhalten möchte, Todd. Wenn du und deine Eltern nichts dagegen haben.«

»Sicherlich nicht«, sagte Todd, aber er hatte eine atavistische Angst vor den Schnüfflern, die Dussander während seiner zweiten Lebenshälfte ständig gejagt hatten. Dussander selbst hatte vor ihnen einen gesunden Respekt gehabt, und Todd wußte, daß er das nicht vergessen durfte.

»Mr. und Mrs. Bowden? Haben Sie etwas dagegen, daß Mr. Weiskopf sich mit Todd unterhält?«

»Wenn es Todd recht ist, keineswegs«, sagte Dick Bowden. »Ich möchte aber gern dabeisein. Ich habe schon viel über diese Typen von der Mossad gelesen –«

»Weiskopf gehört nicht der Mossad an. Die Israelis bezeichnen ihn als Sonderbeauftragten. Er ist Lehrer für jiddische Literatur und englische Grammatik. Außerdem hat er zwei Romane geschrieben.« Richler lächelte.

Dick hob abwehrend die Hand. »Wer er auch sei, ich werde nicht zulassen, daß er Todd belästigt. Nach dem, was ich gelesen habe, sind diese Leute gelegentlich ein wenig *zu* professionell. Vielleicht ist der Mann in Ordnung. Aber Sie und dieser Weiskopf dürfen nicht vergessen, daß Todd dem alten Mann nur helfen wollte. Er segelte unter falscher Flagge, aber das konnte Todd nicht wissen.«

»Ist mir schon recht, Dad«, sagte Todd und lächelte müde.

»Ich bin ja nur daran interessiert, daß Sie uns helfen, so gut Sie können«, sagte Richler. »Ich verstehe Ihre Sorge, Mr. Bowden. Aber Sie werden feststellen, daß Weiskopf ein angenehmer und sehr sachlicher Mann ist. Ich selbst habe keine weiteren Fragen, aber um für Weiskopf das Terrain zu bereiten, möchte ich Ihnen gern sagen, woran die Israelis hauptsächlich interessiert sind. Todd war bei ihm, als er den Herzanfall hatte, der einen Krankenhausaufenthalt nötig machte –«

»Er bat mich, rüberzukommen und ihm einen Brief vorzulesen«, sagte Todd.

»Das wissen wir.« Richler beugte sich vor, und stützte die Ellenbogen auf die Knie, und seine Krawatte hing wie ein Lot nach unten. »Die Israelis wollen etwas über diesen Brief wissen. Dussander war ein großer Fisch, aber er war nicht der letzte im Teich – so ähnlich drückte sich Sam Weiskopf aus, und ich glaube ihm. Sie sind davon überzeugt, daß Dussander viele andere Fische gekannt hat. Die meisten, wenn sie noch leben, halten sich wahrscheinlich in Südamerika auf. Es mag andere geben. In Dutzenden von Ländern ... einschließlich die Vereinigten Staaten. Wußten Sie übrigens, daß man im Foyer eines Hotels in Tel Aviv einen Mann verhaftet hat, der einmal stellvertretender Kommandant von Buchenwald war?«

»Das ist doch nicht möglich«, sagte Monica und riß erstaunt die Augen auf.

»Es stimmt aber«, nickte Richler. »Vor zwei Jahren. Die Israelis vermuten, daß der Brief, den Todd Dussander vorlesen sollte, möglicherweise von einem dieser Fische stammt. Vielleicht haben sie recht, vielleicht auch nicht. Auf jeden Fall wollen sie sich Gewißheit verschaffen.«

Todd, der zu Dussanders Haus zurückgegangen war und den Brief verbrannt hatte, sagte: »Ich würde Ihnen – oder diesem Weiskopf ja gern helfen, Lieutenant Richler, aber der Brief war in Deutsch abgefaßt. Er war wirklich schwer zu lesen, und ich kam mir ganz albern vor. Mr. Denker ... Dussander ... wurde immer aufgeregter und bat mich, das eine oder andere Wort, das er nicht verstanden hatte, zu buchstabieren. Meine Aussprache muß entsetzlich gewesen sein. Im großen und ganzen scheint er aber verstanden zu haben, was ich ihm vorlas. Einmal lachte er und sagte: ›ja, ja, das sieht dir ähnlich‹. Zwei oder drei Minuten vor seinem Herzanfall sprach er plötzlich deutsch und schien sehr aufgebracht zu sein.«

Er sah Richler unsicher an, aber innerlich freute er sich über diese geschickte Lüge.

Rickler nickte. »Wir wissen, daß der Brief deutsch geschrieben war. Das erzähltest du ja schon dem Arzt im Krankenhaus, der deine Geschichte bestätigt. Aber der Brief *selbst*, Todd ... weißt du, was mit dem Brief passiert ist?«

»Ich glaube, er lag noch auf dem Tisch, als der Krankenwagen kam und wir alle das Haus verließen. Ich kann es natürlich nicht beschwören, aber –«

»Ja, der Brief lag auf dem Tisch«, sagte Dick. »Ich nahm ihn in die Hand. Es war Luftpostpapier, glaube ich, aber ich habe nicht gemerkt, daß er deutsch geschrieben war.«

»Dann müßte er noch da sein«, sagte Richler. »Das begreifen wir nicht.«

»Ist er denn nicht da?« sagte Dick. »Ich meine, war er denn nicht mehr da?«

»Er ist nicht da, und er war auch nicht da.«

»Vielleicht ist jemand eingebrochen«, gab Monica zu bedenken.

»Es wäre nicht nötig gewesen einzubrechen«, sagte Richler. »In der Aufregung hat man vergessen, die Tür abzuschließen. Offenbar hat Dussander nicht daran gedacht, jemanden darum zu bitten. Sein Haustürschlüssel war noch in seiner Hosentasche, als er starb. Vom Zeitpunkt seiner Einlieferung ins Krankenhaus bis heute morgen um halb drei, als wir sie versiegelten, war die Haustür unverschlossen.«

»Na also«, sagte Dick.

»Nein«, meinte Todd. »Ich weiß genau, worüber Lieutenant Richler sich wundert.« O ja, er wußte es. Man müßte blind sein, um das nicht zu erkennen. »Warum sollte ein Einbrecher nur einen Brief stehlen? Noch dazu einen deutsch geschriebenen?

Bei Mr. Denker war nicht viel zu holen, aber etwas Besseres als den Brief hätte ein Einbrecher bestimmt gefunden.«

»Du hast es genau getroffen«, sagte Richler. »Nicht schlecht.«

»Als er noch kleiner war, wollte Todd immer Detektiv werden«, sagte Monica und strich ihrem Sohn über das Haar. Seit er größer war, hatte er das nicht mehr gern, aber heute schien es ihm nichts auszumachen. Mein Gott, wie blaß der Junge aussah. »Inzwischen interessiert er sich mehr für Geschichte.«

»Geschichte ist ein sehr interessantes Fach«, sagte Richler. »Auch auf dem Gebiet könntest du Detektivarbeit leisten. Hast du schon mal Josephine Tey gelesen?«

»No, Sir.«

»Nun ja, das ist unwichtig. Jedenfalls wäre ich froh, wenn meine Söhne mehr Ehrgeiz entwickelten, als die Angels den diesjährigen Pokal gewinnen zu sehen.«

Todd lächelte müde und schwieg.

Richler wurde wieder ernst. »Wie dem auch sei, ich will Ihnen unsere Theorie erklären. Wir vermuten, daß es eine Person gibt, die wußte, wer Dussander war. Wahrscheinlich sogar hier in Santo Donato.«

»Im Ernst?« sagte Dick.

»O ja, jemand, der die Wahrheit kannte. Vielleicht ein Nazi, der sich ebenfalls verbergen muß. Ich weiß, das hört sich abenteuerlich an, aber wer hätte gedacht, daß sich in diesem ruhigen kleinen Vorort auch nur *ein* flüchtiger Nazi aufhält? Und als Dussander ins Krankenhaus gebracht wurde, so vermuten wir, ist dieser Mr. X in das Haus gerannt und hat den belastenden Brief geholt. Und inzwischen schwimmt er als Asche im Abwassersystem.«

»Das gibt nicht viel Sinn«, sagte Todd.

»Warum nicht, Todd?«

»Nun, wenn Mr. Denk... wenn *Dussander* einen alten Freund aus dem Lager oder sonst einen Freund aus der Nazizeit hat, warum sollte er mich dann bitten, ihm seinen Brief vorzulesen? Wenn Sie gehört hätten, wie er mich dauernd korrigieren mußte... diesem Nazi, von dem Sie reden, hätte doch wenigstens Deutsch keine Schwierigkeiten gemacht.«

»Sehr gut überlegt. Aber wenn dieser Bursche nun im Rollstuhl sitzt oder blind ist? Es könnte ja sogar Bormann persönlich sein, und der darf sein Gesicht nun wirklich nicht in der Öffentlichkeit zeigen.«

»Blinde oder Leute, die im Rollstuhl sitzen, können nicht so gut in fremde Häuser rennen und Briefe herausholen«, sagte Todd.

Richler sah ihn bewundernd an. »Richtig. Aber ein Blinder könnte einen Brief stehlen, auch wenn er ihn nicht lesen kann. Oder er könnte einen anderen beauftragen, ihn zu stehlen.«

Todd dachte darüber nach und nickte – aber er zuckte die Achseln, um anzudeuten, für wie unwahrscheinlich er diese Möglichkeit hielt. Aber war das nicht scheißegal? Wichtig war, daß Richler immer noch herumschnüffelte... und dieser Jidd Weiskopf schnüffelte ebenfalls noch herum. Der Brief, dieser gottverdammte Brief! Dussanders gottverdammte dumme Idee. Und plötzlich mußte er an seine .30-.30 denken, die in ihrem Futteral im kühlen dunklen Keller lag. Rasch zwang er seine Gedanken in eine andere Richtung. Seine Handflächen waren feucht geworden.

»*Hatte* Dussander denn Freunde, von denen du weißt?« fragte Richler.

»Freunde? Nein. Er hatte mal eine Putzfrau, aber die ist weggezogen, und er hat sich nie um eine andere bemüht. Im Sommer ließ er sich von einem Jungen den Rasen mähen, aber in diesem Jahr hatte er, glaube ich, noch keinen. Das Gras ist ziemlich lang, nicht wahr?«

»Ja. Wir haben uns in der ganzen Nachbarschaft erkundigt, aber er scheint keinen Jungen damit beauftragt zu haben. Wurde er manchmal angerufen?«

»Aber ja«, sagte Todd spontan... hier lag eine Hoffnung, hier lag eine relativ sichere Chance, sich aus der Sache herauszuwinden. Seit Todd ihn kannte, hatte er erst ein halbes Dutzend mal erlebt, daß Dussanders Telefon klingelte – Vertreter, eine Meinungsumfrage über Frühstücksgewohnheiten, der Rest falsch verbunden. Er hatte das Telefon nur für den Fall, daß er krank werden sollte... was ihm dann ja auch passierte. Sollte seine Seele doch in der Hölle verrotten. »Er wurde jede Woche ein- oder zweimal angerufen.«

»Sprach er dabei deutsch?« fragte Richler schnell. Er wirkte ganz aufgeregt.

»Nein«, sagte Todd, der plötzlich mißtrauisch wurde. Ihm gefiel Richlers Aufregung nicht – es war irgend etwas Falsches daran, etwas Gefährliches. Das empfand Todd sehr deutlich, und er hatte alle Mühe, nicht in Schweiß auszubrechen. »Er sprach dabei überhaupt nicht viel. Ich weiß noch, daß er manchmal sagte: der Junge, der mir immer vorliest, ist gerade hier. Ich rufe zurück.«

»Ich wette, das ist er!« sagte Richler und schlug sich auf die Schenkel. »Ich wette ein Monatsgehalt, das ist der Kerl!« Mit einem leisen Knall schlug er sein Notizbuch zu (in dem er, wie Todd sehen konnte, nur gekritzelt hatte) und stand auf. »Ich möchte Ihnen allen dafür danken, daß Sie mir Ihre Zeit zur Verfügung gestellt haben. Besonders dir danke ich, Todd. Für dich muß das Ganze ein entsetzlicher Schock gewesen sein, aber es wird bald vorbei sein. Wir werden heute nachmittag das ganze Haus auf den Kopf stellen – vom Keller bis zum Boden und dann wieder bis zum Keller. Wir bringen alle unsere Spezialisten mit. Vielleicht kommen wir Dussanders Telefonpartner noch auf die Spur.«

»Hoffentlich«, sagte Todd.

Richler gab allen die Hand und ging. Dick fragte Todd, ob er Lust habe, mit ihm bis zum Essen Federball zu spielen. Todd sagte, er sei weder an Federball *noch* an Essen interessiert, und ging mit gesenktem Kopf und hängenden Schultern nach oben. Seine Eltern tauschten mitfühlende und besorgte Blicke aus. Todd legte sich auf sein Bett, starrte gegen die Decke und dachte an seine Winchester. Ganz deutlich sah er sie vor sich. Er dachte daran, Betty Trask den blauen Stahllauf der Waffe in ihre schmierige Judenfotze zu stoßen – das war es, was sie brauchte, einen Schwanz, der nie schlaff wurde. *Wie gefällt dir das, Betty?* hörte er sich fragen. *Sag mir, wenn du genug hast, okay?* Er stellte sich vor, wie sie schreien würde. Und zuletzt lächelte er widerlich. *Klar, sag's mir nur, du Miststück . . . okay? Okay? Okay? . . .*

»Was halten Sie von der Sache?« fragte Weiskopf Richler, als Richler ihn aus der Imbißstube drei Straßen vom Haus der Bowdens entfernt abholte.

»Oh, ich glaube schon, daß der Junge etwas wußte. Irgendwie, auf irgendeine Weise und bis zu einem gewissen Grad. Der Junge ist eiskalt. Wenn man dem heißes Wasser ins Maul gießt, spuckt er Eiswürfel. Ich habe ihm ein paar Fallen gestellt, aber ich habe nichts, was ich vor Gericht verwenden könnte. Wenn ich noch weiter gegangen wäre, hätte irgendein smarter Anwalt mir Arglist anhängen können, selbst wenn ich was in der Hand gehabt hätte. Ich denke, die Gerichte werden ihn immer noch als Jugendlichen ansehen – der Junge ist schließlich erst siebzehn. Irgendwie war dieser Junge wahrscheinlich schon mit acht Jahren kein Jugendlicher mehr. Der Bengel ist mir ganz einfach unheimlich.« Richler zündete sich eine Zigarette an und fing an zu lachen – aber das Lachen klang hohl und unecht. »Er ist mir verdammt unheimlich.«

»Welche Fehler hat er denn gemacht?«

»Die Telefongespräche. Das war das Wichtigste. Als ich ihn darauf ansprach, leuchteten seine Augen auf wie die Lichter an einem Glücksspielautomaten.« Richler bog nach links ab und ließ den unauffälligen Chevy Nova die Abfahrt zur Fernverkehrsstraße hinunterrollen. Hundertachtzig Meter weiter rechts lag der Abhang mit dem toten Baum, von dem aus Todd vor kurzem an einem Samstagmorgen sein ungeladenes Gewehr auf vorbeifahrende Wagen abgeschossen hatte.

»Der Junge sagt sich, ›Dieser Bulle liegt falsch, wenn er glaubt, Dussander habe in der Stadt einen Freund aus der Nazizeit, aber *wenn* er das glaubt, bin ich draußen vor‹. Darum behauptet er, ja, Dussander ist wöchentlich ein oder zweimal angerufen worden. Sehr geheimnisvoll. ›Ich kann jetzt nicht reden, Z-fünf, rufen Sie später wieder an‹ – oder so ähnlich. Während der letzten sieben Jahre zahlte Dussander kaum Gebühren, weil fast keine Gespräche geführt wurden. Er wurde nicht ein- oder zweimal in der Woche angerufen. Ferngespräche gab es überhaupt keine.«

»Was sonst?«

»Todd wußte sofort, daß der Brief verschwunden war. Er

wußte, daß nur der Brief fehlte, denn er selbst war wieder in das Haus gegangen, um ihn zu beseitigen.«

Richler drückte seine Zigarette im Aschenbecher aus.

»Wir *vermuten*, daß der Brief nur ein Vorwand war. Wir *vermuten*, daß Dussander den Herzanfall hatte, als er versuchte, die Leiche zu vergraben ... die letzte Leiche. Er hatte Erde an den Schuhen und an den Ärmeln. Das bedeutet, daß er den Jungen *nach* dem Anfall und nicht vorher angerufen hat. Er kriecht die Treppe hinauf und ruft den Jungen an. Der Junge flippt aus – soweit das bei ihm überhaupt möglich ist – und erfindet auf der Stelle die Geschichte mit dem Brief. Die Geschichte ist nicht besonders gut, aber sie ist auch nicht schlecht... wenn man die Umstände bedenkt. Er geht hin und räumt für Dussander auf. Inzwischen läuft der Junge auf Hochtouren. Der Krankenwagen kommt, sein Vater kommt, und er braucht den Brief, damit alles echt aussieht. Er rennt nach oben und bricht den Holzkasten auf –«

»Hat sich das bestätigt?« fragte Weiskopf und zündete sich eine von seinen eigenen Zigaretten an. Es war eine Player ohne Filter, und Richler fand, daß sie wie Pferdescheiße roch. Kein Wunder, daß das Britische Reich zusammenbrechen mußte, dachte er, wenn sie anfingen, solche Zigaretten zu rauchen.

»Und wie sich das bestätigt hat«, sagte Richler. »Die Fingerabdrücke auf dem Kasten sind mit denen auf seinen Schulzeugnissen identisch. Aber seine Fingerabdrücke sind an fast allen Gegenständen in diesem gottverdammten Haus.«

»Trotzdem. Wenn Sie ihm das alles vorhielten, könnten Sie ihn ganz schön in die Enge treiben«, sagte Weiskopf.

»Nein, nein, Sie kennen den Jungen nicht. Wenn ich sage, daß er eiskalt ist, dann meine ich das auch. Er wird behaupten, daß Dussander ihn ein paarmal gebeten hat, den Kasten zu holen, damit er etwas herausnehmen oder hineinlegen kann.«

»Seine Fingerabdrücke sind auch auf der Schaufel.«

»Er wird sagen, daß er im Garten eine Rose eingepflanzt hat.« Richler zog seine Zigaretten aus der Tasche, aber die Schachtel war leer. Weiskopf bot ihm eine Player an. Nach dem ersten Zug fing Richler an zu husten. »Sie schmecken genauso schlecht wie sie riechen«, ächzte er.

»Wie diese Hamburger, die wir gestern zum Lunch gegessen haben«, sagte Weiskopf lächelnd. »Diese Mac-Burger.«

»Big Macs«, sagte Richler und lachte. »Okay, gegenseitige kulturelle Befruchtung funktioniert eben nicht immer.« Sein Lächeln verschwand. »Er sieht so anständig aus. Finden Sie nicht auch?«

»Ja.«

»Das ist kein jugendlicher Krimineller aus Vasco mit Haaren bis zum Arschloch und Ketten an den Motorradstiefeln.«

»Nein.« Weiskopf betrachtete den Verkehr um sie herum und war sehr froh, daß er nicht fahren mußte. »Er ist noch ein Junge. Ein weißer Junge aus einem guten Elternhaus. Und es fällt mir sehr schwer zu glauben, daß –«

»Sie lassen die Jungs doch schon, bevor sie achtzehn sind, mit Gewehren und Granaten hantieren. In Israel.«

»Ja. Aber er war erst vierzehn, als alles anfing. Warum sollte ein vierzehnjähriger Junge sich mit einem Mann wie Dussander einlassen? Das kann ich beim besten Willen nicht begreifen.«

»Das werden wir schon noch herausbekommen«, sagte Richler und warf die Zigarette aus dem Fenster. Er bekam von dem Ding Kopfschmerzen.

»Wahrscheinlich handelte es sich um reinen Zufall. Es gibt eine Gabe, durch Zufall unerwartete Entdeckungen zu machen. Ich denke, diese Gabe kann zum Guten oder zum Schlechten ausschlagen.«

»Ich habe keine Ahnung, wovon Sie reden«, sagte Richler mürrisch. »Ich weiß nur, daß der Junge unheimlicher ist als Ungeziefer unter einem Stein.«

»Es ist ganz einfach. Jeder andere Junge hätte es sofort seinen Eltern oder der Polizei erzählt. Er hätte gesagt: ›Ich habe einen Mann erkannt, der gesucht wird. Er wohnt da und da. Ja, ich bin ganz sicher.‹ Und dann wären die Behörden eingeschritten. Habe ich etwa unrecht?«

»Nein, das würde ich nicht sagen. Für ein paar Tage würde der Junge im Mittelpunkt stehen. Das würde den meisten Jungs sehr gefallen. Ein Photo in der Zeitung, vielleicht sogar ein Interview im Fernsehen. Eine Belobigung in der Schule.« Richler lachte. »Vielleicht wird er sogar in *Real People* abgebildet.«

»Was ist das?«

»Spielt keine Rolle«, sagte Richler. Er mußte ein wenig lauter sprechen, denn links und rechts fuhren einige Fünfachser am Nova vorbei. Weiskopf schaute nervös von einer Seite zur anderen. »Es stimmt, was Sie sagen«, meinte Richler. »Die meisten Jungs hätten sich anders verhalten. Die *meisten*.«

»Aber nicht *dieser* Junge«, sagte Weiskopf. »Dieser Junge kommt durch irgendeinen dummen Zufall hinter Dussanders Geheimnis. Aber anstatt zu seinen Eltern oder zur Polizei zu gehen... geht er zu Dussander. Warum? Sie sagen, das sei Ihnen egal, aber das glaube ich nicht. Sie machen sich darüber genauso viele Gedanken wie ich.«

»Um Erpressung kann es sich nicht handeln«, sagte Richler. »Das steht fest. Der Junge hat alles, was sich ein Junge wünschen kann. In der Garage steht sogar ein Buggy, von der Elefantenbüchse an der Wand ganz zu schweigen. Und selbst *wenn* er Dussander erpressen wollte, der Mann war praktisch nicht zu erpressen. Von den paar Aktien abgesehen, hatte er nicht einmal einen Topf, in den er pissen konnte.«

»Sind Sie sicher, daß der Junge nicht weiß, daß Sie die Leichen gefunden haben?«

»Ganz sicher«, antwortete Richler. »Vielleicht gehe ich heute nachmittag hin und haue sie ihm um die Ohren. Das ist im Augenblick unsere beste Chance.« Richler schlug leicht auf das Lenkrad. »Wenn das alles auch nur einen Tag früher herausgekommen wäre, hätte ich wahrscheinlich eine Hausdurchsuchung beantragt.«

»Wegen der Kleidung, die der Junge an dem Tag trug?«

»Ja, wenn wir an seiner Kleidung Dreckspuren finden, die mit dem Dreck in Dussanders Keller identisch sind, könnten wir ihn wahrscheinlich knacken. Aber die Kleidung, die er an dem Abend trug, ist inzwischen vermutlich sechsmal gewaschen worden.«

»Und was ist mit den anderen toten Pennern?« fragte Weiskopf. »Die Penner, die von der Polizei an verschiedenen Stellen der Stadt gefunden wurden?«

»Die Fälle bearbeitet Dan Bozeman«, sagte Richler. »Im übrigen vermute ich da keinen Zusammenhang. Dafür war Dussander einfach nicht kräftig genug... außerdem hatte Dussander schon seine eigene nette kleine Methode entwickelt. Er versprach ihnen einen Drink und eine Mahlzeit und fuhr mit ihnen im Stadtbus – in diesem gottverdammten Stadtbus! – nach Hause und ermordete sie in aller Ruhe in seiner eigenen Küche.«

»An Dussander habe ich eben gar nicht gedacht«, sagte Weiskopf.

»Was meinen Sie dam –« begann Richler seinen Satz und schloß dann hörbar den Mund. Eine Weile schwieg er ungläubig, und man hörte nur das Dröhnen des Verkehrs. »He«, sagte er dann leise, »das müssen Sie mir verdammt erklären –«

»Als Vertreter meiner Regierung bin ich nur insofern an Bowden interessiert, als er vielleicht etwas über Dussanders Kontakte mit dem Nazi-Untergrund weiß. Aber als Mensch interessiere ich mich immer mehr für den Jungen selbst. Ich will wissen, was mit dem Jungen los ist. Ich will seine Beweggründe erfahren. Und immer öfter frage ich mich *Was war sonst noch?*«

»Aber –«

»Ich frage mich, ob nicht gerade die Grausamkeiten, die Dussander begangen hat, die Basis der Beziehungen zwischen den beiden bildeten. Das ist natürlich kein sehr schöner Gedanke. Was in diesen Lagern passierte, dreht einem noch heute den Magen um. So geht es auch mir, obwohl der einzige nahe Verwandte, den ich in den Lagern hatte, mein Großvater war, und der starb schon, als ich erst drei Jahre alt war. Aber was die Deutschen taten, übt vielleicht auf uns alle eine Art tödliche Faszination aus – es erschließt die tiefsten Abgründe unserer Phantasie. Vielleicht besteht ein Teil unseres Grauens und Entsetzens darin, daß wir insgeheim wissen, daß wir unter den richtigen – oder falschen – Umständen selbst bereit wären, solche Lager zu bauen und das Personal dafür zu stellen. Vielleicht wissen wir, daß unter den richtigen Umständen die Dinge, die in diesen Abgründen unserer Phantasie leben, nur allzu gern herauskriechen. Und wie würden sie wohl aussehen? Wie lauter verrückte Führer mit einer Haarsträhne in der Stirn und schwarzem Oberlippenbart, die dauernd *Heil* schreien? Wie rote Teufel oder Dämonen oder wie ein Drache mit stinkenden Fledermausflügeln.«

»Ich weiß es nicht«, sagte Richler.

»Ich glaube«, sagte Weiskopf, »die meisten würden wie ganz gewöhnliche Buchhalter aussehen. Kleine Angestellte mit graphischen Darstellungen und Verarbeitungsdiagrammen und elektronischen Rechnern, die versuchen, die Mordrate anzuheben, damit sie das nächste Mal zwanzig oder dreißig Millionen umbringen können statt nur sechs. Und einige von ihnen könnten wie Todd Bowden aussehen.

»Sie sind fast so unheimlich wie er«, sagte Richler.

Weiskopf nickte. »Es ist ja auch ein unheimliches Thema. Diese toten Männer und Tiere in Dussanders Keller zu finden... *das* war unheimlich, nicht wahr? Haben Sie schon mal daran gedacht, daß der Junge sich am Anfang ganz einfach nur für die Lager interessiert haben könnte? Ein Interesse, das sich nicht sonderlich vom Interesse anderer Jungen am Sammeln von Briefmarken oder Münzen oder am Lesen von Wildwestromanen unterscheidet? Und daß er zu Dussander ging, um Informationen aus erster Hand zu bekommen?«

»Aus erster Hand«, wiederholte Richler automatisch. »Mann, in diesem Stadium könnte ich alles glauben.«

»Vielleicht«, murmelte Weiskopf. Seine Worte gingen unter in dem Lärm eines weiteren Fünfachsers, an dessen Seite in metergroßen Buchstaben BUDWEISER geschrieben stand. *Was für ein erstaunliches Land*, dachte Weiskopf und zündete sich noch eine Zigarette an. *Sie begreifen nicht, wie wir von halbverrückten Arabern umgeben leben können, aber wenn ich hier zwei Jahre lang leben müßte, würde ich einen Nervenzusammenbruch kriegen.* »Vielleicht. Und vielleicht ist es unmöglich, einen Mord nach dem andern zu erleben, ohne davon berührt zu sein.«

29

Der kleine Kerl, der die Polizeiwache betrat, brachte eine Wolke von Gestank mit herein. Er roch nach faulen Bananen, billigem Haaröl, Kakerlakenscheiße und dem Innern eines Wagens von der Müllabfuhr. Der Mann trug ein Paar alte Hosen mit Fischgrätenmuster, ein zerfetztes graues Hemd und eine schäbige blaue Trainingsjacke, deren Reißverschluß lose hing wie eine Kette von Pygmäenzähnen. Die Sohlen seiner Schuhe waren mit Leim an die Oberteile geklebt. Auf seinem Kopf saß ein verdreckter Hut. Er sah aus wie der besoffene Tod.

»Um Gottes willen, raus hier!« schrie der diensthabende Sergeant. »Sie stehen nicht unter Arrest, Hap! Das schwöre ich bei Gott! Ich schwöre es beim Namen meiner Mutter!! Raus hier! Ich will wieder atmen können.«

»Ich will Lieutenant Bozeman sprechen.«

»Er ist tot, Hap. Gestern gestorben. Alles große Scheiße. Mach, daß du rauskommst, damit wir in Ruhe trauern können.«

»Ich will Lieutenant Bozeman sprechen!« sagte Hap mit etwas mehr Nachdruck. Sein Atem war eine süßliche Mischung aus Pizza, Mentholpastillen und süßem Rotwein.

»Er bearbeitet einen Fall in Siam, Hap. Warum haust du nicht einfach ab? Geh irgendwohin und friß 'ne Glühbirne.«

»Ich will Lieutenant Bozeman sprechen, und vorher geh ich nicht!«

Der diensthabende Sergeant verließ fluchtartig den Raum. Fünf Minuten später kam er mit Bozemann zurück, einem dünnen, leicht gebückten Mann um die fünfzig.

»Bring ihn in dein Büro, Dan, okay?« bat der diensthabende Sergeant. »Das geht doch in Ordnung?«

»Komm, Hap«, sagte Bozeman, und eine Minute später saßen sie in dem kleinen Verschlag, der Bozeman als Büro diente. Bozeman war schlau genug, das einzige Fenster zu öffnen, und, bevor er sich setzte, stellte er den Ventilator an. »Was kann ich für dich tun, Hap?«

»Haben Sie noch mit diesen Morden zu tun, Lieutenant Bozeman?«

»Die Obdachlosen? Ich denke doch.«

»Ich weiß, wer die abgestochen hat.«

»Was du nicht sagst, Hap«, sagte Bozeman. Er war gerade dabei, sich die Pfeife anzuzünden. Er rauchte selten Pfeife, aber das offene Fenster und der Ventilator wurden mit Haps Geruch nicht fertig. Jeden Augenblick wird die Farbe von der Wand abblättern, dachte Bozeman und seufzte.

»Ich hab' Ihnen doch erzählt, daß Sonny mit einem jungen Burschen gesprochen hat. Das war einen Tag, bevor sie ihn aufgeschlitzt in diesem Rohr gefunden haben. Wissen Sie das noch, Lieutenant Bozeman?«

»Ja, das weiß ich noch.« Mehrere der Penner, die in der Nähe des Büros der Heilsarmee und der ein paar Straßen weiter gelegenen Suppenküche herumgehangen hatten, waren mit einer ähnlichen Geschichte über zwei der ermordeten Obdachlosen zu ihm gekommen. Die Toten waren Charles »Sonny« Bracket und Peter »Poley« Smith, und die anderen hatten gesehen, daß ein junger Bursche mit Sonny und Poley gesprochen hatte. Niemand wußte genau, ob Sonny mit dem Jungen gegangen war, aber Hap und zwei andere behaupteten, sie hätten Poley Smith mit ihm zusammen weggehen sehen. Sie hielten den Jungen für minderjährig. Wahrscheinlich sollte Sonny ihm eine Flasche Wein besorgen und dafür etwas Geld bekommen und mittrinken dürfen. Auch ein paar andere Penner behaupteten, einen solchen »Burschen« in der Nähe gesehen zu haben. Die Beschreibung dieses »Burschen« würde vor Gericht erhebliche Beweiskraft haben, zumal sie aus einer so einwandfreien Quelle stammte. Jung, blond und weiß. Was brauchte man noch mehr, um ein Ding zu drehen?

»Und gestern nacht war ich im Park«, sagte Hap, »und da hab' ich diese alten Zeitungen gefunden –«

»In dieser Stadt gibt es Gesetze gegen Landstreicherei, Hap.«

»Ich hab' sie nur aufgesammelt«, sagte Hap mit Unschuldsmiene. »Die Leute lassen so viel herumliegen, Lieutenant. Ein paar von den Zeitungen waren eine Woche alt.«

»Ja, Hap«, sagte Bozeman. Er erinnerte sich vage, daß er Hunger gehabt und sich auf sein Mittagessen gefreut hatte. Das schien vor langer Zeit gewesen zu sein.

»Nun, als ich aufwachte, waren mir ein paar von den Zeitungen ins Gesicht geweht, und ich sah dem Kerl direkt ins Gesicht. Hab' ich einen Schreck gekriegt, das kann ich Ihnen sagen. Sehen Sie. Das ist der Kerl! Dieser Kerl hier.«

Er zog eine zerknüllte Zeitungsseite mit Wasserflecken aus seiner Trainingsjacke und strich sie auf dem Tisch glatt. Bozeman war jetzt mäßig interessiert und beugte sich vor. Hap schob ihm die Seite hin, so daß er die Überschrift lesen konnte: VIER JUNGEN FÜR DIE SOUTHERN CAL ALL-STARS NOMINIERT. Darunter waren vier Photos abgedruckt.

»Welcher ist es, Hap?«

Hap zeigte mit einem schmierigen Finger auf das Bild ganz rechts. »Dieser hier. Da steht, daß er Todd Bowden heißt.«

Bozeman hob den Kopf von der Zeitung und sah Hap an. Er fragte sich, wie viele von Haps Gehirnzellen wohl noch einigermaßen funktionierten, nachdem er sie zwanzig Jahre lang in einer brodelnden Soße aus billigem Wein mit einem gelegentlichen Schuß Spiritus gedünstet hatte.

»Wie kannst du sicher sein, Hap? Er trägt eine Baseballmütze. Wie willst du wissen, ob er blonde Haare hat?«

»Das Grinsen«, sagte Hap. »Genauso hat er Poley angegrinst, als sie zusammen weggingen. Das Grinsen vergesse ich in einer Million Jahren nicht. Das ist er. Das ist der Kerl.«

Bozeman hörte die letzten Worte kaum noch. Er dachte nach, er dachte ganz scharf nach. *Todd Bowden.* Der Name kam ihm sehr bekannt vor. Irgend etwas an diesem Namen störte ihn sogar noch mehr als der Gedanke, daß ein Schüler der örtlichen High School, noch dazu ein As in Baseball, in der Gegend herumlief und Penner umbrachte. Hatte er den Namen nicht noch heute morgen gehört? Er legte die Stirn in Falten und versuchte, sich zu erinnern.

Hap war gegangen, und Bozeman überlegte immer noch, als Richler und Weiskopf hereinkamen... und der Klang ihrer Stimmen, als ihnen im Wachraum Kaffee angeboten wurde, half seinem Gedächtnis auf die Sprünge.

»Herr im Himmel«, sagte Lieutenant Bozeman und stand rasch auf.

30

Seine Eltern hatten angeboten, ihre Pläne für den Nachmittag umzustoßen – Monica hatte einkaufen und Dick mit Geschäftsfreunden Golf spielen wollen – und bei ihm zu Hause zu bleiben, aber Todd sagte ihnen, daß er lieber allein sein wolle. Er wolle sein Gewehr reinigen und dabei über die ganze Sache nachdenken. Er müsse erst mit sich selbst ins reine kommen.

»Todd«, sagte Dick und wußte plötzlich, daß er nicht viel zu sagen hatte. Wenn er sein eigener Vater gewesen wäre, hätte er wahrscheinlich zum Beten geraten. Aber die Generationen hatten gewechselt, und die Bowdens hatten damit nicht mehr viel im Sinn. »Solche Dinge kommen eben vor«, sagte er lahm, denn Todd sah ihn noch immer an. »Du darfst nicht grübeln.«

»Es ist schon gut«, sagte Todd.

Als sie gegangen waren, holte er ein paar Lappen und eine Flasche Alpaca-Waffenöl und brachte alles zu der Bank neben dem Rosenbeet. Dann ging er in die Garage und holte seine Winchester. Er trug sie zu der Bank und nahm sie auseinander. Dann reinigte er sie gründlich, wobei er summte und gelegentlich pfiff. Er setzte sie anschließend wieder zusammen. Das hätte er sogar im Dunkeln geschafft. Er hing seinen Gedanken nach. Als er sich wieder konzentrierte, stellte er fest, daß er die Waffe geladen hatte. Der Gedanke, auf die Scheibe zu schießen, war ihm heute gar nicht gekommen. Warum also hatte er die Waffe geladen? Er versuchte, sich einzureden, daß er es nicht wisse.

Natürlich weißt du es, Todd-Baby. Die Zeit ist sozusagen gekommen.

In diesem Augenblick bog der gelbe Saab in die Einfahrt ein. Der Mann, der ausstieg, kam Todd irgendwie bekannt vor, aber erst als er die Wagentür zuschlug und auf ihn zukam, sah Todd die Turnschuhe – flache, hellblaue Turnschuhe. Dann wußte er: der Mann, der die Bowdensche Auffahrt hochkam, war Gummi-Ede French. Der Turnschuhmann.

»Hallo, Todd. Lange nicht gesehen.«

Todd lehnte das Gewehr gegen die Bank und lächelte sein breites, gewinnendes Lächeln. »Hallo Mr. French: Was tun Sie denn in dieser Wildnis?«

»Sind deine Eltern zu Hause?«
»Nein. Wollen Sie etwas von ihnen?«
»Nein«, sagte Ed French nach einer langen nachdenklichen Pause. »Nein, eigentlich nicht. Vielleicht sollten nur wir beide uns unterhalten. Jedenfalls vorläufig. Du hast vielleicht für alles eine vernünftige Erklärung. Aber, weiß Gott, ich bezweifle das.«
Er griff in die Tasche und zog einen Zeitungsausschnitt heraus. Noch bevor Gummi-Ede Todd den Ausschnitt gereicht hatte, wußte dieser, um was es sich handelte. Zum zweiten Mal an diesem Tag sah er die nebeneinandergestellten Bilder von Dussander. Das Photo, das der Straßenphotograph aufgenommen hatte, war mit schwarzer Tinte umrandet. Was das bedeutete, war Todd völlig klar; French hatte Todds »Großvater« erkannt. Und jetzt wollte er es der ganzen Welt erzählen. Er wollte die gute Nachricht an die Öffentlichkeit bringen. Der gute alte Gummi-Ede mit seinem dummen Gequatsche und seinen gottverdammten Turnschuhen.

Die Polizei würde natürlich sehr interessiert sein – aber das war sie jetzt schon. Das wußte er. Nachdem Richler gegangen war, hatte es keine dreißig Minuten gedauert, bis ihn ein ungutes Gefühl beschlich. Es war, als habe er in einem gasgefüllten Ballon geschwebt. Dann war die Hülle des Ballons vom kalten Stahl eines Pfeils durchbohrt worden, und der Ballon fing an, unaufhörlich zu sinken.

Die Telefongespräche waren das Schlimmste. Das hatte Richler so glatt produziert wie warme Eulenscheiße. *Natürlich*, hatte Todd gesagt und sich fast überschlagen, um in die Falle zu tappen. *Er wird ein- oder zweimal in der Woche angerufen*. Sehr schön. Sollten sie doch in ganz Südkalifornien herumtoben und nach vergreisten Ex-Nazis suchen. Wenn die Telefongesellschaft ihnen nicht eine andere Auskunft gegeben hatte. Todd wußte nicht, ob die Gesellschaft feststellen konnte, wie oft jemand angerufen wird... aber Richler hatte ihn so komisch angesehen...

Und dann der Brief. Völlig unbedacht hatte er Richler erzählt, daß in das Haus nicht eingebrochen worden sei, und Richler war natürlich jetzt überzeugt, daß Todd anschließend in Dussanders Haus gewesen sein mußte, denn sonst hätte er es ja nicht gewußt... tatsächlich war er nicht nur einmal, sondern dreimal im Haus gewesen, einmal, um den Brief zu beseitigen und zweimal, um nachzusehen, ob es sonst noch Belastendes gab. Er hatte nichts gefunden; sogar die SS-Uniform war verschwunden. Wahrscheinlich hatte Dussander sie während der letzten vier Jahre irgendwann verschwinden lassen.

Und dann lagen da noch die Leichen. Richler hatte diese Leichen mit keinem Wort erwähnt.

Zuerst hatte Todd das für günstig gehalten. Sollten sie ruhig noch ein wenig länger suchen, bis er wieder einen klaren Kopf hatte – von einer plausiblen Geschichte ganz zu schweigen. Über Dreck, der beim Vergraben der Leiche an seine Kleidung gekommen sein konnte, machte er sich keine Sorgen. Er hatte die Sachen selbst in die Waschmaschine gesteckt, denn ihm war völlig klar gewesen, daß Dussander sterben könnte und dann alles herauskommen würde. Man kann nicht vorsichtig genug sein, Junge, wie Dussander wahrscheinlich gesagt hätte.

Dann hatte er ganz allmählich erkannt, daß die Dinge doch nicht so günstig standen. Es hatte warmes Wetter gegeben, und warmes Wetter ließ den Keller schlimmer stinken. Bei seinem letzten Besuch in Dussanders Haus war es ganz entsetzlich gewesen. Der Gestank konnte der Polizei nicht entgangen sein, und gewiß hatten die Beamten seine Quelle aufgespürt. Warum hatte Richler ihm diese Information vorenthalten? Wollte er sie sich für später aufsparen? Für eine unangenehme kleine Überraschung? Und wenn Richler eine unangenehme Überraschung plante, dann konnte das nur bedeuten, daß er Todd verdächtigte.

Todd schaute von dem Zeitungsabschnitt hoch und sah, daß Gummi-Ede sich halb abgewandt hatte. Er schaute auf die Straße hinaus, obwohl dort nichts weiter passierte. Richler würde ihn verdächtigen, aber mehr konnte er nicht tun.

Wenn er nicht einen konkreten Beweis hatte, der Todd mit dem Alten zusammenbrachte.

Genau den Beweis, den Gummi-Ede liefern konnte.

Ein lächerlicher Mann in lächerlichen Turnschuhen. Ein so lächerlicher Mann verdiente es kaum, daß man ihn weiterleben ließ. Todd berührte den Lauf seiner .30-.30.

Ja, Gummi-Ede hatte das Glied, das ihnen in ihrer Beweiskette fehlte. Sie würden nie beweisen können, daß Todd Dussander bei seinen Morden geholfen hatte. Aber mit Gummi-Edes Aussage könnten sie ihm eine Art Verschwörung nachweisen. Und damit noch nicht genug. Sie würden sein Bild nehmen und es den Pennern unten in der Stadt zeigen. Auf eine solche Möglichkeit zu verzichten, konnte Richler sich kaum erlauben. Wenn wir ihm die einen Penner nicht anhängen können, schaffen wir es vielleicht bei den anderen.

Was kam als nächstes? Eine Gerichtsverhandlung.

Sein Vater würde ihm die besten Anwälte besorgen, und natürlich würden sie ihn freibekommen. Zu viele Indizienbeweise. Er würde auf die Jury einen günstigen Eindruck machen. Aber bis dahin würde sein Leben ohnehin zerstört sein. Alles würde in den Zeitungen breitgetragen werden, ausgegraben und ans Licht gezerrt wie die halbverwesten Leichen in Dussanders Keller.

»Der Mann auf diesem Bild ist der Mann, der mich in meinem Büro aufsuchte, als du die neunte Klasse besuchtest«, sagte Ed French plötzlich und wandte sich Todd wieder zu. »Er gab sich als dein Großvater aus, und jetzt stellt sich heraus, daß er ein gesuchter Kriegsverbrecher ist.«

»Ja«, sagte Todd. Sein Gesicht war seltsam leer. Es war das Gesicht einer Schaufensterpuppe. Alle Gesundheit, alles Leben und alle Frische waren daraus verschwunden. Was übrigblieb, war beängstigend in seiner Leere.

»Wie konnte das geschehen?« fragte Ed French, und diese Frage war vielleicht als donnernde Anklage gedacht, aber sie hörte sich eher kläglich und verloren an, als fühlte Ed sich betrogen. »Wie konnte das geschehen, Todd?«

»Oh, eins kam zum anderen«, sagte Todd und nahm das Gewehr in die Hand. »So ist es geschehen. Eins kam ... zum anderen.« Er entsicherte die Waffe und richtete sie auf Gummi-Ede. »Wenn es sich auch dumm anhört, aber genau *so* ist es geschehen. Das ist alles.«

»Todd«, sagte Ed mit angstgeweiteten Augen. Er trat einen Schritt zurück. »Du willst doch nicht ... bitte, Todd. Wir können darüber reden. Wir können es disku –«

»Sie können es mit dem verdammten Deutschen in der Hölle diskutieren«, sagte Todd und drückte ab.

Der Schuß hallte durch die heiße windstille Ruhe des Nachmittags. Ed French wurde gegen seinen Saab geschleudert. Er griff mit der Hand hinter sich und riß einen Scheibenwischer ab. Er betrachtete ihn dümmlich, während sich auf seinem blauen Rollkragenpullover Blut ausbreitete. Dann sah er Todd an.

»Norma«, flüsterte er.

»Okay«, sagte Todd. »Ganz wie Sie wollen, Meister.« Er schoß noch einmal auf Gummi-Ede, und sein halber Kopf verschwand in einer Wolke aus Blut und Knochen.

Wie trunken drehte Ed sich um und versuchte die Tür an der Fahrerseite zu erreichen. Mit erstickter und schwächer werdender Stimme rief er immer wieder den Namen seiner Tochter. Todd schoß ein drittes Mal, diesmal unten ins Rückgrat, und Ed sank zu Boden. Mit den Füßen schlug er noch kurz auf den Kies. Dann lag er still.

Bestimmt kein angenehmer Tod für einen pädagogischen Berater, dachte Todd und lachte auf. Im gleichen Augenblick fuhr ihm ein Schmerz ins Gehirn, als wäre ihm ein Dolch hineingestoßen worden, und er schloß die Augen.

Als er sie wieder öffnete, fühlte er sich so gut wie schon seit Monaten – vielleicht seit Jahren – nicht mehr. Alles war wieder gut. Alles hatte sich zusammengefügt. An die Stelle der Leere in seinem Gesicht trat eine Art wilder Schönheit.

Er ging in die Garage zurück und holte seine ganze restliche Munition, mehr als vierhundert Schuß. Er verstaute sie in seinem alten Rucksack, den er sich über die Schulter warf. Als er wieder in die Sonne trat, lächelte er strahlend und seine Augen tanzten – so lächelt ein Junge an seinem Geburtstag, zu Weihnachten, am vierten Juli. Das Lächeln bedeutete Feuerwerksraketen, Baumhäuser, Geheimzeichen und geheime Treffpunkte, das Ende eines triumphalen Spiels, wenn die Spieler auf den Schultern der begeisterten Fans aus dem Stadion heraus in die Stadt getragen werden. Es war das ekstatische Lächeln flachshaariger Jungen, die mit Kohleneimerhelmen auf den Köpfen in den Krieg ziehen.

»Ich bin der Herr der Welt!« schrie er gewaltig in den hohen

blauen Himmel und hob das Gewehr mit beiden Händen hoch über seinen Kopf. Dann nahm er es in die Rechte und ging an jene Stelle über der Autostraße, wo das Land steil abfiel und wo der abgestorbene Baum ihm Schutz bieten würde.

Es war fünf Stunden später und fast schon dunkel, als sie ihn dort herunterholten.

ENDE

Band 13 114
Stephen King
Jahreszeiten

Hoffnungsvolles Frühlingserwachen, drückende Sommerschwüle, sterbendes Herbstlaub, tödlicher Winterfrost – jede Jahreszeit hat ihre eigene Stimmung, die sich auch auf Menschen überträgt.
Stephen King, Meister des psychologischen Schreckens, hat daraus vier seiner besten Novellen gemacht.

»Die Leiche« – ein 12jähriger, seine erste Begegnung mit dem Tod und die plötzliche Erkenntnis, daß er Geschichten schreiben muß, um die Vergangenheit zu verstehen und sich auf seine letzte Stunde vorzubereiten...

»Atemtechnik« – eine Frau in den Wehen, ihr ungewöhnlicher Mut zu opfern und der unaufhaltsame Kreislauf von Sterben und Leben...

Die erste Geschichte dieses Bandes jetzt als Film unter dem Titel ›Stand By Me‹!

Sie erhalten diesen Band im Buchhandel, bei Ihrem Zeitschriftenhändler sowie im Bahnhofsbuchhandel.